4U

2,50 €

9

Marie-France Hirigoyen

Wenn der Job zur Hölle wird

W0089267

Marie-France Hirigoyen

Wenn der Job zur Hölle wird

Seelische Gewalt
am Arbeitsplatz und
wie man sich dagegen
wehrt

*Aus dem Französischen
von Irmengard Maria Gabler*

Verlag C.H. Beck

Die Originalausgabe erschien unter dem Titel:
Malaise dans le travail, harcèlement moral: démêler le vrai du faux
© Les Editions La Découverte & Syros, Paris 2001

Die Deutsche Bibliothek – CIP-Einheitsaufnahme

Hirigoyen, Marie-France:
Wenn der Job zur Hölle wird : Seelische Gewalt am Arbeitsplatz
und wie man sich dagegen wehrt / Marie-France Hirigoyen.
Aus dem Franz. von I. M. Gabler. – München : Beck, 2002
Einheitssacht.: Le harcèlement moral ⟨dt.⟩
ISBN 3 406 48653 3

Für die deutsche Ausgabe:
© Verlag C.H.Beck oHG, München 2002
Umschlagentwurf: Fritz Lüdtke, München
Umschlagabbildung: photonica/Glen Erler
Satz: Janß, Pfungstadt.
Druck und Bindung: Ebner & Spiegel, Ulm
Gedruckt auf säurefreiem, alterungsbeständigem Papier
(hergestellt aus chlorfrei gebleichtem Zellstoff)
Printed in Germany
ISBN 3 406 48653 3

www.beck.de

Inhalt

II.
Die Ergebnisse der Umfrage

III.
Die Konsequenzen für die Gesundheit

IV.
Die Ursachen seelischer Gewalt

V.
Was ist zu tun?

Anhang

Vorwort zur deutschen Ausgabe

Als ich *Masken der Niedertracht,* mein erstes Buch, schrieb, hätte ich mir nicht träumen lassen, dass es so erfolgreich sein würde, denn es hat nicht nur in Frankreich, sondern in Ländern auf der ganzen Welt den Blick der Gesellschaft für das Phänomen seelische Gewalt geschärft.

Zu Anfang beschränkte sich meine Recherche auf meine psychotherapeutische Praxis. Ich hatte festgestellt, dass das Leiden meiner Patienten immer seltener Ursachen in ihrer eigenen Geschichte hatte, sondern in zunehmendem Maße die Folge feindseliger Handlungen anderer Personen war, die, um sich selbst zu bestätigen, ein Opfer brauchten, das sie manipulieren und verfolgen konnten. Sowohl in ihrem persönlichen Umfeld als auch am Arbeitsplatz verharrten die Opfer in dieser Falle und wurden, was zu sein man ihnen vorwarf: Versager. Während ich keineswegs den Eindruck hatte, dass diese Menschen sich nur deshalb nicht aus ihrer Situation befreiten, weil sie sich in ihrer Opferrolle wohl fühlten, sprachen meine Kollegen damals von Masochismus und sekundärem Krankheitsgewinn. Mir ging es darum herauszufinden, wie es möglich war, einen anderen in die Enge zu treiben, um ihn mit Worten, Blicken, Andeutungen psychisch zu vernichten. Dabei wurde mir klar, dass es völlig verkehrt ist, in dergleichen Situationen an die Vernunft oder das Verantwortungsbewusstsein des Aggressors zu appellieren. Es ist, als hänge man im Treibsand fest: Je mehr man strampelt, desto tiefer sinkt man ein. Ich musste einen anderen Zugang finden, um den Opfern zu helfen. Das Ergebnis habe ich in den «Masken der Niedertracht» beschrieben.

Der Erfolg war überwältigend. In Frankreich betrug die Erstauflage 5000 Exemplare; verkauft wurden mehr als

400 000. Leser, die endlich eine Erklärung für die Situation, in der sie festsaßen, gefunden hatten, kauften vier, fünf oder gar zehn Exemplare des Buches, um es in ihrem Bekanntenkreis zu verschenken.

Obwohl ich in diesem ersten Buch nicht nur von der Berufswelt gesprochen habe, sondern auch von Paaren und Familien, haben die Medien sich hauptsächlich auf die Berufswelt konzentriert. Ich hätte auch von der Politik sprechen können, von internationalen Beziehungen oder von der Art und Weise, wie Kinder erzogen werden; denn man stößt allenthalben auf die Versuchung, mit den Waffen der Böswilligkeit und Manipulation sich selbst zu erhöhen und Macht zu erlangen. Seelische Gewalt wird in der Berufswelt oft verschwiegen. Zeugen fürchten bei einer Aussage Nachteile, Direktionen wollen sie nicht ahnden. Wie ist es überhaupt möglich, dass in einem so geregelten Umfeld seelische Gewalt geübt wird? Schon bald nach Erscheinen meines Buches interessierten sich Juristen, Betriebsärzte und Gewerkschafter, die mit dem Phänomen bereits vertraut waren, jedoch nicht wussten, wie sie dagegen vorgehen sollten, für das Thema der seelischen Gewalt. Sie konnten nun, da ich dieser Niedertracht einen Namen gegeben und sie in einen Zusammenhang gestellt hatte, die Situationen benennen, die ihnen zuvor sehr schwer fassbar erschienen waren. Plötzlich konnten sie sagen: «Man muss etwas dagegen unternehmen, so etwas darf man nicht durchgehen lassen!» Die Realität der seelischen Gewalt ist in Frankreich inzwischen als Tatsache unbestritten. Im November 2001 wurde ein Gesetzentwurf von der Nationalversammlung verabschiedet, der seelische Gewaltausübung unter Strafe stellt.

Ich wollte die Besonderheit der seelischen Gewalt in der Berufswelt präzisieren, die Zusammenhänge untersuchen, die ihr den Boden bereiten, und Möglichkeiten der Prävention aufzeigen. Leider ist zu beobachten, dass sich ein perverser Führungsstil weiter ausbreitet. Hinter der Maske guten Verhaltens (keine Entlassungen!) bedienen sich Firmen seelischer Gewalt, um sich jener zu entledigen, die sie als schwache Glieder im Gefüge betrachten. Wer nicht genügend Leistung erbringt, zu oft krank oder nicht fügsam genug ist, muss mit Druck rechnen, mit Schikanen und Demütigungen, die darauf abzielen, ihn zum Verlassen der Firma zu bewegen. Keiner ist dafür verantwortlich, keiner hat Schuld, so lautet eben das Gesetz des Marktes.

Meine Überlegungen zu diesem Thema deckten sich mit ähnlichen Recherchen in anderen Ländern. Einige davon, wie die Arbeiten von Heinz Leymann, waren mir schon bekannt, andere lernte ich später kennen, wie die Untersuchungen über Mobbing in Deutschland, die Recherchen über psychisches Quälen in Québec oder jene über Demütigungen am Arbeitsplatz in Brasilien. Überall dieselbe Fragestellung: Wie ist es möglich, dass Mitarbeiter so behandelt werden?

Inzwischen entstehen auf der ganzen Welt Gesetze, doch ist das nicht genug, wenn die Einstellung dieselbe bleibt. Die Studien über seelische Gewalt haben unsere Sichtweise auf die derzeitige Arbeitswelt verändert. Seelische Gewalt ist nur eine der verschiedenen psychischen Leidensformen am Arbeitsplatz. Angesichts dieser immer härter werdenden Welt muss man realistisch bleiben, darf sich keiner Illusion hingeben: hier herrscht eindeutig das Gesetz des Stärkeren; was zählt – ganz gleich, ob im zwischenmenschlichen Bereich oder auf der Ebene der Firmen und multinationalen Konzerne –, ist allein die Absicht, den anderen zu unterwerfen; ob die Betroffenen dabei an Leib und Seele Schaden nehmen, spielt keine Rolle.

Der Einblick in die Berufswelt hat mich ernüchtert, doch weil ich andererseits auf so viel guten Willen gestoßen bin, habe ich meinen Glauben an den Menschen nicht verloren. Mehr und mehr wird seelische Gewalt nicht länger einfach hingenommen. Diese Bewegung wird sich noch verstärken.

Paris, April 2002   *Marie-France Hirigoyen*

11

Einführung

Da die Gewalt in jeder Epoche in anderer Ge-
stalt wiederkehrt, muss man ihr unentwegt den
Kampf ansagen.

Stefan Zweig, *Castellio gegen Calvin. Ein Ge-*
wissen gegen Gewalt

Das Thema der seelischen Gewalt am Arbeitsplatz, in Frankreich bis zum Erscheinen meines vorhergehenden Buches
weitgehend ignoriert, ist in den letzten zwei Jahren stark ins
Blickfeld der Öffentlichkeit gerückt. Gepeinigte Menschen,
die ihr Leid stillschweigend hinnehmen mussten, dürfen
neue Hoffnung schöpfen, haben inzwischen den Mut, sich
zu äußern und auf die Gewalt, deren Opfer sie sind, hinzuweisen. Neue Ansprüche haben einige bedeutende soziale
Bewegungen hervorgebracht, so dass Arbeitnehmer künftig
nicht mehr bereit sind, Angriffe auf ihre Würde hinzuneh-
men, sondern Respekt für sich fordern.

Experten (Betriebsärzte, Juristen, Gewerkschaftsvertreter,
Psychiater, Psychologen und Psychosoziologen) haben sich
zusammengeschlossen und Vereinigungen ins Leben gerufen, bei denen Opfer seelischer Gewalt Unterstützung finden. Auch Politiker haben sich des Problems angenommen
und vor kurzem erreicht, dass der Begriff «seelische Gewalt»
im französischen Arbeitsrecht Aufnahme gefunden hat.

Das aktuelle Interesse an diesem Thema beschränkt sich
im Übrigen nicht auf Frankreich, auch in anderen europäischen Ländern wurden die Regierungen aufgefordert, sich
mit dem Problem zu befassen. Man darf also damit rechnen,
dass europäische Bestimmungen in Zukunft seelische Gewalt am Arbeitsplatz sanktionieren werden.

Dieses neue Bewusstsein ist sehr positiv zu bewerten. Um allerdings Missverständnissen vorzubeugen, sollte man den Begriff «seelische Gewalt» sehr sorgsam verwenden.

Da der Ausdruck mittlerweile in die Alltagssprache vorgedrungen ist, wird er auch für Missstände anderer Art gebraucht, die nicht auf seelisches Quälen zurückzuführen sind, zumindest nicht im klinischen Sinne des Wortes, sondern eher auf ein allgemeineres Übel der Unternehmen verweisen, das man unbedingt analysieren sollte. Man muss das Problem im Zusammenhang mit den anderen Leidensformen am Arbeitsplatz betrachten, vor allem mit den Angriffen auf die Würde der Arbeitenden. Außerdem sollte man nicht vergessen, dass sich die Gewalt am Arbeitsplatz in einen allgemeineren Rahmen einfügt, nämlich den einer gewaltbereiten Gesellschaft – in den Randgebieten der Großstädte, den Schulen, den Familien –, denn all diese Formen von Gewalt beeinflussen sich gegenseitig.

Was die Arbeitswelt anbelangt, so drängt sich die Frage nach den Zeugen auf: Warum haben sie nichts beobachtet, warum nicht reagiert? Erst wenn man die größeren Zusammenhänge klärt, kann man eine Problematik begreifen, bei der man fortwährend vom Individuellen zum Kollektiven gelangt. Indem man die Opfer stigmatisiert und für psychisch krank erklärt, grenzt man ein komplexes Gesellschaftsproblem kurzerhand aus.

Zweck dieses Buches ist es, die neuen Erkenntnisse, die ich seit meinem letzten Buch «Masken der Niedertracht» gewonnen habe, an die Öffentlichkeit zu bringen. Ich hatte die Gelegenheit, mich mit Spezialisten und Fachleuten auszutauschen und zahlreiche Zeugenaussagen von Patienten und Lesern auszuwerten. Für all jene, die mir geschrieben haben und denen ich leider nicht persönlich antworten konnte, erstellte ich einen Fragebogen, um mir ein besseres Bild von ihrer Situation machen zu können. Die Auswertung dieses Fragebogens möchte ich in diesem Buch präsentieren.

Dank der neuen Informationen, die ich sammeln konnte,

und der eingehenden Beschäftigung damit, ist es mir gelungen, die «Randbereiche» der seelischen Gewalt zu erforschen und die allzu eingeschränkte Dialektik von Henker und Opfer zu verlassen, indem ich die Kontexte berücksichtigte. Ich habe außerdem versucht, das Wahre vom Falschen zu trennen, die seelische Gewalt von dem zu unterscheiden, was keine ist, und falsche Anschuldigungen zu erkennen. Wir können in der Tat nur mit Hilfe einer präzisen Analyse rechtzeitig reagieren, den Opfern helfen und vor allem neuen Fällen vorbeugen.

Während es mir zunächst einmal wichtig erschien, die Situationen laut und deutlich zu benennen und das Leid der Betroffenen an die Öffentlichkeit zu bringen, gilt es jetzt, da niemand mehr an der Realität des Problems zweifelt, konkrete Maßnahmen zu ergreifen. Dies bedeutet natürlich vorrangig, dass man den Opfern hilft, sich wieder zu erholen und den Schaden, der ihnen zugefügt worden ist, zu beheben, aber es heißt auch, Maßnahmen zu ergreifen, um den aggressiven Verhaltensweisen Einhalt zu gebieten und vor allem die Zusammenhänge zu ändern, die sie begünstigen können. Nur den gesetzlichen Aspekt ins Auge zu fassen hieße, diese Situationen zu lange sich selbst zu überlassen. Man muss, ehe die Zahl der Opfer noch weiter ansteigt, die privaten und öffentlichen Unternehmen dazu verpflichten, rechtzeitig Präventivpolitik zu betreiben.

In diesem Buch möchte ich also zunächst die seelische Gewalt neu definieren, erklären, was man darunter zu verstehen hat und was nicht, und sie von anderen Formen des Leidens am Arbeitsplatz unterscheiden. Sodann werde ich die Ergebnisse meiner Erhebung erläutern. Die Zahlen sollen zeigen, dass diese zerstörerischen Verhaltensweisen die Gesundheit der Arbeitnehmer nachhaltig schädigen, so dass diese oft sehr lange krankgeschrieben werden und in manchen Fällen sogar mit dem beruflichen Aus rechnen müssen; natürlich bleibt dies nicht ohne Folgen für die Produktivität der Unternehmen. Drittens möchte ich auf die Ursprünge der seelischen Gewalt zu sprechen kommen, die Zusammenhänge, die ihr Erscheinen begünstigen, und die Besonderheit dieses Beziehungstyps.

Im letzten Kapitel schließlich werde ich Möglichkeiten aufzeigen, wie man sich wehren kann. Auch wenn ein Gesetz notwendig ist, um die Menschen daran zu erinnern, was verboten ist, und sie für die Art und Weise zur Verantwortung zu ziehen, wie sie sich anderen gegenüber verhalten, so kann es doch nicht alles regeln. Man muss daher bereits im Vorfeld handeln und Firmen wie Behörden dazu verpflichten, eine wirksame Prävention zu betreiben. Indem ich jeden, ob Führungskraft oder Arbeitnehmer, zu verantwortlichem Handeln auffordere, biete ich eine – in allen Unternehmen oder Behörden anwendbare – Lösung an, mit der sich seelische Gewalt vermeiden ließe.

Herzlichen Dank an alle Leser, die es mir mit ihren Beiträgen ermöglicht haben, meine Forschungsarbeit fortzusetzen. Um die Anonymität meiner Patienten und Leser zu wahren, habe ich, wo es möglich war, zwei ähnliche Fälle gewählt, deren Geschichten gemischt und zudem Vornamen und Kontext geändert. Andererseits habe ich die Fälle, die mir einen allgemeineren Charakter aufzuweisen schienen, vollständig geschildert und zudem einige Briefe von Lesern zitiert.

I.
Seelische Gewalt
am Arbeitsplatz

Definitionen

Wie ich bereits in der Einführung betont habe: man hüte sich davor, die Begriffe durcheinanderzubringen! Man neigt dazu, als seelische Gewalt zu bezeichnen, was in Wahrheit nichts anderes ist als Zeitdruck und Arbeitsstress. Fühlt man sich von einem Vorgesetzten gedemütigt, spricht man, selbst wenn es sich nur um eine einmalige Aggression handelt, ebenfalls von seelischer Gewalt. Dabei meint seelisches Quälen jene kleinen Attacken, die sich fortgesetzt gegen dieselbe Person richten. Erst in der Dauer gewinnt das Verhalten seinen Sinn.

Es ist unmöglich, sich diesem Phänomen zu nähern, ohne den ethischen oder moralischen Aspekt zu berücksichtigen, denn das vorherrschende Gefühl der Opfer seelischer Gewalt ist der Eindruck, misshandelt, verachtet, gedemütigt und zurückgewiesen worden zu sein. Was die Angreifer anbelangt, so kommt man nicht umhin, in Anbetracht der Schwere ihres Vergehens, nach ihren Absichten zu fragen. Hegten sie tatsächlich den Wunsch, jemandem wehzutun?

Wenn mir eine präzise Definition so wichtig erscheint, dann deshalb, weil man, um zu handeln, über das unmittelbare Verständnis des Begriffs hinaus den Aktionsrahmen präzisieren muss, sowohl im Hinblick auf eine angemessene Strafe, als auch, um eine wirksame Prävention zu betreiben. Bis heute hatten diejenigen, die sich mit diesem Thema befasst haben, Schwierigkeiten, sich über eine treffende Definition zu einigen, weil man sich dem Phänomen auf unterschiedliche Weise nähern kann, je nachdem, welchen Standpunkt man einnimmt, und weil es verschiedene Spezialisten betrifft (Ärzte, Soziologen, Juristen ...), die sich unterschiedlicher Sprachen und Denkweisen bedienen.

In meiner psychiatrischen Arbeit interessiere ich mich seit langem für die Auswirkungen der seelischen Gewalt auf die Gesundheit und die Persönlichkeit der Opfer. Dank der großen Resonanz auf mein erstes Buch konnte ich weitere Zeugenaussagen sammeln und so meine Kenntnisse auf diesem Gebiet vertiefen. Wenige Aggressionsformen lösen kurzfristig so schlimme psychosomatische Störungen aus und ziehen langfristig so zersetzende seelische Schäden nach sich. Im Augenblick sind Allgemeinärzte und Psychiater noch nicht immer imstande, die Besonderheit dieser Art von Gewalt und ihrer Symptome zu erkennen. Die Betriebsärzte, die solche Situationen schon länger beobachten, wissen oft nicht, wie sie die Opfer schützen sollen.

Was die Juristen betrifft, so versuchen sie, eine Definition zu finden, die möglichst von aller Subjektivität befreit ist, damit diese gewaltsamen Handlungen strafrechtlich verfolgt werden können. Ich habe in diesem Buch folgende Definitionen vorgeschlagen, deren Wahl ich das gesamte Buch hindurch rechtfertigen werde: «Unter seelischer Gewalt am Arbeitsplatz versteht man jedes verletzende Verhalten (Geste, Wort, Benehmen, Haltung …), das wiederholt und systematisch die Würde beziehungsweise die psychische oder physische Integrität einer Person angreift, dabei ihren Arbeitsplatz in Gefahr bringt oder das Arbeitsklima vergiftet.»

Seelische Gewalt ist, ganz gleich, für welche Definition man sich entscheidet, eine Gewalt der kleinen Treffer. Man sieht sie nicht, und dennoch wirken sie ungemein zerstörerisch. Jeder Angriff für sich betrachtet ist eigentlich nicht schlimm – was die Gewalt ausmacht, ist die Häufung der winzigen Traumata. Dieses Phänomen ist zunächst dem Gefühl der Unsicherheit in den Städten vergleichbar, hervorgerufen durch pöbelhafte Verhaltensweisen. Die betroffenen Personen sind in der Folge zutiefst destabilisiert.

Ich werde in diesem Buch nicht auf die Ausdrucksformen des seelischen Quälens selbst zu sprechen kommen, sie habe ich in meinem letzten Buch bereits ausführlich beschrieben.

Dennoch werde ich ein Kapitel der klaren Unterscheidung zwischen den einzelnen Formen feindseligen Verhaltens widmen, um aufzuzeigen, dass es verschiedene Abstufungen gibt.

Welche Aggressionsform zur Anwendung kommt, ist abhängig von dem soziokulturellen Kontext und dem beruflichen Sektor. Im Bereich der Produktion ist die Gewalt, ob verbal oder physisch, weitaus direkter. Je weiter man auf der hierarchischen und der soziokulturellen Leiter nach oben gelangt, desto raffinierter, perverser und schwerer nachweisbar werden die Aggressionen.

1. Was keine seelische Gewalt ist

Nicht jeder, der von sich behauptet, er sei ein Opfer seelischer Gewalt, muss notgedrungen auch eines sein. Hier gilt es sorgsam zu unterscheiden. Nur so kann man wirksame Schutzmaßnahmen treffen. In diesem Kapitel will ich versuchen, das Phänomen der seelischen Gewalt von Stress und Arbeitsdruck, von offenen Konflikten und Unstimmigkeiten abzugrenzen.

Stress

Seelische Gewalt unterscheidet sich deutlich von dem, was man gemeinhin unter beruflichem Stress versteht. In seinem Buch *Mobbing* erklärt Heinz Leymann, dass der Stress in erster Linie ein biologischer Zustand sei und dass bestimmte soziale und soziopsychologische Situationen Stress erzeugen. Eigentlich umfasst das Wort Stress laut Definition von Hans Selye, der den Begriff geprägt hat, sowohl die Stress verursachenden Faktoren als auch die entsprechende Reaktion des Organismus. Im gegenwärtigen Sprachgebrauch versteht man unter Stress jedoch nur ein Zuviel an Arbeit und schlechte Arbeitsbedingungen.

Seelische Gewalt ist folglich weit mehr als Stress, auch wenn sie zumeist mit Stress beginnt:

– In dieser ersten Phase ist die Isolierung des Opfers noch erträglich, hat die Aggression lediglich Auswirkungen auf seine Arbeitsbedingungen. Wird ein Mensch überfordert, weil man ihm gewisse Aufgaben zugewiesen hat, zu deren Bewältigung ihm die erforderlichen Mittel fehlen, braucht er eine gewisse Zeit, bis er beurteilen kann, ob diese Behandlung gezielt gegen ihn gerichtet ist. Die Auswirkungen dieser

Art der Aggression auf seine Gesundheit unterscheiden sich kaum von jenen, die mit einem Zuviel an Arbeit oder einer schlechten Organisation einhergehen, zumal ihm, selbst wenn sein Körper heftig reagiert, nicht bewusst wird, was mit ihm geschieht. Diese Phase kann sich über einen längeren Zeitraum erstrecken, sofern die Aggression sich in Grenzen hält oder das Opfer den Charakter dessen, was es erleidet, nicht wahrhaben will.

– Die eigentliche Phase der seelischen Gewalt beginnt, wenn die als Zielscheibe fungierende Person die Böswilligkeit, der sie ausgesetzt ist, erkennt, das heißt, wenn die Ablehnung, die man ihr entgegenbringt, offenkundig und daher demütigend wird, wenn man ihre Arbeit in bösartiger Weise kritisiert und Äußerungen und Gesten gegen sie beleidigend werden. Die Auswirkungen auf die Psyche sind verheerend, sobald man sich bewusst wird, dass ein anderer einem «Böses will». Man kann zuerst kaum glauben, dass eine solche Niedertracht möglich ist, quält sich dann mit der Frage «Was habe ich bloß falsch gemacht, dass man mir derart übel mitspielt?» und bemüht sich nach Kräften, die Situation zu ändern. Ein Erlebnis dieser Art schlägt viel tiefere Wunden als der Stress, zumal das Selbstwertgefühl und die Würde Schaden nehmen. Der Betroffene ist enttäuscht und verliert das Vertrauen zu seiner Firma, zu deren hierarchischen Strukturen, zu seinen Kollegen. Je mehr er sich mit seiner Arbeit identifiziert hat, desto größer ist die traumatische Wirkung einer Attacke seelischer Gewalt.

Während Stress erst im Übermaß fatale Folgen hat, wirkt seelische Gewalt grundsätzlich zerstörerisch.

Natürlich kann der berufliche Stress, der bei zu großem Leistungsdruck oder zu vielen unterschiedlichen Anforderungen entsteht, jemanden auf Dauer so sehr strapazieren, dass es zum sogenannten *Burnout*-Syndrom kommt, einer emotionalen Erschöpfung:

Christiane, seit sechs Jahren Angestellte einer Behörde, wird infolge struktureller Veränderungen in eine andere Abteilung versetzt. Dort ist der Arbeitsrhythmus weitaus intensiver als bei ihrer vorherigen Tätigkeit, und ihr Vorgesetzter drängt sie zur Eile. Sie wird mit Akten überhäuft und zudem aufgefordert, am Telefon Anrufern aus anderen Abteilungen Auskunft zu erteilen. Sie steht unter großem Erfolgszwang, weil ihr Chef sehr anspruchsvoll ist. Als sie ihm vorwirft, er setze sie unter Druck, gibt er ihr zu verstehen, dass auch er Druck von oben erhalte und die Arbeit nun einmal getan werden müsse. Christiane verliert den Boden unter den Füßen. Sie ist erschöpft und arbeitet zusehends schlechter. Schließlich unterläuft ihr bei einem wichtigen Schriftstück ein grober Fehler. Sie wird vor den Chef zitiert und zur Rede gestellt. Als sie zugibt, sich überfordert zu fühlen und den Anforderungen nicht gewachsen zu sein, schlägt er ihr vor, sie solle sich um eine ruhigere Tätigkeit bemühen, weil es in seinem Büro mit Sicherheit immer so hektisch zugehe.

Christianes Beispiel zeigt, wie sehr sich der Stress, mit dem sie konfrontiert wird und der ihrem Vorgesetzten durchaus bewusst ist, vom Tatbestand der seelischen Gewalt unterscheidet, bei dem das vorrangige Ziel ja die Erniedrigung des Opfers ist. Heutzutage wird oft vorschnell als seelische Gewalt bezeichnet, was nicht mehr ist als eine scharfe Rüge; auch gilt es zwischen *beruflicher* und *seelischer Gewalt* zu unterscheiden, um mit dem Begriff *seelisch* das erniedrigende, ehrenrührige Moment des Phänomens hervorzuheben.

Im folgenden Beispiel werden wir sehen, dass nicht selten eine Stressphase der seelischen Gewalt den Weg bereitet und der Übergang zwischen beiden Phasen fließend ist. Ist seelische Gewalt im Spiel, sind die negativen Auswirkungen auf die Gesundheit des Opfers ungleich drastischer:

Didier arbeitet seit zwanzig Jahren in der juristischen Abteilung einer großen amerikanischen Bank. Seit der Umstrukturierung sämtlicher Servicebereiche, die eine große Entlassungswelle nach sich gezogen hat, haben sich die Arbeitsbedingungen spürbar verschlechtert. Die permanente Arbeitsüberlastung, die der Personalabbau mit sich bringt, sowie die ständige Erneuerung der Computersoftware sorgen für konstanten Stress. Man nötigt die Arbeitnehmer, zu später Stunde noch an Besprechungen teilzunehmen, versetzt sie von einem Büro zum anderen. Die Älteren geraten zunehmend in den Verdacht, nicht mehr genügend Energie zu haben, und werden von übereifrigen jungen Strebern pausenlos überwacht.

Didier ist erschöpft und nervös zugleich. Sein Konsum von Alkohol und Zigaretten steigt. Seine Frau beklagt sich, er habe zu Hause unentwegt schlechte Laune. Trotzdem hält er durch, fest entschlossen, am Ball zu bleiben.

Seine Arbeitsbedingungen verschlechtern sich drastisch, als er sich beim Sport das Handgelenk bricht und krankgeschrieben wird, während es in seiner Abteilung gerade hoch hergeht. Seine Vorgesetzte verhält sich nun offen aggressiv. Anstatt sich bei seiner Rückkehr ins Büro nach seinem Befinden zu erkundigen, beginnt sie sofort, ihn anzublaffen, seine Arbeit systematisch schlecht zu machen und jeden seiner Fehler mit beißendem Sarkasmus zu kommentieren. Um ihn besser im Auge zu behalten, lässt sie Didiers Schreibtisch in ihrer Nähe aufstellen, allerdings draußen auf dem Flur. Didier gerät völlig aus dem Gleichgewicht, hat starke Konzentrationsschwierigkeiten und arbeitet nicht mehr so schnell, ein Umstand, der seine Vorgesetzte nur noch aggressiver werden lässt. Er sitzt unentwegt wie auf Kohlen, schläft schlecht, hat unruhige Träume von Streit und Raufereien. Eines Abends, nach einer aufwühlenden Sitzung, bei der ihn die Vorgesetzte wieder einmal vor der gesamten Belegschaft bloßstellt, verliert er die Besinnung, und seine Kollegen müssen ihn nach Hause fahren.

Von nun an ist es ihm unmöglich, zur Arbeit zu gehen. Sobald er sich am Morgen anschickt, das Haus zu verlassen, wird ihm so übel, dass er gezwungen ist, sich wieder ins Bett zu legen.

Solange Didier nur einem auszehrenden Arbeitsrhythmus unterworfen ist, reagiert er mit Erschöpfung, doch als man sich in demütigender Absicht gegen ihn stellt und ihn vor der gesamten Belegschaft bloßstellt, wird er ernsthaft krank. Man sieht also, dass seelische Gewalt bei weitem schlimmere Folgen hat als Stress.

In der Realität ist der Übergang zwischen beiden Phasen natürlich fließend, aber dank meiner langjährigen Erfahrung mit Opfern seelischer Gewalt weiß ich, dass ihr Krankheitsbild sich von demjenigen Stressgeplagter erheblich unterscheidet. Bei Letzteren wirkt Ruhe heilsam, und unter besseren Bedingungen können sie ihre Arbeit wieder aufnehmen. Bei Opfern von seelischer Gewalt jedoch schwingen Scham und Erniedrigung noch lange nach, wobei natürlich jede Person unterschiedlich heftig reagiert. Die Verletzung der persönlichen Würde fällt in den Bereich des subjektiven Empfindens und kann nur von Fall zu Fall untersucht werden. Wie hart jemand von konstanten Beleidigungen getroffen wird, hängt ganz von den persönlichen Erfahrungen ab, die er in seinem Leben gemacht hat. Wird allerdings ein bestimmtes Maß an Aggression überschritten, fühlt sich jeder angegriffen.

Zwar werden die Arbeitsbedingungen immer härter, so dass man immer mehr Aufgaben immer besser bewältigen muss (unter großem Zeitdruck arbeiten, sich an neue Strukturen gewöhnen), ein Umstand, der natürlich Stress erzeugt, doch liegt es nicht im Interesse der Firmenleitung, den Arbeitnehmer durch übermäßigen Stress am Arbeitsplatz zu vernichten. Man will ihn vielmehr zu noch größerer Leistung anspornen, damit bestimmte Aufgaben noch effektiver und schneller erledigt werden. Wenn der Stress sich schädlich auf die Gesundheit auswirkt, dann nur, weil er außer Kontrolle gerät oder falsch dosiert wird (auch wenn sogenannte Stressbewältigungsseminare den Mitarbeitern beizubringen suchen, wie sie besser mit ihrem Stress umgehen können!). Im Gegensatz zur seelischen Gewalt liegt dem Stress keine böse Absicht zugrunde.

Seelische Gewalt richtet sich gegen das Individuum selbst, sie entspringt einem mehr oder minder bewussten Willen, ihm zu schaden. Es geht nicht darum, die Produktion zu steigern und bessere Resultate zu erzielen, sondern vielmehr darum, sich einer Person zu entledigen, weil sie auf die eine oder andere Weise «stört». Diese Art der Gewalt nützt weder der Organisation noch dem guten Funktionieren des Unternehmens.

Die heilsamen Eigenschaften des Konflikts

Ebenso wichtig erscheint mir, die seelische Gewalt vom Konflikt abzugrenzen. Während Heinz Leymann[1] annimmt, dass Mobbing, also seelische Gewalt am Arbeitsplatz, immer aus einem unzureichend gelösten beruflichen Konflikt entsteht, bin ich der Auffassung, dass in Situationen seelischer Gewalt kein Konflikt hat stattfinden können. In einem Konflikt werden die Vorwürfe artikuliert (es kommt gewissermaßen zum offenen Krieg), während der seelischen Gewalt unausgesprochene, verborgene Probleme zugrunde liegen. Auch wenn Konfliktsituationen für ein Unternehmen kostspielig und unangenehm sind, sieht inzwischen jedermann ihre Nützlichkeit ein. Am Anfang steht die Notwendigkeit einer Änderung; ein altes Funktionssystem muss zerstört werden, damit ein neues an seine Stelle treten kann. Ein Konflikt ist die Chance zum Neubeginn und zur Umstrukturierung. Er zwingt die beteiligten Parteien, sich in Frage zu stellen und dann unter neuen Vorzeichen zu agieren. Er setzt Energien frei, bringt Personen an einen Tisch, ändert Bündnisse, sprengt komplexe Strukturen und sorgt für frischen Wind in eingefahrenen Berufszusammenhängen.

Jessica ist Angestellte einer Behörde. Ihre Schwierigkeiten beginnen, als sie sich beurlauben lassen möchte, um sich weiterzubilden. Ihr Chef legt ihr nahe, im Interesse der Abteilung ihre Pläne zu ändern. Trotz dieser Ermahnung bleibt sie der Arbeit fern. Bei ihrer Rückkehr gibt der Chef ihr eine schlechte Beur-

---

[1] Leymann, H., Mobbing. Psychoterror am Arbeitsplatz und wie man sich dagegen wehren kann, Reinbek bei Hamburg 1993.

teilung, weil er der Meinung ist, dass Jessica mit ihrem Urlaub den gesamten Betrieb in Unordnung gebracht hat. Sie protestiert. Er versucht, mit ihr zu sprechen, ihr seine Motive zu erläutern, aber sie will nichts davon wissen und besteht über den Dienstweg auf einer Revidierung ihrer Note. Man legt ihr stattdessen nahe, sich versetzen zu lassen. Ein Vermittler wird zu Rate gezogen.

Bei diesem Fallbeispiel handelt es sich um einen offenen Konflikt, bei dem jeder der Beteiligten theoretisch die Möglichkeit hat, seine Position zu verteidigen, auch wenn Jessicas Vorgesetzter mit dem Argument, im Interesse der Firma zu handeln, wohl das Recht auf seiner Seite hat.

Das Typische am Konflikt ist also die symmetrische Ausgangslage der Protagonisten, mit anderen Worten, ihre theoretische Gleichheit. Wenn man den Konflikt akzeptiert, erkennt man den anderen als einen Gesprächspartner an, der demselben Bezugssystem angehört wie man selbst. Das ist die positive Seite des Konflikts. Dennoch reduziert sich ein Konflikt nie auf die offen angesprochene Streitfrage. Er birgt auch eine Schattenseite: die Suche nach Identität. Gerade im Zuge einer Differenz versucht man oft, vom anderen akzeptiert, anerkannt zu werden, und man definiert sich, indem man sich behauptet und widersetzt. Dieser Beziehungstyp kann auf beruflicher Ebene dazu führen, dass sich rivalisierende Cliquen bilden und eine von Konkurrenzdenken geprägte Atmosphäre entsteht. Da jeder Protagonist oder jede Gruppe versucht, die Oberhand zu gewinnen, liefern sie sich heftige Gefechte: Eine Feindseligkeit ergibt die andere, ein Verrat den anderen, und es entsteht der Eindruck, als sei alles erlaubt. Doch setzt dies Regeln voraus, an die sich alle halten müssen, und ein für alle verbindliches Regulativ: In diesem Fall kann man von einem «konfliktuellen Konsens» sprechen.

Solange der Konflikt nicht aus der Welt geschafft ist, hat er die Tendenz, sich auszuweiten, da ja alle Beteiligten sich um neue Verbündete bemühen. Man kann ihn spontan oder nach erfolgreichen Schlichtungs- und Vermittlungsbemühungen beilegen, was in jedem Fall besser ist, als die Situation entgleisen zu lassen. Konflikte, die nicht rechtzeitig gelöst werden, kapseln sich ein, schwelen im Untergrund weiter und bergen das Risiko, irgendwann in seelisches Quälen überzugehen.

Trotz des Erneuerungspotentials, das sie in sich tragen, sind Konflikte in Unternehmen nicht gern gesehen. Letztere befürchten, ein Skandal könne ihrem Markenimage schaden, und lassen lieber zu, dass sich anstelle der offenen Auseinandersetzung ein perverser Diskurs einschleicht, mit all den Manipulationen, die er entfesselt. Sie müssen stets den Eindruck vermitteln, als sei alles in schönster Ordnung, und scheuen aus Angst, einen Streit zu provozieren, die Auseinandersetzung und den direkten Austausch. So ist es unmöglich, in einer heilsamen Diskussion beim Namen zu nennen, was im Argen liegt.

Die Konflikte weiten sich aus und eskalieren, ohne je gelöst zu werden, weil uns unsere Erziehungsmuster sagen, dass wir sie fürchten müssen. Man will sich um jeden Preis miteinander verständigen, selbst auf die Gefahr hin, einen falschen Dialog zu führen, nur um die offene Aggression zu vermeiden, die sich möglicherweise nicht mehr eindämmen ließe. Statt die eigene Position durchzusetzen, ist man zum Schein bereit, die Situation zu akzeptieren, vertritt aber hinterrücks doch seinen Standpunkt. Die vielgerühmte Konfliktbewältigung, die zuweilen in Unternehmen praktiziert wird, bewältigt gar nichts, sondern tarnt bestenfalls eine (bisweilen explosive!) Situation, indem sie den Konflikt geflissentlich vermeidet: «Es geht darum, die Konflikte aufzulösen; man spricht von Konfliktlösung, als gälte es, sie lösbar zu machen, und die Zauberformel hierfür heißt derzeit ‹stummer Konsens›; nur die Lösung beziehungsweise Lösbarkeit zählt.»[2] Das Unternehmen, genauer gesagt, jedes

[2] Six J.-F., Dynamique de la médiation, Paris 1995.

einzelne Mitglied des Unternehmens, hat Angst, eventuellen Unstimmigkeiten nicht gewachsen zu sein.

In manchen Firmen nehmen die Verantwortlichen und die Gruppe der leitenden Angestellten Konflikte im zwischenmenschlichen Bereich erst dann ernst, wenn sie zur Bedrohung für das Unternehmen werden. Trotz aller Konfliktbewältigungsseminare, die höheren Angestellten empfohlen werden, sind Flucht und Vermeidung im Ernstfall immer noch die häufigsten Reaktionen. Man kehrt dem Problem den Rücken und bittet anschließend die Leiter der Personalabteilung, sich der Situation anzunehmen, die nur deshalb aus den Fugen geraten ist, weil die Unternehmensleitung nicht rechtzeitig eingegriffen hat.

In einigen Großunternehmen lassen sich regulierende Konflikte schon allein deshalb nicht austragen, weil es keine wirklichen Ansprechpartner gibt. Die Personen, die agieren könnten, sind nicht vor Ort, sondern «irgendwo im Stammhaus», und haben keine Ahnung, was an den Produktionsstätten tagtäglich vor sich geht. Wut und Frustration stauen sich auf, äußern sich in kleinen Reibereien oder führen dazu, dass die Betroffenen so lange stumm leiden, bis sie schließlich krank werden.

Zwar gibt es heutzutage weniger Konflikte auf gesellschaftlicher Ebene, da man sie im Keim erstickt, doch dafür hat der Einzelne mehr auszuhalten: Stress, Erschöpfung, Angst, Depressionen, seelische Gewalt. Jeder leidet für sich, ohne seine Probleme mit einer solidarischen Gruppe teilen zu können. Die Arbeitnehmer haben nicht mehr das Gefühl, einem beruflichen Kollektiv anzugehören, das eine gemeinsame Suche nach Anerkennung zuließe. Die großen sozialen Konflikte, die Veränderungen herbeiführen können, werden nach und nach von Mikrokonflikten und individuellen Aggressionen abgelöst, die sich den sozialen Regulierungstechniken entziehen. Auf diese Situationen individuellen Leidens, die auf kollektive Weise nicht geregelt werden können, haben die Gewerkschaften wenig Einfluss.

Im Übrigen spricht man nicht einmal mehr von Konflikten, da ein Konflikt ja zwei gleichberechtigte Gesprächspartner implizieren würde, sondern von Krisen, Krise der höheren Angestellten, Krise der Funktionäre und so weiter, womit suggeriert wird, dass eine bestimmte Berufsgruppe Probleme bereitet. Krisenbewältigungsinstanzen kommen zum Einsatz, das heißt, man schaltet nicht etwa einen Vermittler ein, der sich um den Dialog zwischen der Direktion und der betroffenen Gruppe bemühen könnte, sondern beauftragt einen Spezialisten, die «kranke» Gruppe «zu heilen». Ähnliche, im Übrigen perverse Vorgehensweisen bevorzugt man bei Personen, die seelischer Gewalt ausgesetzt sind: Auch hier wird kein Vermittler engagiert, der zu verstehen versucht, was zwischen den Parteien vor sich geht, im Gegenteil, die betroffene Person wird stigmatisiert, indem man ihr nahelegt, einen Arzt zu konsultieren.

Bei seelischer Gewalt handelt es sich nicht mehr um ein symmetrisches Verhältnis wie beim Konflikt, sondern um ein Verhältnis zwischen Dominierendem und Dominiertem, wobei derjenige, der das Spiel regiert, den anderen zu unterwerfen sucht und es darauf anlegt, ihn seiner Identität zu berauben. Wenn sich dies im Rahmen eines Abhängigkeitsverhältnisses ereignet, findet ein Missbrauch hierarchischer Macht statt, und aus der legitimen Autorität über einen Untergebenen wird die Unterjochung einer Person.

Sogar wenn sich die seelische Gewalt gegen einen Kollegen oder den Vorgesetzten richtet, gehen ihr stets die psychische Herrschsucht des Aggressors und die erzwungene Unterordnung des Opfers voraus. Der andere wird *a priori* herabgesetzt, weil er ist, wie er ist, wegen seines Geschlechts, seines Mangels an Kompetenz oder seiner Stellung in der Hierarchie. Er wird nicht als gleichwertiger Gesprächspartner wahrgenommen, was es dem Aggressor erleichtert, seine Identität zu zerstören.

Es ist falsch, Konflikten um jeden Preis aus dem Weg gehen zu wollen, zumal sie uns die Gelegenheit geben, uns zu verändern und die Belange des anderen zu beachten, was in jedem Fall eine Bereicherung bedeutet. Im Gegensatz zum Konflikt ist seelische Gewalt ein Mittel, jede Veränderung zu blockieren.

Terror durch den Vorgesetzten

Was ich als «Terror durch den Vorgesetzten» bezeichne, ist das tyrannische Gebaren einiger schwieriger Chefs, die auf ihre Arbeitnehmer einen entsetzlichen Druck ausüben oder ihnen Gewalt antun, indem sie sie beschimpfen, beleidigen, ihnen jeglichen Respekt verweigern.

Ähnliches hat sich in der Firma Bouyer in Montauban zugetragen, wo der Generaldirektor nicht nur die Belegschaft, sondern auch Lieferanten und Kunden gröblich beleidigte. Jeder wusste davon, aber da die Firma in finanziellen Schwierigkeiten steckte, rechneten alle damit, dass er bald abtreten müsste. Doch nichts dergleichen geschah: Aus Gleichgültigkeit ließ man ihn auf seinem Posten. Die Arbeitnehmer konnten sich nur durch einen harten Streik Gehör verschaffen.

Während die Prozesse seelischer Gewalt im Verborgenen vor sich gehen, ist die Gewaltbereitschaft dieser unangenehmen Tyrannen für jedermann erkennbar, auch für die Personalvertretung, sofern es eine gibt. Alle Arbeitnehmer werden gleichermaßen schlecht behandelt, auch wenn einige schlau oder raffiniert genug sind, sich der Aggression zu entziehen.

Ob diese Vorgesetzten sich ihres Verhaltens bewusst sind oder nicht, hat wenig Relevanz: Ihre Grobheit ist empörend und völlig inakzeptabel. Nur eine kollektive Maßnahme kann sie beenden. Es ist also nötig, dass die Arbeitnehmer sich so früh wie möglich zusammentun, um sich gegen derlei Sklaventreiberallüren zu wehren.

Dennoch lässt sich manchmal kaum zwischen seelischer Gewalt und der Tyrannei eines Vorgesetzten unterscheiden, da auch Letzterer sich gelegentlich perverser Mittel bedient, beispielsweise wenn er Leute gegeneinander aufhetzt.

In einem Kaufhaus wird ein junger Finanzexperte eingestellt, um dreißig Personen zu leiten, die alle seit langem in der Firma sind und ihre festen Arbeitsgewohnheiten haben. Gleich zu Beginn gibt er bekannt, dass er keine Verbrüderung wünscht, und verschanzt sich in seinem Büro. Während die Angestellten zuvor eine gewisse Geselligkeit pflegten, ist ihnen nun streng untersagt, sich länger als nötig am Kaffeeautomaten aufzuhalten; über die Länge der Toilettenpausen wird genauestens Buch geführt. Der Chef selbst sagt weder guten Morgen noch guten Abend und wendet sich nur per Computer an seine Untergebenen, ohne sie persönlich zu kennen. Systematisch kontrolliert und kritisiert er ihre Arbeit, zitiert in regelmäßigen Abständen jemanden zu sich ins Büro und durchforstet die in den vergangenen Tagen erbrachte Arbeit. Während er von seinem Personal selbstverständlich erwartet, stets verfügbar zu sein und abends, falls erforderlich, länger zu arbeiten, ahndet er die kleinste morgendliche Verspätung mit einem schriftlichen Verweis.

Fehler werden nicht besprochen, stattdessen muss der Schuldige im Büro des Abteilungsleiters erscheinen und wird dort mit viel Gebrüll auf seinen Fehler hingewiesen. Als ein Arbeitnehmer Erschöpfung signalisiert, weiß der Chef ihn an empfindlicher Stelle zu treffen: «Am besten, Sie lassen sich behandeln! Ich weiß ja, dass Ihnen das schon einmal passiert ist, sagen Sie doch gleich, dass es wieder so weit ist!»

Als eine Angestellte während der Schulferien um Urlaub ersucht: «Sie sind doch ledig, da können Sie sich ohnehin ein schönes Leben machen! Hätten Sie Kinder in die Welt gesetzt!»

Nachdem sie einige Monate diese Behandlung erfahren haben, sind die Angestellten mit den Nerven am Ende:
– der Jüngste kündigt, ohne lange zu verhandeln;
– ein anderer wird depressiv und muss sich eine Weile krankschreiben lassen;
– ein Dritter wird handgreiflich, als der Chef ihm zu Unrecht Vorwürfe macht;
– die meisten Arbeitnehmer sind derart destabilisiert, dass sie

beständig auf der Hut sind und ihrem Unmut nicht einmal mehr untereinander Luft machen.

Wenn ein Vorgesetzter jeden Untergebenen einzeln «quält», indem er sich bemüht, seinen wunden Punkt zu treffen, kann man sagen, dass er vom offenen Terror zu seelischer Gewalt übergegangen ist. Ähnliches lässt sich von der Bekleidungsfirma Maryflo berichten, deren tyrannischer und perverser Chef mit verletzenden Äußerungen und Beleidigungen jede Mitarbeiterin zu Fall gebracht hat.

Punktuelle aggressive Handlungen

Seelische Gewalt ist ein Wiederholungsdelikt. Sie äußert sich in Haltungen, Worten, Gesten, die für sich betrachtet harmlos erscheinen mögen, durch ihren wiederholten, systematischen Einsatz jedoch zerstörerisch wirken. Heinz Leymann[3] unterscheidet 45 feindselige Handlungen und behauptet, dass sich eine oder mehrere dieser Handlungen, damit man überhaupt von Mobbing sprechen könne, mindestens einmal wöchentlich und über mindestens sechs Monate wiederholen müssten. Auf diese Weise eine Grenze zu bestimmen geht mir etwas zu weit, zumal es nicht nur von der Dauer der Aggression, sondern auch von ihrer Heftigkeit abhängt, wie nachhaltig sie wirkt. Besonders demütigende Angriffe können einen Menschen in weniger als sechs Monaten zerstören!

Im Allgemeinen eignet sich der Begriff seelische Gewalt nicht, um die punktuelle Aggression eines Arbeitgebers zu bezeichnen, auch wenn diese besonders schlimme Folgen für das Opfer haben sollte.

Am 20. März 2000 urteilte das Appellationsgericht in Versailles, dass eine telefonische Rüge bei einer Angestellten der Kran-

---

[3] Leymann, H., Mobbing. Psychoterror am Arbeitsplatz und wie man sich dagegen wehren kann, Reinbek bei Hamburg 1993.

kenkasse in der Region Île-de-France schwere psychische Störungen hervorgerufen habe und als Arbeitsunfall gelten könne. Die Vorwürfe hätten eine «Reaktionspsychose … bei ihr ausgelöst, die ein anxiodepressives Syndrom sowie die Notwendigkeit nach sich gezogen hätte, sich einer antidepressiven Behandlung zu unterziehen». Wenn die psychischen Störungen dieser Frau einzig und allein auf die telefonische Rüge zurückzuführen sind, kann man zwar von einem heftigen aggressiven Akt, aber keinesfalls von seelischer Gewalt sprechen, zumal es sich um einen einmaligen Vorfall handelt.

Eine punktuelle verbale Aggression ist, sofern ihr nicht zahlreiche kleine Aggressionen vorausgegangen sind, zwar ein gewalttätiger Akt, aber kein seelisches Quälen, wie es wiederholte Vorwürfe wären, vor allem, wenn sie von weiteren abwertenden Verhaltensweisen begleitet würden. Ein Gericht, das entscheiden muss, ob sich hinter einer Änderung der Arbeitsinhalte eine böse Absicht verbirgt, besteht zu Recht darauf, das Geschehen über einen gewissen Zeitraum in Augenschein zu nehmen; bei den Aggressionen, die sich unmittelbar gegen die Person des Opfers richten, wie Schikane oder Demütigung, begnügt man sich hingegen damit, auf den Wiederholungscharakter des Angriffs Bezug zu nehmen.[4]

Eine punktuelle Aggression kann auch nur der Ausdruck eines spontanen oder impulsiven Wesens sein. In diesem Fall besteht dem Gesetz nach keine «Vorsätzlichkeit». Seelische Gewalt dagegen, besonders wenn eine perverse, narzisstische Person sie ausübt, ist «fortgesetzte» Aggression.

Zuweilen jedoch mag eine scheinbar punktuelle, aber besonders demütigende aggressive Handlung, etwa wenn ein Arbeitnehmer auf infame Weise vor die Tür gesetzt wird, auch als seelische Gewalt gelten. Wenn man diese Situationen einer detaillierteren Betrachtung unterzieht, stellt man

---

[4] Lapérou, B., La notion de harcèlement moral dans les relations de travail, RJS6/00, Francis Lefebvre.

freilich fest, dass sich die Ausgrenzung bereits durch kleine ablehnende oder feindselige Gesten angekündigt hat, die das Opfer jedoch nicht wahrhaben wollte. Mit einem Mal erkennt der entlassene Arbeitnehmer die Demütigungen, denen er ausgesetzt war, obwohl dieser Prozess schon lange vor seiner Entlassung begonnen hat. Man könnte hier durchaus von seelischer Gewalt sprechen, weil es sich im Grunde um den bewussten Plan handelt, eine bestimmte Person auszuschalten, sie aus purem Sadismus zu demütigen und zu erniedrigen.

Nachdem er sechs Jahre lang in derselben Abteilung gearbeitet hat, ohne dass auf beruflicher oder zwischenmenschlicher Ebene irgendein Problem offen ausgesprochen worden wäre, kann Jérôme eines Morgens sein Büro nicht mehr aufschließen, weil das Schloss ausgewechselt worden ist. Seine Sekretärin teilt ihm verlegen mit, sie habe von der Direktion die Anweisung erhalten, ihn nicht mehr hineinzulassen. Seine persönlichen Dinge finde er in einem Karton, an der Pforte.

Jérôme fällt aus allen Wolken. Er verlangt ein Gespräch mit seinem Vorgesetzten, der ihn jedoch erst in der kommenden Woche empfangen kann.

Nach einer Schockphase, in der Jérôme an Selbstmord denkt, wird ihm plötzlich bewusst, dass man ihm schon seit geraumer Zeit keine wichtigen Aktenstücke mehr zur Bearbeitung überlassen und einige Entscheidungen bezüglich seiner Abteilung über seinen Kopf hinweg getroffen hat. Nun endlich weiß er die ablehnenden Gesten und kleinen unangenehmen Bemerkungen zu deuten, die ihm längst hätten sagen müssen, dass seine Vorgesetzten ihm kein Vertrauen mehr entgegenbrachten.

Im folgenden Fall tritt die seelische Gewalt offener zutage, weil die Person sich zu verteidigen sucht:

«Nachdem ich ein Jahr für eine bestimmte Firma gearbeitet hatte, dabei weder berufliche noch zwischenmenschliche Probleme hatte, bedeutete mir mein Chef aus heiterem Himmel, dass ich für die Arbeit nicht geeignet sei und gehen müsse. Davor hatte

ich keinerlei Warnung erhalten. Als ich meine Rechte geltend machen wollte und ihm drohte, vor Gericht zu gehen, machte er mir die Hölle heiß und tat alles, um mich psychisch kleinzukriegen.»

Andere Formen von Gewalt

Ich möchte kurz auf andere Gewaltformen zu sprechen kommen, die ungeachtet ihrer zerstörerischen Kraft nicht als seelische Gewalt bezeichnet werden können:

– Gewalt von außen, ob es sich dabei um ungehobeltes Benehmen, einen bewaffneten Überfall oder die Aggression durch einen Kunden handelt, ist an sich noch keine seelische Gewalt. Dennoch kann das Verhalten mancher Kunden ihr durchaus verwandt sein. In diesem Fall, zumal die Aggression von außen kommt, hat eine Firma die Pflicht, ihre Angestellten zu schützen.

– Physische Gewalt als solche ist noch kein seelisches Quälen, auch wenn Letzteres bisweilen eskalieren und der Aggressor handgreiflich werden kann. In solchen Fällen ist es wichtig, dass man gegen den Betreffenden Anzeige erstattet. Das BIT hat herausgefunden, dass es im Dienstleistungsbereich am häufigsten zu physischer Gewalt kommt (6 Prozent in den Behörden und 5 Prozent im Handel).

– Sexuelle Übergriffe, die ja bereits als strafbare Handlungen gelten, gehören nicht in die Kategorie der seelischen Gewalt. Ich werde zwischen seelischer und sexueller Gewalt eine theoretische Grenze ziehen, auch wenn ich zeigen möchte, dass die Übergänge zwischen beiden oft fließend sind. Die Untersuchungen des BIT haben ergeben, dass 2 Prozent der Arbeitnehmer sexueller Belästigung ausgesetzt sind. Die Mehrheit der Betroffenen sind Frauen, zumeist unter 25 Jahren und ohne gesicherte Stellung.

Oftmals ist es sehr schwierig, seelische Gewalt von untragbaren Arbeitsbedingungen zu unterscheiden. Ausschlaggebend wird in solchen Fällen die Frage nach der Intentionalität. Einen Arbeitnehmer in ein enges Büro mit unzureichender Beleuchtung und unbequemen Stühlen zu setzen, muss an sich noch keine gewaltsame Handlung darstellen, es sei denn, man mutet dies nur ihm allein zu, in der Absicht, ihn zu zermürben. Dasselbe gilt für die Arbeitsüberlastung, die auch nur dann als Quälerei betrachtet werden darf, wenn sie bewusst oder unbewusst dem Zweck dient, einen bestimmten Angestellten zugrunde zu richten.

Schlechte Arbeitsbedingungen fallen in den Zuständigkeitsbereich des Gewerbeaufsichtsamts, das vor Ort nachprüfen und gegebenenfalls regulierend einschreiten muss. Da sich die Bedingungen jedoch im Falle seelischer Gewalt erst nach und nach verschlechtern, lässt sich für den betroffenen Arbeitnehmer nicht feststellen, ab welchem Zeitpunkt sie offenkundig unzumutbar geworden sind. Wenn mehrere Angestellte derselben Firma bemerken, dass sich ihre Arbeitsbedingungen verschlechtern, ist ein gemeinsames Handeln möglich. Eine einzelne Person dagegen, in einem kleinen Unternehmen, kann sich nur auf ihr eigenes subjektives Empfinden verlassen, wenn sie sich beschweren will. Meistens ist die seelische Gewalt so subtil, dass dem Opfer die Verschlechterung seiner Arbeitsbedingungen nur im Vergleich zur Situation seiner Kollegen bewusst wird.

Wie soll man in bestimmten Fällen entscheiden, ob seelische Gewalt im Spiel ist, wenn es sich dabei um Arbeitsplätze handelt, die von vornherein sehr schwierige Bedingungen bieten? Betrachten wir die Situation der Kassiererinnen im Supermarkt, deren Arbeitsschichten von Tag zu Tag variieren. Sie arbeiten hauptsächlich zu den Stoßzeiten, das heißt, mittags, abends und samstags. Wenn sie weitab wohnen, können sie die Arbeitspausen nicht einmal nutzen, um nach

Hause zu fahren und sich ihrer Familie zu widmen. Sie werden nur für eine beschränkte Anzahl von Stunden bezahlt, sind aber dennoch den ganzen Tag außer Haus. Ist ihr Arbeitsplatz zudem unsicher, erleben sie jeden organisatorischen Missgriff als eine gezielte Ungerechtigkeit. Werden die Schichten der einen Angestellten verbessert, kann dies der Geschäftsleitung sofort als Bevorzugung ausgelegt werden; lässt sie die besonderen Lebensumstände einer anderen auch nur unwesentlich außer Acht, wird dies zuweilen schon als bewusste Schikane empfunden.

Je härter die Arbeitsbedingungen sind, desto mehr sollte man folglich auf die betroffenen Angestellten Rücksicht nehmen.

Die beruflichen Zwänge

Seelische Gewalt ist ein Vergehen und darf nicht mit den legitimen Entscheidungen verwechselt werden, die die Organisation der Arbeit betreffen, wie Neueinstellungen oder Versetzungen, sofern diese mit dem Tarifvertrag konform gehen. Ebenso wenig handelt es sich bei Äußerungen konstruktiver Kritik an der geleisteten Arbeit um seelische Gewalt, vorausgesetzt, sie werden klar formuliert und nicht etwa missbraucht, um den Arbeitnehmer unter Druck zu setzen. Jede Art von Arbeit ist unweigerlich mit einem gewissen Grad an Zwang und Abhängigkeit verbunden.

In Behörden ist das Beurteilungssystem ein äußerst heikles Thema. In einigen Abteilungen ist es üblich, die Höchstnote zu vergeben. So kommt dem Herabsetzen der Note um einen halben Punkt beträchtliche Bedeutung zu. Eine schlechte Beurteilung kann eine prekäre Dynamik in Gang setzen, durch die sich der Arbeitnehmer ungerecht behandelt fühlt, obwohl nicht unbedingt böse Absicht im Spiel gewesen sein muss, als die Note festgelegt wurde. Zuweilen jedoch ist das Herabsetzen einer Note das einzige sichtbare Zeichen einer viel subtileren Form der seelischen Gewalt. Nur wie soll man dies beweisen?

Im Übrigen enthalten zahlreiche Arbeitsverträge Zusatzklauseln, in denen die Ziele definiert werden, die es zu erreichen gilt; dadurch lastet ein konstanter Druck auf den Arbeitnehmern, die in der Pflicht stehen, den Zielvorgaben des Vertrags, ungeachtet aller negativen Folgen für ihre Gesundheit, gerecht zu werden. Mehrere Gerichtsurteile haben entschieden, dass unrealistische Ziele, insofern sie den Arbeitnehmer in einem Zustand permanenter Gehetztheit halten, eine Form von Gewalt darstellen, die Alain Chirez als *clausuel*, verklausuliert, bezeichnet hat. Der Arbeitgeber ist verpflichtet, dem Arbeitnehmer die zur Erfüllung seiner Aufgaben notwendigen Mittel zur Verfügung zu stellen, außerdem muss der Auftrag sich mit seinen Fähigkeiten, seiner Stellung und seiner Entlohnung vereinbaren lassen.

Wer das Problem der beruflichen Zwänge anspricht, sollte bedenken, dass es auch Arbeitnehmer gibt, die keine Motivation zeigen und sich als Opfer seelischer Gewalt empfinden, sobald die Aufforderung an sie ergeht, mehr Leistung zu erbringen. Es ist völlig normal, dass Vorgesetzte versuchen, ihr Personal anzuspornen, nur dürfen sie Motivierung nicht mit Ausbeutung verwechseln. Viele Führungskräfte wissen mit den Empfindlichkeiten ihrer Mitarbeiter nichts anzufangen und geben eher die Peitsche als Zuckerbrot. Damit erreichen sie aber nur, dass sie blockieren und gar nichts mehr zustande bringen.

Man hat bereits zahlreiche Studien durchgeführt, um die Motivationskriterien der Arbeitnehmer zu erfassen. Die Ergebnisse zeigen, dass sie am besten durch eine interessante Tätigkeit in anregender Atmosphäre zu motivieren sind.

Man könnte einwenden, dass der Unterschied zwischen dem Druck, den ein Vorgesetzter legitimerweise auf seine Angestellten ausübt, um sie zur nötigen Leistung zu animieren, und einem Fehlverhalten seinerseits nicht immer deutlich wird. Dem möchte ich entgegenhalten, dass Führungskräfte lernen müssen, ihre Belange höflich zu äußern, mit der gebührenden Rücksicht auf die Persönlichkeit ihrer Untergebenen.

2. Was man unter seelischer Gewalt versteht

Betrachten wir nun, was einen Menschen dazu bringt, einen anderen zu peinigen, und mit welchen Mitteln es ihm gelingen kann, sein Opfer zu destabilisieren.

Wie kommt ein Mensch dazu, einen anderen zu peinigen?

Die Ursache für seelisches Quälen erklärt sich nicht durch offenkundige Fakten, sondern durch ein Zusammenspiel unaussprechlicher Gefühle.

Die Ablehnung des Andersartigen

Seelische Gewalt beginnt oft mit der Ablehnung eines Unterschieds. Dies manifestiert sich in einem Verhalten, das an Diskriminierung grenzt: sexistische Anspielungen, um eine Frau in einer Männerdomäne abzuschrecken, derbe Witze gegenüber einem Homosexuellen ... Wahrscheinlich ist man nur deshalb von der Diskriminierung zur seelischen Gewalt übergegangen, weil sie subtiler, weniger nachweisbar ist, so dass man keine Sanktionen befürchten muss. Geht die Ablehnung von einer Gruppe aus, so deshalb, weil sie Schwierigkeiten hat, jemanden zu akzeptieren, der anders denkt oder handelt als sie oder der auszusprechen wagt, was ihm missfällt: «Denn sie hassen am Andersdenkenden nicht nur die andre Meinung, zu der er sich bekennt, sondern auch die Vermessenheit, selbst urteilen zu wollen; was sie ja doch selbst nie unternehmen und im Stillen sich dessen bewusst sind.»[1]

---

[1] Schopenhauer A., Die Kunst, Recht zu behalten, Frankfurt a. Main 1995.

Viele Opfer täuschen sich nicht, wenn sie zu dem Schluss gelangen: «Ich bin anders als die anderen!» Sie sind sich bewusst, dass sie nicht denselben «Stil» oder dieselbe Geisteshaltung haben wie die Menschen in ihrer Umgebung.

Abgesehen von der Art und Weise, wie jemand arbeitet, ist es auch seine Art, sich zu benehmen und zu kleiden, seine Art zu sprechen und zu reagieren, die ihn einer Gruppe als «annehmbar» erscheinen lassen, zumal sie als Ausdruck seiner Bildung und seines sozialen Hintergrunds verstanden werden. Manchmal spürt ein Opfer die Gefahr, von der Gruppe ausgegrenzt zu werden, und reagiert, indem es seine Andersartigkeit oder Einzigartigkeit unterdrückt, um sich schließlich, wie ein Chamäleon, anzugleichen und in der Gruppe aufzulösen.

Diese von der Gruppe auferlegte Nivellierung kann so weit gehen, dass sogar subtilste Unterschiede ausgelöscht werden, wenn die Gruppe sie, wie bei folgendem Beispiel, nicht akzeptiert:

Nachdem sie längere Zeit als Sekretärin gearbeitet und etliche Lebensprobleme bewältigt hat, erhält Brigitte, 38-jährig, ihr Diplom als Erzieherin. Bereits an ihrer ersten Arbeitsstelle in einem Freizeitzentrum für Jugendliche, wird sie von Anfang an von ihren Kollegen, die alle zwischen 20 und 25 Jahre alt sind, und von ihrem Vorgesetzten, der ein wenig jünger ist als sie, wie eine Außenseiterin behandelt. Sie stört, weil man sie nicht einzuordnen weiß. Mit ihrer Lebenserfahrung, ihrem unkomplizierten Umgang mit den Jugendlichen und ihrem Organisationstalent bringt sie die idealen Voraussetzungen für diese Arbeit mit, aber sie hebt sich von den anderen ab, weil sie nicht so sportlich ist wie sie und sich anders kleidet. Brigitte beschließt, sich nichts daraus zu machen, und ist zuversichtlich, dass die anderen sie irgendwann akzeptieren und nicht mehr anfeinden werden.

Auch Personen, deren Leistungsfähigkeit eingeschränkt ist, werden von der Gruppe ausgegrenzt, weil sie deren Arbeitstempo hemmen oder die Abteilung in Verruf bringen. Dasselbe gilt umgekehrt auch für Personen, die allzu viel Eifer an den Tag legen, und dies in einer Gruppe, die auch ohne größeren Aufwand funktioniert.

Bei den Unternehmen selbst trifft man, wie wir noch sehen werden, ebenfalls auf wenig Bereitschaft, andersartige oder untypische Arbeitnehmer zu akzeptieren. Die Prozesse seelischer Gewalt zielen vor allem darauf ab, Personen zugrunde zu richten oder loszuwerden, die sich nicht ins System einfügen. Im Zeitalter der Globalisierung versucht man, Identisches herzustellen, Klone, interkulturell austauschbare Roboter. Damit die Gruppe homogen wird, walzt man jeden platt, der nicht geeicht ist, löscht jede Besonderheit aus, ob sie Wesen, Benehmen, Geschlecht oder Herkunft betrifft. Die Individuen zu formatieren, ist eine effiziente Möglichkeit, sie zu kontrollieren, und ihre Unterwerfung dient der Steigerung von Leistung und Profit.

Diese Formatierung wird oft von den Kollegen übernommen, denn wie jede soziale Gruppe züchten auch die Unternehmen Kontrollorgane, damit betraut, die Nonkonformisten dem Gleichschritt anzupassen, ihnen, koste es, was es wolle, die Logik der Gruppe einzutrichtern, notfalls auch mit seelischer Gewalt.

Neid, Eifersucht, Rivalität

Der Neid ist ein natürliches Gefühl, das sich nicht vermeiden lässt, wenn zwei Personen sich aneinander messen oder miteinander in Konkurrenz treten. Neid kann beträchtlichen Schaden anrichten, weil er Menschen zu zerstörerischen Handlungsweisen verleitet, und wird von den Sozialwissenschaften dennoch weitgehend ignoriert, ganz so, als gäbe es dieses Gefühl überhaupt nicht. Natürlich lässt es sich nicht ohne weiteres eingestehen. Wie soll man vor anderen, wie vor sich selbst, zugeben: «Ich kann ihn nicht leiden, weil er klüger, schöner, reicher ist und augenscheinlich

44

mehr geliebt wird als ich!»? Weil man so etwas nicht sagen kann, agiert man es aus und versucht, den anderen nieder-zumachen, um sich selbst zu erhöhen. Indem man ihm Übles nachsagt, verringert man den Abstand zwischen sich und dem anderen, das heißt dem Bild, das man sich von ihm gemacht hat.

Josiane, die unlängst ihr Studium an der polytechnischen Hoch-schule abgeschlossen hat, tritt eine Stelle in einer großen Behör-de an; sie wird einem älteren Kollegen zugewiesen, der seine Kenntnisse autodidaktisch erworben hat und Josiane einarbei-ten soll. Von Anfang an gibt er ihr keinerlei Informationen über den Schriftverkehr und die innere Organisation der Abteilung. Sie muss sich alleine zurechtfinden. Dennoch kritisiert er syste-matisch alles, was sie tut, ohne ihr jemals zu zeigen, wie sie es hätte besser machen können.

Wenn sie präzise Fragen stellt, um eine Information zu erhal-ten, reagiert er ausweichend, wechselt das Thema oder macht sich über sie lustig:

«Wozu haben Sie denn studiert, wenn Sie nicht mal das wis-sen!»

«Was haben die Ihnen an der Hochschule bloß beigebracht?»

Den Mitarbeitern gegenüber prahlt er auf Kosten seines Schützlings: «Die mit ihrem Diplom in Polytechnik, die hat doch keinen Schimmer. Ich muss ihr alles beibringen!»

Schon bald verliert Josiane ihr Selbstvertrauen und hat das Gefühl, überhaupt nichts zu wissen. Sie gibt ihrem Kollegen Recht und glaubt nun selbst, dass ihr Studium ihr nicht das Ge-ringste gebracht hat. Sie wird unterwürfig und fragt schließlich bei jeder Kleinigkeit den älteren Kollegen um Rat. Aber das ge-nügt diesem Mann noch nicht: Er setzt ihr so lange mit schrof-fen Bemerkungen zu, bis sie krank wird.

Der Neid steht nicht unbedingt im Verhältnis zum Wert der begehrten Sache, sondern entzündet sich nicht selten an lä-cherlichen Kleinigkeiten. Man beneidet jemanden, weil er seinen Schreibtisch am Fenster stehen hat oder sein Sessel schöner ist, aber man beneidet auch den, der vom Chef bevorzugt oder bei gleicher Qualifikation besser bezahlt wird.

Monique, 50, ist Filialleiterin eines großen Unternehmens. Infolge einer Fusion wird sie einem neuen Vorgesetzten unterstellt, der aus der anderen Firma kommt und jünger ist als sie. Während Monique ein gutbürgerliches Leben führt, ihr Mann eine gehobene Stellung innehat und ihre Kinder erfolgreich sind, steckt ihr Vorgesetzter schon zum dritten Mal in einer Ehekrise und seine Kinder haben Probleme in der Schule. Bei einer Betriebsversammlung lobt der Generaldirektor Monique vor allen anderen Führungskräften. Er nennt sie kreativ, intelligent und begabt. Von nun an hat sie täglich den Eindruck, als würde ihr Vorgesetzter sie am liebsten umbringen: strenge Kontrolle ihrer Spesenrechnungen, beleidigende Äußerungen, Kritik an ihrer Arbeit im Beisein von Kunden, Weigerung, mit ihr am Telefon zu sprechen. Für sie besteht kein Zweifel, dass ihr Vorgesetzter unsicher ist, weil er einen neuen Posten angetreten hat, auf unbekanntem Terrain, und sie daher loswerden will, weil er neidisch ist und ihre Konkurrenz fürchtet.

Gefühle von Eifersucht können zwischen Kollegen auftauchen, zwischen Vorgesetzten oder zwischen Vorgesetzten und Untergebenen. Wie soll man es, wenn man seiner selbst nicht sicher ist, ertragen, einen Untergebenen zu haben, der qualifizierter ist oder mehr Leistung erbringt? Dies kann auf allen hierarchischen Ebenen des Unternehmens zu Übergriffen führen.

Im Zuge einer besonders komplizierten Umstrukturierung erweist sich der Manager als äußerst kompetent, so dass er von Aktionären und Arbeitnehmern gleichermaßen beglückwünscht wird. Er hat das Pech, beliebter zu sein als sein Präsident, der ihn daraufhin kaltstellt, ihm keine Informationen mehr zukommen lässt und ihn bei seinen Untergebenen diskreditiert. Auf diese Weise am Arbeiten gehindert, ist der besagte Manager nicht überrascht, als sein Vorgesetzter ihn zu sich zitiert, um ihm mitzuteilen, dass er dem Unternehmen nicht mehr

angehört. Man ersetzt ihn durch einen farbloseren Menschen,
der den Präsidenten nicht in den Schatten stellen kann.

Die Rivalität ist ein Werkzeug, dessen sich die Betriebe auf
sehr zynische Weise bedienen, um sich eines Menschen zu
entledigen: Man spielt so lange den einen gegen den anderen
aus, bis einer von beiden es vorzieht, das Feld zu räumen.
Manchmal spielt man offen die Jungen gegen die Alten aus,
indem man die junge Belegschaft bestätigt und die alte als
überholt bezeichnet. Bei anderer Gelegenheit geht die Ausgrenzung auf subtilere Weise vonstatten:

Wenn neue Führungskräfte mit neuen Ideen kommen, ist ihnen
daran gelegen, auch das Personal zu erneuern. Sie gehen grund-
sätzlich davon aus, dass die Methoden der alten Belegschaft
überholt sind und diese sich nicht anpassen kann. Da es schließ-
lich sehr teuer ist, einen Arbeitnehmer vor die Tür zu setzen, der
lange Jahre für ein Unternehmen tätig war, denkt man zuerst
nicht unbedingt bewusst daran, ihn zur Kündigung zu bewegen,
nimmt ihn aber sehr genau unter die Lupe. Man registriert jede
falsche Bewegung und sagt sich, dass ein Jüngerer die Arbeit
besser erledigen könnte. Er stört. Der kleinste Irrtum seinerseits
gewinnt eine übertriebene Bedeutung. Man beginnt, auf Fehler
zu lauern, weil man auf die Idee gekommen ist, dass man sie als
Vorwand benutzen könnte, um den unliebsamen Arbeitnehmer
zu entlassen. Nach und nach geht man dazu über, ihn seelisch
zu peinigen, bis ihm ein Fehler unterläuft. Die böse Absicht
stellt sich hier also erst allmählich ein.

Das Schwinden des Gemeinschaftssinns hat die Rivalitäten
zwischen Einzelpersonen gefördert. Unter dem Vorwand,
stimulierende Konkurrenzsituationen zu schaffen, und mit
dem Ziel, Bündnisse zu sprengen, neigt man im Management gegenwärtig dazu, verschiedene Gruppen gegeneinander aufzubringen. Arbeitnehmer mit Diplom zum Beispiel
werden geschätzt, die einfachen Beschäftigten hingegen verachtet. Wenn man den Absolventen der Eliteuniversitäten
während ihrer Ausbildung immer wieder eintrichtert, dass

sie die Besten seien, bilden sie ein Gefühl der Überlegenheit aus, das jeglicher Kommunikation im Weg steht. Sie halten sich für etwas Besonderes und meinen am Ende, sich alles erlauben zu können. Da sie der Elite angehören, können sie ausschließlich mit der Elite kommunizieren. Dies reduziert ihre Kontakte ganz erheblich! Es gibt keine Neugierde mehr auf die Meinung des anderen, weil man ja von vornherein weiß, dass sie einen nicht voranbringt. Ein Dialog setzt eine Beziehung zwischen zwei Personen voraus, die sich menschlich gleich bedeutend fühlen, auch wenn sie auf unterschiedlichem hierarchischem Niveau stehen. Nur der Dialog zwischen Personen mit unterschiedlichen Standpunkten wirkt befruchtend.

Manche Unternehmensleitungen bedienen sich bewusster Manipulationen, die unlautere Verhaltensweisen fördern. Das zeigt sich zum Beispiel bei Fusionen; zwar hat die Firmenleitung sich verpflichtet, niemandem zu kündigen, dann aber eine Stelle mit zwei Personen besetzt. Auch wenn niemand es explizit ausspricht, denkt doch jeder, zu Recht oder zu Unrecht, dass der leistungsschwächere oder unangepasstere Kollege über kurz oder lang wird weichen müssen. So nimmt es nicht wunder, dass bisweilen der eine den anderen zu eliminieren versucht.

Die Angst

Die Angst ist ein wesentlicher Motor bei seelischer Gewalt, denn Angst erzeugt gemeinhin Aggression: Man attackiert, bevor man selbst attackiert wird, greift den anderen an, um sich vor einer Gefahr zu schützen.

Mit der beständig drohenden Arbeitslosigkeit, die trotz des wirtschaftlichen Aufschwungs beharrlich weiterexistiert, und mit dem Anstieg des psychischen Drucks, den die neuen Führungspraktiken mit sich bringen, ist die Angst zu einer bedeutenden Komponente der Arbeit geworden. Sie sitzt zahlreichen Arbeitnehmern im Nacken, auch wenn sie nicht wagen, darüber zu sprechen. Es ist die Angst, den Anforderungen nicht zu genügen, die Angst, bei seinem Chef in Ungnade zu fallen oder von den Kollegen nicht geschätzt zu werden, die Angst vor Veränderung, aber auch die Angst vor Sanktionen oder einem Fehler, der einen die Stellung kosten könnte.

Heutzutage ist diese Angst weitaus versteckter als früher. Zwar sind Arbeitgeber, die von ihren Mitarbeitern offen die bedingungslose Unterwerfung fordern, inzwischen selten geworden, doch indem man Selbständigkeit und Eigeninitiative seiner Arbeitnehmer lobt, redet man ihnen zugleich Schuldgefühle ein. Man gibt ihnen zu verstehen, dass etwaige Probleme selbstverschuldet sind und sie den Ärger, den sie bekommen, wenn sie sich dem System nicht anpassen wollen, selbst zu verantworten haben. Und so fördert die Angst den Uniformismus und eine heimtückische Art von Gleichmacherei.

Vincent, kaufmännischer Leiter, hat etwa zwanzig Angestellte unter sich. Sein Chef ist der Meinung, dass Vincent nicht streng genug durchgreift. Er verlangt die Köpfe zweier Mitarbeiter. Der eine hat schlechte Resultate erzielt, der andere hat das Pech, nach Maßgabe der Firmenpolitik allzu liberal und kritisch zu sein.

Vincent hält noch eine Weile stand, aber angesichts des Drucks, den sein Chef auf ihn ausübt, indem er ihn immer wieder an seine Verantwortung für die Firma erinnert, «opfert» er schließlich die beiden lästigen Angestellten.

In manchen Unternehmen beruht die Strategie der Personalleitung gänzlich auf Angst. Die Arbeitnehmer sind ständig in der Defensive, und diese Haltung pflanzt sich von der Chefetage bis ganz nach unten fort. Es ist schwierig, darüber zu sprechen, weil man sich schämt, Angst zu haben wie ein Kind. Schwächere Arbeitnehmer werden der Versuchung erliegen, die gegen sie gerichtete Gewalt an ihren Untergebenen auszuagieren. Auf diese Weise fördert man schlimmste Entgleisungen.

Als Marc seinen Posten als leitender Angestellter in einer For-
schungsabteilung antritt, ist er fest davon überzeugt, dass er
keine Probleme haben wird, weil die Stelle exakt auf seine
Kompetenzen zugeschnitten ist.

Der Empfang der Kollegen ist ein wenig kalt, und er begreift
schnell, dass er sich im Problemfall alleine zurechtfinden muss.
Dennoch hat er keine Schwierigkeiten, bis er eines Tages einen
Bericht abliefert, der einige Fehler aufweist. Marc wird von sei-
nem Chef in Anwesenheit der gesamten Belegschaft buchstäb-
lich gelyncht: Er nimmt seine Fehler aufs Korn, macht sich über
seine Schwächen lustig, überhäuft ihn mit sarkastischen Bemer-
kungen. Niemand kommt Marc zu Hilfe. Er hat beinahe das
Gefühl, als seien seine Kollegen erleichtert, dass es ihn und
nicht sie getroffen hat.

Von diesem Tag an arbeitet Marc unter beständiger Angst.
Jeden Morgen leidet er unter Durchfall. Tagsüber ist er ange-
spannt und erschrickt bei der kleinsten Bemerkung. Er befürch-
tet unentwegt, seinen Aufgaben nicht gewachsen zu sein. In der
Nacht leidet er unter Albträumen. Am Wochenende geht es ihm
besser, aber am Sonntagabend fühlt er sich dermaßen schlecht,
dass er trinkt, um sich zu beruhigen, und dies wiederum beein-
trächtigt sein Eheleben.

Als ein offensichtlich unerfahrener junger Kollege eingestellt
wird, ist Marc hocherfreut. Er sagt sich, dass die Fehler des
Neuen die seinen vertuschen werden. Aus diesem Grund unter-
nimmt er nichts, um dem anderen zu helfen, und verweigert ihm
zudem die Informationen, die ihm seine Einarbeitungszeit er-
leichtern könnten.

Die Angst, die man vor anderen hat, kann dazu führen, dass
man allen misstraut. Man muss seine Schwächen verbergen,
weil der andere daraus Nutzen ziehen könnte. Man muss angreifen, bevor man selbst angegriffen wird, und den anderen
als gefährlichen Rivalen oder potentiellen Feind betrachten.
Als bestünde der Tatbestand der Notwehr, versucht man,
sich des anderen zu entledigen, um sich selbst zu retten. Am
meisten Angst vor den anderen haben die narzisstischen Perversen. Für sie bedeutet jeder, den sie nicht verführen oder
unterwerfen können, eine potentielle Gefahr.

Die Angst bringt einen dazu, den anderen zu verteufeln, man unterstellt ihm aggressive Gefühle, weil man die eigene Position gefährdet sieht und sich bedroht fühlt. Dies kann dazu führen, dass man einen anderen Menschen quält, aber weniger wegen seiner tatsächlichen Eigenschaften als aufgrund des Bildes, das man sich von ihm gemacht hat.

Nachdem Odile etliche Monate ausgegrenzt, am korrekten Arbeiten gehindert, vor der gesamten Belegschaft bloßgestellt und abqualifiziert worden ist und sie sich nach Kräften verteidigt und auf jede offenkundige Beleidigung mit einem Einschreibebrief reagiert hat, wird sie zu ihrem Vorgesetzten beordert, der ihr mitteilt, dass man sie entlassen wird. Es ist derselbe Vorgesetzte, der sie beleidigt, bedroht und mit Kränkungen überschüttet hat. Mit einem Mal gibt er sich ihr gegenüber äußerst charmant, geradezu verführerisch:

«Sie haben mir vorgeworfen, dass ich Sie nicht empfange, dann müssen Sie sich ja freuen, denn heute empfange ich sie!»

«Ja, um mir zu kündigen!»

«Täuschen Sie sich nicht, ich weiß ja, dass Sie ausgezeichnete Arbeit leisten, und ich würde mich freuen, wieder mit Ihnen zusammenzuarbeiten!»

Odile weiß nicht mehr, was sie denken soll, überlegt, ob sie sich die Aggression vielleicht nur eingebildet hat. Wie lässt sich sonst erklären, dass dieser Vorgesetzte ihr gegenüber so gewalttätig war und sich nun so charmant verhält?

Es liegt klar auf der Hand, dass dieser Mann sich vor Odile gefürchtet hat und erst liebenswürdig zu ihr sein kann, nachdem er sie entwaffnet hat. Er ist sich ihrer beruflichen Qualitäten bewusst und hatte vielleicht Angst, sie könne ihn in den Schatten stellen. Jedenfalls fürchtete er von dem Moment an, als sie auf seine Aggressionen mit Einschreibebriefen zu reagieren begann, um seine Position. Jetzt ist er erleichtert, dass sie geht, aber anstatt es zuzugeben, schiebt er die Verantwortung ihr zu:

«Sie verstehen doch, dass ich nicht jeden zweiten Tag einen Einschreibebrief erhalten möchte!»

Angst erzeugt zuweilen Feigheit: Man lässt einen narzisstischen Perversen gewähren, aus Furcht, andernfalls selbst zur Zielscheibe seiner respektlosen Angriffe zu werden.

Angst kann aber auch entstehen, ohne dass notwendigerweise Druck von oben ausgeübt wird, denn oft ist sie das Ergebnis infantiler Verhaltensmuster: Angst vor Schelte, Angst, bei schlechtem Benehmen ertappt zu werden, Angst, eine Missetat könne ans Licht kommen. Wer Angst davor hat, dass Fehler oder Unregelmäßigkeiten entdeckt werden könnten, mag versucht sein, sich unliebsamer Zeugen zu entledigen:

Didier hat seit einigen Jahren ein Verhältnis mit seiner Assistentin. Sie treffen sich nur im Büro, wenn er sicher ist, dass niemand sie stören wird. Von Anfang an hat er ihr verboten, ihn anzurufen oder ihm Briefe zu schreiben, und sich geweigert, sie außerhalb der Firma zu sehen, weil er große Angst hat, das Verhältnis könne ans Licht kommen. Als seine Frau einen gewissen Verdacht äußert, beschließt er, die Liaison zu beenden. Von diesem Moment an schlägt seine Zuneigung ins Gegenteil um: Er überhäuft seine Assistentin mit Arbeit, weil er hofft, dass sie auf diese Weise keine Gelegenheit hat, mit Kolleginnen zu sprechen und womöglich der Versuchung zu erliegen, ihr Liebesabenteuer auszuplaudern. Er überwacht die Briefe und E-Mails, die sie verschickt, und belauscht ihre Gespräche. Wenn sie das Wort an ihn richtet, schnauzt er sie an, weil er befürchtet, sie könne ihn duzen oder sich zu einer persönlichen Äußerung hinreißen lassen. Eines Tages verliert sie die Nerven und macht ihm eine Szene. Dies bestätigt ihn nur in der Gewissheit, dass er ihr zu Recht misstraut hat und dass sie die grobe Behandlung verdient.

Was sich nicht eingestehen lässt

Eine berufliche Auseinandersetzung, über die sich sprechen lässt, ist nur selten der Auslöser für seelische Gewalt. Weitaus häufiger geht sie auf etwas zurück, was sich nicht eingestehen lässt, und man sollte daher stets nach den verborgenen Ursachen aggressiven Verhaltens forschen.

In jedem Unternehmen existieren neben den expliziten auch implizite Regeln. Wer gegen sie verstößt, macht sich selbst zum Außenseiter. Ein Team kann in gutem Glauben eine Funktionsstörung oder Laxheit vertuschen, die darin besteht, aus Angst vor dem Konflikt kleine Nachlässigkeiten der Kollegen zu tolerieren. Solange man diese Missstände nicht benennt, existieren sie auch nicht. Wer ausspricht, dass etwas nicht in Ordnung ist, oder einfach nur die Augen offen hält, wird von der Gruppe geächtet. Es gibt schließlich einen allgemeinen Konsens, eine Art Geheimregel, die man respektieren muss, wenn man zeigen will, dass man dazugehört.

Als Yves in der Geschäftsabteilung anfängt, begeht er den Fehler, seine Kollegen wissen zu lassen, dass er ihr Benehmen missbilligt (sie klauen Werbegeschenke, die eigentlich für Kunden gedacht sind, «borgen» sich Büromaterial aus und so weiter). Von nun an wird er geschnitten, grob angefahren, sogar verunglimpft. Er beschließt, mit seinen Vorgesetzten zu sprechen. Diese erklären ihm jedoch, dass diese kleinen Unterschlagungen nicht so schlimm seien und es ihnen in erster Linie darauf ankomme, dass das Unternehmen reibungslos funktioniere und keiner Geschichten mache.

Die Unternehmen akzeptieren das Informelle, die kleinen Arrangements, die ihre Effektivität steigern. Im Übrigen können sie ohne diese kleinen Konzessionen nicht funktionieren (man weiß ja, wie ein Dienst nach Vorschrift einen gesamten Sektor lahmlegen kann!). Werden jedoch gewisse Grenzen überschritten, können aus kleinen Arrangements schnell grobe Verstöße werden.

Es gibt Unternehmensleiter, die sich den sozialen Frieden erkaufen, indem sie gewisse Unregelmäßigkeiten kurzerhand ignorieren, um nicht mit den Gewerkschaften in Konflikt zu geraten. Sie lassen zu, dass die Forderungen leitender Angestellter verhöhnt werden, indem sie sie beispielsweise zwingen, das unstatthafte Benehmen mancher Arbeitnehmer zu übersehen, und sich damit dem Druck einer Gewerkschaft beugen, die mit unangenehmen Konsequenzen droht. Auch wenn diese leitenden Angestellten nicht persönlich in Frage gestellt werden, so verlieren sie doch in ihrer Rolle als Führungskräfte ihre Glaubwürdigkeit.

In einem Unternehmen haben sämtliche Arbeiter es sich zur Gewohnheit werden lassen, an ihrem Arbeitsplatz Kleinigkeiten zu entwenden. Niemand spricht darüber, aber alle, auch die Gewerkschaften und die Betriebsleitung, sind auf dem Laufenden. Da kommt Michel dazu, der nach längerer Arbeitslosigkeit sehr froh ist, endlich wieder einer Beschäftigung nachgehen zu können. Der Älteste in der Werkstatt versucht, ihm das ungeschriebene Gesetz nahezubringen. Michel weigert sich, auch nur das Geringste mitgehen zu lassen, weil es seinen Prinzipien widerspreche. Man legt ihm nahe, eine Zigarette rauchen zu gehen oder sich einen Kaffee zu holen, damit man sich unterdessen auch an seinem Arbeitsplatz bedienen könne. Michel weigert sich standhaft, wird wütend und droht, sich bei der Firmenleitung zu beschweren. Die Gruppe verschwört sich gegen ihn. Keiner spricht mehr mit ihm, man macht sich hinter seinem Rücken über ihn lustig, droht, ihm etwas anzutun, wirft ihm Gegenstände in den Weg ...

Michel bricht schließlich zusammen und wird krankgeschrieben. Nach einer zweimonatigen depressiven Phase muss er sich beim Betriebsarzt melden, bevor er seine Arbeit wieder aufnimmt. Die Direktion hat versucht, Druck auf den Arzt auszuüben, damit er Michel für arbeitsunfähig erklärt.

Was ist geschehen? Bis zu Michels Ankunft gab es, was die kleinen Diebstähle der Arbeiter anbelangte, einen Konsens. Alle Welt wusste darüber Bescheid, aber kein leitender Angestellter hatte es bislang gewagt, dagegen einzuschreiten, da auch die Gewerkschaften eingeweiht waren und man befürchten musste, einen Konflikt mit verheerenden Folgen für die Karriere loszutreten. Nach dem Motto «Hältst du mich, so halt ich dich am Bärtchen ...» «hielt» jeder den anderen, und so hatte das System Bestand.

Zu Michels eigener Sicherheit beschloss der Betriebsarzt, ihn als ungeeignet für diesen Posten zu erklären, damit er der Grup-

*pe fernblieb. Und so können die Arbeiter fortan wieder in aller
Ruhe weiterklauen.*

Das Umgehen von Vorschriften, unverschämt hohe Spesenrechnungen, das Entwenden von Büromaterial, Telefongespräche ins Ausland, dies alles sind Möglichkeiten, eine
nachlässige Betriebsführung für sich zu nutzen: «Das merkt
ohnehin keiner!» Für manche Arbeitnehmer ist diese Angewohnheit auch eine Rache oder Kompensation für die
schlechte Behandlung, die sie sich nach ihrem Dafürhalten
von ihrer Firma gefallen lassen müssen. Doch in einigen Fällen spiegeln sich in den kleinen Verfehlungen der Arbeitnehmer auch schlicht die Regelverstöße, die sich das Unternehmen selbst zuschulden kommen lässt: kleine Rechenfehler der
Arbeitnehmer, wenn es um die Anzahl der Arbeitsstunden
und die Höhe der Spesenrechnung geht, natürlich zu ihren
Gunsten, Umweltsünden oder Steuerbetrug aufseiten der Unternehmen. In manchen Firmen gibt es offene Geheimnisse,
über die niemand spricht. Das kann das Verhältnis des Chefs
mit einer seiner Sekretärinnen sein oder die Tatsache, dass
man sich Angebote nur pro forma einholt, weil von vornherein feststeht, welche Firma den Auftrag erhalten wird.
   Wenn sich diese offenen Geheimnisse unmittelbar auf die
innere Struktur der Firma beziehen, gilt: je ernster die Angelegenheit, desto unumstößlicher das Schweigegebot. Jeder
hält sich daran, weil er denkt, dass alles, was dem «Haus»
schaden kann, indirekt auch den Arbeitnehmern schadet.
Aber diese Haltung pflanzt sich durch alle Ebenen des Unternehmens fort.

*Marie-Reine arbeitet seit etwa zehn Jahren als Betriebskran-
kenschwester. Da es seit der Umstrukturierung nicht mehr genügend Arbeit gibt für einen Vollzeitposten, sie aufgrund ihrer
Funktion aber Anwesenheitspflicht hat, fordert die Direktion
sie auf, die Zeit mit anderen kleinen Aufgaben auszufüllen: Te-
lefondienst, Sortieren der Post und so weiter. Solange sie keine
Einwände erhebt, lässt man sie in Ruhe.*

In ihren Aufgabenbereich fällt auch die Eintragung der Arbeitsunfälle, die die Betriebsleitung jedoch zu vertuschen versucht. Man legt Marie-Reine nahe, sie möge nichts darüber nach außen tragen und auch über die Tatsache Stillschweigen bewahren, dass keiner der unter Vertrag stehenden Arbeitnehmer regelmäßig untersucht wird. Als sie sich anschickt, Präventivmaßnahmen gegen Alkoholismus einzuführen, erhält sie nicht nur keinerlei Unterstützung, man schwärzt sie auch noch bei den betroffenen Arbeitnehmern an.

Kurz nachdem Marie-Reine einen Arbeitsunfall eingetragen hat, findet sie ihren Medizinschrank plötzlich in Unordnung vor und bemerkt, dass bei einigen Medikamenten das Verfallsdatum deutlich überschritten ist. Zuerst versteht sie das Ganze nicht und hegt gewisse Zweifel an ihrer geistigen Gesundheit: «Jetzt bist du schon völlig verrückt!» Zum Glück kann die Betriebsärztin, die kurz zuvor die Medikamente mit ihr inspiziert hatte, sie beruhigen und zugleich warnen: Offensichtlich wollte ihr jemand einen Berufsfehler «stricken».

Der Direktor, den sie um ein Gespräch ersucht, hört ihr gar nicht zu, sondern lässt fast ausschließlich den Abteilungsleiter sprechen, der sich bitter über Marie-Reines vorgeblichen Mangel an beruflicher Strenge beklagt.

Marie-Reine verliert den Mut. Man versucht, sie einzuschüchtern, um ihre Arbeit zu behindern, und niemand ist da, der ihr den Rücken stärkt. Auch die Gewerkschaftsvertreter wollen keine unnötigen Wellen schlagen, weil sie Angst haben, ihre Arbeit zu verlieren. Sie fühlt sich der Auseinandersetzung nicht gewachsen, verliert die Nerven und wird mit Depressionen ins Krankenhaus eingeliefert.

Sehr häufig verleiten die Führungskräfte ihre Untergebenen zu aggressiven Verhaltensweisen, verweigern ihnen jedoch jede Rückendeckung, wenn sie dabei erwischt werden. So legen manche Arbeitgeber ihre Ziele in der Gewissheit fest, dass die Angestellten Fehler und Irrtümer begehen müssen, um ihr Soll zu erfüllen. Man nimmt in Kauf, dass sie auf Abwege geraten, wenn man gewisse Leistungsziele vorgibt, ohne zur Kenntnis nehmen zu wollen, was unabdingbar ist, um sie zu erreichen: «Tun Sie, was Sie für richtig halten, ich will Ergebnisse sehen, ansonsten werden Sie nicht lange bei uns sein.»

Bei diesen Verfehlungen verschanzt man sich hinter seinem Recht: Alles ist erlaubt, solange es nicht grob gegen das Gesetz verstößt. Auf die Menschen nimmt man dabei keine Rücksicht. Auf der anderen Seite schützt man sich durch Schweigen: Was nicht benannt wird, das existiert auch nicht.

Daher auch die Wichtigkeit, wie wir noch sehen werden, «anzusprechen», was nicht in Ordnung ist.

Wie kann man den anderen verletzen?

Das Isolieren

Seelische Gewalt ist eine Pathologie der Einsamkeit. Man richtet sie mit Vorliebe gegen isolierte Personen. Wer Verbündete oder Freunde hat, fällt ihr weniger leicht zum Opfer.

Allein erziehende Mütter oder Arbeitnehmer in einer unsicheren Arbeitssituation, die mehr als andere um ihre Stelle fürchten müssen, ohne in einem sozialen Netz Rückhalt finden zu können, werden leicht zur Beute.

Das Europaparlament hatte im Rahmen des Handlungsentwurfs bezüglich der fundamentalen Sozialrechte darauf hingewiesen, dass spezifische Gruppen in besonderem Maße von sexueller Belästigung betroffen seien: *geschiedene oder getrennt lebende Frauen, Berufsanfänger und Arbeitnehmer, deren Arbeitsverträge nicht geregelt oder unsicher sind, Frauen in traditionellen Männerberufen, Frauen, die eine Behinderung haben, Lesbierinnen und Frauen, die einer ethnischen Minderheit angehören, sind weitaus stärker gefährdet. Auch homosexuelle und junge Männer sind potentielle Opfer seelischer Gewalt.*

Um in einer großen Firma oder einer großen Behörde ungehindert voranzukommen, muss man im richtigen Augenblick die richtigen Bündnisse schließen. Zu einer Zeit, da sich bei den Arbeitnehmern ein immer größer werdender Hang zum Individualismus einstellt und allerorten Arbeitsgemeinschaften zerfallen, gewinnen paradoxerweise Beziehungsnetze immer mehr an Bedeutung. Das heißt, dass man sich keinen Vorgesetzten zum Feind machen, nicht unangenehm auffallen und sich möglichst nicht von der Gruppe unterscheiden sollte.

Roland arbeitet in einem Team, das von einem entscheidungsfreudigen «Macher» geleitet wird. Er ist zwar ein wenig autoritär, weiß seine Truppe aber ausgezeichnet zu motivieren, und alle Mitarbeiter sind von ihm begeistert. Dieser Mann, der sehr schnell Karriere gemacht hat und viel Anerkennung bekommt, erweckt Neid. Als er ein etwas gewagtes Projekt durchdrücken möchte, nehmen dies einige Mitglieder des Verwaltungsrats zum Anlass, gegen ihn zu intrigieren. Sie drängen ihn von seinem Posten und übernehmen seine Abteilung. Roland und seine Kollegen verlieren die Orientierung. Sie erhalten ihre Anweisungen nicht mehr von einer Einzelperson, sondern von einer Gruppe anonymer Verwalter, die sämtliche Entscheidungen nach dem Kostenfaktor treffen. Jedes Teammitglied zieht sich auf seinen Aufgabenbereich zurück; Eigeninitiativen hören auf.

Roland, der seinem ehemaligen Chef sehr nahe stand, wird von den Kollegen geschnitten. Wenn er gegen Bürokratismus und Alltagstrott wettert, nimmt man es ihm übel. Wenn er ein Projekt in Angriff nimmt, verwirft man es, noch bevor er es präsentiert. Weil er sich widersetzt, muss auch er vernichtet werden.

Wenn die betreffende Person noch Freunde am Arbeitsplatz hat, dann sorgt man dafür, dass sie isoliert wird, drängt sie in eine Art inneres Exil. Es ist der Aggressor, zumal, wenn es sich um einen Vorgesetzten handelt, der die Kommunikationsregeln bestimmt: Man darf mit dem geächteten Angestellten nicht sprechen, ihm keine Informationen zukommen lassen und so weiter. Noch schlimmer ist es in Systemen, die streng hierarchisch aufgebaut sind und in denen es völlig undenkbar wäre, den Vorgesetzten auf Probleme hinzuweisen.

Der Aggressor isoliert sein Opfer, damit es sich nicht beschweren kann und womöglich Unterstützung erhält. Nachdem es eine Zeit lang gequält worden ist, wagt es ohnehin nicht mehr, auf andere zuzugehen, da es sich vor Zurückweisung fürchtet.

Anne-Marie arbeitet seit 25 Jahren in derselben Firma. Sie hat sich immer gut mit ihren Kollegen verstanden und ist mit dem Chef einer anderen Abteilung befreundet.

Als sie einen neuen Vorgesetzten bekommt, sieht dieser die Vertrautheit seiner Untergebenen mit einem anderen Chef nicht gern. Aber solange Anne-Marie einen Verbündeten in der Firma hat, ist sie unantastbar. Als dieser Mann jedoch in Rente geht, wird sie zur Zielscheibe ihres Vorgesetzten, der sich an ihr rächt, sie demütigt, ihre Arbeit kritisiert, sich lustig macht über ihr Aussehen und sie vom Rest der Belegschaft isoliert.

Dieser Zustand währt zehn Jahre. Anne-Marie spricht mit niemandem darüber, weil sie sich schämt und befürchtet, ihre Lage zu verschlimmern und ihre Stellung zu verlieren.

Die narzisstischen Perversen wissen die fügsamsten Mitglieder des Teams, die «Schafe», gegen die isolierte Person aufzuhetzen. Das Schweigen weitet sich auf die anderen Kollegen aus, auch wenn sie nicht Partei ergreifen wollen. Obwohl es anfangs nicht Ausdruck von Feindseligkeit, sondern von Verlegenheit ist, versteht das Opfer ihr Schweigen als feindselig, reagiert entsprechend und gerät prompt in einen Teufelskreis, denn mit seiner Reaktion zieht es auch die Abneigung jener auf sich, die ursprünglich neutral bleiben wollten.

Das Schweigen der anderen kann auf unterschiedliche Weise interpretiert werden: Vielleicht haben sie die Feindseligkeit gegen das Opfer nicht bemerkt, zumal sie ja nicht gegen sie gerichtet war; denkbar ist auch, dass sie die übermäßige Aggression nicht wahrhaben wollten, weil sie schlicht ihre Vorstellungskraft überstieg. Außerdem haben wir bereits gesehen, dass jemand aus Angst oder Zynismus bewusst beschließen kann, «sich lieber nicht einzumischen».

Mit den neuen Führungsmethoden werden die Arbeitsgebiete der einzelnen Mitarbeiter immer mehr gegeneinander abgeschottet. Vor diesem Hintergrund ist es weitaus einfacher, die Person, deren man sich entledigen möchte, zu isolieren. Dieser Prozess lässt sich um so schlechter nachweisen, als er in kleinen Schritten vor sich geht: Zuerst verwehrt man den Zugriff auf bestimmte Daten auf dem PC und leitet Telefonate nicht mehr weiter. Nach und nach bildet sich um die geächtete Person ein Kreis des Schweigens und der Leere. Seit die Solidaritätssysteme verschwunden sind, gilt die Devise «Jeder ist sich selbst der Nächste».

Die Arbeit als Vorwand für den Angriff auf die Person

Zuweilen ergeben sich kafkaeske Situationen; auf der einen Seite stellt man dem Arbeitnehmer anspruchsvolle Aufgaben, auf der anderen beraubt man ihn der Mittel, die er zu deren Erfüllung benötigt, welch ein Widerspruch …

Während man von Marion fordert, makellose Berichte abzuliefern, und sie zudem gewarnt hat, dass jeder Fehler streng geahndet wird, nimmt man ihr ihren Computer und gibt ihr einen anderen mit englischer Tastatur. Als sie protestiert, dass sie nun keine Akzente mehr setzen kann, entgegnet man ihr: «Das ist Ihr Problem!»

Wir haben es bereits gesehen, es ist die Person selbst, die man angreifen will; die Arbeit dient lediglich als Vorwand, um sich ihrer zu entledigen. Man quält sie so lange, bis sie von sich aus kündigt, oder unterwirft sie durch ihre psychische Vernichtung, damit sie nicht mehr stört. Aber weil eine offen gegen eine bestimmte Person gerichtete aggressive Handlung am Arbeitsplatz ungesetzlich wäre, quält man sie auf unterschwellige Weise. Wahrscheinlich gibt es deshalb gerade in jenen Berufszweigen die meiste seelische Gewalt, deren Aufgabenfelder schwer zu definieren sind und eine gewisse Dehnbarkeit gestatten. Wenn die Zielsetzung präzise ist, kann die betroffene Person immer einwenden, dass sie ihre Arbeit korrekt ausgeführt hat. So gibt es in den Produktionssektoren weniger unterschwellige, dafür aber mehr offene Gewalt, während im öffentlichen Dienst Aggressionen eher im Verborgenen ausgelebt werden.

Die ersten Handlungen seelischer Gewalt betreffen häufig die Arbeitsbedingungen. Diese kleinen Zeichen sind sehr schwer von den unvermeidlichen Veränderungen zu unterscheiden, die die Stellung üblicherweise mit sich bringt:

– Nimmt die Arbeit überhand, kann die Direktion behaupten, dies resultiere aus den Zwängen, denen die Abteilung unterworfen sei;

– Werden einem Mitarbeiter plötzlich keine Aufgaben mehr zugeteilt, während seine Kollegen förmlich in Arbeit ertrinken, lässt sich immer noch argumentieren, dass jeder Mitarbeiter spezifische Aufgaben erhalte, die nicht austauschbar seien.

Um jemanden zu destabilisieren, genügt es, seine Fehler aufs Korn zu nehmen, ihm Ziele vorzugeben, die er unmöglich erreichen kann, oder ihm absurde, unnütze Aufgaben zu stellen.

Einem gewissenhaften Arbeitnehmer nicht die notwendigen Arbeitsmittel zur Verfügung zu stellen ist eine effiziente Möglichkeit, ihm vor Augen zu führen, wie inkompetent er doch ist. Irgendwann glaubt er es selbst, weil er ja tatsächlich seine Arbeit nicht mehr korrekt auszuführen vermag.

Der persönliche Bereich

Wer einen Menschen seelisch quält, will im Grunde nicht seine Arbeit, sei sie gut oder schlecht, kritisieren, sondern ihn persönlich treffen, hegt den bewussten oder unbewussten Wunsch, ihm zu schaden. Es handelt sich daher, auch wenn mehrere Personen betroffen sind, immer um eine individuelle Aggression.

Ziel ist es, um jeden Preis zu triumphieren. Um dies zu erreichen, nimmt man die Schwächen des anderen ins Visier und malträtiert ihn, bis er jegliches Selbstvertrauen verloren hat. Man versucht, ihn in die Enge zu treiben, indem man persönliche Dinge angreift, die er nicht ändern kann, und ihn, anstatt ihm präzise Vorwürfe zu machen wie «Dies und jenes an deiner Arbeit passt mir nicht», auf pauschale Weise diskreditiert: «Du bist eine Null!» Es geht nicht etwa darum, die Lösung für ein bestimmtes Problem zu finden oder einen Konflikt beizulegen, sondern ein Kräfteverhältnis herzustellen. Das Ziel ist erreicht, sobald die Person sich unterwirft.

In *Die Kunst, Recht zu behalten*[2] nennt Schopenhauer den persönlichen Angriff als letzte Strategie für den Fall, dass man in einem Gespräch in Schwierigkeiten ist: «Wenn man merkt, dass der Gegner überlegen ist und man Unrecht behalten wird, so werde man persönlich, beleidigend, grob. Das Persönlichwerden besteht darin, dass man von dem Gegenstand des Streites (weil man da verlornes Spiel hat) abgeht auf den Streitenden und seine Person irgendwie angreift ... Man wird also kränkend, hämisch, beleidigend, grob.»

Mit seelischer Gewalt will man den anderen destabilisieren, damit man kein Gegenüber mehr hat, das zum Widerspruch fähig wäre. Zu diesem Zweck stellt man ein Ungleichgewicht her oder verschärft jenes, das angesichts der untergeordneten Stellung des Opfers bereits existiert. Man entwaffnet den Feind vor dem Kampf. Peiniger vermeiden, ob bewusst oder nicht, rein berufliche Vorwürfe, werden stattdessen persönlich, treffen zielgenau den wunden Punkt.

Bénédicte arbeitet als Kommunikationsleiterin in einem Unternehmen des Neuen Marktes, das die Anzahl seiner Mitarbeiter in

---

[2] Schopenhauer, A., Die Kunst, Recht zu behalten, Frankfurt a. Main 1995.

wenigen Monaten verfünffacht hat. Zu Anfang ist Bénédicte ne-
ben ihrer Arbeit auch für alle anderen Bereiche zuständig. Als
das Unternehmen sich vergrößert, hat ihr Chef Angst, dass sie
zuviel Einfluss gewinnen könnte, und fängt an, sie zu quälen: «Es
passt mir nicht, dass Sie hier den kleinen Chef markieren wie Ihr
militanter Vater!» Seitdem schlägt er, sobald sie den Mund auf-
macht, die Hacken zusammen und salutiert. Bénédicte ist außer
sich, weil sie großen Wert darauf gelegt hat, von ihrem Privatle-
ben und ihrem konfliktreichen Verhältnis zu ihrem Vater, der tat-
sächlich ein Tyrann ist, nichts nach außen dringen zu lassen.
Mehrmals versucht sie, ihrem Chef begreiflich zu machen, dass
sein Benehmen sie kränkt, aber er lässt sich nicht beirren und
macht weiter. Seither kontrolliert Bénédicte sich fortwährend
selbst und ist im Umgang mit ihren Untergebenen gehemmt.

Dieser Zwischenfall, wäre er der einzige geblieben und ihm
eine Entschuldigung gefolgt, hätte auch eine einmalige Entgleisung des Vorgesetzten im Umgang mit Bénédicte sein
können, doch nachdem dieser gemerkt hatte, dass er den
wunden Punkt seiner Mitarbeiterin getroffen hatte und seine
Bemerkungen sie aus dem Gleichgewicht warfen, setzte er
noch eins drauf und ließ sich das verletzende Verhalten zur
Gewohnheit werden.

Was könnte wohl persönlicher sein als die Sexualität!
   Chauvinistische oder sexistische Angriffe gegen Frauen
manifestieren sich im Wesentlichen in Angriffen auf ihre
Weiblichkeit: grobe Schimpfwörter, die die weiblichen Ge-
nitalien benennen, Beschreibung diverser Akte, denen man
die Frau unterziehen könnte, Pseudokomplimente sexueller
Färbung, Anspielungen auf die Verführungsmöglichkeiten
der Frau.
   Die Kränkungen, die sich gegen männliche Opfer richten,
sind sehr häufig Angriffe auf ihre sexuelle Identität und
Männlichkeit: «Schwuli, Homo, Tunte …» heißt es, sobald
ein Mann sich nicht an den obszönen Witzen der Gruppe beteiligt oder sich in irgendeiner Form von ihr unterscheidet.

Ein Beispiel, das vor kurzem Schlagzeilen machte, ist die Erfahrung von Agnes Kaspar, einer Gewerkschaftsdelegierten des Elektrizitätswerkes von Bugey (Ain).[3] Nachdem sie das Amt übernommen hatte, erhielt sie anonyme Vergewaltigungsdrohungen, rief man ihr in aller Öffentlichkeit Beleidigungen und Anzüglichkeiten hinterher und ließ ihr ein Flugblatt mit schmutzigen Äußerungen zukommen. Schließlich zeigte eine Karikatur sie im Minirock, unsicher auf hochhackigen Schuhen stöckelnd und auf jeder Hinterbacke die Hand eines Direktors.

Auch wenn sich dieser Angriff an die Adresse der Gewerkschaft richtete, war sie es, die als Frau attackiert wurde und diese Demütigungen hinnehmen musste. Ein Mann wäre wahrscheinlich direkter angegriffen worden.

Im Gegensatz zur politischen Debatte, bei der man über eine Person die Gruppe dahinter treffen will,[4] ist es bei der seelischen Gewalt das Individuum, das man über die Gruppe oder die Arbeit attackiert.

An diesem und vielen anderen Beispielen wird deutlich, dass der betroffene Arbeitnehmer, selbst wenn es sich um eine bewusste Strategie des Unternehmens handelt, seine Belegschaft mit möglichst geringem Aufwand zu reduzieren, eher mit seinen persönlichen als mit seinen beruflichen Qualitäten in die Schusslinie gerät.

Die vergebliche Frage nach dem Sinn

Im Fall der seelischen Gewalt ist das Destruktive, das, was verrückt macht, wie wir im Kapitel über die Folgen für die Gesundheit sehen werden, die Undurchschaubarkeit der Aggression. Ein Arbeitnehmer wird von seinen Kollegen oder einem Vorgesetzten kaltgestellt, misshandelt oder gedemütigt, ohne dass er begreifen könnte, weshalb, ohne dass man ihm sagte, was man ihm vorzuwerfen hat. Er kann nur an-

---

[3] *Le Monde*, 6. Juli 2000.
[4] Sironi, F., Bourreaux et victimes, psychologie de la torture, Paris 1999.

hand der ihm zu Gebote stehenden Fakten Vermutungen anstellen über den vermeintlichen Grund für die gegen ihn gerichtete Aggression und sich immer wieder in Frage stellen.

Marie-Claire, 56, unverheiratet, arbeitet seit 20 Jahren in derselben Firma, einem kleinen Familienbetrieb, der nach und nach expandiert hat. Sie wurde noch vom Chef persönlich eingestellt und ist für die Buchführung zuständig. Sie ist streng, äußerst penibel und pflichtbewusst und darf stolz von sich behaupten, dass sie sich noch nie etwas hat zuschulden kommen lassen. Mit einer starken Persönlichkeit ausgestattet, kann sie sich durchsetzen und ist eine der wenigen Angestellten, die es wagen, dem Chef die Meinung zu sagen. Als dessen Sohn in die Firma einsteigt, um die Nachfolge anzutreten, muss er häufig Marie-Claire zu Rate ziehen: «Sie kennen die Firma besser als ich!»

Als sie nach einem Urlaub wieder ihre Arbeit aufnimmt und fragt, ob man eventuell noch jemanden einstellen könnte, der ihr zur Hand ginge, weist man sie darauf hin, dass sie mit der Abrechnung im Rückstand sei. Sie sieht sich einer Vielzahl von Vorwürfen ausgesetzt, die ihr ungerecht erscheinen, findet aber kein Gehör. Zwar erfährt sie, dass man nicht zufrieden ist mit ihr, aber nicht, was genau sie falsch gemacht haben soll. Will man sie schonen? Bei jeder Kleinigkeit hagelt es Vorwürfe. Marie-Claire wird krank. Als sie sich wieder erholt hat, erhält sie ein Kündigungsschreiben, in dem die Chefs ihr versichern, dass sie ihr nichts vorzuwerfen hätten. Dennoch gerät Marie-Claire aus dem Gleichgewicht und erholt sich nicht. Vergeblich sucht sie nach Erklärungen für ihre Entlassung, zumal man sich nicht dazu äußern wollte:
- *Ist es wegen des jungen Chefs, der ihre starke Persönlichkeit fürchtet und sein Personal unter Kontrolle halten will?*
- *Wollte man an ihr ein Exempel statuieren, um die anderen Angestellten aufzurütteln, die in ihr ein uneingeschränktes, unantastbares Vorbild sahen? Also eine Art Warnung?*
- *Ist es wegen eines Fehlers, den man ihr verschwiegen hat?*
- *Oder ist sie einfach nur Opfer einer Sparmaßnahme geworden und ihr Posten mittlerweile von zwei jungen Leuten besetzt, denen man deutlich weniger Lohn zahlen muss?*

Was Marie-Claire daran hindert, diese Niederlage zu akzeptieren und abzuhaken, ist die Tatsache, dass sie sich die Maßnahme ihrer Vorgesetzten gegen sie nicht zu erklären weiß. Seitdem schläft sie nicht mehr, hat unentwegt Angst und immer mehr gesundheitliche Probleme: erhöhten Blutdruck, Diabetes, erhöhte Cholesterinwerte ... Sie raucht und trinkt zuviel. Trotz eines Medikaments gegen Depressionen, das ihr Hausarzt ihr verschrieben hat, muss sie unentwegt über die Angelegenheit nachgrübeln und kann sich auf nichts anderes mehr konzentrieren. Ihre Suche nach einer neuen Beschäftigung bleibt fruchtlos. Sie wünscht nichts mehr, glaubt an nichts mehr und hat alle Lebensfreude verloren.

Meistens sind Schikanen willkürlich, von Tag zu Tag verschieden. In dem Versuch, sie zu begreifen, verliert sich die betroffene Person in einem Netz aus Fragen, auf die es keine Antworten gibt. Käme sie auf die Idee, ihre Kollegen um Rat zu bitten, brächte sie auch das nicht weiter, weil Kollegen sich im Allgemeinen nicht solidarisch zeigen. Selbst wenn es ihr gelänge, zu korrigieren, was ihrem Aggressor so missfällt, ginge der Prozess bis zu ihrer Eliminierung weiter. Der Angreifer, ob Einzelperson oder System, wird sein aggressives Verhalten auf jeden Fall leugnen: «Es ist doch überhaupt nichts passiert, dieser Mensch hat alles erfunden!», oder sich weigern, die Verantwortung dafür zu tragen: «Wenn sie links liegen gelassen wird, dann doch nur, weil sie schwierig (oder dickköpfig oder hysterisch) ist!» Auch wenn man den Aggressor als solchen überführt, wird er geeignete Argumente finden, sich zu rechtfertigen. Man bewegt sich hier außerhalb jeder gesunden Logik; es ist schlicht unmöglich, die Gründe für das Verhalten des Aggressors zu begreifen, und so beginnt das Opfer, an seinem Verstand zu zweifeln. Man sagt ihm, es sei verrückt, und da es keine Erklärung findet für die Feindseligkeit der anderen, glaubt es dies schließlich selbst. Es handelt sich also im Klartext um eine Möglichkeit, den anderen in den Wahnsinn zu treiben.

Flora ist verantwortlich für die Entwicklung des einzigen Sektors, der in einem Privatunternehmen, das rote Zahlen schreibt, noch ordentlich funktioniert. Da sie um die Schwierigkeiten der Firma weiß, die ihre Bestände stark eingeschränkt hat, hat sie sich vorgenommen, ihren Sektor freizukaufen. Während die Verhandlungen in vollem Gange sind, erfährt sie aus der Presse, dass das Unternehmen an einen anderen Interessenten verkauft worden ist.

Flora findet sich damit ab, ist immer noch fest entschlossen, ihren Sektor weiter auszubauen. Bei einer Firmensitzung, bei der der Vorsitzende eine Drohrede gegen all jene hält, die seine Firmenphilosophie nicht teilen, legt sie der Generaldirektion ein ausgezeichnetes Projekt vor.

Von diesem Moment an wird die Stimmung unerträglich. Ihre Post wird eingesehen. Auf ihren Schriftstücken finden sich Kaffeeflecken. Sie entdeckt E-Mails, in denen gegen sie mobil gemacht wird, besonders zwei ihrer Mitarbeiter verhalten sich ihr gegenüber aggressiv: Der eine schlägt ihr die Tür vor der Nase zu und tritt ihr auf die Füße, ohne sich zu entschuldigen, der andere beleidigt sie schwer. Ihre anderen Mitarbeiter werden genauso schlecht behandelt wie sie, wundern sich darüber und erwägen zu kündigen. Die Putzfrauen haben Anweisung erhalten, die Büros in ihrem Sektor nicht mehr zu reinigen.

Sie verlangt, die Direktion zu sprechen, doch dort sagt man ihr, es gebe kein Problem, man sei sehr zufrieden mit ihr.

Als sie daraufhin den stellvertretenden Direktor trifft, um sich mit ihm über ihr Budget zu unterhalten, sagt er ihr eiskalt, nachdem er ihre Ergebnisse gelobt hat: «Du bist mir zu eigenständig, ich muss dich in die Knie zwingen! So ist das eben bei einer Fusion! Mach den beiden Barbiepuppen, die mit dir arbeiten, gefälligst mal Dampf unterm Hintern, lass sie notfalls mit den Kunden schlafen!»

Daraufhin erhält sie eine E-Mail, die ihr verbietet, Visitenkarten zu verteilen, auf denen sie als Leiterin der Entwicklungsabteilung genannt wird. Gleichzeitig gibt man ihr zu verstehen, dass ihr Lohn endgültig auf Eis gelegt wird, ebenso ihre Gratifikation. Sie wird aus der Planung herausgenommen. Ihr Ehemann erhält einen anonymen Anruf, in dem ihm mitgeteilt wird, sie habe ein Verhältnis mit ihrem Chef.

Flora erleidet einen Schock. Sie macht zwar kein Aufhebens, aber ihr ganzer Körper ist mit roten Flecken übersät, ihr Blutdruck fällt, sie findet keinen Schlaf mehr und ist häufig krank. Ihr Allgemeinarzt schreibt sie krank.

Flora begreift das alles nicht. Der Generaldirektor hatte von der Notwendigkeit gesprochen, Gewinne zu erzielen. Ihr Sektor ist der einzige, der gut läuft, und anstatt sie dafür zu loben und ihre Kompetenz zu nutzen, macht man ihre Arbeit zunichte und versucht, sie zu terrorisieren. Sie vergisst dabei, dass es sich um ein halböffentliches Unternehmen handelt, in dem das Geld auf versteckte Weise zirkuliert und Gewinne nicht allzu offensichtlich sein dürfen. Sie befindet sich nicht im Reich der «Vernunft», die in der Arbeitswelt die zwischenmenschlichen Beziehungen lenken sollte, sondern in einem System, in dem es Dinge zu verbergen gibt. Flora fragt sich, inwiefern ihre Arbeit oder ihr Verhalten Probleme bereiten, aber niemand kümmert sich um sie. Sie ist nur eine Sicherung, die es herauszuschrauben gilt. Ihre vergebliche Fragerei erschöpft sie und macht sie krank. Sie ist wie eine Biene, die den Weg ins Freie sucht und dabei immer wieder vergeblich gegen eine Fensterscheibe stößt, und sie muss erkennen, dass Fragen, auf die man keine Antworten erhält, einen in den Wahnsinn treiben können.

Wie soll man verstehen, dass jemand, der sehr viel in seine Arbeit investiert hat, plötzlich kaltgestellt wird, dass man ihm keine Arbeit mehr zuteilt, ihn isoliert und demütigt? Es liegt nicht etwa daran, dass er plötzlich nicht mehr kompetent wäre oder einen groben Fehler begangen hätte, denn so etwas ließe sich zur Sprache bringen und würde eine Entlassung rechtfertigen. Nein, meist hat die betreffende Person einfach das Pech, weder günstige soziale oder politische Beziehungen vorweisen zu können noch in ein größeres Gefüge eingebunden zu sein, sich irgendwie von den anderen zu unterscheiden oder aufgrund ihrer beruflichen Qualitäten für jemanden eine Bedrohung darzustellen. Für den gesunden Menschenverstand sind derlei Vorgänge absurd. Die Arbeit hat sich *pervertiert*, das heißt, der Inhalt der Arbeit ist verloren gegangen, nur noch der Kampf um die Macht ist geblieben. Um welche Macht? Eine subjektive Macht, eine augenblickliche Macht, ein scheinbarer Sieg, ohne Rücksicht auf die langfristigen Folgen.

Als Jeans Unternehmen von einer großen Vertriebsfirmengruppe aufgekauft wird, bleibt es niemandem lange verborgen, dass der neue Personalchef die Mitglieder des alten Teams allesamt für inkompetent hält. Er macht ihnen das Leben schwer, zitiert sie jeden Morgen zu einer Besprechung in den Konferenzraum, wo er sie mit Kritik und kränkenden Bemerkungen überhäuft. Die übrige Zeit spricht er nicht mit ihnen, sieht sie gar nicht an.

Innerhalb weniger Monate reichen die meisten von Jeans Kollegen ihre Kündigung ein oder werden entlassen, bis er als einziger leitender Angestellter zurückbleibt, der länger als zwei Jahre in der Firma ist.

Obwohl er seit einigen Jahren eine Abteilung leitet, schlägt man ihm einen Posten vor, der nichts mit seinen Fähigkeiten zu tun hätte und ihn zu vielen Dienstfahrten verpflichten würde. Da er trotz alledem immer noch hofft, seinen Arbeitsplatz retten zu können, nimmt er schweren Herzens an. Als Grund für seine Versetzung hat man ihm angegeben, dass man seinen Posten mit einem jüngeren Mitarbeiter besetzen müsse, der weniger koste und besser ausgebildet sei. Nun aber erfährt er, dass sein Nachfolger genauso alt ist, dieselbe Ausbildung absolviert hat und genauso viel verdient wie er.

Er versteht es nicht. Von diesem Moment an traut er keinem mehr in der Firma, ist ängstlich und unmotiviert und kündigt bald darauf.

Worin besteht die Perversion?

Die Intentionalität

Spricht man von psychologischer Aggression, kommt man nicht umhin, nach der Intentionalität zu fragen, denn der intentionale Charakter eines Traumas verschlimmert dessen

Heftigkeit. Was so verletzend wirkt, ist die Feindseligkeit: «Jemand will mir Böses!»

Es ist ein Unterschied, ob jemand in seinem Beruf nicht vorankommt, weil es ihm an Ehrgeiz fehlt oder er eine andere Wahl getroffen hat, oder ob er nicht vorankommt, weil ein Kollege oder ein Vorgesetzter ihm bewusst Steine in den Weg legt.

Die Erfahrung lehrt, dass die Peiniger auf individueller Ebene stets nach Ausflüchten suchen, einen Irrtum, eine Ungeschicklichkeit, einen Scherz vortäuschen, um ihre Handlungsweise zu rechtfertigen:

«Ich konnte doch nicht ahnen, dass das ein Problem für ihn (oder sie) sein würde!»

«Ich habe mich nur an meine Anweisungen gehalten!»

«Ich habe doch nichts Schlimmes getan, er (oder sie) ist eben zu empfindlich!»

Dieses Leugnen kann eine schlaue Taktik sein (keine Zeugen, keine Tat), geht in manchen Fällen aber auch unbewusst vonstatten. Dann ist sich der Aggressor zwar bewusst, dass er dem anderen übel mitspielt, kann aber zugleich das schlechte Bild nicht ertragen, das durch sein Handeln auf ihn selbst zurückfällt, und muss sein Vorgehen daher verdrängen oder banalisieren: «Das war doch überhaupt nicht tragisch! Das war doch zum Lachen! Er (oder sie) ist einfach zu empfindlich!»

Für den Gepeinigten ist es von fundamentaler Bedeutung, dass der Peiniger das Gewalttätige an seiner Handlung zugibt, denn mehr noch als eine offene Feindseligkeit, gegen die er sich wehren kann, verstört ihn ein Akt verdeckter und geleugneter Gewalt, der ihn an der Richtigkeit seiner eigenen Wahrnehmung zweifeln lässt.

Oft wird dem Arbeitnehmer die böse Absicht, der er ausgeliefert ist, erst bewusst, wenn er die Firma längst verlassen hat:

Jérôme war damals ständig im Zweifel, ob nicht doch er selbst Schuld hatte am bösartigen Verhalten seines Chefs, für das er vergebens nach Erklärungen suchte. Jérômes Zweifel hatten erst ein Ende, als sein ehemaliger Chef seinen neuen Arbeitgeber, einen Konkurrenten, anrief, um ihn anzuschwärzen: «Misstrauen Sie ihm, er ist gewalttätig und hatte die Finger in der Kasse!» Jérôme, der noch in der Probezeit steckte, verlor daraufhin seine Stelle.

Ist man sich seiner Aggression gegen den anderen bewusst?

Spricht man von Intentionalität, müsste man das Wort *bewusst* (ich will ihm wehtun) oder *unbewusst* (ich will ihm zwar nicht wehtun, aber es ist stärker als ich, ich kann nicht umhin, ihn zu verletzen oder in Schwierigkeiten zu bringen) hinzufügen. Trifft Letzteres zu, müsste man von einem übelwollenden inneren Zwang sprechen. Der größeren Genauigkeit halber und um das Gegensatzpaar bewusst/unbewusst zu vermeiden, sollte man präzise feststellen, welchen Bewusstheitsgrad der Täter von seiner Tat hat. Welcher Bewusstheitsgrad muss angenommen werden, damit man von seelischer Gewalt sprechen kann? Es kann vorkommen, dass eine Firma Keime von Perversität in sich trägt und unterschwellig verbreitet, ohne dass irgendein greifbarer Vorgang zu beobachten wäre; dennoch spricht man erst dann von seelischer Gewalt, wenn jemand zur Tat schreitet und auf diese Weise zum Ausdruck bringt, was in diesem allgemeinen Klima versteckt lauert. Schmälert dies die Verantwortung des Täters?

Mindert die Tatsache, sagen zu können: «Ich habe es nicht mit Absicht getan!» oder: «Das ist nicht meine Schuld!», die Schwere des Vergehens? Muss man ausschließlich die Auswirkungen der Tat betrachten, ganz gleich, welche Absicht jener hatte, der sie beging, oder ließe sich denken, dass es die Schwere des Vergehens erhöht, wenn in vollem Bewusstsein gehandelt wurde? Wenn man der Meinung ist, dass bei seelischer Gewalt die Intention ausschlaggebend ist, wie soll man diese Intention dann beweisen?

Man kann im Zusammenhang mit Systemen nicht von Intentionalität sprechen. Die Intentionalität geht von den Personen aus, die diese perversen Systeme leiten oder daraus Nutzen ziehen. Daher ist nicht die Globalisierung an sich das Übel, sondern die Tatsache, dass sie den Hegemonieansprüchen größenwahnsinniger Firmenchefs den Weg bereitet und diesen die Gelegenheit bietet, ihre Macht mit beliebigen Mitteln zu vergrößern und ihre zerstörerischen Umtriebe hinter nicht nachvollziehbaren Zahlen zu verbergen.

Man hört des öfteren, dass Umstrukturierungen seelischer Gewalt Vorschub leisten. Es sind nicht die Umstrukturierungen an sich, die den zerstörerischen Prozess in Gang setzen, aber es gibt immer machtgierige Menschen, die jede Bewegung oder Neuorganisierung für die eigenen Zwecke zu nutzen wissen. Sie zählen auf die vorübergehende Verwirrung oder Unruhe, um ihre perversen Handlungen zu tarnen.

Kann sich ein Arbeitnehmer hinter den Anweisungen seiner Vorgesetzten verschanzen, um sein Verhalten zu rechtfertigen?

Wenn sie der seelischen Gewalt bezichtigt werden, behaupten einige leitende Angestellte, sie hätten lediglich die Anweisungen ihrer Vorgesetzten befolgt. Geht man diesen Aussagen auf den Grund, so stellt man fest, dass Vorgesetzte in den seltensten Fällen ihren Untergebenen klar und deutlich den Befehl erteilen, einen Mitarbeiter zu quälen. Meistens ist der Wortlaut ihrer Botschaft weitaus schwammiger: «Sorgen Sie dafür, dass Herr Soundso geht. Wie Sie das schaffen, ist Ihre Sache!» Verpflichtet dies zu perversen Machenschaften? So eindeutig ist diese Anweisung doch gar nicht. Dahinter gibt es immer noch den Menschen, der sie ausführt, und er kann dies auch tun, indem er den Arbeitnehmer respektiert, ihm die Absicht der Firmenleitung mitteilt und versucht, sich mit ihm über die Konditionen zu einigen, die sein Ausscheiden aus der Firma erleichtern. Jeder hat seinen eigenen Führungsstil. Nichts zwingt einen leitenden Angestellten dazu, sich fügsam wie ein Schaf zu verhalten. Im Übrigen kann man sich in einer Zeit des wirtschaftlichen Aufschwungs zuweilen durchaus kleinere Sonderwege leisten und unwürdige Befehle kurzerhand verweigern.

Es gibt noch andere Fragen, die sich uns stellen. Was, zum Beispiel, ist schlimmer: angesichts perverser Handlungen die Augen zu schließen, sich also stillschweigend an der Gewalt zu beteiligen, oder Untergebenen die Anweisung zu erteilen, einen Arbeitnehmer so lange zu schikanieren, bis er von sich aus geht? Auch wenn die größte Perversion wahrscheinlich von demjenigen ausgeht, der andere zum Quälen verleitet, darf dies Personen, die seine Befehle befolgen oder billigen, nicht ihrer Verantwortung entheben.

Wir müssen lernen, auf den anderen Menschen Rücksicht zu nehmen. Bei perversen Handlungsweisen beginnt die Gewalt damit, dass wir die Existenz des anderen leugnen, weil er kein unmittelbarer Ansprechpartner ist und seine Empfindungen uns daher wenig bekümmern.

Eine Unbeholfenheit im Umgang mit Menschen?

Man gibt mir sehr oft zu bedenken, dass seelische Gewalt auch die Folge einer Unbeholfenheit von Personen sein könnte, die kommunikationsunfähig oder einfach nur schlecht erzogen seien. Wäre dies der Fall, könnten sie ihre Fehler einsehen, ihr Verhalten ändern, sich entschuldigen, und niemand würde von seelischer Gewalt sprechen. Aristoteles zufolge[5] begreift der Mensch zwar nicht immer, was er Übles tut, dafür um so besser, was er Übles getan hat. Er kann daher erkennen, dass er einem anderen Leid zugefügt hat, es bereuen, sich dafür entschuldigen und eventuell versuchen, es wieder gutzumachen. Dies ist von grundlegender Bedeutung für das Opfer, das oft nichts anderes verlangt als ein Entgegenkommen vonseiten des Täters und dessen Entschuldigung.

[5] Aristoteles, Nikomachische Ethik.

Dennoch gibt es bei jedem Verhalten, ganz gleich, welche Intention dahinter stecken mag, eine Grenze, eine Schwelle, jenseits deren die Pathologie beginnt. Diese Grenze kann teilweise objektiv gezogen werden – in der Gesellschaft gibt es Dinge, die man tut, und solche, die man nicht tut –, doch liegt in der Kränkung, die der andere empfindet, auch etwas Subjektives. Eine Person kann verletzt sein, auch wenn keine böse Absicht bestand, ihr wehzutun. Jeder hat eine subjektive Verwundbarkeit, eine eigene Art zu reagieren. Es ist wichtig, diese Empfindlichkeit oder Empfänglichkeit zu berücksichtigen.

Den Führungskräften ist die Bösartigkeit, mit der sie ihre Angestellten behandeln, nicht immer bewusst. Zuweilen ist ihr Verhalten nur ein Mangel an Rücksichtnahme, der durch die Auswirkungen, die sie hätten vorhersehen können, böswillig wird. Zu Recht fühlt sich der Angestellte mit Füßen getreten: «Man schert sich hier doch einen Dreck darum, wie es mir geht!»

Auch wenn keine Absicht besteht, einem anderen zu schaden, sollte jeder lernen, auf den anderen Rücksicht zu nehmen und für sein eigenes Verhalten einzustehen. Dies verpflichtet zu einem Minimum an Vorsicht: Es ist schlimmer, jemanden grob zu behandeln, der bereits angeschlagen ist und womöglich mit Depressionen reagiert, als jemanden, der die nötige Kraft aufbringt, sich seiner Haut zu wehren. Wir müssen lernen, den anderen wahrzunehmen und seine Kultur, sein Anderssein und seine eventuelle Verwundbarkeit zu berücksichtigen.

Durch Manipulation Macht erlangen

Seelische Gewalt, ob sie nun von einer Person ausgeht oder einer Organisation, ist ein perverser Prozess, zumal der Mensch dabei zur Missachtung der eigenen Freiheit gebracht werden kann, nur damit andere ihre Macht und ihren Profit vergrößern können. Dieser Zweck rechtfertigt für ein perverses Individuum die Beseitigung all derer, die möglicherweise seinem Fortkommen im Weg stehen.

In den Unternehmen sind Machtkämpfe und Rivalitäten inzwischen an der Tagesordnung. Man hört dem anderen nicht mehr aus Interesse zu, sondern um herauszufinden, wie man ihn am besten zur Strecke bringen könnte. Dies erzeugt natürlich ein allgemeines Misstrauen, fordert zu ähnlichem Verhalten auf und blockiert zudem die Kreativität. Jede Meinung, die nicht mit jener der Kollegen oder Vorgesetzten übereinstimmt, wird mit Ironie und Sarkasmus niedergemacht oder von der Direktion abgeschmettert.

Die Manipulation tritt viel deutlicher zutage, wenn die seelische Gewalt eine bewusste Taktik ist, um jemanden möglichst kostengünstig loszuwerden oder wenn ein sogenannter *cost killer* eingeschaltet wird. Der Arbeitgeber möchte sich auf preiswerte Weise eines störenden Mitarbeiters entledigen, den er nicht mehr um sich haben will, jedoch ohne dass er ihm etwas vorwerfen könnte. Man will ihn einfach nur loswerden, kann ihm aber nicht sagen, warum, weil man oft selbst die Gründe nicht kennt.

3. Die Verdrehungen des Wortes

Seit der Begriff *seelische Gewalt* zum festen Bestandteil der Sprache geworden ist, wird er viel zu häufig benutzt, manchmal sogar pervertiert, das heißt, in seiner ursprünglichen Bedeutung völlig verdreht. Es erscheint uns außerordentlich wichtig, vor diesen ärgerlichen Verfälschungen zu warnen.

Die Opferhaltungen

Man muss sich vor Augen halten, dass es bestimmte Menschen gibt, die sich unentwegt in einer Opferrolle sehen. Sie bemühen sich absichtlich nicht um eine Lösung ihrer schwierigen Lage, weil diese ihnen immerhin eine Identität und zudem die Möglichkeit gibt, sich zu beklagen. Diese Opferrolle verleiht ihrem Unbehagen einen Sinn, und um diese Lebensform aufrechtzuerhalten, müssen sie ihrem Aggressor beharrlich zusetzen und eine Wiedergutmachung von ihm einfordern, die sich jedoch stets als ungenügend erweisen wird. Ich erlebe häufig triumphierende Opfer in meiner Praxis, die eigentlich nicht gekommen sind, um ihre Situation zu überdenken und eine Lösung für das Unrecht zu finden, das ihnen widerfahren ist, sondern um sich von mir die ärztliche Erlaubnis einzuholen, sich für eine Situation zu rächen, die sie als ungerecht empfinden. Manche Menschen begleichen auf diese Weise persönliche Rechnungen oder verschaffen sich gar materielle Vorteile. Manchmal ist die Opferrolle, an der jemand beharrlich festhält, der Hinweis auf ein weiter zurückliegendes Trauma, das in der Schwebe geblieben ist. Zum Beispiel kann ein Mensch, der in seiner Kindheit schlecht behandelt wurde, unbewusst mit jeder Autoritätsperson den Konflikt suchen, ein Fluch, der es ihm ermöglicht, im Erwachsenenalter immer wieder die gleiche Leidenssituation durchzuspielen. Um von dieser Wiederholung loszukommen, muss der Betreffende, sofern er zu einer Therapie bereit ist, lernen, beide Situationen miteinander zu verknüpfen, damit er erkennen kann, dass seine Opferrolle nur der Versuch ist, mit dem Ausgangstrauma fertig zu werden.

Wer sich als Opfer inszeniert, hat viele Vorteile. Wenn er in Schwierigkeiten gerät oder Fehler begeht, kann er sich der Verantwortung entziehen und sich stattdessen bemitleiden lassen. Was auch immer geschieht, Schuld haben die anderen: «Da kann ich doch nichts dafür, Herr Sowieso hat die Leute gegen mich aufgehetzt!» Auf diese Weise vermeidet man, sich in Frage zu stellen oder die Schuld bei sich zu suchen, kann stattdessen Mitleid heischen und kommt womöglich auch noch ungestraft davon. Diese Angewohnheit, die eigenen Fehler anderen in die Schuhe zu schieben, wird gerne bagatellisiert. Man denke nur, was geschieht, wenn das Mitglied einer Partei unlauterer Machenschaften bezichtigt wird: Noch bevor alle Fakten auf dem Tisch liegen, sprechen er und seine Parteifreunde bereits von einer möglichen Intrige und einem Einschüchterungsversuch. Liegen dann genügend Beweise gegen den Beschuldigten vor, gibt dieser schließlich seinen Fehler zu, schränkt aber zugleich seine Verantwortung ein («Das ist doch nicht so schlimm, ich habe mich doch nicht persönlich bereichert!» oder: «Ich gebe zwar zu, dass ich das getan habe, aber andere lassen sich noch viel mehr zuschulden kommen!», und so weiter). Als oberste Regel gilt, unter keinen Umständen seine Fehler einzugestehen und weiterhin aus Macht und Geld Nutzen zu ziehen.

Von dieser Opferhaltung bis zur Vortäuschung seelischer Gewalt ist es nur noch ein kleiner Schritt.

Der gepeinigte Peiniger

Es gibt Situationen, in denen mehrere Arbeitnehmer von ihrem Vorgesetzten schikaniert werden und sich bei Presse und Gewerkschaft Gehör verschaffen können. Daraufhin wird der beschuldigte Vorgesetzte öffentlich als «Peiniger» bezeichnet, noch ehe der Tatbestand überprüft werden kann. Auf höherer Ebene ist man nun zu vorschnellem Handeln gezwungen, muss manchmal sogar den mutmaßlichen Peiniger schützen.

Diese Gegenaggression wird durch die Medien begünstigt. Man kann die Journalisten nur immer wieder dazu aufrufen, Umsicht walten zu lassen, bevor sie jemanden öffentlich anprangern. Da es sich überdies um komplexe Situationen handelt, bei denen grundsätzlich einige Elemente verborgen bleiben, kann man sie schwer beschreiben, ohne sie zu verzerren oder ins Lächerliche zu ziehen.

Gérard wird Abteilungsleiter in einer großen Behörde. Er erhält die Stelle eines Kollegen, der oft aus gesundheitlichen Gründen gefehlt hat. Die Anweisungen seiner Vorgesetzten sind klar: Er soll wieder Ordnung in eine verwahrloste Abteilung bringen.

Gérard ist ein ängstlicher Mensch, der seine Schüchternheit mehr schlecht als recht mit einem etwas barschen Auftreten zu kaschieren sucht. Bei seiner Ankunft lässt er alle wissen, dass sich nun einiges ändern wird und er keine Drückeberger duldet. Damit erzeugt er bei seinen Mitarbeitern eine gewisse Feindseligkeit, vor allem bei Rosy. Man muss wissen, dass diese für gewöhnlich zu spät zur Arbeit erscheint und viel Zeit am Kaffeeautomaten verbringt, um mit Kollegen zu plaudern. Nachdem er vergeblich versucht hat, sich mit seinen Mitarbeitern zu verständigen, nimmt Gérard Rosy aufs Korn, die er für die Laxheit in der Abteilung verantwortlich macht. Er beginnt, ihre Arbeitsstunden zu überwachen, ihre Pausen mit der Stoppuhr zu messen und sie beim kleinsten Fehler einzutragen. Offensichtlich ändert das aber nichts an Rosys Arbeitsrhythmus. Sie verbringt sogar noch mehr Zeit am Kaffeeautomaten, um sich über alles zu beklagen, was der Chef ihr antut. Die Kollegen sind voll

des Mitleids, zumal Gérard auch kein einfacher Vorgesetzter
ist. Da Rosy mit allen gut Freund ist, wird ihr Fall bald zu «der»
Angelegenheit, für die es sich einzusetzen gilt. Ein Kollege, der
Mitglied der Gewerkschaft ist, nimmt die Sache in die Hand:
«Mach dir keine Sorgen, wir helfen dir!»

Schon bald danach sind Flugblätter im Umlauf, die die Ent-
lassung des «Peinigers» fordern. Als Gérards Vorgesetzte ihn zu
sich zitieren, ist sein Fall bereits entschieden. Noch ehe man die
genaue Sachlage kennt, ordnet man seine Versetzung an.

Anders liegt der Fall, wenn der Tatbestand allen bekannt ist
und die Firmenleitung dennoch zögert einzuschreiten. In solchen Situationen spielen die Medien eine förderliche Rolle
für die betroffenen Arbeitnehmer und wirken für andere
präventiv, indem sie «den barbarischen Führungsstil» gewisser Unternehmen anprangern. Es ist ihr Image, das angegriffen wird, und um es wieder reinzuwaschen, müssen sie wohl
oder übel Abhilfe schaffen und dafür sorgen, dass Ähnliches
sich nicht wiederholt.

Das Vortäuschen seelischer Gewalt

Man muss dafür sorgen, dass die wenigen bekannten Fälle,
bei denen seelische Gewalt vorgetäuscht wurde, nicht die
wirklichen Opfer in Misskredit bringen.

Die Paranoia

Die größte Gefahr im Zusammenhang mit vorgetäuschter
seelischer Gewalt geht zunächst einmal von den Paranoikern
aus, die auf diese Weise glaubhaft ihren Verfolgungswahn
begründen. In den meisten Fällen ist die Diagnose eindeutig.
Jemand beklagt sich auf höchst theatralische Weise über eine
Person, die ihm angeblich Schaden zugefügt hat, wonach
sich das Verfolgungsgefühl auch auf die Umgebung des vermeintlichen Aggressors ausweitet und am Ende jeden mit

einbezieht, der Zweifel äußert, ob ihm diese seelische Gewalt tatsächlich widerfährt. Gleichzeitig schreibt der Paranoiker an diverse Vorgesetzte aufgebrachte Briefe, in denen er seinen Verfolger mit heftigen Worten beschuldigt, die er unterstreicht oder durch Großbuchstaben hervorhebt. Zu Anfang präsentieren sich die Paranoiker als eher zurückhaltende Menschen, die sich nur erhitzen, wenn sie von den Aggressionen sprechen, deren Opfer sie angeblich seien. Hat man gegen einige ihrer Äußerungen etwas einzuwenden, können sie gewalttätig werden. Zu Recht fürchtet sich jeder davor, mit einem Paranoiker konfrontiert zu werden.

Arlette, 49, ist seit zehn Jahren als Sachbearbeiterin in einer großen Behörde tätig. Sie arbeitet korrekt, hält sich aber von den Kollegen fern. Nachdem sie einige Zeit wegen Krankheit ausgesetzt hat, schickt sie der Firmenleitung einen Brief, in dem sie behauptet, dass ihr Abteilungsleiter sich ihr gegenüber unangemessen verhalte. Er fasse sich ostentativ an den Schritt, wenn er mit ihr spreche, und schmiege sich an sie, wenn er ihr einen Sachverhalt am Computer erkläre. Sie verlangt eine Versetzung, weil sie es ablehnt, weiterhin mit ihm zusammen zu arbeiten.

Zunächst holt die Firmenleitung diskrete Informationen ein, findet jedoch keinerlei Hinweise, die den Inhalt des Briefes bestätigen würden. Arlette richtet weitere Schreiben an die Direktion und die betriebsmedizinische Abteilung. Als der Betriebsarzt mit ihr spricht, fällt ihm auf, dass sie besonders aufbrausend reagiert und sich über alles und alle beschwert. Ihm kommen Zweifel hinsichtlich Arlettes psychischem Zustand. Er fragt sich deshalb, welchen Ursprung ihre Störung haben könnte. Ist sie tatsächlich ein Opfer seelischer Gewalt geworden, mit traumatischen Folgen? Er holt die Meinung eines Psychiaters ein, der ein schon älteres Verfolgungssyndrom diagnostiziert, das sich zur paranoiden Psychose entwickelt hat.

Bei einer so offenkundigen Paranoia wie dieser ist die Diagnose einfach. Problematischer wird es, wenn die betreffende Person zurückhaltender, weniger streitsüchtig ist. Ihre Argumentation ist subtiler, und sie versteht es, sich dem Gesprächspartner so gut anzupassen, dass sie glaubhaft wird. Im Unterschied zu wirklichen Opfern seelischer Gewalt wird ein Paranoiker nicht versuchen, das Problem zu lösen, im Gegenteil, er wird die Klage gegen seinen vermeintlichen Peiniger möglichst aufrechterhalten, bisweilen sein Leben lang, wenn ihn niemand daran hindert. Da es sich um pathologische Zustände handelt, die sich üblicherweise mit der Zeit verschlimmern, treten ihre Merkmale immer deutlicher zutage und werden schließlich entdeckt. Dennoch kann der Paranoiker seiner Zielperson oder -gruppe erhebliche Unannehmlichkeiten bereiten.

Paranoia gehört in den Zuständigkeitsbereich von Medizin und Psychiatrie. Es ist Aufgabe des Betriebsarztes, sie zu diagnostizieren und im Zweifelsfall die fachkundige Meinung eines Psychiaters einzuholen, der die Struktur der Verhaltensstörung einzuordnen weiß.

An dieser Stelle möchte ich noch einmal betonen, dass man sich vor jeder Verallgemeinerung hüten muss. Auch wenn es paranoide Opfer gibt, soll dies auf keinen Fall bedeuten, dass *alle* Opfer Paranoiker sind. Oft zögert man, seelisch gequälten Arbeitnehmern Gehör zu schenken, weil man befürchtet, möglicherweise an ein eingebildetes Opfer oder einen paranoischen Querulanten geraten zu sein. Letzteren misstraut man zu Recht, weil mit einem Paranoiker nicht zu diskutieren ist und Zwistigkeiten sich daher nie freundschaftlich aus der Welt schaffen lassen. Wer auf einen Paranoiker trifft, muss sich auf ein endloses Prozessieren gefasst machen.

Während beide von sich behaupten, sie seien Opfer von seelischer Gewalt geworden, unterscheiden sich Paranoiker von echten Opfern durch die Tonart, in der sie die Beschwerde vorbringen. Tatsächliche Opfer seelischer Gewalt äußern Zweifel, fragen sich, ob ihre eigene Handlungsweise immer korrekt war, und suchen nach Lösungen, wie sie ihrer Qual ein Ende setzen könnten. Dies ist übrigens auch der Grund, warum sie die Situation meist lange wie gelähmt ertragen und nicht früh genug reagieren. Sie wollen vor allem eine Lösung herbeiführen, die ihnen ihre Würde wiedergibt. Die Paranoiker dagegen zweifeln nicht. Sie stellen Behauptungen auf und ergehen sich in Anschuldigungen.

Die Wiederkehr der Perversität

Das Vortäuschen seelischer Gewalt ist die Spezialität perverser Individuen, die auf versteckte Weise versuchen, jemanden abzuwerten, und sich zugleich die Sympathien der anderen sichern, indem sie sich bemitleiden lassen.

In meinem Beruf erlebe ich zuweilen Personen, die eindeutig prozesssüchtig sind und sich, zu Recht oder zu Unrecht, von einer oder mehreren Personen verfolgt fühlen und bei mir nach Strategien suchen, wie sie ihrem vorgeblichen Peiniger und dessen Umgebung am besten schaden können. Diese Menschen hegen nicht die geringste Absicht, sich selbst in Frage zu stellen. Ihr einziges Interesse gilt der Möglichkeit, sich an der anderen Person zu rächen, sie zu zerstören. Sie verlassen mich voller Zorn, wenn ich ihnen sage, dass ich nichts für sie tun kann, und bisweilen drohen sie mir sogar mit rechtlichen Konsequenzen.

Renaud wird Lagerist in einer kleinen Firma. Sein Chef schätzt sein bissiges, aggressives Wesen, mit dem man ausgezeichnet Märkte erobern kann, und setzt sich für ihn ein. Sechs Jahre später übernimmt Renaud die Verantwortung für den (kleinen) Betrieb. Er macht weiter Karriere, bis er eines Tages auf ein technisches Problem stößt und sich der Stellung, die er einnimmt, nicht mehr gewachsen fühlt. Anstatt jemanden um Rat zu bitten, vertuscht er seine Schwierigkeiten und macht die anderen dafür verantwortlich. Als sein Chef ihn wegen seines Rückstands zur Rede stellt, beschließt Renaud, nur noch das Wort an ihn zu richten, um ihm Vorhaltungen zu machen. Die Atmosphäre spitzt sich zu, bis der Chef ihm vorschlägt, die Kündigung mit ihm auszuhandeln. Von dem Augenblick an ersinnt Renaud Strategien, um denjenigen «niederzumachen», den er fortan als seinen Feind betrachtet. Zu diesem Zweck scheut er sich nicht, einen anonymen Brief ans Finanzamt zu schicken, und legt einen Ordner an mit Photokopien wichtiger Schriftstücke. Sein Besuch in meiner Praxis hat kein anderes Ziel, als sich von mir weitere Taktiken einzuholen, wie er sich an seinem Chef rächen kann.

Im Allgemeinen stehen die «perversen Pseudoopfer» weitaus mehr im Rampenlicht – ihre Fälle sind oft geradezu spektakulär – als Personen, die tatsächlich unter seelischer Gewalt zu leiden haben, denn sie schrecken nicht davor zurück, sich an die Medien zu wenden. Sie suchen in keiner Weise ein Arrangement, zumal sie es vor allem auf die finanziellen Vorteile abgesehen haben, die sie aus ihrer Situation ziehen können.

Die passionierte Suche nach Opfern schadet am Ende der Sache, die sie verteidigen will. Wenn allzu oft, bei jeder Gelegenheit und ohne Überlegung, von seelischer Gewalt die Rede ist, besteht letztlich die Gefahr, dass das Konzept an Glaubwürdigkeit verliert.

4. Die unterschiedlichen Annäherungen an das Phänomen

Seelische Gewalt gibt es überall, mit unterschiedlichen Färbungen je nach Kultur und Kontext. Auch wenn das Phänomen selbst nicht neu ist, sind die wissenschaftlichen Studien, die sich damit beschäftigen, zumeist jüngeren Datums. Ein kurzer historischer Überblick über diese Untersuchungen soll zeigen, inwieweit sich der Begriff der seelischen Gewalt, wie ich ihn hier verwende, von den Konzepten anderer Studien unterscheidet, insbesondere vom sogenannten *Mobbing*.

Mobbing

In den 80er Jahren führt Heinz Leymann, ein in Schweden lebender deutschstämmiger Psychologe, den Begriff des *Mobbing* ein, um schwere Formen seelischer Gewalt in Organisationen zu beschreiben. Dieser Begriff, den wohl der Verhaltensforscher Konrad Lorenz im Zusammenhang mit dem aggressiven Verhalten bestimmter Tiergruppen, die einen Eindringling verjagen wollen, geprägt hatte, wurde in den 60er Jahren von dem schwedischen Arzt Peter-Paul Heinemann erneut aufgegriffen, um das feindselige Verhalten von Schülern gegen Mitschüler zu beschreiben. 1972 veröffentlichte er das erste Buch über *Mobbing*, das von der Gruppenaggression bei Kindern handelt.

Der Begriff *Mobbing* ist vom englischen Verb *to mob*, herfallen über, sich stürzen auf, belagern, abgeleitet. Das Substantiv *mob* bedeutet Horde, Schar, Mob, Pöbel. Man sollte nicht außer Acht lassen, dass das englische *the Mob*, großgeschrieben, Mafia bedeutet. Dieser Ursprung zeigt deutlich, dass es sich beim *Mobbing* um ein Gruppenphänomen handelt, und seine Nebenbedeutung lässt erahnen, dass die Methoden einer solchen Gruppe nicht immer ganz astrein sind. Vor kurzem war in Großbritannien von *Mobbing* die Rede, als infolge einer Namensliste, die in einer Tageszeitung veröffentlicht wurde, Gruppen aufgebrachter Mütter Personen angriffen, die im Verdacht standen, pädophil oder mit Pädophilen im Bunde zu sein. Besagte Mütter stürmten die Wohnungen der Betroffenen, bewarfen sie mit Steinen, um sie auf diese Weise zum Verlassen des Viertels zu zwingen. Erst als eine Person sich das Leben nahm und andere, zu Unrecht gebrandmarkt, Anzeige erstatteten, machte die Polizei den feindseligen Handlungen der Frauen ein Ende.

Heinz Leymann versteht unter *Mobbing* häufig wiederholte feindselige Handlungen am Arbeitsplatz, die systematisch gegen ein und dieselbe Person gerichtet sind. Die Ursache für *Mobbing,* eine besonders schwere Form von psychosozialem Stress, ist seiner Ansicht nach ein aus den Fugen geratener Konflikt.

Dieses Konzept verbreitet sich in den 90er Jahren unter den Forschern, die sich, hauptsächlich in Skandinavien, aber auch in den deutschsprachigen Ländern, mit beruflichem Stress befassen. 1993 veröffentlicht Heinz Leymann auf der Grundlage seiner Recherchen ein populärwissenschaftliches Werk mit dem Titel *Mobbing. Psychoterror am Arbeitsplatz und wie man sich dagegen wehren kann.* Dieses Buch wird in über zehn Sprachen übersetzt, in Frankreich findet es jedoch vorwiegend bei Spezialisten Aufmerksamkeit.

Heinz Leymann hat weitere statistische Untersuchungen in Schweden angestellt und in den deutschsprachigen Ländern an der Ausbildung von Wissenschaftlern mitgewirkt. 1990 stellt er fest, dass 3,5 Prozent der schwedischen Arbeitnehmer aussagen, schon einmal Opfer von *Mobbing*attacken gewesen zu sein. Gleichzeitig schätzt er, dass für 15 Prozent der Suizide *Mobbing* als Ursache angenommen werden muss. Heinz Leymanns Recherchen haben in Schweden zur Folge, dass man Verletzungen seelischer Art in einem Gesetz berücksichtigt, das die Bedingungen am Arbeitsplatz regelt und 1994 mit einer speziellen Verordnung zur Viktimisierung ergänzt wird. Man liest darin folgende Definition: «Unter Mobbing sind jene wiederholten, tadelnswerten oder eindeutig negativen Handlungen zu verstehen, die in verletzender Absicht gegen Arbeitnehmer gerichtet sind und zum Ausschluss der Betroffenen aus der Arbeitsgemeinschaft führen können.» Auch wenn dieses Gesetz Unterstützung und Pflege für die Opfer fordert, ist anzumerken, dass das ärztliche Versorgungssystem nicht entsprechend angeglichen wurde. Zudem entwickelte Heinz Leymann, der eine Spezialklinik gegründet hatte, ein spezifisches Rehabilitationsprogramm für die Opfer, bis er, unter dem Druck des schwedischen Gesundheitssystems, gezwungen wurde, die Klinik zu schließen. Heinz Leymann arbeitete bis zu seinem Tod im Januar 1999 unablässig an seinen Forschungen zum *Mobbing*.

In den skandinavischen Ländern (Schweden, Dänemark, Finnland), in der Schweiz und in Deutschland setzt sich der Begriff *Mobbing* zusehends durch, und die Untersuchungen gehen weiter. In Deutschland ist Professor Dr. Dieter Zapf von der Universität Frankfurt führend in der *Mobbing*-Forschung. In Italien leitet Professor Ege die Forschungsabteilung über psychosozialen Stress und *Mobbing*. Im gegenwärtigen Sprachgebrauch bezieht sich der Begriff *Mobbing* vor allem auf das kollektive Quälen und auf die strukturbedingte Gewalt. Dabei kann auch physische Gewalt mit im Spiel sein.

Bullying

Der Begriff des *Bullying* ist in England schon lange geläufig. Das Verb *to bully* bedeutet tyrannisieren, schikanieren,

drangsalieren; und ein *bully* ist laut Wörterbuch ein tyrannischer, gewalttätiger Mensch, der sich mit Vorliebe an Schwächeren vergreift.

Noch deutlicher als beim Begriff des *Mobbing* zeigt sich
hier, dass der Begriff ursprünglich nicht auf die Arbeitswelt
bezogen war. Man sprach in der Regel von *Bullying*, wenn
man die Demütigungen, Schikanen oder Drohungen beschreiben wollte, mit denen manche Kinder oder Kinder-
gruppen andere Kinder in Schach halten. Dann weitete sich
der Begriff auf die Aggressionen aus, denen man beim Militär, bei sportlichen Aktivitäten, im Familienleben – besonders gegenüber alten Menschen – und natürlich auch am Arbeitsplatz begegnet.

Über die Website der BBC wurden bekannte Persönlichkeiten aufgefordert, ihre Erfahrungen mit dem *Bullying* zu
schildern, und so erzählte etwa der Industrielle Sir John Har-
vey Jones:

*«Als Kind war ich die ideale Zielscheibe für meine Kameraden.
Ich interessierte mich für Blumen und Tiere und war ein sehr
stilles Kind, mit dem man sanft umgehen musste, was nicht
eben praktisch ist, wenn man es mit einer Bande kleiner Gro-
biane zu tun hat. Ich dachte unentwegt an Selbstmord, woran
sich das Ausmaß meines Leidens und meiner Verzweiflung ermessen lässt.*

*Seither empfinde ich eine abgrundtiefe Abneigung gegen die-
se Art der Demütigung. Als Leiter eines Unternehmens halte ich
es heute für meine Pflicht, ein derartiges Verhalten keinesfalls
zu dulden.»*

1992 hat die Journalistin Andrea Adams, anknüpfend an
eine Dokumentarreihe in der BBC, ein Buch veröffentlicht,
das sich mit der Realität des *Bullying* befasst und Vorschläge
enthält, wie man dem Problem beikommen könnte.[1] Dies
hat nationale Einrichtungen wie den *Scottish Council for*

[1] Adams, A., Bullying at work, London 1992.

Research in Education dazu gebracht, Recherchen anzustellen und Informationsbroschüren zum Thema zu verteilen. Daraufhin ist die *National Child Protection Helpline* gegründet worden, das englische Äquivalent zum französischen *Allô Enfance Maltraitée*, eine Einrichtung, an die Kinder sich wenden können, die Opfer von *Bullying* geworden sind. Auch Armee und Polizei in Großbritannien haben derzeit Anlaufstellen für die Opfer von *Bullying* in Planung. Die Tragik des *Bullying* liegt nicht in der Tat selbst, sondern in ihren Auswirkungen auf das Opfer, denn die Angst, die sie auslöst, kann die psychische Entwicklung der Jugendlichen empfindlich beeinträchtigen.

1984 wird der Begriff von Lazarus[2] in die Arbeitspsychologie eingeführt; neben anderen Stresselementen untersucht er den Sozialstress, zu dem er das *Bullying* rechnet.

In England und in manchen englischsprachigen Ländern verwendet man nach wie vor den Begriff *Bullying*. In Québec, wo man Worte angelsächsischer Konnotation vermeidet, spricht man von psychischer Gewalt.

In einem Bericht des *Bureau international du travail* (B. I. T., Internationales Arbeitsamt)[3] über Gewalt am Arbeitsplatz spricht Vittorio Di Martino von *Bullying*, um die Einschüchterungen und die Schikanen zu beschreiben, die jemand am Arbeitsplatz erleidet. In diesem Bericht heißt es, «dass sich der Umgang mit der Gewalt am Arbeitsplatz grundlegend wandelt, insofern als man dem psychischen Verhalten von nun an ebenso viel Bedeutung beimisst wie dem physischen und die Tragweite bislang untergeordneter gewaltsamer Handlungen in vollem Umfang anerkennt».

Der Terminus *Bullying* scheint mir etwas weiter gefasst zu sein als der Begriff *Mobbing*. Er bezieht sich auf Häme und Ausgrenzung, aber auch auf Belästigungen sexueller Art und

---

[2] Lazarus, R. S., Folkman, S., Stress, Appraisal and Coping, New York 1984.
[3] Chappell, D., Di Martino, V., La violence au travail, Bureau international du travail, Genf 1988.

Handgreiflichkeiten. Es handelt sich dabei eher um Schikanen oder individuelle Angriffe als um strukturbedingte Gewalt. In einer vergleichenden Studie über *Mobbing* und *Bullying* diagnostiziert Dieter Zapf,[4] dass *Bullying* hauptsächlich von Vorgesetzten ausgehe, während *Mobbing* eher ein Gruppenphänomen sei.

Harassment

In den Vereinigten Staaten wurde der Begriff *Mobbing* erst 1990 durch einen Artikel von Heinz Leymann in der amerikanischen Zeitschrift *Violence and Victims*[5] eingeführt; dabei war das Phänomen schon 1976 von dem amerikanischen Psychiater Carroll Brodsky untersucht worden, der ein Buch mit dem Titel *The Harassed Worker*, «Der gepeinigte Arbeiter»,[6] veröffentlicht hatte. Nach Brodskys Erfahrung besteht das *Mobbing* in wiederholten Attacken einer Person gegen eine andere, mit dem Ziel, diese zu peinigen, zu zermürben, zu frustrieren und zu provozieren. Er weist auf die zerstörerischen Folgen für die Gesundheit hin und bemerkt zu Recht, dass es sich bei diesem Phänomen zweifellos nur um die Spitze des Eisbergs handle.

Whistleblowers

Im wörtlichen Sinne ist ein *whistleblower* jemand, der den Alarmknopf drückt, um auf Missstände hinzuweisen, und dadurch zum Opfer von Repressalien wird. Er nimmt es auf

---

[4] Zapf, D., Organisational, work group related and personal causes of mobbing/bullying at work, in: *International Journal of Manpower*, Bd. 20, 1999.
[5] Leymann, H., Mobbing and psychological terror at workplaces, in: *Violence and Victims* 5, 1990.
[6] Brodsky, Carroll M., The Harassed Worker, Lexington, Ma. 1976.

sich, die Öffentlichkeit über Unterschlagungen zu informieren, auf Korruption oder Gesetzesverstöße in Behörden aufmerksam zu machen, in denen er arbeitet, oder auf Aktionen, die eine substantielle Gefahr für die öffentliche Gesundheit oder Sicherheit darstellen. Bis heute sind es die Bereiche Gesundheit und Rüstung, die am meisten betroffen sind.

In der Praxis haben jene, die die Missstände in einem System aufzeigen, ganz eindeutig Repressalien vonseiten dieses Systems zu befürchten. Es handelt sich dabei um eine Sonderform der seelischen Gewalt, die darauf abzielt, denjenigen zum Schweigen zu bringen, der das Spiel nicht mitspielt. Eigenartigerweise hat man in diesem Zusammenhang weder jemals von *Bullying* noch von *Mobbing* gesprochen, dennoch entspricht, was der *Whistleblower* erdulden muss, in jeder Hinsicht den Kennzeichen seelischer Gewalt.

Mme Gualtieri, 39, die seit sechs Jahren im kanadischen Außenministerium in Ottawa arbeitet, führt derzeit gegen ihre Vorgesetzten und ihren Minister einen Prozess wegen seelischer Gewalt.

Im Zuge eines Auftrags macht sie ihre Vorgesetzten auf die schlechte Führung und Geldverschwendung im Immobilienpark des Amts für Auswärtige Angelegenheiten aufmerksam. Obwohl der Rechnungsprüfer der Regierung bereits 1992 auf diese Missstände hingewiesen hat, wollen Mme Gualtieris Vorgesetzte nichts davon hören. Im Gegenteil, man beginnt, sie auszugrenzen und zu schikanieren, ein Prozess, der acht Jahre dauern und sie schließlich dazu bringen wird, sich auf Anraten ihres Arztes unbezahlten Urlaub zu nehmen. Alle Versuche von Mme Gualtieri, sich Gehör zu verschaffen, waren bis heute vergeblich. 1998 gründete sie das Institut FAIR (The Federal Accountability Integrity and Resolution Institute), einen Zusammenschluss von Funktionären, die wie sie auf Missstände hingewiesen hatten und die Konsequenzen zu spüren bekamen.[7]

---

[7] http://guide2000.iquebec.com/guide2000/gualtieri.html

Ähnliche Vereinigungen gibt es auch in anderen Ländern, allen voran das amerikanische GAP, *Government Accountability Project*, denn die *Whistleblowers* haben sich organisiert und Hilfsgruppen gegründet, um sich gegenseitig Ratschläge zu geben, vor allem aber, um juristischen Beistand zu erhalten.[8] In den meisten Ländern angelsächsischer Kultur (Großbritannien, USA, Kanada, Australien, Neuseeland, Südafrika, Hongkong) hat man bereits Vorkehrungen getroffen, um *Whistleblowers* zu schützen. In England ist das Phänomen schon seit dem Mittelalter bekannt. Da nicht ausreichend Polizeikräfte verfügbar waren, durften auch Privatpersonen gegen Gesetzesbrecher vorgehen. In den Vereinigten Staaten gibt es seit langem Gesetze in Bezug auf *Whistleblowing*, die mehrmals modifiziert wurden, bis man 1986 mit dem *Federal False Claim Act* eine mächtige Front gegen den Betrug schuf.

Ijime

In Japan ist seelische Gewalt schon ein sehr altes Phänomen. Hier spricht man von *Ijime* (Gewalt), um zum einen die Schikanen und Demütigungen zu benennen, die Kinder in der Schule erleiden, zum anderen den Druck, der in japanischen Firmen von der Gruppe ausgeübt wird, um junge Auszubildende zurechtzustutzen oder störende «Elemente» zu zermürben. In Japan werden individualistische Tendenzen nicht geschätzt, und der Zweck von *Ijime* besteht darin, Individuen in die Gruppe zu integrieren und dieser anzugleichen. Ein japanisches Sprichwort bringt es auf den Punkt: «Der überstehende Nagel wird vom Hammer getroffen.»

Das japanische Erziehungssystem mit seinen beständigen Wettkämpfen, mittels deren die Leistungsstärksten selektiert und auf die besten Laufbahnen ausgerichtet werden, erzeugt

---

[8] Man kann die Websites dieser Gruppen im Internet finden.

unter den Schülern ein Konkurrenzdenken, das weit über den schulischen Rahmen hinausgeht. Die Lehrkräfte haben das Phänomen des *Ijime* lange Zeit als Initiationsritus angesehen, unerlässlich für die psychische Strukturierung der Jugendlichen.[9] Die meisten der jugendlichen Aggressoren waren selbst einmal den Schikanen älterer Kinder ausgesetzt und taten daher nun nichts anderes, als die von ihnen erduldeten Schikanen in verstärkter Form an die Schwächeren weiterzugeben. Dank dieses Systems und seines beachtlichen psychischen Drucks, den es für die Kinder mit sich brachte, konnte *Ijime* solche Ausmaße annehmen, dass es sich in den 80er und 90er Jahren zu einem echten Gesellschaftsproblem auswuchs. Eine gewisse Anzahl von Kindern hatte Selbstmord begangen, andere waren der Schule ferngeblieben, bis man sich schließlich zu Maßnahmen durchringen konnte, um diese Geißel einzudämmen. 1995 waren es laut Auskunft des Bildungsministeriums 82 000 Schüler, «die sich weigerten, zur Schule zu gehen», Krankheitsfälle nicht mitgerechnet. *Ijime* bezieht sich nicht nur auf die Gewalt zwischen Schülern, sondern auch auf die Grausamkeit, die manche Lehrkräfte ohne Zögern gegenüber ihren Schülern walten lassen. Um 1980 haben japanische Gymnasiasten begonnen, gegen ihre Lehrer aufzubegehren. Seitdem die Schulbehörde im Kreuzfeuer der Medien steht, ist sie viel hellhöriger geworden.

Diese Beschreibung der schulischen Bedingungen in Japan ist auch für die Berufswelt von Belang, da *Ijime* in erster Linie ein Werkzeug der sozialen Kontrolle ist. Laut Aussage von Keiko Yamanaka[10] ist «das Phänomen *Ijime* um 1972 herum aufgetaucht, als die japanische Wirtschaft rasche Fortschritte machte. Die Industrie brauchte junge Arbeitskräfte, die sich einer standardisierten Arbeitswelt anzupassen wussten: kein Individualismus, keine markanten Persönlichkeiten und vor allem keine Kritik.» Industrie und Fi-

[9] Barral, E., Otaku. Les enfants du virtuel, Paris 1999.
[10] Yamanaka, K., Le Japon au double visage, Paris 1997.

nanzwelt forderten von der Regierung im Namen des Wohlstands eine Erneuerung des Ausbildungssystems, das dem Wirtschaftswachstum Rechnung tragen sollte. Zwei Nachkriegsgenerationen wurden alsdann mit hohen Belastungsproben wie Zeitdruck und permanenter Selbstkontrolle «geeicht», um den vielfältigen Reglementierungen gewachsen zu sein, die man ihnen zumutete.

In den 90er Jahren, als die Rezession zu greifen begann, haben die Konzerne plötzlich umgesattelt und nach Menschen verlangt, die bereit waren, in die neuen Rollen zu schlüpfen, und die originelle Ideen einzubringen hatten. Man musste die Führungsmethoden ändern. Gegenwärtig ist nicht mehr von lebenslanger Beschäftigung die Rede, sondern von einer Reduzierung der Arbeitskräfte und einem profit- und leistungsorientierten Management. Man gibt sich nicht mehr damit zufrieden, Arbeitnehmer, die alt oder unnütz geworden sind – die *madogiwazoku* (wörtlich «die Gruppe derer, die nah am Fenster stehen») –, kaltzustellen,[11] sondern versucht, sie durch Druck oder Psychoterror zum Verlassen der Firma zu bewegen. Man geht auf diese Weise von *Ijime*, das in erster Linie darauf ausgerichtet ist, die Arbeitsgemeinschaft zu strukturieren, über zu brutalster seelischer Gewalt, für die es im Japanischen noch keinen äquivalenten Begriff gibt. Und doch greift dieses als *moral harassment* bezeichnete Phänomen immer weiter um sich und wird mittlerweile von den Medien stark angegriffen.

Kürzlich erschien die skandalöse Geschichte eines leitenden Angestellten der Firma Sega in den Medien, den seine Direktion zur Kündigung bewegen wollte und zu diesem Zweck in ein Büro ohne Fenster, ohne Telefon und ohne Verbindung nach draußen verbannte.

Man sieht, dass seelische Gewalt unter verschiedenen Namen und in unterschiedlichen Ausprägungen, je nach kultu-

---

[11] Temman und Bougon, *Entreprise et carrières*, 27. Juni 2000.

rellem Hintergrund, in vielen Ländern ein echtes Gesellschaftsproblem darstellt. In englischsprachigen Forschungsarbeiten werden die Begriffe *Mobbing* und *Bullying*, obwohl sie streng genommen nicht gleichbedeutend sind, als Synonyme verwendet. Der Einfachheit halber werde ich sagen:

- Der Begriff *Mobbing* bezeichnet eher ein kollektives Quälen oder die durch die Organisation bedingte Gewalt; auch Entgleisungen physischer Natur zählen dazu.
- Der Begriff *Bullying* ist weiter gefasst als der Begriff *Mobbing*. Man versteht darunter sowohl Hänseleien und den Ausschluss aus der Gruppe als auch Belästigungen sexueller Art oder physische Aggression. Es handelt sich mehr um individuelle als um strukturbedingte Gewalt.
- Seelische Gewalt meint subtilere Aggressionen, die nur schwer aufzudecken und nachzuweisen sind. Obwohl man auch die physische Gewalt und die Diskriminierung in die Kategorie mit einschließen könnte, möchte ich diese Formen der Gewalt gesondert betrachten, weil sie bereits im französischen Strafrecht berücksichtigt werden. Wir werden im Laufe des folgenden Kapitels noch detaillierter auf den spezifischen Charakter der seelischen Gewalt zu sprechen kommen.

Wir sehen, wie wichtig es ist, den exakten Begriff zu verwenden. Die unterschiedlichen Terminologien verweisen auf kulturelle und strukturelle Unterschiede zwischen den Ländern, aber die Ergebnisse können, je nach Definition, vor allem was die Anzahl der Opfer betrifft, auch in den verschiedenen Untersuchungen variieren und jede Bedeutung verlieren.

Trotz dieser terminologischen Ungenauigkeiten hat das *Bureau international du travail* (B.I.T.) 1996 in den Ländern der Europäischen Gemeinschaft eine vergleichende Studie zum Thema Gewalt am Arbeitsplatz durchgeführt.[12] Im For-

---

[12] Chappell, D., Di Martino, V., La violence au travail, Bureau international du travail, Genf 2000.

schungsbericht heißt es, «dass sich der Umgang mit der Gewalt am Arbeitsplatz grundlegend wandelt, insofern als man dem psychischen Verhalten von nun an ebenso viel Bedeutung beimisst wie dem physischen, und die Tragweite bislang untergeordneter gewaltsamer Handlungen in vollem Umfang anerkennt». Die Ergebnisse zeigen, dass:

- 4 Prozent der Arbeiter bereits physischer Gewalt ausgesetzt waren;
- 2 Prozent sexuell belästigt wurden;
- 8 Prozent Einschüchterungsmaßnahmen erdulden mussten.

Die detaillierte Studie lässt erhebliche Unterschiede zwischen den Mitgliedsländern erkennen, aber man muss dabei bedenken, dass in manchen Ländern Schikanen und Demütigungen am Arbeitsplatz gleichsam zur Norm geworden sind und deshalb nicht einmal als unnatürliche Form der Gewalt empfunden werden. Je mehr sich die Opfer bewusst sind, dass sexuelle Belästigung, Sticheleien oder seelisches Quälen inakzeptable gewalttätige Handlungen sind, desto eher sind sie geneigt, solche Verhaltensweisen aufzudecken. In anderen Ländern, zum Beispiel in Deutschland oder Skandinavien, weiß man längst um den Wert eines angenehmen Arbeitsklimas, und so konnte sich hier schon früh ein Gewaltbewusstsein bilden. In diesen Ländern gibt es starke Gewerkschaften, und Probleme geht man gemeinsam an. Raymond-Pierre Bodin von der Stiftung in Dublin spricht in diesem Zusammenhang von den «reifen» Ländern.[13]

In der Untersuchung des B. I. T. wurde der englische Begriff *Bullying* mit «Schikanieren» wiedergegeben, und die genannte Zahl der Betroffenen beläuft sich auf fast 10 Prozent, aber man muss beachten, dass die Kriterien dafür subjektiv sind und dass nicht untersucht wurde, wie oft eine aggressive Handlung in einem bestimmten Zeitraum wieder-

---

[13] Rede im Symposium *Harcèlement et citoyenneté au travail*, am 30. November 2000.

holt wurde, was die Kluft zu den 3,5 Prozent erklärt, die Heinz Leymann für das *Mobbing* nennt.

In einer weiteren Untersuchung, die die Europäische Stiftung zur Verbesserung der Lebens- und Arbeitsbedingungen im Frühjahr 2000 in den 15 Mitgliedsstaaten durchgeführt hat, sagten 9 Prozent der Arbeitnehmer aus, an ihrem Arbeitsplatz schon einmal eingeschüchtert worden zu sein.

II.
Die Ergebnisse
der Umfrage

Hunderte von Personen haben mir in Briefen und Botschaften ihre Situation beschrieben und sich als Zeugen zur Verfügung gestellt. Ich konnte nicht alle Briefe beantworten – es waren einfach zu viele –, wollte aber nicht, dass die Initiative all dieser Menschen umsonst wäre. Ich beschloss daher, an all jene, die mir brieflich die seelische Grausamkeit geschildert hatten, der sie sich ausgesetzt fühlten, und an jene, die mich aus diesem Grund in meiner Praxis aufgesucht hatten, einen Fragebogen[1] zu senden. Mein Anliegen war, ihre Lebensrealität besser kennen zu lernen, um wirksamere Präventivmaßnahmen für diesen Bereich entwickeln zu können.

Auf 350 verschickte Fragebögen kamen 193 verwertbare Antworten zurück, was eine Beteiligung von 55 Prozent ergibt, außergewöhnlich hoch für eine Umfrage per E-Mail. Man muss dazu noch sagen, dass der Großteil dieser Menschen mir in den vorausgegangenen Briefen oder Praxisgesprächen spontan signalisiert hatten, dass ihre Aussagen anderen zugute kommen sollten. Von den Personen, die den Fragebogen nicht ausfüllen wollten, haben mir einige erklärt, dass die Fragen ihnen für ihren speziellen Fall nicht geeignet erschienen, zum Beispiel weil die Quälerei, der sie ausgesetzt gewesen waren, sich nicht an ihrem Arbeitsplatz zugetragen hatte.

Mit einer gewissen Anzahl dieser Opfer habe ich persönlich gesprochen, davon sind etwa 50 regelmäßig zur Psychotherapie erschienen. Immer wieder wundere ich mich über das maßvolle Verhalten dieser Personen, wenn sie über die erlittenen Bösartigkeiten sprechen. Sie haben keinen Hass in sich. Sie beschreiben lediglich Tatsachen und versuchen vor

---

[1] Dieser Fragebogen ist im Internet verfügbar auf der Website harcelement-moral.com

allem zu begreifen, was sie in ihrem Betragen hätten ändern können, um zu einer Lösung zu finden.

Mir scheint, dass Fälle von seelischer Gewalt gegen Einzelpersonen weitgehend unterbewertet werden, kollektive Konflikte hingegen eher überbewertet, weil die Betroffenen von der Gruppe oder den Gewerkschaften Unterstützung erfahren oder ihre Erlebnisse von den Medien aufgegriffen werden. Für Menschen, die seelisch gepeinigt wurden und allein stehen, ist es in der Tat schwieriger, sich zu äußern, denn sie schämen sich für das Erlittene und können nicht aufhören, sich schuldig zu fühlen. Aus diesem Grund sind sie natürlich weniger geneigt, als Zeugen aufzutreten, als Personen, die dank des Beistands der Gruppe erkannt haben, dass man sie zu Unrecht angegriffen hat.

Wie viele der 193 Personen, die sich als Opfer seelischer Gewalt beschrieben haben, waren wirklich welche? Ich werde versuchen, auf diese Frage zu antworten. Die statistischen Zahlen in den Ländern, in denen man sich für das Thema interessiert, fallen sehr unterschiedlich aus, da sie – je nachdem, welche Definition der Urheber zugrunde legt – angehoben oder gesenkt werden. Dies lässt sich leider nicht vermeiden. Wichtig ist nur, dass das Phänomen gebührend ernst genommen wird, damit die maßgeblichen Personen (Firmenchefs, Gewerkschaften, Politiker) zum Handeln verpflichtet sind.

Meine Umfrage verweist auf eine methodologische Grenze, die mit der Auswahl der Befragten zusammenhängt, denn ich habe mich ausschließlich an Personen gerichtet, die sich als Opfer seelischer Gewalt betrachteten. Mir liegt also nur der Standpunkt der Opfer vor. Ich weiß aber, dass die Zusammenhänge ungleich subtiler sind, weil ich Gelegenheit hatte, in einigen Unternehmen, also direkt vor Ort, die Interaktionen zwischen Peinigern und Gepeinigten zu analysieren. Keine Untersuchung, die auf einem Fragebogen gründet – daher ihre Grenzen –, kann die Rolle der «reziproken» oder zirkulären Gewalt berücksichtigen, wie sie zwischen Angreifer und Angegriffenem herrscht: Wer agiert, wer reagiert? Ist der, der als erster zum Angriff übergeht, nicht zunächst vom anderen provoziert worden? Ausgehend von den individuellen Gesprächen, die ich führen konnte, will ich eine genauere Analyse versuchen, die den Blickwinkel der Aggressoren mit einbezieht.

Andere Umfragen – etwa die von Heinz Leymann in Schweden, von Josette Chiaroni in der Region Provence-Alpes-Côte-d'Azur[2] oder von Béatrice Seiler im Zusammenhang mit der Vereinigung *Mots pour Maux au travail* in Straßburg[3] – beziehen sich auf eine allgemeine Arbeitnehmerpopulation und beinhalten dementsprechend andere Fragen, zum Beispiel nach der Häufigkeit von Fällen seelischer Gewalt in der allgemeinen Bevölkerung.

Ich dagegen werde hier nur jene Punkte zur Sprache bringen, die mir bemerkenswert erscheinen und die dazu beitragen könnten, dass man das Phänomen der seelischen Gewalt künftig besser begreift.

[2] Chiaroni, J., Chiaroni, P., Données épidémiologiques des situations de *mobbing* d'après une enquête effectuée auprès des médecins du travail en région PACA, un profil type du salarié harcelé?, in: *Archives des maladies professionnelles* (im Druck).
[3] Seiler-Van Daal, B., Évaluation du harcèlement moral (enquête dans une population de 1210 salariés et exploitation dans le but de construire un outil de dépistage), Dissertation im Fachbereich Medizin, Straßburg 2000.

5. Einige Charakteristika der Opfer seelischer Gewalt

Die Sanktionen des Alters

Die Umfrage ergibt folgende Ergebnisse bezüglich der betroffenen Altersgruppen:
- kein einziger Fall unter 25 Jahren;
- 8 Prozent zwischen 26 und 35 Jahren;
- 29 Prozent zwischen 36 und 45 Jahren;
- 43 Prozent zwischen 46 und 55 Jahren (davon 21 Prozent zwischen 46 und 50 Jahren und 24 Prozent zwischen 51 und 55 Jahren);
- 19 Prozent über 56 Jahre.

Hieraus ergibt sich ein Durchschnittsalter von 48 Jahren; dies bestätigt, dass seelische Gewalt weitaus häufiger Personen über 50 betrifft, die gemeinhin als weniger leistungsfähig und flexibel gelten.

Dass mir kein einziger Fall vorliegt, bei dem das Opfer unter 25 ist, könnte auch etwas mit der Art meiner Umfrage zu tun haben. Aber generell könnte man sagen, dass junge Leute häufiger unter Fällen von direktem Machtmissbrauch leiden, der sich vor aller Augen abspielt, als unter seelischer Gewalt. Junge Auszubildende, besonders im Gastgewerbe, sehen sich oft vor eine schwierige Aufgabe gestellt, für die es ihnen an Erfahrung fehlt, und sie können dabei nicht immer mit der Unterstützung und Hilfe ihrer älteren Kollegen rechnen. Eine Umfrage im Auftrag des *Observatoire régionale de la santé* (ORS) in Poitou-Charentes[1] hat ergeben, dass

---

[1] Saillard, C., Sautejeau, V., Conditions de travail et santé des apprentis de moins de 18 ans de la Vienne, Rapport n° 66, ORS, Juli 2000, zitiert aus *Santé et travail*, Nr. 33, Oktober 2000.

- 6 Prozent der Lehrlinge regelmäßig beschimpft werden;
- 19 Prozent Schikanen ausgesetzt sind;
- 25 Prozent barsch angefahren werden.

Wenn diese Untersuchung auch keinen einzigen Fall von seelischer Gewalt enthüllt hat, gaben immerhin sechs der 386 befragten Auszubildenden an, bereits Prügel bezogen zu haben.

Die Studie in Straßburg zeigt, dass nach den Kriterien von *Mots pour Maux au travail* junge Leute zwar häufiger schlechter Behandlung ausgesetzt waren als andere Altersgruppen (16,7 Prozent), dies aber nicht so empfanden, was wieder einmal beweist, dass seelische Gewalt eine *subjektive* Größe ist. Ein Beobachter kann von außen nicht beurteilen, wie ein anderer sich fühlt.

In der Umfrage, die von den Betriebsärzten der Region Provence-Alpes-Côte-d'Azur durchgeführt wurde, liegt das Durchschnittsalter ebenfalls höher, nämlich bei 41,73 Jahren.[2]

Es gibt in Frankreich eine regelrechte Alters-Segregation. Trotz des Wirtschaftswachstums erliegen die Firmen immer noch der Versuchung, ältere Mitarbeiter mit höherem Einkommen durch jüngere, preisgünstigere Kräfte zu ersetzen. Der wirtschaftliche Aufschwung betrifft vor allem Berufsgruppen in den neuen Technologiebranchen, die Kompetenz und Flexibilität erfordern, die – zähen Vorurteilen zufolge – von Personen über 50 schwer zu erreichen sind. Natürlich nutzen sich die Kompetenzen heutzutage schneller ab als in der Vergangenheit, aber mit dem Argument der Rentabilität weigern sich die Unternehmen, ihre älteren Arbeitnehmer weiterzubilden, und schieben sie lieber aufs Abstellgleis. Zu einer Zeit, da Tag für Tag neue Techniken entwickelt werden, gerät ein Mitarbeiter leicht in die Gefahr, eine neue Software nicht zu beherrschen. Sogar in Berufen, in denen traditionellerweise die Erfahrung Vorrang hat, entledigt

---

[2] Ibid.

man sich immer häufiger der über 50-Jährigen und ersetzt sie durch junge Leute, weil sie angeblich schlagkräftiger, mit Sicherheit aber preisgünstiger sind. Auch wenn dies eine beklagenswerte Verschwendung von Fähigkeiten und Energien ist, stellt Erfahrung heutzutage keinen Wert mehr dar.

Nadine, 52, arbeitet seit ihrem 18. Lebensjahr. Zu Beginn ohne Ausbildung, bildet sie sich in Abendkursen fort und wird schließlich zur leitenden kaufmännischen Angestellten befördert. Da sie der Firma seit deren Bestehen angehört, kennt sie sämtliche Bereiche und Mitarbeiter. Ihre Lage verschlechtert sich, als ihr Unternehmen mit einer jungen Firma fusioniert. Die Mitglieder des neuen Teams sind alle um die dreißig. Als ihr bisheriger Chef sich entschließt, in Rente zu gehen, ist Nadine plötzlich die älteste Mitarbeiterin in der Firma. Ihr neuer Chef ist ein ehrgeiziger junger Mann, der eben seine Ausbildung hinter sich gebracht hat. Auf Nadines Berufserfahrung pfeifend, erwartet er von ihr, sich wegen jeder Kleinigkeit zu rechtfertigen, und achtet sorgfältig auf ihre Arbeitszeiten. Kurz nachdem er seine Stelle angetreten hat, macht er ihr in einem Brief Vorwürfe zu Aktivitäten aus einer Zeit, als er noch nicht in der Firma war. Indem er sie mit Schreibarbeiten überhäuft, nimmt er ihr zugleich jede verantwortungsvolle Tätigkeit; die einträglichsten Arbeiten behält er sich selber vor. Nach und nach drängt er sie in die Isolation, hindert sie daran, in andere Filialen zu fahren oder an Besprechungen teilzunehmen. Wiederholt blockiert er ihre Akten, um sie der Firmenleitung gegenüber zu diskreditieren.

Als Nadine beschließt, sich bei der Direktion zu beschweren, hat sie das Gefühl, dort überhaupt nicht verstanden zu werden. Man sagt ihr, dass das junge Team eben moderne Methoden habe, und legt ihr indirekt nahe, dass sie für diesen Posten vielleicht nicht mehr geeignet sei. Als sie insistiert, fordert man sie auf, ihre Fähigkeiten aufzulisten, was sie als Aggression empfindet.

Nadine ist mittlerweile in einem schlimmen depressiven Zustand und krankgeschrieben. Es kommt ihr vor, als sei all die Mühe, die sie sich gegeben hat, um voranzukommen, vergeblich gewesen, reine Zeitverschwendung. Als sie ihre Arbeit wieder aufnimmt, erklärt sie der Betriebsarzt, um sie zu schützen, nur unter der Bedingung für einsatzfähig, dass sie in eine andere Abteilung versetzt wird. Die Direktion weigert sich und zwingt den Arzt, sein Attest zu korrigieren. Man ist der Ansicht, dass Nadine krank ist und es besser wäre, wenn sie ihre Krankheit zu Hause auskurierte. Als sie wieder genesen ist, weist man sie derselben Abteilung zu, wo sie erfahren muss, dass man ihren Posten gestrichen hat.

Obwohl Nadine eine Abfindungssumme erhalten hat, fühlt sie sich auf verächtliche Weise zurückgewiesen.

Jemand, der in einem Unternehmen Karriere gemacht hat, spiegelt die Vergangenheit der Firma wieder, ihre Geschichte, aber auch ihre Fehler und Niederlagen. Ein neuer Geschäftsführer oder Firmenleiter, von dem die Aktionäre Veränderungen fordern, wird sich der langjährigen Mitarbeiter entledigen, um den Anschein einer «Rundumerneuerung» zu erwecken.

Viele Unternehmen spielen die Jungen gegen die Alten aus, werten indirekt die Jungen auf, indem sie die Älteren schlechtmachen. Ältere Mitarbeiter werden den jungen in ungünstigem Licht geschildert, da «die Erfahrung der betagteren Arbeitnehmer von der Unternehmensleitung als vermeintliche Bastion des Widerstands gegen Mobilität und Flexibilität betrachtet wird».[3] Für ältere Arbeitnehmer stellt die Ankunft jüngerer Leute daher eine ungerechte, grausame Bedrohung dar, die ihnen jede Motivation nimmt.

Man darf auch die perverse Wirkung des Delalande-Beitrags nicht unterschätzen, der die Arbeitgeber dazu verpflichtet, dem Staat einen gewissen Geldbetrag zu zahlen, falls sie einen Arbeitnehmer über 50 entlassen, und der sie daher auf die Idee bringen könnte, ältere Arbeitnehmer so sehr zu entmutigen, dass sie von sich aus kündigen.

[3] Davezies, P., Jeunes au travail. Les nouveaux cobayes, in: *Santé et travail*, Nr. 33, Oktober 2000.

Meine Studie verweist auf einen deutlichen Unterschied zwischen den Geschlechtern: 70 Prozent Frauen gegenüber 30 Prozent Männern.

Diese Zahlen stimmen mit jenen überein, die die Untersuchung von Dr. Chiaroni ergeben hat (73 Prozent Frauen).[4]

Andere Ergebnisse liefert die Studie von Béatrice Seiler in Zusammenarbeit mit der Vereinigung *Mots pour Maux au travail* in Straßburg, die 43,5 Prozent betroffene Frauen gegenüber 56,5 Prozent Männern attestiert,[5] und jene von Heinz Leymann in Schweden,[6] demzufolge 55 Prozent Frauen gegenüber 45 Prozent Männern betroffen sind, was statistisch gesehen allerdings keine besonders große Abweichung darstellt. Die Untersuchung, die S. Einarsen und A. Skogstad 1996 in Norwegen[7] durchführten, weist ebenfalls auf einen Unterschied, der statistisch kaum ins Gewicht fällt: 55,6 Prozent Frauen gegenüber 43,9 Prozent Männern.

Man muss diese Prozentsätze allerdings vor dem soziokulturellen Hintergrund betrachten. Die skandinavischen Länder und Deutschland manifestieren eine echte Besorgnis um die Chancengleichheit zwischen beiden Geschlechtern. In romanischen und lateinamerikanischen Ländern herrscht noch immer eine von männlichem Chauvinismus geprägte Atmosphäre. In Italien, Spanien und Lateinamerika sind viele Männer nach wie vor der Ansicht, dass jede arbeitende Frau einen Mann um den Arbeitsplatz bringe.[8]

---

[4] Chiaroni, J., op. cit.

[5] Seiler-Van Daal, B., op. cit.

[6] Leymann, H., Mobbing, Reinbek bei Hamburg 1993.

[7] Einarsen, S., Skogstad, A., Bullying at work, epidemiological findings in public and private organizations, in: *European Journal of work and organizational psychology*, Bd. 5, Nr. 2, 1996.

[8] Man könnte auch meinen, dass ein weiterer Schwachpunkt meiner Studie mit der Tatsache verbunden ist, dass Frauen ihre Gefühle leichter äußern als Männer, besonders, wenn der Gesprächspartner ein Psychiater ist.

Frauen werden nicht nur häufiger zu Opfern, sondern auch auf andere Art belästigt als Männer: Oft trägt die seelische Gewalt, mit der man sie konfrontiert, chauvinistische, sexistische Züge. Die sexuelle Belästigung ist nur noch ein weiterer Schritt beim seelischen Quälen. In beiden Fällen geht es darum, den anderen zu demütigen und als willfähriges Objekt abzustempeln. Um ihn zu erniedrigen, nimmt man ihn persönlich ins Visier. Und was könnte persönlicher sein als das Geschlecht? Damit das aggressive Verhalten über einen längeren Zeitraum aufrechterhalten werden kann, darf es nur schwer nachweisbar sein. Und was ist schwieriger zu beschreiben als eine von Sexismus oder Feindseligkeit geprägte Atmosphäre? Im Übrigen umfasst auf juristischer Ebene, über die Rechtsprechung, die sexuelle Belästigung natürlich sowohl die sexuelle Erpressung Abhängiger als auch ein «von Sexismus, Feindseligkeit und Gehässigkeit» geprägtes Arbeitsklima.

Frankreich verfügt seit 1992 über ein Gesetz zum Schutz der Beschäftigten vor sexueller Belästigung am Arbeitsplatz. Der Artikel L. 122–46 des Arbeitsrechts sagt Folgendes:

«Missbraucht ein Arbeitgeber, sein Stellvertreter oder ein anderer Vorgesetzter die ihm kraft seiner Funktion gegebene Autorität dazu, Anweisungen zu erteilen, Drohungen zu äußern, Zwang oder Druck auszuüben, um Gefälligkeiten sexueller Art zum eigenen Nutzen oder zum Nutzen Dritter von einem bestimmten Arbeitnehmer zu erlangen, so kann Letzterer dafür, dass er derartige seelische Qualen erdulden musste oder sich weigerte zu erdulden, sowie für die Enthüllung dieser Qualen weder sanktioniert noch entlassen werden.»

Bedauerlich ist, dass die Gesetzgebung weder die Belästigung zwischen Kollegen noch beleidigende oder herabwürdigende Arbeitsumgebungen berücksichtigt hat.

Die erste Studie in Frankreich über die sexuelle Belästigung von Frauen am Arbeitsplatz wurde 1985 bis 1990 durchgeführt, dank einer gemeinsamen Initiative des Arbeitsministeriums und der Abteilung für die Rechte der Frau.[9] Man fand heraus, dass es besonders im Bereich der Privatwirtschaft, und hier vor allem in den Kleinbetrieben, zu sexueller Belästigung kam. Die Studie ergab ebenso, dass die Opfer vorwiegend Frauen und die Peiniger vorwiegend Männer, nämlich ihre unmittelbaren Vorgesetzten, waren. Bevor die sexuelle Belästigung Teil der Gesetzgebung wurde, gestaltete sich die gesetzliche Verfolgung der Peiniger – ungeachtet einiger Schuldsprüche – außerordentlich schwierig. Mehrmals hat die Rechtsprechung sexistische, kränkende, geschmacklose oder demütigende Verhaltensweisen einer oder mehrerer Personen gegenüber Arbeitskolleginnen als grobe Verstöße anerkannt.[10] Man sieht, dass sexuelle Belästigung und seelische Gewalt einiges gemein haben.

Was die Besonderheit der Gewalt gegen Frauen anbelangt, so trifft man auf mehrere Varianten: Frauen, die auf die Avancen eines Vorgesetzten oder Kollegen nicht eingehen und von diesem kaltgestellt, gedemütigt oder grob angefahren werden. Diese Mischung aus sexueller Belästigung und seelischer Gewalt existiert in sämtlichen Berufszweigen und auf allen Stufen der hierarchischen Leiter. Sie ist schwer nachzuweisen – es sei denn, man hat Zeugen –, weil der Aggressor sein Verhalten natürlich leugnet. Im Übrigen empfindet der Peiniger sein Benehmen meist nicht als anormal, sondern als «männlich». Möglich ist auch, dass sämtliche männliche Arbeitnehmer einer Firma ein solches Verhalten als Norm betrachten. Die sexuelle Belästigung wird oft erst an zweiter Stelle genannt, weil die Opfer weniger Scheu haben, von seelischer Gewalt zu sprechen statt von sexueller Belästigung, ganz besonders, wenn sie sich Letzterer gebeugt haben.

---

[9] Cromer, S., Le harcèlement sexuel en France. La levée d'un tabou, La Documentation française, Paris 1995.
[10] Le Droit ouvrier (Das Arbeitsrecht), Februar 1997, Nr. 580–581.

In einer großen Behörde leitet ein Verwaltungschef, der seine Beförderung günstigen politischen Verbindungen verdankt, seit mehreren Jahren eine Abteilung, in der etwa zehn Frauen beschäftigt sind. Er bringt sie mittels Verführung, Drohung oder Erpressung dazu, ihm gefügig zu sein. Frauen, die sich ihm verweigern oder ihn sexuell nicht reizen, teilt er niedere Arbeiten zu, ungeachtet ihrer Fähigkeiten. Er schnauzt sie pausenlos an, lässt sie die Arbeit seiner weiblichen Günstlinge tun und kritisiert sie unentwegt. Eine davon, empfindsamer als die anderen, hält dem Druck nicht stand und versucht, sich das Leben zu nehmen. Daraufhin beschließen alle Frauen der Abteilung – bis auf seine gegenwärtige Auserwählte – gemeinsam Anzeige gegen ihn zu erstatten.

Aus Angst vor einem Skandal stuft die Direktion den Abteilungschef zurück und erteilt ihm einen Verweis mit der Begründung, sein Verhalten sei eines höheren Beamten nicht würdig.

Bei diesem Fall ist anzumerken, dass sämtliche Abteilungen, wahrscheinlich auch die Direktion, von der sexuellen Erpressung, die das Klima bestimmte, Kenntnis hatten; aber niemand sagte etwas dagegen oder kam den Frauen zu Hilfe. Wahrscheinlich fanden es alle normal. Auch die Frauen bewahrten aus Scham oder Angst und weil sie wussten, dass sie keine Unterstützung zu erwarten hatten, Stillschweigen.

Laetitia ist leitende Angestellte in einer großen Kommunikationsfirma. Der Generaldirektor zitiert sie mehrmals spät abends noch zu sich ins Büro. Dort spielt sich stets die gleiche Szene ab: Er zwängt sich neben sie in einen Sessel und sagt: «Erzählen Sie mir, was Sie privat so alles machen! Ich will sämtliche Einzelheiten hören. Eine so hübsche Frau wie Sie hat doch bestimmt eine Menge Liebhaber!» Dann grollt er, als sei sie ein kleines Mädchen, das man ausschelten müsse: «Wenn Sie mir einen Korb geben, muss ich streng werden!» Und später, als sie versucht, sich ihm zu entziehen, droht er ihr: «Wenn Sie nicht nett zu mir sind, verhindere ich, dass man Sie befördert!»

Neben dieser Form der seelischen Gewalt, die an sexuelle Belästigung grenzt, gibt es auch das diskriminierende Verhalten gegenüber Frauen. Frauen werden kaltgestellt oder gepeinigt und am Arbeiten gehindert, nur weil sie Frauen sind. In der Firma ist die Gleichgestelltheit beziehungsweise Gleichwertigkeit der Geschlechter kein Thema, schon gar nicht in den höheren Etagen, wo man einfach behauptet, dass Frauen sich nicht um verantwortungsvolle Stellen bemühten.

In diesem halböffentlichen Unternehmen mit «männlicher» Tradition haben Frauen es sehr schwer, verantwortungsvolle Positionen zu erreichen. Und so muss Laure, eine junge leitende Angestellte, die vor kurzem ihren Abschluss an einer renommierten Hochschule gemacht hat, sich in einer Mitarbeiterversammlung von einem älteren Kollegen «meine Hübsche» oder «mein Küken» nennen lassen, ohne dass dies jemand der Rede wert fände.

Frauen sind nicht dazu erzogen, sich lautstark zu wehren. Man bringt ihnen beizeiten bei, sich zu fügen, sanft, eben «feminin» zu sein. Während gewalttätige, dominierende Verhaltensweisen mit den Normen männlichen Verhaltens konform gehen, widersprechen sie dem Regelkanon für weibliches Verhalten. Weil Frauen nicht selten in den anerzogenen Verhaltensmustern gefangen sind, neigen sie dazu, sich in Beziehungen dominieren zu lassen. Sie müssen lernen, sich zu widersetzen, nein zu sagen.

Annie kommt aus der Privatwirtschaft in eine große Behörde. Sie ist auf dieser hierarchischen Stufe der Direktion die einzige Frau und weiß das feindselige Klima, das sie empfängt, nicht auf Anhieb zu deuten. Ein Kollege, der eigentlich ihren Posten hätte übernehmen sollen, bringt die Assistentinnen gegen sie auf, indem er das Gerücht in die Welt setzt, dass sie auf ihre Untergebenen herabsieht. Ein anderer Kollege gibt vor, ihr helfen zu wollen, versucht dabei aber, sie sexuell zu belästigen. Anstatt sich nach Kräften zu wehren, begeht Annie den Fehler, sich bei der Generaldirektion zu beschweren. Ihre Vorgesetzten kürzen daraufhin ihr Budget, filtern ihre Informationen und verringern

ihre Büroausstattung, bis sie sich schließlich auf dem Abstell-
gleis wiederfindet. Nun hört ihr niemand mehr zu, und man be-
traut sie mit keiner Aufgabe mehr.
    Annie schreibt die Behandlung, der sie ausgesetzt ist, der Tat-
sache zu, dass sie eine Frau ist.

Das diskriminierende Quälen

Im Grunde genommen ist jede Form des Quälens diskriminierend, weil sie die Andersartigkeit beziehungsweise die Ei-
genheit eines Menschen ablehnt. Diskriminierende Haltungen bleiben üblicherweise verdeckt, weil sie gesetzlich verboten sind, und so münden sie sehr häufig in seelische
Gewalt.

Quälen aus ethnischen oder religiösen Motiven Wenn nicht
schon bei der Einstellung eines Arbeitnehmers Diskriminierung mit im Spiel ist, kann sie in dem Moment wirksam werden, wo die Firma zur Streichung von Arbeitsplätzen gezwungen ist und entscheiden muss, welche Arbeitnehmer
entlassen werden. Das französische Strafrecht ahndet diskriminierendes Verhalten, das auf der tatsächlichen oder ange-
nommenen Zugehörigkeit zu einer bestimmten ethnischen
Gruppe oder Nation, Rasse oder Religion (Artikel 225-2 des
Strafgesetzbuches) gründet. Weil Diskriminierung mit zwei
Jahren Gefängnis bestraft werden kann, mag es einfacher erscheinen, den betreffenden Arbeitnehmer zu peinigen und
«zu entmutigen», damit er die Firma von sich aus verlässt.

Quälen aufgrund einer Behinderung oder einer Krankheit
Diskriminierende Handlungen gegen Personen, die eine körperliche oder geistige Behinderung aufweisen, sind nicht immer leicht nachzuweisen, weil sie grundsätzlich geleugnet
werden. Theoretisch sind Unternehmen verpflichtet, einen
bestimmten Prozentsatz behinderter Arbeitnehmer zu be-

schäftigen. In der Praxis wird diese Quote nur selten erreicht.

Die seelische Gewalt gegen Behinderte besteht zuweilen in böswilligen Attacken, die ihre Behinderung betreffen, meist jedoch wählt der Peiniger weitaus subtilere Methoden, indem er der betreffenden Person beispielsweise Aufgaben stellt, die sie aufgrund ihrer Behinderung unmöglich ausführen kann.

So fordert man von Jean-Luc, der hörbehindert ist und ein Hörgerät trägt, er möge sich in einer äußerst geräuschvollen Besprechung Notizen machen.

So verweigert man Georges, der auf einem Auge blind ist und am Bildschirm arbeitet, mit folgender Begründung die auf seine Behinderung zugeschnittene und ihm vom Betriebsarzt verordnete Software: «Wenn du schlechte Augen hast, musst du eben etwas anderes machen!»

So muss Muriel, die an einer schweren Skoliose leidet, nach einer Umstrukturierung das Archiv in den Keller verfrachten!

Im Prinzip kann der Betriebsarzt einschreiten und fordern, dass die Beschäftigung die Behinderung berücksichtigen muss, aber behinderte Menschen scheuen sich oft, Beschwerde zu führen, weil sie befürchten, man könne ihnen grundsätzlich die Arbeitstauglichkeit absprechen.

Seelische Gewalt gegen Homosexuelle Die seelische Gewalt, die sich gegen Homosexuelle richtet, ist vor allem ein Gruppenphänomen unter Kollegen. Ein Beispiel dafür gab uns unlängst ein stellvertretender Bürgermeister, der von anonymen Anrufen und Drohbriefen belästigt wurde, nachdem er sich öffentlich zu seiner Homosexualität bekannt hatte.

Diskriminierendes Quälen von Personal- und Gewerkschaftsvertretern Es lässt sich nicht leugnen, dass seelische Gewalt eine Methode der Unternehmen darstellt, sich eines

Beschäftigten zu entledigen, dem nicht gekündigt werden kann; dies trifft in besonderem Maße auf die Personalvertreter zu. Zum einen genießen sie einen besonderen Schutz und können nur mit dem Einverständnis der Betriebsinspektion entlassen werden, zum anderen dürfen sie sich während der regulären Arbeitszeit stundenweise ihren Aktivitäten widmen. Manche Chefs sehen dies gar nicht gern, weil sie dadurch das Gefühl haben, jemanden bezahlen zu müssen, der gegen sie agiert. Der Übergang von diskriminierenden zu quälenden Verhaltensweisen ist dann vollzogen, wenn sich die Angriffe gegen die Person des Gewerkschaftsmitglieds richten, nicht mehr gegen seine Funktion:

«*Als ich in dieser Firma anfing, gab es weder eine funktionierende Gewerkschaft noch eine Personalvertretung. Ich habe daher mit Hilfe einiger Arbeitskollegen, die bereits ausgeschieden sind, diese Strukturen aufgebaut.*

Vor einem Jahr habe ich mich in meiner Funktion als Gewerkschaftsvertreter geweigert, einen Text zu unterzeichnen, der die Direktion dazu berechtigt hätte, das Arbeitsrecht zu umgehen und kurzerhand die Gewerkschaftsverbände als Ansprechpartner der Direktion auszuschalten.

Die Methode, deren man sich damals bediente, bestand darin, über einige Mitglieder des Personals Einfluss auf mich zu nehmen. Hierzu war ihnen alles recht: diffamierende Briefe an meine Gewerkschaft oder das Gewerbeaufsichtsamt, Versammlungen, in denen ich als ‹der Böse› tituliert wurde, ‹der nicht unterzeichnen will und Schuld trägt, wenn wir Vorteile verlieren …›, und das ist bei weitem nicht alles!

Ich habe monatelang durchgehalten, weil ich bei meiner Gewerkschaft, aber auch bei mir nahe stehenden Menschen – Angehörigen, Freunden, ein paar Arbeitskollegen – Unterstützung fand.

Trotzdem wurde ich in meiner Abteilung behandelt, als hätte ich die Pest. Ich möchte Ihnen die Details über die verschiedenen schäbigen Versuche, mir tagtäglich meine Arbeit zu vergällen, ersparen. Selbst wenn man noch so robust und ausgeglichen ist: Irgendwann übersetzt sich diese ständige Underminie-

rung, zumal sie sich immer mehr verschärft, in gesundheitliche Probleme (Schlaflosigkeit, Weinkrämpfe, Ängste, Herzklopfen, Übelkeit ...).

Um den Verleumdungen ein für allemal ein Ende zu bereiten, ermutigte mich meine Gewerkschaft, für den Arbeitsschieds- ausschuss zu kandidieren, und ich wurde gewählt. Von da an hatte ich noch viel mehr Probleme. In einem Jahr habe ich von meinem Arbeitgeber 38 Briefe, darunter 28 eingeschriebene, er- halten. Darin heißt es, meine Pflichten als Gewerkschaftsver- treter und als Mitglied im Arbeitsschiedsausschuss würden mich an der Erfüllung meiner Pflichten hindern, meine Arbeit bleibe liegen, und dies, obwohl inzwischen jemand eingestellt worden ist, der meine Fehlzeiten ausgleichen soll.

Ich habe langsam die Nase voll! Nachdem ich nun schon über ein Jahr dieser seelischen Quälerei ausgesetzt bin, sind die Spuren nicht mehr zu übersehen, mein Gesundheitszustand wird immer kritischer.»

6. Die Methoden seelischer Gewalt

Feindselige Verhaltensweisen

Es gibt eine gewisse Anzahl von Studien über feindselige Verhaltensweisen, die in unterschiedlichen Ländern durchgeführt wurden. Die Verfahren, die dabei zur Anwendung kamen, waren weitgehend stereotyp. Was jeder Autor anders handhabte, war die Aufteilung in unterschiedliche Rubriken.

Ich für meinen Teil habe die feindseligen Verhaltensweisen in vier Kategorien unterteilt, ausgehend von der am schwersten erkennbaren bis hin zur offenkundigsten.

Die Angriffe auf die Arbeitsbedingungen (Jede Entscheidung, die das Opfer trifft, wird in Frage gestellt, seine Leistungen werden auf übertriebene Weise oder grundlos kritisiert, man weist ihm systematisch Aufgaben zu, die seine Fähigkeiten übersteigen, oder stellt es bloß, indem man ihm Anweisungen erteilt, die nicht zu erfüllen sind ...). Man bringt den Arbeitnehmer dazu, Fehler zu begehen, so dass er inkompetent erscheint und man Gründe hat, ihm zu kündigen. Solche Winkelzüge sind oft die ersten deutlichen Kennzeichen der seelischen Gewalt, wenn sie von einem Vorgesetzten ausgeht. Verhält der Aggressor sich geschickt, ist ihm die böse Absicht schwer nachzuweisen, weil er notfalls ja behaupten kann, im Interesse der Firma zu handeln: «Wenn ich ihn ständig kritisiere, dann doch nur, weil er nicht gut arbeitet!», «Er beklagt sich darüber, dass ich ihm Aufgaben zuweise, die nicht durchzuführen sind, aber mit seiner Ausbildung müsste er doch dazu imstande sein!», «Er hat nur deshalb den Eindruck, dass ich ihm zu viel Arbeit aufhalse, weil er nicht schnell genug arbeitet und zu viel Zeit mit Reden vergeudet!» und so weiter. Wie soll ein Arbeitnehmer, der Unterlagen nicht rechtzeitig abgegeben hat, beweisen, dass man ihm wichtige Informationen vorenthalten hat?

Liste der feindseligen Verhaltensweisen

1) Angriffe auf die Arbeitsbedingungen

- Man nimmt der Person jede Eigenverantwortung.
- Man verweigert ihr die Informationen, die zur Realisierung ihrer Aufgabe von Nutzen wären.
- Man stellt systematisch jede ihrer Entscheidungen in Frage.
- Man übt ungerechtfertigte oder übertriebene Kritik an ihrer Arbeit.
- Man nimmt ihr den Zugang zu den Arbeitsgeräten: Telefon, Fax, Computer …
- Man weist die Arbeit, die normalerweise ihr zukäme, anderen zu.
- Man stellt sie unentwegt vor neue Aufgaben.
- Man weist ihr willentlich und systematisch Aufgaben zu, die ihre Kompetenz unterfordern.
- Man weist ihr willentlich und systematisch Aufgaben zu, die ihre Kompetenz überfordern.
- Man übt Druck auf sie aus, um zu verhindern, dass sie ihre Rechte geltend macht (Urlaub, geregelte Arbeitszeit, Gratifikationen).
- Man verhindert, dass sie befördert wird.
- Man weist ihr gegen ihren Willen gefährliche Arbeiten zu.
- Man weist ihr Aufgaben zu, die sich nicht mit ihrer Gesundheit vereinbaren lassen.
- Man verwüstet ihren Arbeitsplatz.
- Man stellt ihr absichtlich Aufgaben, die unmöglich zu bewältigen sind.
- Man nimmt keine Rücksicht auf die fachkundige Meinung des Betriebsarztes.
- Man treibt sie dazu, einen Fehler zu begehen.

2) Isolierung und Kommunikationsverweigerung

- Man fällt der Person ständig ins Wort.
- Ihre unmittelbaren Vorgesetzten oder Kollegen sprechen nicht mehr mit ihr.
- Man kommuniziert nur noch schriftlich mit ihr.
- Man verweigert ihr jeden Kontakt, sogar den visuellen.

- Man weist ihr einen Schreibtisch abseits der anderen Mitarbeiter zu.
- Man ignoriert sie, wendet sich ausschließlich an die anderen Anwesenden.
- Man verbietet ihren Kollegen, mit ihr zu sprechen.
- Man lässt sie nicht mehr mit den anderen sprechen.
- Die Direktion verweigert ihr jeden Termin zu einer Unterredung.

3) Angriff auf die Würde

- Man gibt der Person abwertende Namen.
- Man zeigt ihr seine Verachtung mittels Gesten (Seufzer, verächtliche Blicke, Schulterzucken ...).
- Man bringt sie bei Kollegen, Vorgesetzten oder Untergebenen in Verruf.
- Man verbreitet Gerüchte über sie.
- Man sagt ihr psychische Probleme nach (behauptet also, sie sei geisteskrank).
- Man macht sich über ihre Behinderung oder ihr Äußeres lustig; man imitiert oder parodiert sie.
- Man übt Kritik an ihrem Privatleben.
- Man spottet über ihre soziale Herkunft oder ihre Nationalität.
- Man greift ihre religiösen oder politischen Überzeugungen an.
- Man weist ihr erniedrigende Aufgaben zu.
- Man beschimpft sie mit obszönen oder abwertenden Ausdrücken.

4) Verbale, physische oder sexuelle Gewalt

- Man droht der Person mit physischer Gewalt.
- Man wird handgreiflich, wenn auch nur leicht, rempelt sie an oder schlägt ihr die Tür vor der Nase zu.
- Man schreit sie an.
- Man dringt mittels Anrufen oder Briefen in ihr Privatleben ein.
- Man verfolgt sie auf der Straße, lauert ihr vor ihrer Wohnung auf.
- Man fügt ihrem Auto Schaden zu.
- Man belästigt sie sexuell (in Gesten oder Worten).
- Man nimmt keine Rücksicht auf ihre gesundheitlichen Probleme.

Isolierung und Kommunikationsverweigerung (jemanden ausgrenzen, sich weigern, mit ihm zu sprechen, ihn nicht zu den Abteilungsfeiern einladen ...) sind Verhaltensweisen, die das Opfer zwar sehr kränken, vom Aggressor jedoch bagatellisiert oder verneint werden: «Es stimmt doch gar nicht, dass ich nicht mit ihm spreche!», «Wir sind schließlich zum Arbeiten hier, nicht zum Plaudern!», «Wir haben ihm ein eigenes Büro zugewiesen, weil hier drin kein Schreibtisch mehr frei ist!» und so weiter. Die Ausgrenzung kann sowohl von Kollegen als auch von Vorgesetzten ausgehen. Verletzende Gesten, wie jemanden nicht zu grüßen oder nicht anzusehen, mögen uns wie Lappalien erscheinen, und doch kränken sie den Betroffenen jeden Tag ein wenig mehr.

Die Angriffe gegen die Würde (Spötteleien, verächtliche Gesten, abwertende Äußerungen ...) werden zwar häufig von allen bemerkt, aber mit bestimmten Eigenschaften des Opfers begründet: «Sie ist eben zu empfindlich und hat keinen Funken Humor!», «Ein bisschen Spaß wird wohl noch erlaubt sein!», «Der sieht doch Gespenster, überall wittert er böse Absicht!», «Bei ihm wundert es mich gar nicht, dass er so ein Theater macht!» Diese Haltungen sind häufiger bei neidischen Kollegen zu beobachten als bei Vorgesetzten. Verletzende Bemerkungen, Spötteleien, beleidigende Kritik werden von den betroffenen Personen nur selten moniert, weil sie sich schämen und es nicht wagen, darauf zu reagieren.

Die verbale, physische oder sexuelle Gewalt (Androhung physischer Gewalt, Anrempeln, lautstarkes Beschimpfen, sexuelle Belästigung, die außerhalb der Firma fortgesetzt wird und sich in nächtlichen Telefonanrufen oder anonymen Briefen äußert ...). Diese Form der Gewalt tritt erst dann in Erscheinung, wenn schon längere Zeit und von allen erkennbar seelische Gewalt geübt wurde. In diesem Stadium trägt das Opfer entweder bereits das Stigma des Paranoikers, so dass seine Klagen nicht mehr ernst genommen werden, oder die Zeugen wissen, was vor sich geht, haben jedoch zu viel Angst, um dem Opfer zu helfen. Ohne diese Unterstützung von außen kann es jedoch nur selten einer solchen Behandlung standhalten.

Die Verteilung jener Verhaltensweisen, über die sich die an meiner Umfrage beteiligten Personen beklagt haben, erscheint ziemlich homogen:
- Angriffe auf die Arbeitsbedingungen: 53 Prozent
- Isolierungsversuche und Kommunikationsverweigerung: 58 Prozent
- Angriffe auf die Würde: 56 Prozent
- Drohungen verbaler, physischer oder sexueller Art: 31 Prozent

Dennoch sollte man wissen, dass die Verteilung sich, je nachdem, wer seelische Gewalt übt, anders gestaltet, da Vorgesetzte sich eher gegen die Arbeitsbedingungen richten, Kollegen jedoch meist die Würde des Opfers angreifen. Das Isolieren wiederum ist eine Methode, deren sich beide Parteien gleichermaßen bedienen.

Die unterschiedlichen Formen seelischer Gewalt

Das Ergebnis meiner Umfrage (186 Personen haben auf den Fragebogen reagiert) zeigt, dass:
- in 58 Prozent der Fälle die seelische Gewalt von einem Vorgesetzten ausgeht;
- in 29 Prozent der Fälle die seelische Gewalt von Vorgesetzten und Kollegen ausgeht;
- in 12 Prozent der Fälle die seelische Gewalt ausschließlich von Kollegen ausgeht;
- in 1 Prozent der Fälle die seelische Gewalt von einem Untergebenen ausgeht.

Was den Ursprung der seelischen Gewalt anbelangt, so ergeben sich je nach Studie[1] ganz unterschiedliche Zahlen.

[1] Leymann, H., op. cit.; Einarsen, S., Skogstad, A., op. cit.

Ausschlaggebend ist letztlich auch, ob der Fragebogen per E-Mail an eine allgemeine Bevölkerung verschickt wird oder ob ihn der Betriebsarzt im Zuge seiner alljährlichen Visite den Arbeitnehmern vorlegt.

Mehrere Bemerkungen müssen vorausgeschickt werden: Zunächst einmal gilt es, zwischen der seelischen Gewalt durch den Arbeitgeber und jener durch den direkten Vorgesetzten zu differenzieren. Obwohl sie für das Verhalten ihrer Belegschaft die Verantwortung tragen, sind nicht alle Arbeitgeber, vor allem nicht jene der großen Unternehmen, die Urheber des quälenden Verhaltens ihrer Untergebenen.

Im Falle des kollektiven Peinigens gilt es, zwischen dem Hauptaggressor, der den Prozess in Gang gebracht hat, und jenen zu unterscheiden, die durch die Umstände zu ihren feindseligen Verhaltensweisen getrieben wurden, zum Beispiel wenn dem Opfer am Arbeitsplatz ein ums andere Mal Fehler unterlaufen und seine Kollegen sich darüber aufregen oder wenn die gepeinigte Person «schwierig» wird und ihre Kollegen darunter leiden.

Ein Vorgesetzter greift einen Untergebenen an (vertikal nach unten gerichtete Gewalt)

Die Ergebnisse der oben genannten Studien über den Ursprung der Gewalt fallen, je nach Autor, sehr unterschiedlich aus. Es ließe sich denken, dass derlei Abweichungen in der Art und Weise begründet liegen, wie die befragten Personen ausgewählt werden.

Die Erfahrung lehrt, dass seelische Gewalt, die von einem Vorgesetzten ausgeht, sich ungleich schädlicher auf die Gesundheit auswirkt als die horizontale Gewalt zwischen Kollegen, weil das Opfer sich noch isolierter fühlt und schwerer Unterstützung findet.

Manche Autoren unterscheiden bei seelischer Gewalt durch Vorgesetzte mehrere Formen:

- perverses Quälen, das der willkürlichen Zerstörung des anderen sowie der Aufwertung der eigenen Macht dient;
- strategisches Quälen mit dem Ziel, einen Arbeitnehmer zur Kündigung zu bewegen; auf diese Weise kann man geschickt die Entlassungsverfahren umgehen;
- das institutionelle Quälen, das den Führungsmethoden des Unternehmens innewohnt.

Diese Klassifizierungen erscheinen mir zu starr; meiner Ansicht nach müsste man weitaus subtiler unterscheiden. Nicht alle Vorgesetzten, die einen Untergebenen quälen, bedienen sich perverser Verfahren, wie wir es im Kapitel über die Aggressoren sehen werden. Und könnte man im Übrigen nicht auch gewisse Führungsgewohnheiten als «pervers» oder zumindest als zynisch betrachten, einerlei, ob ihr Ziel tatsächlich darin besteht, die Arbeitnehmer zum Kündigen zu bewegen oder nicht, wie ich es im Kapitel über die beruflichen Kontexte zeigen möchte, die seelische Gewalt begünstigen?

Es ist immer schwierig, die ungerechtfertigten Forderungen eines Vorgesetzten an seine Untergebenen von den berechtigten zu unterscheiden. Schon das Prinzip der Unterordnung verweist auf ein ungleiches Verhältnis, das sich gewisse Vorgesetzte, ihrer selbst nicht sicher oder gierig nach Macht, zunutze machen können, um zum eigenen Lustgewinn andere zu unterjochen.

Ein Kollege greift einen anderen Kollegen an (horizontale Gewalt)

Horizontale Gewalt taucht häufig dann auf, wenn zwei Arbeitnehmer sich um dieselbe Stelle bemühen oder um eine Beförderung kämpfen.

Annie fängt als kaufmännische Angestellte in einem mittelständischen Unternehmen an. Nicole, die Kollegin im Büro nebenan, erhält den Auftrag, sie einzuarbeiten. Beide erfüllen gleich-

wertige Aufgaben. Wenn Annie Fragen zu ihrer Software stellt, meckert Nicole, sie habe noch andere Dinge zu tun, und gibt ihr schließlich die erbetene Erklärung in einem solchen Tempo, dass Annie nie genügend Zeit hat, sich die Informationen zu notieren. Und wenn Annie dieselbe Frage zweimal stellt, gibt Nicole sich entrüstet: «Das habe ich dir doch schon erklärt!» Nach mehreren Wochen hört Annie zufällig, wie Nicole mit dem Chef über ihre Fehler spricht und dazu bemerkt: «Die Schnellste ist sie ja nicht gerade! Man könnte meinen, sie hätte noch nie etwas von Informatik gehört!» Schließlich nutzt sie einen Fehler in der Finanzierung, um Annie der Unehrlichkeit und des Betrugs zu bezichtigen.

Zu Anfang versteht Annie das feindselige Benehmen ihrer Kollegin nicht. Sie stellt sich selbst in Frage und versucht, noch freundlicher zu sein. Doch dann lernt sie zufällig ihre Vorgängerin kennen, die durch Nicoles Feindseligkeit dazu getrieben worden ist, die Firma zu verlassen. Und da erkennt Annie, dass das boshafte Verhalten ihrer Kollegin nicht ihre Schuld ist.

Gemischte Gewalt

Selbst wenn es sich dabei um eine sehr private Geschichte handelt, wird ein anhaltendes horizontales Quälen ab einem bestimmten Zeitpunkt meist als vertikal absteigendes Quälen empfunden, wenn die Vorgesetzten nicht einschreiten und sich damit schließlich als Komplizen erweisen.

Gerät jemand in die Position des Sündenbocks, sei es wegen eines Vorgesetzten, sei es wegen eines Kollegen, so hat er diese Rolle schnell für die gesamte Belegschaft inne. Er wird für alles verantwortlich gemacht, was nicht funktioniert. Schon bald kann ihn keiner mehr leiden, und auch wenn manche die Meinung der Gruppe nicht teilen, wagen sie es nicht, dies jemanden wissen zu lassen. Wir werden noch erläutern, wie der Gruppeneffekt funktioniert, der Menschen dazu verleiten kann, einem Anführer zu folgen, selbst wenn sie damit zerstörerischen Zwecken dienen.

Außerdem geht es dem «Sündenbock» nach einer gewissen Zeit so schlecht, dass sich sein Benehmen ändert. Er wird tatsächlich schwierig, was wiederum die Ablehnung rechtfertigt, die er von allen Seiten erfährt.

Ein Untergebener greift einen Vorgesetzten an (vertikal nach oben gerichtete Gewalt)

Die seelische Gewalt, die ein oder mehrere Untergebene gegen einen Vorgesetzten üben, wird kaum je in Erwägung gezogen, obwohl auch sie zerstörerische Folgen haben kann. Die Opfer wissen in diesem Fall nicht, an wen sie sich wenden sollen, zumal für sie von den Gewerkschaften ja keine Hilfe zu erwarten ist, auch nicht von der Justiz, die Beschwerden dieser Art in der Regel nicht ernst nimmt.

Meine Umfrage enthält nur 6 Fälle (von 193), in denen Personen von ihren Untergebenen gepeinigt wurden. Allerdings hat man mir mehrere Briefe geschrieben, in denen derlei Fälle geschildert werden, darunter den Folgenden:

«Ich bin ein Arbeitgeber, der von einer Angestellten seelisch gequält wird! Dieser Albtraum fing an, nachdem man sie in flagranti dabei ertappt hatte, wie sie sich über die ärztliche Schweigepflicht hinwegsetzte. Sie hatte sich meiner Krankenakten bedient, um meine Patienten zu Hause aufzusuchen und zum Kauf sogenannter Wundermittel zu bewegen, die angeblich jede Krankheit heilen. Aufgrund dieses groben Fehlers musste ich ihr kündigen, zumal sich bereits an die dreißig Patienten beschwert hatten. Um sich an mir zu rächen, bezichtigte sie mich der sexuellen Belästigung! Die Geschichte wird seit sieben Jahren verhandelt, weil ihr Anwalt nicht zum Abschluss kommt und unentwegt den Gerichtstermin verschiebt. Dazu kommt, dass ihre Helfershelfer, die allesamt unter einer Decke stecken, Lügen verbreiten über Episoden aus meinem Leben, die ich nicht erlebt habe, mit Menschen, die ich nicht kenne, an Orten, an denen ich niemals war! ...

Trotz meiner wasserdichten Akte und zahlreicher Zeugen wurde ich ohne juristisch verwertbares Motiv vom Arbeitsschiedsausschuss zweimal mit einstweiliger Verfügung für

schuldig befunden ... Der erste Vorsitzende des Appellationsge-
richts hat dann das Urteil des Arbeitsschiedsausschusses aufge-
hoben, zumal es «parteiisch» sei und auf einem «potentiellen
Justizirrtum» beruhe.
  Warum diese Ungerechtigkeit und diese Irrtümer? Solange
die Medien immer nur von armen Angestellten berichten, die
von widerwärtigen Chefs sexuell belästigt werden, und nicht
ein einziges Mal von einem honorigen Chef, der einem machia-
vellistischen Komplott zum Opfer fiel, dessen Ziel es war, Geld
aus ihm herauszupressen, werden Unschuldige wie ich weiter-
hin solche Albträume durchleben.
  Das Schreckliche an diesem ewigen Gerede in den Medien
über seelische Gewalt oder sexuelle Belästigung ist die Tatsa-
che, dass die Leute, selbst wenn ich noch so laut und nach-
drücklich meine Unschuld beteuere, automatisch denken: Wo
Rauch ist, ist auch Feuer!
  Eine Frau, die angibt, sie sei sexuell belästigt worden, findet
doch viel eher Gehör als ein Chef, der von sich behauptet, er sei
das Opfer einer verleumderischen Kampagne, die darauf abzie-
le, ihn seelisch fertig zu machen.»

Man kann mehrere Arten von seelischer Gewalt unterscheiden:
– das Vortäuschen sexueller Belästigung, wie in obigem
Fallbeispiel: Diese Situation wird im Film *Harcèlement* beschrieben. Es handelt sich um einen Angriff auf die Reputation eines Menschen, der ein für allemal diskreditiert werden
soll. Da sich für Beschuldigungen dieser Art selten Beweise
finden, gibt es auch nur wenig Möglichkeiten, sich dagegen
zu wehren. Die zerstörerische Wirkung, wenn jemand
fälschlich der sexuellen Belästigung bezichtigt wird, wird sowohl durch die Medien verstärkt, die den Fall mit Freuden
aufgreifen, als auch – womöglich noch mehr – durch die Gesetze, die es dem Verleumder gestatten, sein Opfer vor Gericht zu bringen. Es ist noch zu früh, um abschätzen zu können, wie sich die Aufmerksamkeit der Medien gegenüber
dem Phänomen der seelischen Gewalt auf falsche Anschuldi-

gungen auswirken wird, aber es ist wohl unbestreitbar, dass es sich dabei um ein höchst wirksames perverses Verfahren handelt, um einen Vorgesetzten zu attackieren.

– die kollektiven Gruppenreaktionen: Darunter ist die Verschwörung sämtlicher Mitglieder einer Gruppe zu verstehen, die einen Vorgesetzten loswerden wollen, den man ihnen aufgezwungen hat und den sie nicht leiden können. Dieses Phänomen lässt sich häufig bei Fusionen oder Firmenübernahmen beobachten. Man hat auf höherer Ebene beschlossen, sämtliche Führungskräfte aus den verschiedenen Firmen zu «vermischen», und entscheidet über ihre Verteilung ausschließlich nach politischen oder strategischen Gesichtspunkten, ohne die Meinung der Arbeitnehmer einzuholen. Diese schließen sich instinktiv zusammen, um den Eindringling wieder loszuwerden. Wenn die Direktionen sich die Mühe machten, die Bedürfnisse ihrer Arbeitnehmer zu berücksichtigen, und ihre Firmenpolitik nicht nur auf strategische Erwägungen gründeten, ließen sich Quälereien dieser Art ohne weiteres vermeiden.

Häufigkeit und Dauer

Wenn man versucht, in Zahlen auszudrücken, wie häufig in einer allgemeinen Bevölkerung seelische Gewalt geübt wird, muss man sich zuvor auf eine bestimmte Definition einigen. Bezieht man sich, um seelische Gewalt oder *Mobbing* zu definieren, streng auf den LIPT (*Leymann Inventory of Psychological Terrorization*) mit den 45 von Heinz Leymann[2] beschriebenen Verhaltensweisen, erhält man Zahlen zwischen 3 und 7 Prozent.[3] Betrachtet man seelische Gewalt jedoch auch in ihren subtilsten Formen – wie in meiner und

---

[2] Leymann, H., op. cit.
[3] Zapf, D., European research on bullying at work (wird in Kürze erscheinen).

anderen Studien geschehen –, erhält man für gewöhnlich Zahlen zwischen 9 und 10 Prozent. Wenn man, wie unlängst eine Zeitschrift, Personen dazu auffordert, auf gänzlich subjektive Weise anzugeben, ob sie sich schon einmal als Opfer seelischer Gewalt empfunden haben, erhält man sogar Zahlen, die sich den 30 Prozent nähern ...

Die Studie in Straßburg ergibt 9,6 Prozent und jene in der Region Provence-Alpes-Côte-d'Azur 8,4 Prozent.

Da meine Umfrage sich nur an Personen richtete, die sich mir als Opfer seelischer Gewalt offenbart hatten, konnte ich keinen Aufschluss darüber gewinnen, wie häufig das Phänomen in einer allgemeinen Arbeitnehmerschaft auftritt.

Was die durchschnittliche Dauer der gewaltsamen Handlungen anbelangt, so beträgt sie nach meinen Umfrageergebnissen etwas über drei Jahre (40 Monate):

– weniger als sechs Monate: 3,5 Prozent;
– sechs Monate bis zu einem Jahr: 11 Prozent;
– ein Jahr bis zu drei Jahren: 45 Prozent;
– über drei Jahre: 40,5 Prozent.

Die Studien in Schweden (Leymann, 1996) und in Norwegen (Einarsen und Skogstad, 1996) ergaben eine durchschnittliche Dauer der seelischen Gewalt von 15 bis zu 18 Monaten. Eine weitere Studie von Leymann, ebenfalls in Schweden durchgeführt, sowie eine Studie von Zapf in Deutschland aus dem Jahr 1999 ergaben durchschnittlich 3 Jahre. Entscheidend ist, welche Personengruppen man der Studie zugrunde legt. Geht man wie ich ausschließlich von Menschen aus, die sich als Opfer seelischer Gewalt verstehen, so findet man innerhalb dieser Gruppe geballt weitaus schlimmere Fälle von seelischer Gewalt als bei Befragung der Allgemeinheit.

Der Unterschied zwischen öffentlichem Dienst und Privatwirtschaft

Hier lässt sich, was die Dauer der seelischen Gewalt betrifft, eine tiefe Kluft feststellen: Im öffentlichen Dienst kann sich das Quälen über Jahre, wenn nicht gar Jahrzehnte hinziehen, während es in der Privatwirtschaft selten länger als ein Jahr andauert.

Im öffentlichen Dienst, wo die Gehälter zumeist niedriger sind als im Bereich der Privatfirmen (was allerdings nicht mehr in dem Maße wie früher gilt), zählt in erster Linie die Sicherheit des Arbeitsplatzes. Die Arbeitnehmer im öffentlichen Dienst können im Prinzip nicht entlassen werden und scheiden auch nicht freiwillig aus. Daher zieht die seelische Gewalt sich in diesem Bereich so lange hin. Die ersten Studien über *Mobbing* beziehungsweise seelische Gewalt wurden in Ländern durchgeführt, in denen die Gesetze zum Schutz der Arbeitnehmer sehr weit gediehen sind, während ähnliche Untersuchungen in Ländern, in denen es kaum gesicherte Stellen gibt, noch in den Kinderschuhen stecken.

Arbeitsausfälle

Die Ergebnisse der Umfrage haben die Erfahrungen bestätigt, die ich in meiner Praxis machen konnte, nämlich, dass die gesundheitlichen Schäden infolge von seelischer Gewalt verheerend sind.

Von den 193 Personen, die den Fragebogen beantwortet haben, hatten 74 Prozent einen Arbeitsausfall. Von diesen 143 Personen haben 131 die Dauer ihres Arbeitsausfalls präzisiert:
– 23 Prozent waren weniger als einen Monat krankgeschrieben;
– 23,5 Prozent zwischen einem und drei Monaten;
– 36 Prozent von drei Monaten bis zu einem Jahr;
– 10,5 Prozent ein bis zwei Jahre;
– 7 Prozent mussten ihre Arbeit zwei Jahre oder noch länger unterbrechen.

Hieraus ergibt sich pro Person ein durchschnittlicher Arbeitsausfall von 138 Tagen.

Das Peinigen, das von außen betrachtet harmlos erscheinen mag, hat eine zerstörerische Wirkung auf die physische und psychische Gesundheit der Opfer. Wir können alle eine gewisse Dosis Feindseligkeit ertragen, nur darf sie nicht ununterbrochen oder allzu häufig oder in einer Situation auf uns einstürmen, in der wir uns weder wehren noch rechtfertigen können.

Welche Faktoren verschlimmern die schädigende Wirkung?

Die Konsequenzen für das Opfer sind stark von dessen Persönlichkeit abhängig, vom Verhältnis zwischen den Protagonisten und von der Anzahl der Personen, die sich am Quälen beteiligen:

- Seelische Gewalt hat dramatischere Folgen, wenn sie von einer Gruppe ausgeht, die sich gegen eine Einzelperson verbündet, als wenn es sich um einen individuellen Aggressor handelt.
- Seelische Gewalt durch einen Vorgesetzten wirkt schlimmer als seelische Gewalt durch einen Kollegen, da in diesem Fall das Opfer zu Recht das Gefühl hat, dass seine Möglichkeiten, sich zu wehren, beschränkt sind und zudem sein Arbeitsplatz auf dem Spiel steht.
- Die langfristigen Gesundheitsschäden des Opfers sind schlimmer, wenn es allein aufs Korn genommen und gequält wird, als wenn ein tyrannischer Chef sich bei der gesamten Belegschaft austobt, deren Mitglieder sich zusammentun, gemeinsam beschweren und zur Wehr setzen können.
- Wie groß die gesundheitlichen Schäden sind, hängt von der Dauer und Intensität der Gewalt und von der Verwundbarkeit des Opfers ab. (Unter Verwundbarkeit versteht man die Angeschlagenheit des Opfers, die auf frühere Aggressionen, auf die mangelnde Unterstützung durch Angehörige oder Freunde oder auf ein bereits geschwächtes Selbstwertgefühl zurückzuführen ist. Aber wir werden

in einem späteren Kapitel noch auf dieses Thema zu sprechen kommen.)

Noch einmal sei gesagt: Es ist ein enormer Unterschied, ob eine Gruppe von einem schwierigen Vorgesetzten tyrannisiert und beleidigt wird oder ob eine Einzelperson durch einen Kollegen oder Vorgesetzten isoliert, gedemütigt und abgewertet wird, bis sie am Ende selbst von ihrer Wertlosigkeit überzeugt ist. Dennoch ist es nicht immer leicht, eine klare Grenze zu ziehen zwischen eigentlicher seelischer Gewalt und der Tyrannei eines Vorgesetzten, weil es zu Überschneidungen kommen kann. In Unternehmen zum Beispiel, in denen die gesamte Geschäftsleitung ein grobes, rücksichtsloses Verhalten an den Tag legt, können einige skrupellose Individuen sich diese achtlose Atmosphäre zunutze machen, um einen lästigen Konkurrenten auszuschalten und an seiner Statt in der Hierarchie aufzusteigen.

Gesellschaftliche und wirtschaftliche Konsequenzen

In 36 Prozent der Fälle folgt der Anwendung seelischer Gewalt das Ausscheiden des Gepeinigten aus der Firma:
– In 20 Prozent der Fälle wird das Opfer entlassen, weil es sich einen groben Fehler hat zuschulden kommen lassen;
– in 9 Prozent der Fälle wird eine Abfindung ausgehandelt;
– in 7 Prozent der Fälle kündigt das Opfer von sich aus;
– in 1 Prozent der Fälle wird die Person in den vorgezogenen Ruhestand versetzt.

Fügt man diesen Zahlen die 30 Prozent derjenigen hinzu, die infolge des Angriffs für längere Zeit krankgeschrieben, invalide oder aufgrund ärztlicher Unfähigkeit arbeitslos werden, dann kommt man auf insgesamt *66 Prozent von Fällen, bei denen das Opfer, zumindest vorübergehend, aus der Arbeitswelt ausscheidet.*

Diese beeindruckenden Zahlen müssten an sich schon Vorbeugemaßnahmen rechtfertigen.

Von den arbeitslosen Personen, die Schwierigkeiten haben, sich wieder in die Berufswelt einzugliedern, tragen einige die Narben der seelischen Qualen, die sie vor dem Verlust ihres Arbeitsplatzes erdulden mussten; die Symptome reichen von post-traumatischen Schockzuständen bis hin zum Identitätsverlust. Diese Menschen haben ihr gesamtes Selbstvertrauen verloren, sind übertrieben misstrauisch oder schlicht seelisch gebrochen und haben keine Lust mehr, einer neuen Arbeitsstelle wegen auch nur das Geringste von sich preiszugeben.

Pascale, 55, kinderlos geschieden, erhält nach längerer Arbeitslosigkeit eine Stelle als Direktionsassistentin in einer kleinen Firma. Sie legt sich mächtig ins Zeug, weil die Arbeit ihr gefällt, nimmt sich oft nicht einmal die Zeit, um zu Mittag zu essen, und bleibt abends länger im Büro. Nach vier Jahren wechselt ihr Vorgesetzter, und von nun an verschlechtert sich ihre Situation zusehends, ohne dass sie so recht begreifen könnte, weshalb. Sie ertrinkt in Arbeit und hat keine freie Minute mehr, um ihre Unterlagen zu aktualisieren. Sie sucht die Schuld bei sich, befürchtet, nicht mehr leistungsfähig zu sein, und stopft sich mit Vitaminen voll, um der Arbeitsflut standzuhalten. Da beginnt ihr Vorgesetzter, ostentativ ihr Kommen und Gehen zu überwachen und systematisch jede Arbeit schlecht zu machen, die sie ihm vorlegt. Die übrigen Sekretärinnen, offenbar beliebter als sie, beginnen sie zu meiden. Eines Morgens fehlen sämtliche wichtigen Schriftstücke aus Pascales Büro, ohne dass man ihr vorher Bescheid gegeben hätte. Sie ist erschöpft, zweifelt an ihrer Zuverlässigkeit und befürchtet unentwegt, einen Fehler zu begehen. Und tatsächlich, einige Monate später kündigt man ihr prompt aufgrund eines Fehlers.

Zwei Jahre später hat Pascale noch immer keine neue Stelle. Sie denkt, dass sie nie wieder eine findet. Im Übrigen hat sie überhaupt keine Lust mehr zu arbeiten und sucht nicht wirklich. Sie hat ihr Selbstvertrauen verloren und weiß nicht mehr, was sie wert ist. Sie lebt von der Entschädigung, die ihr vom Arbeitsschiedsausschuss zuerkannt wurde; dort befand man ihre Kündigung für nicht rechtens. Aber das Geld muss bis zum Ru-

hestand reichen, und so schränkt sie ihre Aktivitäten immer mehr ein, hält ihre Ausgaben möglichst gering und lebt gleichsam auf Sparflamme, unternimmt nichts mehr, wünscht sich nichts mehr, trifft sich nicht mehr mit Freunden. «Ich habe ja doch nichts zu erzählen, und ihre Geschichten interessieren mich auch nicht!»

Das Trauma, das die Opfer seelischer Gewalt davontragen, steht ihnen bei der Suche nach einer neuen Arbeitsstelle im Weg. Da sie keine günstige Meinung von sich selbst haben, können sie die nötige Energie nicht aufbringen, um sich nach einer neuen Stellung umzusehen.

Marie wird nach einer langen Phase seelischer Gewalt entlassen. Sie hat jede Illusion und alles Selbstvertrauen verloren.

Sie war an einen gewissen Lebensstandard gewöhnt, obwohl sie, nachdem sie Witwe geworden war, zunächst kürzer treten musste, hat jedoch keinerlei Ersparnisse. Nach ihrer Entlassung meldet sie sich lange Zeit nicht arbeitslos, weil sie nicht fassen kann, was ihr widerfahren ist. Als sie sich endlich nach einer neuen Stelle umsieht, ist sie bereits derart geschwächt, dass sie sich selbst im Weg steht.

Sie hat ihrer Familie verschwiegen, dass man ihr gekündigt hat, ist in eine kleinere Wohnung am Stadtrand gezogen, hat ihre Möbel und ihren Schmuck verkauft. Sie ernährt sich schlecht und lässt sich nicht behandeln. Sie borgt sich überall Geld, um ihre offenen Rechnungen zu begleichen, geht nicht mehr aus und meidet den Umgang mit Freunden, um ihre Situation nicht erklären zu müssen.

Die Praktiken seelischer Gewalt haben erhebliche wirtschaftliche Konsequenzen, sowohl für den Arbeitnehmer (Verlust des Einkommens bei plötzlicher Arbeitslosigkeit, Arztrechnungen, die aus der eigenen Tasche bezahlt werden müssen, psychotherapeutische Maßnahmen, Anwaltskosten) als auch für das Unternehmen (Produktionsverlust durch häufige Fehlzeiten, aber auch durch die geringe Motivation der übrigen Arbeitnehmer) und die Allgemeinheit (Gesundheitskosten zu Lasten der Sozialversicherung, Krankenhausaufenthalte, Arbeitslosenunterstützung, vorzeitiger Ruhestand). Auf Landesebene gebracht, erreichen all diese Kosten die Milliardenhöhe.

Aber die seelische Gewalt verbreitet auch ein von Unruhe, Angst und Unsicherheit geprägtes Klima, das sich auf das gesamte Land überträgt. In einer Zeit der Globalisierung, der Neustrukturierungen und Firmenzusammenschlüsse, bringen solche Machenschaften die Menschen dazu, ihr Selbstvertrauen zu verlieren und weniger Energie in ihren Beruf zu investieren.

7. Besonderheiten gewisser Handlungsbereiche

Auch wenn seelische Gewalt überall dort geübt wird, wo die Organisationsweise es zulässt, gibt es Bereiche, die besonders dafür disponiert sind.

Sämtliche Studien bestätigen, dass seelische Gewalt vorwiegend im tertiären Sektor zu finden ist, dem medizinischen und sozialen Sektor und dem Schulwesen, in Bereichen also, in denen die Aufgaben nicht klar definiert sind und es folglich immer Möglichkeiten gibt, jemanden einer Nachlässigkeit zu bezichtigen. Weniger seelische Gewalt findet man im Produktionsbereich, zumal dem hochtechnisierten.

Die gepeinigten Personen, die meinen Fragebogen ausgefüllt haben, gehören folgenden Bereichen an:
- Firmenleitung, Buchhaltung, Verwaltung: 26 Prozent
- Gesundheitswesen: 9 Prozent
- Schulwesen: 9 Prozent
- Schalter, Datenerfassung, Telefonzentrale, Sekretariat: 9 Prozent
- Forschung, Studium, Lehre, Informatik: 9 Prozent
- Handel, Verkauf, technisch-kaufmännische Berufe: 9 Prozent
- Generaldirektion: 6 Prozent
- Produktion, Fabrikation, Baustellenbereich: 4 Prozent
- Installation, Wartung, Instandsetzung: 1 Prozent
- Reinigung, Wachdienst, Hauswirtschaft: 1 Prozent
- Lager- und Transportwesen: 1 Prozent

Ich werde mich hier ausschließlich mit jenen Bereichen beschäftigen, die einen Kommentar erfordern.

Meine Umfrage ergibt eine identische Beteiligungsquote für Privatwirtschaft und öffentlichen Dienst und bestätigt hiermit alle anderen Umfragen:
- 50 Prozent der Personen sind im öffentlichen Dienst tätig (42 Prozent verbeamtet, 2 Prozent angestellt, 6 Prozent in verstaatlichten Unternehmen);
- 50 Prozent der Personen sind in der Privatwirtschaft tätig.

Doch aus der Tatsache, dass in der erwerbstätigen Bevölkerung nur jede vierte Person für den Staat arbeitet, lässt sich schließen, dass im öffentlichen Bereich mehr seelische Gewalt geübt wird.

Andererseits wird sich zeigen, dass sich diese Gewalt in beiden Bereichen auf unterschiedliche Weise äußert. In Privatunternehmen ist sie weitaus brutaler, dauert dafür aber weniger lang und endet häufig mit dem Ausscheiden des Opfers aus der Firma. Im öffentlichen Sektor kann sich die seelische Gewalt über mehrere Jahre hinziehen, weil hier die Arbeitnehmer im Prinzip geschützt sind und nicht entlassen werden können, außer sie leisten sich einen groben Regelverstoß. Aus diesem Grund kommen hier drastische Methoden des Peinigens zum Einsatz, mit nachhaltigen Folgen für die Gesundheit und Persönlichkeit der Opfer. (Ein interessantes Projekt wäre eine spezifische Studie zu diesem Thema im öffentlichen Dienst; Voraussetzung wäre allerdings, dass keinerlei Druck ausgeübt würde.[1])

Da der öffentliche Sektor sich, seinem Auftrag gemäß, dem öffentlichen Wohl verschrieben hat, empören uns Verfehlungen in diesem Bereich weitaus mehr, zumal hier nicht gequält wird, um die Produktivität zu steigern, sondern um private Machtgelüste zu stillen. Hier kann man die Peiniger

---

[1] Ich möchte auf das unlängst erschienene argentinische Werk hinweisen, das leider noch nicht aus dem Spanischen übersetzt worden ist: Sialpi, D., *Violencia en la administración publica*, 1999.

nicht von ihrer Verantwortung für ihr Tun entbinden und die Schuld der notwendigen Profitsteigerung zuschieben, die mit Kapitalismus und Globalisierung einhergeht; hier muss hinter dem Bedürfnis, seelische Gewalt zu üben, eine grundlegende psychische Dimension vermutet werden, ein Dominanzstreben, das ein Individuum dazu treibt, ein anderes zu erobern und zu unterjochen.

Ist die Organisation klar und solide, sind die Entgleisungen der Menschen unter Kontrolle, wird ihr Fehlverhalten bestraft. Eine Behörde jedoch ist eine schwerfällige Maschine, in der die Verantwortlichkeiten leicht verwässern.

Im öffentlichen Bereich sind Aufgaben nicht leicht einzuschätzen; die Beamten haben keine Bezugspunkte, weil man ihnen keine langfristigen Ziele vorgibt. Man bittet sie, eine gewisse Menge an Akten zu bearbeiten, ohne zu begründen, wozu sie das tun sollen, und ohne sich für die Mittel zu interessieren, die ihnen zur Erledigung ihrer Arbeit zur Verfügung stehen. Manche Abteilungen sind überlastet, entscheiden sich aber für die Flucht nach vorn, um das größtmögliche Budget anfordern zu können; in anderen Bereichen wiederum herrscht Leerlauf …

Machtgier ist im öffentlichen Sektor keine Seltenheit und drückt sich etwa in der Schaffung möglichst vieler Assistentenstellen aus, da sich aus der Anzahl der Untergebenen, denen ein Chef Anweisungen erteilen kann, dessen Einfluss ablesen lässt: «Der da gehört mir!», «Nein! Er gehört mir!» Andernorts wollen die Direktoren über den Einsatz der Beamten entscheiden, ohne sie zu kennen und ohne zu wissen, wie sie arbeiten.

So versteht man die Enttäuschung mancher Beamter, die den öffentlichen Dienst idealisiert hatten. Dies dokumentiert der folgende Text, den ich auf der Website einer großen Behörde gefunden habe:

«Mobbing, das erlebe ich tagtäglich an meinem Arbeitsplatz. Ich wehre mich, so gut ich kann. Aber ich war auf so etwas

nicht gefasst: Man schikaniert mich, schwärzt mich bei den Vorgesetzten an, fälscht auf Aktenstücken meine Unterschrift, setzt mich psychisch unter Druck und so weiter. Ihm ist jedes Mittel recht. Das Schlimmste ist, seit wir diesen Chef haben, leiden einige in der einen oder anderen Weise unter dem Druck dieses «Gottes». Abteilungsleiter und Direktor in einer Person, ist er gleichsam sein eigener Chef. Er macht mit uns, was er will.

Ja, ich schlage mich durch. Aber es ist hart! Manche halten es aus (möchte bloß wissen, wie?), andere schweigen, vergessen. Wie ist so etwas möglich? Der einzige, der es gewagt hat, von seelischer Gewalt zu sprechen, wurde versetzt.

Er ist allmächtig. Die einzige Person über ihm ist der Generaldirektor. Und ich, ich entdecke den Dreck und das Erbrochene mancher Leute. Was ich «dank» meiner Position schon alles gesehen habe, ist nicht eben schön. Unzählige sind gegangen, seit er hier ist, und viele leiden an Depressionen und so weiter. Mag ja sein, dass er stark ist. Aber warum machen unsere Vorgesetzten nicht endlich die Augen auf? Was brauchen sie denn noch? Ich verstehe das nicht.

Und was mich am meisten stört, ist die Tatsache, dass es Kollaborateure gibt, die sich an seinen widerlichen Machenschaften beteiligen. «Trennen, um besser herrschen zu können», das klappt wunderbar, muss ich sagen! Er hat es bewiesen ...»

Es gibt in den Behörden nicht mehr Perverse als in der Privatwirtschaft, nur können sie sich hier länger halten, weil ihre Opfer, die ja weder kündigen noch entlassen werden können, ihnen nicht entkommen. Hat man Probleme mit dem Vorgesetzten, sollte man sich nicht allzu sehr auf informelle Vermittler verlassen, denn für sie ist es schwierig, sich an höherer Stelle Gehör zu verschaffen. Schon um den eigenen Standpunkt auch nur darlegen zu können, ist man gezwungen, gerichtliche Schritte einzuleiten.

Geht die seelische Gewalt vom direkten Vorgesetzten aus, so äußert sie sich als erstes in einer Senkung der Beurteilungsnote. Da Gehaltserhöhungen nicht von der Kompetenz, sondern von einer festen Karrierestruktur abhängig sind, legen die Beamten großen Wert auf ihre Beurteilungen, da sie zu den Kriterien gehören, die für den Aufstieg in die nächsthöhere Gehaltsstufe ausschlaggebend sind. In manchen Behörden wird grundsätzlich die Höchstnote vergeben, außer nach Disziplinarstrafen. Erhält einer der Mitarbeiter jedoch eine schlechtere Note oder negative Beurteilung, sollte er sich hüten, allzu vehement zu protestieren. Zu leicht läuft man Gefahr, den schlechten Ruf von einer Dienststelle zur nächsten zu schleppen, was der Karriere empfindlich schaden kann.

Nicole arbeitet in einer Behörde. Sie hat keinerlei Probleme, bis sie verkündet, dass sie schwanger ist. Ihr Vorgesetzter reagiert äußerst gereizt und weicht vom Jahresplan ab, damit die dicken Aktenordner bearbeitet sind, bevor Nicole ihren Mutterschaftsurlaub antritt. Sie ertrinkt förmlich in Arbeit. Als sie nach ihrem Mutterschaftsurlaub wieder zu arbeiten beginnt, legt man ihr nahe, sich in eine ruhigere Abteilung versetzen zu lassen. Sie weigert sich. Von nun an werden ihre Jahresnoten systematisch herabgesetzt. Während alle anderen Mitarbeiter über 19 Punkte erhalten, erreicht sie lediglich 16. Als sie eine Erklärung verlangt, behauptet ihr Vorgesetzter, sie sei zu wenig produktiv und kommunikativ; er habe beinahe den Eindruck, sie habe ihre Motivation eingebüßt. Und er bittet sie, sich am Riemen zu reißen. Sie informiert die Gewerkschaft und erreicht, dass ihre Note angehoben wird und die negativen Vermerke aus ihrer Akte getilgt werden. Als sie sich nach einem zweiten Mutterschaftsurlaub in eine andere Abteilung versetzen lässt, stößt sie hier erstaunlicherweise wieder auf das gleiche Problem: Der neue Abteilungsleiter senkt Nicoles Note und erklärt ihr in einem Brief, dass er wie ihr vorhergehender Chef der Meinung sei, sie bringe nicht genügend Motivation auf für ihre Arbeit. Wer ist im Recht? Sollte Nicole nach ihren zwei Entbindungen tatsächlich ihre Arbeit vernachlässigt haben? Das mag so sein, aber warum hat man ihr dann nicht klipp und klar gesagt, was sie hätte besser machen können? Niemand hat sie ermahnt oder gewarnt, niemand hat ihr erklärt, was sie falsch gemacht hat, oder versucht, ihr zu helfen.

Nicole empfindet dieses Verhalten wie einen Verrat und kann

sich nicht davon erholen. Sie glaubt schließlich selbst den nega-
tiven Beurteilungen, die sie erhalten hat, und schämt sich. Sie
nimmt Erziehungsurlaub und grübelt ein ums andere Mal über
ihre Lage nach. Angenommen, Nicoles Vorgesetzte hatten
Recht mit ihrer Kritik, dann hätten sie gleichwohl in irgendei-
ner Form berücksichtigen müssen, wie Nicole ihre Kritik auf-
nehmen würde.

Das Einzige, was ein Arbeitnehmer, der Probleme mit seinen
Vorgesetzten oder Kollegen hat, tun kann, ist, um eine Versetzung zu ersuchen. Allerdings kann es eine Weile dauern,
bis er sie tatsächlich erhält, und in der Zwischenzeit hat er
keine andere Wahl, als sich zu seinem eigenen Schutz krankschreiben zu lassen.

Die Abstellkammern

Andererseits kann man einen Beamten nicht einfach versetzen, aus welchen Gründen auch immer. Man muss also zu
anderen Mitteln greifen, um ihn loszuwerden.

Wer in die Abstellkammer abgeschoben wird, muss
gleichsam am ausgestreckten Arm verhungern. Er wird abgelehnt, weil er nicht mehr für den Posten geeignet ist – ob-
gleich man ihm nichts Konkretes vorzuwerfen hat – oder
weil er, infolge eines Konflikts mit seinen Vorgesetzten, nicht
mehr mit der Gesinnung der Organisation «konform» zu gehen scheint. Um sicherzugehen, dass er sich ruhig verhält,
zieht man es vor, ihm, obwohl er nicht mehr arbeitet, bis zu
seiner Pension ein Gehalt zu zahlen.

In manchen Behörden, in denen die Beschäftigten im Prinzip nicht versetzbar sind, lässt man unliebsame Mitarbeiter
wissen, dass sie zu nichts taugten und nur deshalb noch hier
seien, weil man sich ihrer nicht entledigen könne.

So ist es im öffentlichen Sektor keine Seltenheit, dass man
einen jungen, nach moderneren Methoden ausgebildeten
Hochschulabsolventen sucht, der die Arbeit erledigen soll,
während man zugleich den älteren Arbeitnehmer noch im

Amt behält, ihm aber keine Aufgaben mehr zuweist – zweifellos ein Akt der Entwürdigung. Handelt es sich um höhere Beamte, vertuscht man die Tatsache, dass sie in Wahrheit kaltgestellt sind, indem man ihnen einen beliebigen Ehrentitel, zum Beispiel «Sonderbeauftragter», verleiht.

Auch wenn dieser Aufenthalt in der Abstellkammer gut entlohnt wird, mindert er das Selbstwertgefühl des Betroffenen und hat zumeist drastische Folgen: Mit der Arbeit droht er seine Identität zu verlieren, denn die Identität eines Menschen hängt stark von seiner Tätigkeit ab. Auch die Beziehungen leiden, denn wenn ein Beamter nichts zu tun, keine Verantwortung mehr zu tragen hat, was soll er dann mit den Kollegen besprechen, die er draußen auf dem Flur oder in der Kantine trifft? Die Peinlichkeit beruht auf Gegenseitigkeit, und viele Kaltgestellte erzählen, dass die Kollegen, wenn sie ihnen auf dem Flur begegnen, den Blick abwenden, und dass niemand sie mehr besucht, um mit ihnen zu plaudern.

Die Betroffenen schämen sich, da sie ja meinen, sie seien in Ungnade gefallen oder würden für inkompetent gehalten. Die übelste perverse Niedertracht bekommen jene zu spüren, die allzu unverhohlen die unrechten Machenschaften ihrer Kollegen zu kritisieren wagen, wie im Fall der bereits erwähnten *Whistleblowers*. Wer die Verschwendung öffentlicher Mittel oder finanzielle Absprachen anzeigt, dem wirft man, um seine Aussagen in ein zweifelhaftes Licht zu stellen, gern psychische Störungen oder Entgleisungen im Privatleben vor.

Adrien ist ein gewissenhafter Beamter, der peinlich darauf bedacht ist, sich ja nichts zuschulden kommen zu lassen. Bei seiner Ankunft an einem neuen Arbeitsplatz bemerkt er schockiert, dass einer seiner Kollegen mit ortsansässigen Firmen unrechtmäßige Absprachen trifft, die mit enormen Geldsummen verbunden sind. Dieser Kollege, der Adriens Missbilligung spürt und befürchten muss, von ihm angezeigt zu werden, grenzt ihn aus, hindert ihn am Arbeiten, diskreditiert ihn bei den Kollegen und droht ihm schließlich, ihn umzubringen. Als Adrien krankgeschrieben wird, nutzt der Kollege die Zeit, um Gerüchte über ihn in die Welt zu setzen und seine Arbeit zu unterminieren. Adrien kommt dahinter und reagiert so heftig, dass er eine Disziplinarstrafe erhält und in eine andere Stadt versetzt wird. Anstatt sich zu wehren, lässt er sich gehen: Depressionen, Alkohol, Ehekrise. Er weiß, dass er im Recht ist, aber nicht, wie er sich Gehör verschaffen soll.

Nach einer Psychotherapie ringt er sich schließlich dazu durch, sich einen Anwalt zu nehmen. Dieser stellt juristische Unregelmäßigkeiten fest, was seine Disziplinarstrafe betrifft. Adrien könnte Straferlass erwirken, aber das will er nicht. Er möchte lediglich seine Ehre zurück, die mit Füßen getreten wurde, und gänzlich rehabilitiert werden. Ein Jahr später äußert man an der Beschwerdestelle die Meinung, dass die Disziplinarstrafe gegen ihn nicht gerechtfertigt war. Adrien wartet nun auf den Beschluss des Verwaltungsgerichts. Inzwischen bleibt er daheim, hat nichts zu tun, grübelt ständig über alles nach, spricht von Selbstmord oder Hungerstreik: «Ich bin zu jung, um schon zum alten Eisen zu wandern!»

Wie Adriens Fall zeigt, ist es sehr wichtig, dass jemand beharrlich auf die Unzulänglichkeiten einer Behörde verweist, dabei aber darauf achtet, sich nicht aufzureiben.

Kafka in der Behörde

Ohne dass zu Anfang unbedingt böse Absicht im Spiel wäre, lässt das «Räderwerk» Behörde manchmal zu, dass in seelische Gewalt ausartet, was eigentlich nichts anderes sein müsste als ein Streit, den verantwortungsvolle Menschen schnell beilegen könnten. Stattdessen verschanzt sich jeder der Beteiligten hinter dem System oder dem Reglement, so dass man am Ende keinem Opfer mehr gegenübersteht, sondern einem störenden Bauern im Schachspiel.

Was auch immer die Gründe für die Ausgrenzung einer Person sein mögen, wenn niemand einschreitet, droht sich die Situation immer weiter aufzuschaukeln. Diese institutionelle Misshandlung, gegen die man als Einzelner schlecht ankämpfen kann, spitzt sich in einem allzu hierarchischen Kontext, bei Gleichgültigkeit der Umgebung drastisch zu.

Gérard ist ein hoher Beamter in einer internationalen Behörde, die Nummer zwei nach dem Verwaltungsdirektor. Ein politischer und strategischer Konflikt macht diese beiden zu Gegnern. Ohne ihm konkrete Vorwürfe zu machen, lädt man Gérard zu keiner Sitzung mehr ein, teilt ihm kein Budget, keinen Assistenten mehr zu und diskreditiert ihn bei den Kollegen. Um sich zu verteidigen, muss er sich an das Verwaltungsgericht wenden und Klage erheben.

Unter der Bedingung, dass er die Klage zurückzieht, schlägt man ihm vor, zwei Jahre unbezahlten Urlaub zu nehmen und danach in den vorgezogenen Ruhestand zu gehen, der sich auf ein Drittel seines jetzigen Einkommens beliefe. Wenn er annimmt, kann er sich nicht mehr beschweren.

Gérard weiß, dass Akzeptieren Abdanken bedeutet. Er fürchtet um sein Selbstwertgefühl. Wenn er ablehnt, riskiert er, suspendiert zu werden, ohne Pension und ohne Sozialversicherung. Nur das Urteil des Verwaltungsgerichts kann ihn rehabilitieren, und das kann noch zwei oder drei Jahre dauern. Seine Anwälte sind der Meinung, dass sein Fall leicht zu vertreten sei.

Gérard beschließt, sich nicht zu fügen, was ihn allerdings in einen Zustand extremer Angst versetzt. Er weiß, wie schwierig seine Position ist, denn er kämpft nicht gegen einen persönlichen Feind, sondern gegen die Maschinerie der Behörde. Der Hauptvorwurf, den man ihm jetzt macht, ist, mit seiner Klage das System angegriffen zu haben.

Seine Gesundheit nimmt Schaden. Er verfällt in Depressionen, leidet an Diabetes, erhöhten Cholesterinwerten, Bluthochdruck und Herzproblemen. Man fordert ihn auf, seine Beschwerden schriftlich zu formulieren, aber er ist vor Angst außerstande, sich zu konzentrieren, und kann sich daher nicht mehr an den genauen Ablauf der Vorgänge erinnern. Als er vor eine Beschwerdekommission berufen wird, bleiben ihm nur wenige Tage, um seine Verteidigung vorzubereiten; zudem fühlt er sich nicht in der Lage, dieser Vorladung nachzukommen und sich an seinen Arbeitsplatz zu begeben. Die Erinnerung an diesen Ort löst bei ihm Übelkeit und Unbehagen aus. Die Kommission trifft sich daher in seiner Abwesenheit und kommt ohne ihn zu einem Urteil.

Es geht das Gerücht, dass Gérard eine Sekretärin sexuell belästigt haben soll. Man behauptet außerdem, er habe keine Arbeit zu Ende gebracht (dabei ist von der Zeit die Rede, als er kaltgestellt und am Arbeiten gehindert worden war). Die Verleumdungen sind so schlimm, dass Gérard am Ende das Gefühl hat, er könnte nicht einmal dann zu einem normalen Leben zurückfinden, wenn er vollkommen rehabilitiert würde. Die meisten seiner ehemaligen Bekannten sind der Meinung, dass es keinen Rauch ohne Feuer geben könne und dass es seine Gründe habe, wenn jemand auf diese Weise angegriffen werde. Der amerikanische Psychologe Thomas schreibt in diesem Zusammenhang: «Wenn jemand etwas glaubt, das nicht wahr ist, sind die Konsequenzen dieselben, als wenn es wahr wäre.»

Gérard verliert jeden Halt. Sein Gesundheitszustand verschlechtert sich zusehends.

In dieser Phase teilt man ihm seine Entlassung aus disziplinarischen Gründen mit (schlechtes Verhältnis zu den Vorgesetzten). Da es ihm nicht gelungen ist, die Unterlagen vorzulegen, mit deren Hilfe er seine Akte hätte abschließen können, hat er sich der Behörde gegenüber ins Unrecht gesetzt. Er ist ohne Sozial- und Krankenversicherung und erhält keine Abfindung. Obwohl der Direktor, mit dem Gérard die Auseinandersetzung hatte, inzwischen in Pension gegangen ist, findet die Feindseligkeit vonseiten der Behörde kein Ende. Man erstellt eine Liste von all den Gegenständen, die in seinem Besitz sind, als verdächtige man ihn des Diebstahls, was Gérard als zusätzliche Demütigung empfindet. Da die Zuständigkeiten nicht klar definiert sind, fühlt sich niemand von dem, was ihm widerfährt, betroffen.

Nachdem jemand von außen interveniert hat, lässt die Generaldirektion ihn in einem Brief wissen, dass man ihm «aus humanitären Gründen» und ausnahmsweise die Krankenversicherung, die man ihm genommen habe, belassen wolle.

Gérard ist seelisch am Ende, sein Gesundheitszustand hat sich noch weiter verschlechtert. Er sagt, dass diese leidvolle Erfah-

*rung jede Kreativität, jede Entschlusskraft in ihm zerstört habe.
Er kann sich nicht mehr konzentrieren, hat seine Zielstrebigkeit
verloren, fürchtet sich vor jedem Schritt und schiebt ihn deshalb
bis zum letzten Moment hinaus. Er meidet jeden einflussreichen
Menschen, weil er Angst hat, abgewiesen zu werden.*

Gérard ist, welche Gründe auch immer zu seiner Entlassung
geführt haben mochten, der unmenschlichen Bürokratie
zum Opfer gefallen. Eine Behörde ist keine Person, Mitleid
ist ihr fremd. Selbst wenn Gérard sich eines besonders groben Fehlers schuldig gemacht hätte, würde dies noch lange
nicht die absurde Behandlung, die ihm zuteil wurde, rechtfertigen.

Im öffentlichen Dienst neigt man dazu, eine Person, die
sich atypisch oder störend verhält, als geisteskrank zu stigmatisieren: «Sie sind erschöpft, depressiv, Sie sollten zum
Arzt gehen!» Am Anfang genügen Ärger oder Böswilligkeit
eines Vorgesetzten; und wenn die anderen es versäumen
oder zu feige sind, gegen die Anweisungen dieses Vorgesetzten aufzubegehren, spitzt sich die Situation zu. Die einfachste Lösung für die Personalverwaltung angesichts eines Mitarbeiters, der Probleme bereitet, ist das Einschalten des Betriebsarztes, der den «Störenfried» für längere Zeit
krankschreibt oder für arbeitsuntauglich erklärt. Auf diese
Weise erreicht man eine regelrechte Psychiatrisierung des Sozialen.

*Cécile arbeitet am Schalter einer Behörde. Von dem Tag an, als
sie sich unter Berufung auf die Tarifvereinbarung weigert, an einem Samstag zu arbeiten, macht ihre Vorgesetzte ihr das Leben
zur Hölle. Sie spricht nur noch mit ihr, um ihre Arbeit zu kritisieren, überwacht ihre Arbeitsstunden, misst ihre Pausen mit
der Stoppuhr. Beim kleinsten Fehler droht sie ihr mit Sanktionen, behandelt sie, als sei sie verrückt. Als sie Cécile eines Tages
wieder einmal mit Vorwürfen überhäuft, wird diese ohnmäch-
tig und muss ins Krankenhaus gebracht werden.
Nach ihrer Genesung darf sie nicht mehr am Schalter arbei-*

ten. Man erklärt ihr, dass man es angesichts ihrer angeschlage-
nen Gesundheit für besser erachte, ihr einen Posten abseits des
Kundenverkehrs zuzuweisen. Cécile kann sich nicht damit ab-
finden und wird erneut krank.

Der Betriebsarzt, der sie beim ersten Mal für arbeitstauglich
erklärt hat, revidiert bei der Nachuntersuchung sein Urteil und
attestiert ihr aufgrund von Verhaltensstörungen eine vorüber-
gehende Arbeitsuntauglichkeit. Ihr Hausarzt muss infolgedes-
sen ihren Krankenurlaub verlängern, bis die Meinung eines Spe-
zialisten vorliegt.

Auf diese Weise muss Cécile mehrere Monate darauf warten,
dass jemand ihr Schicksal besiegelt. Der Amtsarzt erklärt sie
schließlich für arbeitstauglich: «Es handelt sich hier um einen
beruflichen Konflikt, Sie sind nicht krank!» Nun verweigert ihr
die Sozial- und Krankenversicherung, weil man sie ja für ar-
beitstauglich erklärt hat, die tägliche Entschädigungssumme;
und Cécile kann ihre Arbeit erst wieder aufnehmen, wenn sie
vom Betriebsarzt bestellt wird.

Die Regionalverwaltung

In regelmäßigen Abständen sehen sich die Beamten der Gemeinden, Départements und Regionen mit gewählten Wür-
denträgern konfrontiert, die Ämter bekleiden sollen, für die
sie nicht ausgebildet worden sind.

Zu Anfang werden sie von den Gewählten sehr sorgsam
behandelt, weil diese ja kompetente Ratgeber brauchen.
Während manche sich das nötige Wissen sehr schnell aneig-
nen, versuchen andere, ihre Inkompetenz zu vertuschen, indem sie direkten Fragen aus dem Weg gehen und die Leistungen der Verwaltungsbeamten als ihre eigenen deklarieren.
Letztere dürfen nicht allzu selbstsicher auftreten, weil der
Gewählte es ihnen übelnehmen könnte. Die Angelegenheit
wird noch komplizierter, wenn ein Angestellter mit der vorhergehenden Belegschaft der Oppositionspartei gut zurecht-
kam. In diesem Fall hat man kein Vertrauen zu ihm und
zieht seine Loyalität von vornherein in Zweifel.

«*Ich bin Abteilungsleiter im Bürgermeisteramt. Meine vier Vorgänger mussten einer nach dem anderen gehen, und jeder von ihnen hat die Abteilung unorganisierter und unübersichtlicher zurückgelassen als sein Vorgänger, zudem ein von Mal zu Mal traumatisierteres Team, dessen Mitglieder sich nicht mehr mit ihrer Arbeit identifizieren konnten und daher völlig unmotiviert waren. Der Albtraum wiederholt sich: Jetzt bin ich an der Reihe, jetzt falle ich dieser perversen, zerstörerischen, hinterhältigen und unsäglichen Gewalt zum Opfer, von der Sie sprechen.*

Der für meine Abteilung zuständige Gewählte verfügt über einen enormen Einfluss in der Stadt, über eine Macht, die weit über den Rahmen seines Amtes hinausgeht. Der Generalsekretär sei der Drahtzieher unlauterer Machenschaften, sagte er mir, als unser Verhältnis noch ein besseres war. Meine Belegschaft, die mit mir unter den ständigen Meinungsumschwüngen, den unrealisierbaren Terminen, die man uns auferlegt, und dem völligen Mangel an Respekt vor uns und unserer Arbeit leidet, weiß sich keinen Rat mehr.»

Die Geschichte von Myriam ist derart stereotyp, dass sich wohl zahlreiche städtische Angestellte mit ihr identifizieren können:

Myriam ist seit fünfzehn Jahren für die Finanzabteilung eines Bürgermeisteramts zuständig. Sie besitzt eine starke Persönlichkeit und steht im Ruf, sich nichts gefallen zu lassen. Aber der neue Bürgermeister lässt nicht zu, dass Frauen eigenverantwortlich handeln. Eine im ersten Jahr noch unterschwellige, dann immer offener zu Tage tretende seelische Gewalt setzt ein, als die neue Belegschaft im Rathaus Einzug hält. Man zieht Myriams Arbeit systematisch in Zweifel, kritisiert in Gegenwart anderer ihr Benehmen: «Wenn sie privat genauso reagiert wie hier, ist es kein Wunder, dass sie allein lebt!», reißt rassistische Witze auf ihre Kosten, wobei alle wissen, dass sie maghrebinischer Herkunft ist, schreibt ihr Mahnbriefe (ungefähr einen pro Monat), in denen ihr unterstellt wird, dass sie ihre Arbeit vernachlässige. Zu keiner Zeit gibt man ihr die Möglichkeit der Rechtfertigung, weil man nie offen ausspricht, was sie falsch macht, denn in diesem Rathaus weigern sich die Gewählten, mit den Festangestellten Diskussionen zu führen. Der Gewählte, mit dem sie zusammenarbeitet, kommuniziert fast ausschließlich schriftlich mit ihr (mit Hilfe von Zetteln), brüllt sie aber beim geringsten Anlass an. Er zieht ihre Ehrlichkeit in Zweifel, weil er befürchtet, sie könne Informationen an die Opposition weiterleiten, wie er sagt.

Nachdem Myriam diese Behandlung mehrere Monate erduldet hat, bricht sie zusammen und wird von ihrem Hausarzt krankgeschrieben. Sie beschließt, sich zur Wehr zu setzen. Als die für ihr Département zuständige Gewerkschaft, mit der sie Kontakt aufgenommen hat, den Bürgermeister zur Rede stellt, leugnet dieser das Problem: «Hier gibt es keinen Konflikt, nur die Probleme, die diese Dame sich selber schafft!»

Als sie nach ihrer Krankheit die Arbeit wieder aufnimmt, beschließt sie, sich alle Angriffe zu notieren. Sie hat erst Ruhe, als sie dem Bürgermeister droht, sämtliche Begünstigungen und Unterschlagungen, von denen sie Kenntnis hat, an die Öffentlichkeit zu bringen, sollte er sich Sanktionen gegen sie einfallen lassen.

Das Militär

Beim Militär sind gewalttätige Verhaltensweisen zwar sehr zahlreich, aber aufgrund der streng hierarchischen Struktur schwieriger aufzudecken als anderswo. Man bringt jeden zum Schweigen, der die ungerechten oder sadistischen Handlungen eines Chargierten zur Anzeige bringt. Nicht umsonst trägt die Armee in Frankreich den Spitznamen «La Grande Muette», die große Stumme.

Das Militär ist mit amtlichen Texten und Mitteilungen noch verschwenderischer als andere Behörden, gewährt aber keine andere Kommunikation als jene über den Dienstweg. Da Angehörige des Militärs zu Diskretion und Zurückhaltung verpflichtet sind, haben sie kein Mittel, sich gegen ungerechte Vorwürfe oder seelische Gewalt zu wehren. Sobald sie sich beschweren, wird dies als Angriff auf das gesamte Militär betrachtet.

Nicolas, 40, ist höherer Offizier. Er ist schon mehrmals versetzt worden und hat nie Probleme mit seinen Vorgesetzten gehabt, bis er an eine sehr straff organisierte Dienststelle kommt, deren Chef als ausgesprochen schwierig bekannt ist. Das Arbeitspensum ist immens, aber Nicolas beschwert sich nicht, weil ihm seine Arbeit gefällt und er bei der Belegschaft gut aufgenommen wird. Von Anfang an entzieht ihm sein Vorgesetzter sämtliche interessante Aufgaben und schmiedet Pläne, wie er Nicolas in Schwierigkeiten bringen kann. Als man diesen beauftragt, eine prestigeträchtige Operation durchzuführen, sorgt sein Vorgesetzter hinter seinem Rücken dafür, dass man die Aufgabe einem anderen Offizier überträgt. Später, nach einer Falschaussage in einem Rechenschaftsbericht, die den Eindruck erweckt, als habe Nicolas seine Pflicht nicht erfüllt, gibt der Vorgesetzte zwar unter vier Augen den Fehler zu, aber nicht vor versammelter Mannschaft; Nicolas erhält eine Rüge. Unentwegt hält der Vorgesetzte Informationen zurück, überprüft Nicolas auf Schritt und Tritt und zieht, Untergebenen gegenüber, alles in Zweifel, was Nicolas sagt. Je besser er seine Aufgaben erledigt, desto größer die Schikane. Als eine Beurteilung bevorsteht, gibt der Vorgesetzte Nicolas zu verstehen, dass er ihm Schwierigkeiten machen wird. Als dieser verlangt, an höherer Stelle angehört zu werden, sagt man ihm schlicht: «Er ist Ihr Vorgesetzter, und Sie schulden ihm Gehorsam!» Nicolas, der es leid ist, übergangen zu werden, stellt einen Antrag auf Versetzung. Man verweigert sie ihm, weil sich niemand findet, der unter diesem Vorgesetzten arbeiten will.

Nicolas reagiert. Als sein Chef sich kurzerhand über die Vorschriften hinwegsetzt, um jemanden zu begünstigen, will Nicolas ihn daran hindern. Vergeblich. Nicolas spricht mit einem ranghöheren Offizier, der ihm Recht gibt, sich aber weigert, ihn vor eventuellen Vergeltungsmaßnahmen zu schützen. Tatsächlich wird er nun nach Strich und Faden schikaniert.

Nicolas bricht zusammen. Er konsultiert den Militärarzt und wendet sich an die Gewerkschaft. Seine Dienststelle lässt ihn wissen, dass seine Maßnahmen nicht erwünscht sind und dass er mit seiner Beschwerde gegen einen Armeeangehörigen den gesamten Berufsstand in Verruf bringt. Von nun an behandelt man ihn wie einen Kranken, einen «Nestbeschmutzer» und Spielverderber.

Probleme zwischen Soldaten und ihren Vorgesetzten gibt es häufig, aber bis jetzt hatten die Soldaten niemanden, an den sie sich hätten wenden können, zumal man sie wiederum nur an eine Instanz des Militärs verwies, nämlich ihre zuständige Dienststelle. Zwei Delegierte des französischen Verteidigungsausschusses haben unlängst dem Verteidigungsministerium nahegelegt, eine Vermittlungsstelle für Angehörige des Militärs einzurichten, eine Zivilperson, der die Aufgabe zufiele, Konzepte zu formulieren für die Personalführung, genauer gesagt, zu Disziplin, Beförderungen und Versetzungen.

Der medizinisch-soziale Bereich

Sämtliche Studien weisen darauf hin, dass der medizinisch-soziale Bereich ganz besonders exponiert ist.

Eine Befragung von nahezu 1000 Angehörigen der Belegschaft einer gesundheitlichen Einrichtung im Südosten Englands hat ergeben, dass 38 Prozent des Pflegepersonals, der Verwaltungsangestellten und der ungelernten Kräfte bereits eine oder mehrere Formen von seelischer Gewalt erdulden mussten, und 42 Prozent bezeugen tyrannische Verhaltensweisen gegen Kollegen.[2] Zwei Drittel der Opfer haben Schritte unternommen, um ihrem Verdruss ein Ende zu bereiten, aber die meisten waren vom Ausgang ihrer Bemühung enttäuscht.

Die Arbeitsbedingungen in diesem Bereich stellen auf physischer wie auf psychischer Ebene besondere Anforderungen. Man erwartet vom Pflegepersonal, da es schließlich dafür ausgebildet ist, die nötige Distanz aufzubringen, um mit Leid, Krankheit und Tod fertig zu werden.

Krankenhäuser sind Strukturen, die traditionellerweise sehr hierarchisch gegliedert sind, in denen die Ärzte sich jedoch ihre eigenen Regeln schaffen. Da sie nicht der hierar-

[2] *British Medical Journal*, 23. Januar 1999.

chischen Macht der Krankenhausverwaltung unterstehen, fühlt sich diese auch nicht bemüßigt, im Falle eines Machtkonflikts zwischen zwei Chefärzten schlichtend einzugreifen. Unlängst lehrte eine Lokalnachricht, dass ein Konflikt zwischen Ärzten fatale Folgen für den gesamten Krankenhausbetrieb und die Patienten haben kann, und trotzdem wagt es niemand, diese Zustände zu ändern.

Nach abgeschlossenem Medizinstudium beschließt Jeanne aus Überzeugung, im Krankenhaus zu arbeiten. Zusammen mit Henri, einem Kollegen, der sich auf derselben hierarchischen Ebene befindet wie sie, bringt sie eine Abteilung auf Vordermann, die zuvor ein wenig vernachlässigt worden war. Henri, der älter ist als Jeanne, wird ihr Vorgesetzter, wobei ihnen nach wie vor die gleichen Aufgaben zufallen. Sieben Jahre lang läuft alles bestens, bis Jeanne Prüfungen absolviert, die ihr mehr Befugnisse einräumen als ihrem älteren Kollegen. Zugleich beginnt Jeanne, zumal ihr Status sie dazu berechtigt, Vorlesungen zu halten, sich an Publikationen zu beteiligen und sich auf diese Weise einen gewissen Bekanntheitsgrad zu erarbeiten.

Henri verübelt ihr dies und versucht, sie aus dem Gleichgewicht zu bringen, indem er sie mit Arbeit überhäuft und dadurch unter Druck setzt. Er verweigert ihr den Urlaub, der ihr zustünde, verständigt die Verwaltung, sobald sich Jeanne von ihrem Dienst entfernt, bittet die Krankenschwestern, über ihr Kommen und Gehen Buch zu führen. Er tut alles, damit Jeanne ins Stolpern gerät und einen Fehler begeht. Schließlich erreicht er, dass sie sich vor dem Disziplinarausschuss zu verantworten hat. In der nachfolgenden Untersuchung kann Jeanne nicht das geringste berufliche Versäumnis nachgewiesen werden, und so schließt man auf einen Konflikt unter Kollegen.

Kurze Zeit später geht Henri in Pension. Logischerweise hätte Jeanne seine Nachfolge antreten müssen, da sie nach ihm die dienstälteste Ärztin ist, doch da das Terrain durch Henris zahlreiche Beziehungen vermint ist, zieht das Ministerium ihr jemanden vor, der über günstige Verbindungen zur Politik verfügt.

Der Neuankömmling erstellt, ohne mit Jeanne zu sprechen, einen Dienstplan, der sie ausschließt, und beschneidet ihren

Verantwortungsbereich, bis sie nicht mehr genügend Arbeit hat. Daraufhin erhält Jeanne einen Einschreibebrief, in dem ihr mitgeteilt wird, dass sie nicht genügend arbeitet und ihr Gehalt aus diesem Grund gekürzt werden muss. Sie unternimmt Schritte, bittet die Gewerkschaften um Hilfe, aber dadurch belastet sie das Verhältnis zu ihrem Vorgesetzten nur noch mehr, der sämtliche Texte des Verwaltungsrechts durchkämmt, mit dem Ziel, sie zu verdrängen. Er verlangt, dass man sie im Interesse des Krankenhauses in ein anderes Büro versetzt. Diese Versetzung wird ihm vonseiten der Verwaltung mit der Begründung verweigert, dass er keinen klaren Vorwurf, keinen greifbaren Fehler formulieren könne. Der Vorgesetzte bringt Jeanne daher vor den Disziplinarausschuss, weil sie angeblich ihre Dienstpflicht verletzt hat, und so wird Jeanne nach zwanzig Dienstjahren suspendiert!

Sie erhält keinerlei Abfindung, weil ein Fall wie der ihre außergewöhnlich ist und man ihn nicht zu handhaben weiß. Drei Jahre lang, in denen regelmäßig überprüft wird, ob sie auch wirklich nach einer neuen Stelle sucht, steckt sie in großen finanziellen Schwierigkeiten. Das Verwaltungsgericht stellt endlich fest, dass sie einen gesetzlichen Anspruch auf Abfindung hat. Nach zwei Jahren legt sie daher vor dem Verwaltungsgericht Berufung ein und gewinnt das Verfahren: Ihre Suspendierung, heißt es, habe gegen das Gesetz verstoßen, da das vorgeschriebene Prozedere nicht eingehalten wurde.

Einige Jahre nach ihrer Entlassung will man sie erneut integrieren, aber welchen Posten soll man ihr zuweisen? Die Stellen, die man ihr anbietet, würden sie dazu verpflichten, noch einmal ganz unten anzufangen. Dazu fehlt ihr inzwischen die Kraft. Sie ist ausgelaugt und demotiviert. In all diesen qualvollen Jahren ist ihr Leben leer geworden. Ihre Probleme haben dazu geführt, dass ihre Freunde sich nach und nach von ihr abgewandt haben. Auch ihre Liebe zum Beruf ist ihr inzwischen verloren gegangen. Wie soll sie ihr Selbstvertrauen zurückgewinnen und genügend Energie schöpfen, um noch einmal von vorn anzufangen? Um die Angelegenheit endlich aus der Welt zu schaffen, weist das Ministerium sie jetzt einem Krankenhaus zu, dessen Leiter sie nicht haben will. Sie weiß genau, wenn sie ihre Zusage gibt, wird man sie dort kaltstellen.

In Jeannes Fall wurde nie ein klarer Vorwurf formuliert. Sollte ihr Verhalten tatsächlich Anstoß erregt haben, hat man ihr keine einzige Gelegenheit gegeben, es zu ändern. Die Krankenhausverwaltung räumte zwar ein, dass es sich um einen abteilungsinternen Konflikt handelte, bemühte sich aber nicht, schlichtend einzugreifen und auf diese Weise Abhilfe zu schaffen. Sehr schnell entstand eine absurde Situation. Wie soll sich eine einzelne Person gegen ein funktionierendes System zur Wehr setzen? Hätte man Jeanne für verrückt erklären oder ihr grobe Fahrlässigkeit nachweisen können, wäre es ein Leichtes gewesen, sie zu entlassen. Aber da nichts vorgefallen war, musste man sie für «nicht schuldig» befinden und theoretisch neu integrieren. Dennoch ist sie zur Isolation verdammt.

Das Krankenhaus ist zu einem Unternehmen mit extrem hoher Arbeitsbelastung geworden. Die technologischen Neuerungen haben leistungsstarke technische Strukturen geschaffen, die jedoch für das Krankenhauspersonal zusätzlichen Stress bedeuten. Wie überall muss man auch hier die Produktivität steigern, auf die wirtschaftlichen Zwänge reagieren, die Versorgung der Kranken verbessern.

Die Krankenschwestern sind sowohl von den Stationsschwestern als auch von den Ärzten abhängig, ein Umstand, der Verwirrung stiften kann und Missverständnissen, Schikanen und Machtmissbrauch Vorschub leistet. Im Übrigen klagen sie häufig darüber, dass die Ärzte sie nicht anerkennen und ihnen selten befriedigendere Aufgaben zukommen lassen. Auch die Patienten sind schwieriger geworden, stellen oft hohe Erwartungen an das Pflegepersonal, werden zuweilen sogar aggressiv. Wenn einem Kollegen die Kräfte ausgehen, wie soll man ihm helfen, wenn man sich zugleich um die Kranken kümmern muss?

Der ständige hautnahe Kontakt mit Krankheit und Tod strapaziert das Pflegepersonal aufs äußerste, und jeder Mitarbeiter schützt sich, so gut er kann, manch einer sogar mit zynischen Abwehrstrategien. Andere verlieren die Motivation und legen zunehmend weniger Interesse für die Kranken an den Tag, versenken sich in die tägliche Routine und lassen zu, dass nachlässige oder gar grausame Verhaltensweisen um sich greifen.

Hat jemand in diesem Umfeld Schwierigkeiten, werden diese aufgebauscht, und der Betreffende muss damit rechnen, stigmatisiert zu werden. Es kommt zu Wortverdrehungen, abschätzigen Gesten, Ausgrenzung.

In manchen Pflegeeinrichtungen, die sich um besonders verletzliche Personen kümmern, um Behinderte oder um alte Menschen, ist die schlechte Behandlung der Patienten manchmal fest in der Institution verankert. Wer dagegen aufbegehrt, kann sicher sein, gepeinigt zu werden. Wer sich zwischen die Perversion und den geschwächten Menschen stellt, macht sich selbst zur Zielscheibe.

Hier ist der Brief, den Sonia mir geschrieben hat:

«Allein, entsetzlich allein angesichts des Todes eines Menschen, angesichts seines unerträglichen Leidens, stehe ich da, entsetzlich lebendig in meinem weißen Kittel, und doch vollkommen machtlos.

Das Problem besteht darin, dass die Kompetenten den weniger Kompetenten andauernd den Spiegel ihrer augenfälligen Nichtswürdigkeit vorhalten.

Ich kann mich nicht dazu durchringen, Verstöße gegen die Würde der Kranken gutzuheißen, oder den Umstand billigen, dass die Stationsschwester sie immer wieder in Gefahr bringt, wenn sie ihnen ohne ärztliche Anweisung Schlafmittel und Anxiolytika verabreicht, anstatt uns die Möglichkeit zu geben, mit ihnen zu arbeiten. Oder wenn sie stillschweigend darüber hinwegzugehen versucht, wie sehr sie einer Patientin wehgetan hat, als sie ihr auf die Toilette half, obwohl diese Frau hinterher deutlich die Spuren ihrer Misshandlung aufwies. Wenn sie ganz einfach ihre Arbeit nicht tut und mich auf vielerlei Art daran hindert, die meine zu tun, mir zum Beispiel Informationen vorenthält, die Schlüssel zum Medizinschrank an sich nimmt oder Datenträger und Krankenakten kurzerhand verschwinden lässt.

Als wieder einmal dicke Luft war, sagte die Stationsschwester zu mir: ‹Für mich macht es keinen Unterschied, ob ich für Konservenbüchsen, Drogenabhängige oder alte Leute zuständig bin.›»

Das Schulwesen

Das Schulwesen gehört zu den Bereichen, die am meisten von den Praktiken seelischer Gewalt betroffen sind. Dennoch liegen erst wenige Studien über dieses Thema vor, abgesehen von jener, die 1998 von der MGEN[3] durchgeführt wurde. Wenn man von Gewalt an Schulen spricht, so meint man zumeist diejenige, die sich gegen Schüler richtet, und weniger jene, die das Personal betrifft.

Die Institution Schule ist weder mehr noch weniger kränkend als andere Einrichtungen, zuweilen aber infantilisierend.

Die Studie der MGEN lässt einen besonders gefährdeten Personenkreis erkennen, und zwar Frauen zwischen 40 und 45 Jahren, die allein oder alleinerziehend leben und in einer der benachteiligten Randzonen einer Großstadt arbeiten. Diese potentiellen Opfer haben mehr Arbeitsausfälle und stellen dreimal so viele Versetzungsanträge wie die Nicht-Opfer.

Die Studie zeigt zwar keinen nennenswerten Unterschied zu anderen Gruppen Erwerbstätiger, aber wie es scheint, ist es nicht immer leicht, die Problematik der Schüler von jener des Lehrpersonals zu unterscheiden.

Destabilisiert wird häufig nach demselben Muster: Man halst der betroffenen Lehrkraft, besonders wenn sie «überflüssig» ist, sämtliche disziplinarischen und pädagogischen Schwierigkeiten der Einrichtung auf. Da die Befugnisse eines

[3] Horenstein, Voyron-Lemaire, Reverzy, Lelièvre, Kremer, Faucheux, Les pratiques du harcèlement en milieu éducatif, Collection «MGEN», Dezember 1998.

Lehrers nicht vollständig kodifiziert werden können, ist es ein Leichtes, ihn wegen gewisser Gesten (etwa wegen des Einbehaltens verbotener Gegenstände) oder wegen der Art, wie er sich an die Schüler wendet, oder weil er eine Auseinandersetzung zwischen Schülern nicht unterbinden konnte, zu stigmatisieren.

Die Forschung

Im Bereich der Forschung werden die Verfahren seelischer Gewalt weitgehend bagatellisiert. Dabei kann es sich gerade hier um einen Kampf auf Leben und Tod handeln, weil nur wenige Wissenschaftler die Möglichkeit haben, Bekanntheit zu erlangen. Da Forschungsplätze teuer sind, führt dies zu erbitterten Kämpfen und blutigen Rivalitäten. Nur der Allerbeste (oder der mit den besten Chancen) wird bekannt. Wer es einmal geschafft hat, kann auf die anderen herabsehen, was ihn nicht daran hindern muss, sie weiterhin misstrauisch zu beäugen. Wer auf der Strecke bleibt, staut Eifersucht und Groll in sich auf.

Um am Ball zu bleiben, mag ein Forscher versuchen, sich die Ergebnisse und vor allem die Ideen eines anderen anzueignen. Hierzu erschleicht er sich dessen Vertrauen, lässt sich über die Forschungsergebnisse seines Rivalen aufklären und plündert daraufhin schamlos dessen Niederschriften oder Äußerungen, um sie anschließend möglichst schnell, mit dem Ziel, ihm zuvorzukommen, in leicht abgewandelter oder kritisch überarbeiteter Form als seine eigenen Ideen und Konzepte zu publizieren. Es handelt sich hier nicht etwa um eine stimulierende Zusammenarbeit unter Forschern, sondern um einen Dschungel, in dem der Fortschritt der Wissenschaft wenig Bedeutung hat. Das oberste Ziel besteht darin, Berühmtheit oder eventuell das nötige Geld zu erlangen, um das gesteckte Ziel zu erreichen.

Ist ein Forscher allzu brillant, haben seine Vorgesetzten möglicherweise Angst, dass er zu schnell vorankommen und sie in den Schatten stellen könnte. In diesem Fall können sie ihn daran hindern, in seinem Kompetenzbereich zu arbeiten, oder ihm die materiellen Mittel verweigern, um seine Forschung zu blockieren.

Paul ist ein anerkannter Wissenschaftler, der zahlreiche Artikel in internationalen wissenschaftlichen Zeitschriften veröffentlicht hat. Er hat außerdem an etlichen Forschungsprojekten teilgenommen und angesehene Auszeichnungen dafür erhalten.

Seine Schwierigkeiten beginnen, als er eine Doktorarbeit schreiben möchte. Ein Forschungslabor ist bereit, ihn zu übernehmen. Sein Vorgesetzter weigert sich jedoch, ihn die Doktorarbeit im Rahmen der Forschungsstelle schreiben zu lassen, und Paul muss sich daher zwei Jahre beurlauben lassen, um sich auf seine Dissertation konzentrieren zu können.

Bei seiner Rückkehr macht er seine Rechte geltend und besteht darauf, seinen Posten als Ingenieur und Forscher wieder einzunehmen, aber man verweigert ihm jede verantwortliche Tätigkeit. Man setzt ihn in ein Nebengebäude und weist ihm Aufgaben zu, die nicht das Geringste mit seinem Kompetenzbereich zu tun haben. Sogar ein Computer, die Grundausstattung für jeden Wissenschaftler, wird ihm vorenthalten. Man verweigert ihm alle finanziellen Mittel, die er für seine Forschung benötigt, und verbietet den Technikern und Praktikanten, mit ihm zusammenzuarbeiten.

Schließlich wird er, infolge eines Disziplinarverfahrens wegen mehrmaliger ungerechtfertigter Abwesenheit, in den Ruhestand versetzt.

Selbst wenn ein Forscher brillant ist, verlangt man von ihm, dass er sich in das System, in dem er arbeitet, einfügt. Manche stellen sich vor, sie könnten spezielle Sonderrechte genießen, weil sie gute Ergebnisse erzielt haben und anerkannt sind, aber es wird trotzdem von ihnen erwartet, dass sie sich der Norm anpassen.

Klein- und mittelständische Betriebe

Seelische Gewalt gibt es in den klein- und mittelständischen Unternehmen wie anderswo auch, obwohl sie hier selten längere Zeit andauert, weil sich nur wenige Kleinbetriebe eine unproduktive Person leisten können. Dennoch begegnet man hier den meisten Fällen von bewusster seelischer Gewalt mit dem Ziel, einen Arbeitnehmer so zu entmutigen, dass er von sich aus kündigt.

In kleineren Unternehmen, in denen es wenig Regulative gibt, kann die Ernennung eines neuen Verantwortlichen auf radikale Weise die Arbeitsbedingungen der Arbeitnehmer zum Besseren oder Schlechteren hin verändern.

Sonia ist Buchhalterin in einem kleinen Unternehmen, das etwa zwanzig Personen beschäftigt. Die Arbeitsbedingungen sind immer schon hart gewesen, aber das Klima unter den Mitarbeitern ist gut, und Sonia liebt ihre Arbeit.

Alles wendet sich zum Schlechteren, als die Cousine des Chefs die Geschäftsleitung übernimmt. Die gesamte Belegschaft wird nun barsch angehalten, mehr zu produzieren, die Pausen werden mit der Stoppuhr gemessen, und man ruft jene zur Ordnung auf, die es wagen, während der Arbeitsstunden vor sich hin zu trällern oder gar zu lachen. Während Sonia krankgeschrieben ist, versucht diese Frau, obwohl sie keine Buchhalterin ist, einige ihrer Aktenstücke zu bearbeiten, macht prompt Fehler und hat natürlich nichts Besseres zu tun, als Sonia die Schuld in die Schuhe zu schieben.

Da diese äußerst gewissenhaft ist, erträgt sie den Angriff nicht und versucht nachzuweisen, dass die Fehler nicht von ihr stammen können.

Von nun an wird die Situation schwierig: Man setzt sie in eine fensterlose Kammer, ihre Kollegen dürfen nicht mehr mit ihr sprechen, und sie wird über nichts mehr informiert. Während alle sich duzen, wird Sonia ostentativ von der Chefin gesiezt, erhält nur noch schriftliche Anweisungen von ihr, über Zettel, die sie ihr ins Büro bringt, ohne sie zu grüßen. Ihr Urlaub, den man ihr zuvor mündlich zugesichert hat, wird ihr nun verweigert, und man sagt ihr Informatikfehler nach.

In kleineren Unternehmen begegnet man der ostentativsten Form von seelischer Gewalt. Zuweilen trägt sie regelrecht sadistische Züge und ist durch kein übergeordnetes Kollektiv in den Griff zu bekommen.

Lorraine arbeitet als Sekretärin in einer kleinen Bekleidungsfabrik. Sie ist die einzige, die nicht zur Familie gehört, und niemanden kümmert es, wenn der Chef sie aufs Korn nimmt. Wenn er schlechte Laune hat, kritisiert er systematisch alles, was sie macht, zögert nicht, stundenlang Schriftstücke aus dem Papierkorb zu fischen und sie aufzufordern, sie noch einmal zu schreiben. Zusätzlich zu ihrer Arbeit verlangt er sehr häufig, dass sie auch noch im Haushalt zupackt. Aber seine größte Freude besteht darin, sich über ihr Übergewicht, ihre Hautfarbe und ihren Akzent lustig zu machen. Lorraine erträgt es, weil die Arbeitsplätze in ihrer Region dünn gesät sind und weil sie, trotz allem, ihre Arbeit liebt, ganz besonders den Kontakt zu den Kunden.

Als sie im Treppenhaus stürzt, lässt der Chef sie nicht zum Arzt gehen, solange sie ihre Arbeit nicht erledigt hat: «Das ist halb so schlimm, Sie können warten!» Da beschließt sie, sich mit ihren Problemen an das Gewerbeaufsichtsamt zu wenden.

Familienbetriebe

Wenn in einem Familienunternehmen ein Familienmitglied ein anderes schikaniert, wird dies zumeist nicht zur Kenntnis genommen, weder von den Betriebsärzten noch von den Gewerkschaften. Auch vonseiten des Arbeitsschiedsausschusses ist keine Hilfe zu erwarten: «Das sind Familienangelegenheiten!» Durch die Verquickung von Beruf und Familie sowie durch gemeinsames Geld und Gut liegen die Dinge hier tatsächlich komplizierter.

Pierre, 50 Jahre, hat immer im Familienbetrieb gearbeitet, den seine Eltern gegründet haben. Da er einmal die Nachfolge seines Vaters antreten sollte, hat er eine kaufmännische Ausbildung absolviert. Solange sein Vater am Leben ist, gibt es kein Problem. Pierre kümmert sich um den kaufmännischen Bereich und die Vermarktung und wird von seinem Vater bei allen Entscheidungen zu Rate gezogen.

Nach dem Tod des Vaters übernimmt Brigitte, Pierres Mutter, die Leitung der Firma. Sie holt ihre Schwester Marie als Aushilfskraft in den Betrieb. Die beiden Frauen reißen Pierre schon bald das Ruder aus der Hand, setzen sich kurzerhand über seine Entscheidungen hinweg. Um ihn am Handeln zu hindern (angeblich sind seine Ideen zu modern), richten sie es so ein, dass er wichtige Entscheidungen nicht rechtzeitig erfährt.

Die Atmosphäre in der Firma verschlechtert sich. Verleumdungen sind an der Tagesordnung. Gerüchte werden in die Welt gesetzt, Klatschgeschichten verbreitet, falschen Einflüsterungen Gehör geschenkt. Das von Pierre eingestellte Personal wird systematisch schikaniert. Hugues, der für den Bereich Finanzierung zuständig ist, wird von Marie gepeinigt, die ihm Entscheidungsfehler vorwirft. Man bringt seine Homosexualität zur Sprache, überprüft jede Entscheidung, die er trifft, kritisiert ihn, hindert ihn am Handeln. Pierre fehlt der Mut, um seinen Finanzleiter zu verteidigen, und so kündigt Hugue und erhebt vor dem Arbeitsschiedsausschuss Klage gegen Brigitte. Mit der Firma geht es bergab. Pierres Tante setzt das Gerücht in die Welt, dass Pierre Geld für sich selbst abzweige und den ganzen Tag Golf spiele, anstatt zu arbeiten. Sämtliche Berater, die man konsultiert, plädieren für den Verkauf der Firma, da alle Sanierungslösungen viel zu kostspielig wären, aber die beiden Frauen wollen nichts davon hören. Ihrer Ansicht nach ist einzig und allein Pierre für die schlechte Geschäftslage verantwortlich, also gilt es, ihn – falls nötig, sogar unter Androhung von Gewalt – zum korrekten Arbeiten zu zwingen.

Weil Pierre keine Hoffnung mehr hat, sich Gehör zu verschaffen, beschließt er – schweren Herzens, denn er hätte die Firma mit Freuden übernommen –, die Arbeit im Familienbetrieb aufzugeben. Aber da er Geschäftsanteile besitzt, ist er im-

mer noch an seine Mutter und seine Tante gebunden, die ihn
nun über Geldangelegenheiten weiter schikanieren ...

Der Großvertrieb

Der Großvertrieb ist eine unerbittliche Welt, in der man harte Methoden bevorzugt, wie jene, die von Chester Karrass, dem Vorbild amerikanischer Superverkäufer, vertreten wird: «Wenn Sie sich ein Ziel gesetzt haben und Vater und Mutter ihm im Weg stehen, dann töten Sie Vater und Mutter!»

Im Großvertrieb wird den Mitarbeitern der Geist des Unternehmens eingetrichtert, bis hin zur Indoktrinierung. Mittels Tests und Herausforderungen schweißt man die Gruppe zusammen, um ihre kollektive Identität zu stärken. Wer Widerstand leistet und sich als zu individualistisch erweist, wird dazu gebracht, von sich aus zu kündigen. Man zögert nicht, ihn öffentlich zu demütigen, ihn zu einem Fehler zu verleiten und die Kollegen gegen ihn aufzuhetzen.

Den Kassiererinnen im Supermarkt liegt etwas daran, zu lächeln, brav zu grüßen und danke zu sagen, denn sie werden von anonymen Kunden nach Punkten bewertet. Erhalten sie eine schlechte Beurteilung, müssen sie mit Sanktionen rechnen. Wenn die Resultate eines Abteilungsleiters schlechter werden, zögert man nicht, ihn zurückzustufen und ins Lager zu verbannen.

Francis ist Abteilungsleiter in einem Supermarkt, und seine Resultate waren immer zufriedenstellend. Infolge einer Firmenfusion muss er sich seinen Zuständigkeitsbereich mit einem Kollegen teilen und findet sich unversehens in der Position eines unqualifizierten Verkäufers wieder.

Nachdem sein Kollege mit frischer Ware Misswirtschaft betrieben hat, versucht er, Francis die Schuld in die Schuhe zu schieben, und das Verhältnis der beiden verschlechtert sich. Es gelingt ihm sogar, die übrigen Mitarbeiter gegen Francis aufzuhetzen. Die Direktion schaltet sich kein einziges Mal ein, um zu einer Lösung des Konflikts beizutragen, sondern profitiert viel-

mehr davon und schürt noch die Zwietracht zwischen den bei-
den Abteilungsleitern.

Die Situation wird für Francis derart unangenehm, dass er
die Direktion ersucht, ihn in eine andere Abteilung zu verset-
zen. Daraufhin wird ihm der Lohn gekürzt und sein Status ver-
ändert. Die Direktion hat offensichtlich das Gefühl gehabt, er
sei dem Konflikt nicht gewachsen, und ihn kurzerhand zurück-
gestuft. Er verfügt nun nicht mehr über ein eigenes Büro und
muss seine Kollegen um Arbeit bitten, damit er beschäftigt ist.

Man bringt ihn schließlich in einer anderen Abteilung unter,
wo man ihn mit Aufgaben betraut, die nichts mit seiner berufli-
chen Qualifikation zu tun haben.

Der Neue Markt

Im Moment zeigen Studien, dass es im Bereich des Neuen
Markts weniger seelische Gewalt gibt als in traditionellen
Unternehmen. Dies lässt sich wohl auf die Tatsache zurückführen, dass hier die Beschäftigten nach ihrer Leistung beurteilt werden und dass in einer so schnelllebigen Welt auch
niemand mehr die Zeit hat für persönliche Konflikte. Man
könnte aber auch auf die Idee verfallen, dass die Mitarbeiter
in diesem Bereich die Arbeit als eine Art heiliges Amt betrachten und es deshalb ganz normal finden, alles dafür in
Kauf zu nehmen. Wer sich nicht einfügt, verlässt das Unternehmen von sich aus oder wird sehr direkt gebeten, er möge
gehen. Es besteht keine Notwendigkeit, sich schräger Methoden zu bedienen, um eine Person loszuwerden, zumal die
Arbeitsverträge in dieser Branche ohnehin oft zeitlich befristet sind. Jedenfalls sagt sich hier jeder, dass der Markt aus-
sichtsreich ist, und dass ein Mitarbeiter, der aus einer Firma
ausscheidet, problemlos eine neue Stelle finden wird.

Im Grunde funktioniert der Neue Markt nach dem Prinzip der Gleichheit: gleicher Lohn und gleiche Arbeitszeiten
für jedermann, den Unterschied macht die Höhe des Aktien-
anteils. Solange man Leistung erbringt, kann man tun und

lassen, was man will, denn hier ist viel Raum für Eigeninitiative. Die Arbeitnehmer werden mit Aktienbeteiligungen geködert, und wenn das nicht ausreicht, lockt man mit besseren Aufstiegsmöglichkeiten. Aber dies alles bleibt oft Utopie, denn sobald der Erfolg nicht mehr so märchenhaft ist, klagen auch hier die Mitarbeiter über schlechte Arbeitsbedingungen.

Weil sie sehr schnell Kapital aufbringen wollen, um das Wachstum ihres Unternehmens zu gewährleisten, vernachlässigen die Gründer von Start-ups häufig die Menschen, die ihr Unternehmen tragen.

Delphine ist verantwortlich für die Kundenbetreuung einer kleinen Firma, die sich noch im Aufbau befindet. Kurz nach einer konjunkturbedingten Entlassung ist sie von Marc, einem ehemaligen Studienkollegen, engagiert worden. Obwohl sie weiß, dass Marc sich in erster Linie für ihr Adressbuch interessiert, ist sie bereit, für diese neue Firma ihr Bestes zu geben.

Kurze Zeit nach ihrer Ankunft in der Firma bemerkt Delphine, dass die Firmengründer die Aktionäre betrogen haben, indem sie ihnen ein Projekt verkauften, das konkret gar nicht existiert. Sie reagiert sehr heftig und sagt Marc die Meinung. Von nun an ignoriert er sie, sagt weder guten Morgen noch guten Abend. Sein Teilhaber und er hacken ständig in boshafter, demütigender Weise auf Delphine herum. Man überlässt ihr nur noch die Datenerfassung und grenzt sie völlig aus, indem man im Sekretariat die Anweisung gibt, kein Gespräch mehr an sie durchzustellen, selbst wenn es streng beruflich sei. Da die Räumlichkeiten beengt sind, finden Besprechungen im gemeinsamen Büro statt, aber weil Delphine kein Recht hat, an ihnen teilzunehmen, setzt man sie mit ihrem Computer in eine Ecke, das Gesicht zur Wand gerichtet. Als Marc eines Tages ihre Regale ausleert und vor ihren Augen ostentativ ihre Aktenstücke zerreißt, erstattet sie Anzeige.

Als Rechtfertigung für sein Benehmen sagt Marc: «Dass wir dich eingestellt haben, war Mist, wir können dich ja nicht mal bezahlen!» In der Tat erzielt dieses Start-up noch keine Gewinne, und sie können ihr den Lohn, den sie ihr schulden, nicht zahlen.

Statt mit ihr zu verhandeln, versuchen sie, Zeit zu schinden, und setzen ihr zu, damit sie geht, ohne ihr Geld einzufordern.

Der Internet-Markt gleicht einem Videospiel, bei dem es möglichst viele Gegner abzuschießen gilt. Wer am schnellsten neue Gelegenheiten ergreift, indem er den Gegnern den Boden unter den Füßen wegzieht, siegt. Der verlockende Profit ist dabei die größte Motivation. Die jungen Mitarbeiter beschweren sich nicht, zumal sie nicht den Eindruck haben, als würden sie arbeiten. Sie fühlen sich eher wie ewige Jugendliche, die den ganzen Tag mit ihrer Playstation spielen dürfen. Sie erweisen sich als fügsame Arbeitskräfte, die sich ausbeuten lassen, um ein paar wenigen zum Erfolg zu verhelfen. Und da keiner protestiert, gibt es auch keine Gewerkschaften.

Die Verbände

Die Häufigkeit von seelischer Gewalt in Verbänden, besonders wenn sie wohltätigen Zwecken dienen, zeigt deutlich, dass dieses Phänomen nicht nur mit wirtschaftlichen Faktoren verbunden ist, mit Erwägungen von Rentabilität oder Konkurrenzfähigkeit, sondern in erster Linie mit dem Wunsch, Macht auszuüben. Gerade hier, wo die Experten des Kommunikationssektors und des sozialen Bereichs in Eintracht zusammenarbeiten müssten, scheut man sich, Probleme anzusprechen, wird emotional und womöglich gar zynisch.

Lydia arbeitet in einem angesehenen Verband, der große Gewinne erzielt. Die Arbeitsbedingungen, besonders im Verwaltungsbereich, sind ausgezeichnet: prachtvolle Räume, erstklassige Ausstattung. Die Mitglieder des Direktionsteams erfüllen ihre repräsentative Rolle voll und ganz und haben auf diese Weise die Möglichkeit, luxuriös zu reisen und Gäste zu empfangen. Am Ende des Jahres muss das Budget aufgebraucht wer-

162

den, und man nutzt die Gelegenheit, um die Räumlichkeiten zu
sanieren und die gesamte Hardware zu erneuern.

Lydia ist fast für den gesamten Schriftverkehr verantwort-
lich. Sie arbeitet enorm viel und bleibt bereitwillig abends län-
ger im Büro; wenn sie ihre Arbeit ihrem Vorgesetzten präsen-
tiert, der die meiste Zeit abwesend, aber mit der Chefsekretärin
befreundet ist, zögert dieser nicht, sich die interessantesten Un-
terlagen anzueignen und Lydias Leistungen für sich zu nutzen.

Obwohl man ihren Einsatz weder lobend erwähnt noch ma-
teriell vergütet, ist Lydia weiterhin darauf bedacht, ihre Arbeit
gut zu machen, und versucht, sich mit ihrem Vorgesetzten über
eine bessere Arbeitseinteilung zu einigen. Dieser misstraut ihr
jedoch, und als sie zu viele Fragen stellt, macht er seine Autori-
tät geltend.

Er fühlt sich von Lydia bedroht und ist davon überzeugt,
dass sie ihn in der Öffentlichkeit verleumdet. Die Atmosphäre
wird von Tag zu Tag angespannter. Er hört auf, sie zu grüßen,
und wenn er anwesend ist, grüßt auch die Sekretärin sie nicht
mehr. Angeblich zum Wohl des Verbandes öffnet er ihre Briefe
und hört ihren Anrufbeantworter ab. Lydia weiß nicht, ob es
sich um Ungeschicktheit oder Bösartigkeit handelt, aber sie
schläft nicht mehr, sieht der Arbeit mit Angst entgegen und
muss sich jeden Morgen übergeben.

Die Verbände, deren Ziel es ist, Personen, die in Not geraten
sind, zu helfen, ziehen Nutzen aus der Verzweiflung dieser
Menschen und beuten manchmal indirekt auch ihre Angestellten aus, die es nicht immer viel besser getroffen haben
als jene, die sie betreuen. Folgendes schreibt mir Josiane:

«*Ich arbeite in einem kleinen Verband. Wir sind zu viert: die*
Haushälterin, der Projektleiter, die Sekretärin und ich – Doku-
mentarin mit dem Status und dem Gehalt einer Sekretärin.

Meine Kollegin und ich sind unentwegt den unterschiedlichs-
ten und unglaublichsten Schikanen vonseiten des Projektleiters
und zudem der Verachtung der Verbandsleitung ausgesetzt. Um
seine Mittelmäßigkeit zu vertuschen und Anerkennung zu fin-
den, lässt dieser Projektleiter nicht nur unsere Arbeit ver-
schwinden, sondern überhäuft uns zudem mit Gemeinheiten

und stellt uns vor den anderen als inkompetent, prätentiös und zänkisch hin. Unzählige Male haben wir unsere Fähigkeiten und unsere Arbeit unter Beweis zu stellen versucht, aber das hat uns auch nicht geholfen, im Gegenteil, es hat unsere Lage nur noch schlimmer gemacht.

Wir haben keine Möglichkeit, uns zu wehren, da es uns an konkreten Beweisen fehlt, abgesehen von unserer mangelnden Motivation, unserer angegriffenen Gesundheit und der Tatsache, dass wir uns schämen und erschöpft sind (der Gipfel!); ich erspare Ihnen die Aufzählung all der ebenso pubertären und albernen wie sinnlosen Schikanen und Demütigungen. Um ein Haar hätten wir an uns selbst gezweifelt. Dieser Umstand ist umso erstaunlicher, als er sich in keiner Weise mit der Qualität der Arbeit und dem guten Funktionieren unseres Verbands vereinbaren lässt, dem wir gerne unsere ganze Kraft zur Verfügung stellen würden.»

Der Sport

Die Welt des Sports ist das Reich der *omertà,* des Schweigens. Seelische Gewalt beginnt im Allgemeinen, wenn ein Sportler dieses Schweigen bricht und es wagt, von Doping zu sprechen, von sexueller Belästigung oder finanziellen Machenschaften. Dann gerät er unter Druck, erhält Drohungen und wird von wichtigen Wettkämpfen ausgeschlossen. Sprechen ist und bleibt ein gewagtes Unterfangen. Seit Catherine Moyon de Baecque 1991 ihren Trainer wegen sexueller Nötigung verklagte, die sie in einem nationalen Trainingslager für die Leichtathletikweltmeisterschaft erdulden musste, wagen zwar auch andere Sportlerinnen, die Praktiken sexueller Belästigung offenzulegen, denen sie ausgeliefert waren, aber die seelische Gewalt geht noch immer im Verborgenen vor sich. Seit Januar 1998 gibt es die Website www.harassmentinsport.com, die auf die Initiative Kanadas hin entstanden ist und vierzig Verbände repräsentiert, die Sportlerinnen und Sportler, Eltern, aber auch Trainer und Clubpräsidenten informieren. Die Website bietet Ratschläge zu den Themen Rassismus, Diskriminierung, exzessives Training oder sexuelle Belästigung. So heißt es dort: «Seelische Gewalt kann sich auf unterschiedliche Weise äußern, lässt sich aber im Allgemeinen folgendermaßen beschreiben: eine absichtliche Bemerkung, Handlung oder Geste einer Person oder einer Gruppe, die beleidigend, einschüchternd, demütigend, bösartig, herabsetzend oder kränkend ist.»

Obwohl die meisten Mobbing-Spezialisten der Ansicht sind, dass seelische Gewalt in der Welt des Sports nicht so schlimm sei, zumal sich der Betroffene ja ohne weiteres aus der kränkenden Umgebung entfernen könne, sei daran erinnert, dass eine sportliche Aktivität auf hohem Niveau oftmals verpflichtender ist als eine berufliche Tätigkeit, und zu einem Verzicht auf dieses Engagement genötigt zu werden stellt zweifellos einen Angriff auf die Identität des Sportlers oder der Sportlerin dar.

Die Politik

In der Politik ist seelische Gewalt gang und gäbe. Die Medien berichten tagtäglich von den Lügen, Manipulationen und Verleumdungen, die Politiker sich zuschulden kommen lassen. Jeder findet das normal mit einer kleinen Einschränkung, was die persönliche Bereicherung betrifft, die diskret bleiben muss. Es ist, als sei dies Teil des Spiels. Man ist der Meinung, dass Politiker ein gesundes Selbstvertrauen und eine gute Portion Streitbarkeit brauchen, um Schläge einzustecken und gegebenenfalls auch auszuteilen. Dennoch ist die Politik auch ein Beruf, und wenn man will, dass die politischen Praktiken gesünder werden, gilt es, gewisse Regeln einzuhalten. Bis heute haben es jedoch in Frankreich nur eine Handvoll Politikerinnen und ein homosexueller Abgeordneter gewagt, die seelische Gewalt anzuprangern, der sie ausgesetzt waren.

III.
Die Konsequenzen
für die Gesundheit

Im Falle seelischer Gewalt sind die von den Betroffenen geschilderten Symptome sehr stereotyp und werden eher durch Intensität und Dauer der Aggression bestimmt als durch die psychische Struktur der Opfer. Was zunächst einmal vorherrscht, ganz gleich, ob jemand hysterisch, zwanghaft oder phobisch reagiert, ist ein traumatisches Krankheitsbild, das allen seelischen Traumata gemein ist. Dazu kommt der nagende Zweifel: «Ist das tatsächlich wahr oder werde ich verrückt?» Die ursprüngliche seelische Struktur wird erst dann wieder in Erscheinung treten, wenn die betreffende Person die Möglichkeit hat, anzusprechen, was vor sich geht, und angehört wird.

Diese spezifische Symptomatik ist so geartet, dass es einem Arzt, der auf diesem Gebiet bereits Erfahrungen gesammelt hat, möglich ist, seelische Gewalt einzig und allein an ihren Auswirkungen auf die Gesundheit des betreffenden Opfers zu erkennen und zu beurteilen, ob Letzteres simuliert. Es handelt sich um eine Anpassungs- oder Überlebensstrategie, die sich in mehreren, rasch aufeinander folgenden Phasen entwickelt.

8. Die unspezifischen Folgen

Stress und Angst

Wenn seelische Gewalt noch nicht lange zurückliegt und es noch eine Möglichkeit zum Gegenschlag oder die Hoffnung auf eine Lösung gibt, gleichen die Symptome zuerst jenen, die der Stress hervorbringt und die die Ärzte als funktionelle Störungen bezeichnen: Müdigkeit, Nervosität, Schlafstörungen, Migräne, Verdauungsstörungen, Lendenschmerzen ... Es ist die Antwort des Organismus auf eine Überstimulierung und ein Versuch des Menschen, sich der Situation anzupassen, ihr gewachsen zu sein. Allerdings kommt bei seelischer Gewalt noch etwas hinzu, nämlich ein Gefühl der Ohnmacht, der Erniedrigung sowie der Gedanke, dass das quälende Verhalten «nicht normal» sein kann. In diesem Stadium kann der Gepeinigte sich schnell erholen, wenn er sich von seinem Peiniger fernhalten kann oder wenn sich dieser – was sehr selten vorkommt – bei ihm entschuldigt. Dann findet er sein Gleichgewicht wieder, ohne langfristige Schäden davonzutragen.

Depressionen

Wenn aber weiterhin, womöglich sogar in verstärktem Maße seelische Gewalt gegen ihn geübt wird, kann es zu einer längeren depressiven Verstimmung kommen. Der Gepeinigte wirkt nach außen hin niedergeschlagen, fühlt sich wertlos oder entwickelt einen ausgeprägten, in seiner Heftigkeit völlig unangemessenen Schuldkomplex, hat keine Wünsche mehr und verliert jedes Interesse an den Dingen, die ihn zuvor begeistert haben.

Nach den Kriterien der DSM IV (Klassifikationssystem der American Psychiatric Association[1])

– lassen oder ließen 69 Prozent der Personen, die auf den Fragebogen geantwortet haben, eine größere depressive Verstimmung erkennen, die auf eine ernst zu nehmende Depression hinweist, die ärztlich behandelt werden muss. Die damit verbundene Suizidgefahr sollte nicht unterschätzt werden. Diese Zahlen korrelieren übrigens mit einem Hilferuf der Personen, die, nach meiner Umfrage, in 65 Prozent der Fälle ihren Allgemeinarzt, in 52 Prozent der Fälle einen Psychiater konsultiert haben;

– 7 Prozent der Personen ließen eine mittelschwere Depression erkennen,

– 24 Prozent eine leichte Depression.

Sehr häufig verbirgt der depressive Arbeitnehmer seine Symptome vor seiner Umgebung und sogar vor seinem Arzt, weil er ein schlechtes Gewissen hat, dass er den Erwartungen seines Vorgesetzten womöglich nicht mehr gerecht werden kann.

Depressive Zustände dürfen keineswegs unterschätzt werden, da das Selbstmordrisiko enorm hoch ist (in der Studie, die man in der Region Provence-Alpes-Côte-d'Azur durchgeführt hat, mündeten 13 von 517 Fällen seelischer Gewalt, die vom Betriebsarzt bestätigt wurden, in Selbstmordversuche).

Psychosomatische Störungen

In 52 Prozent der Fälle werden diverse psychosomatische Störungen diagnostiziert. Wahrscheinlich existieren diese Störungen weitaus häufiger, aber sie werden zunächst von den Patienten selbst behandelt und dann erst von den Allgemeinärzten, die eine Symptombehandlung verordnen.

[1] American Psychiatric Association, DSM IV, Critères diagnostiques, Washington D. C. 1994.

Folgendes schreibt mir ein Kollege, Allgemeinarzt, über die von Opfern seelischer Gewalt geschilderten Beschwerden:

«Zunächst sieht der Allgemeinarzt sich einem Patienten gegenüber, der multiple Störungen aufweist, von ‹Angeschlagenheit› mit psychosomatischer Komponente bis hin zum voll ausgeprägten psychosomatischen Krankheitsbild. Es besteht nun die Gefahr, dass der Arzt den wahren Ursprung dieser Störungen nicht erkennt, sei es, weil er es versäumt hat, danach zu suchen, und nicht daran gedacht hat, sich mit der beruflichen Situation seines Patienten auseinander zu setzen, sei es, weil der Patient nicht darüber spricht. Das seelische Leiden, das mit der Arbeit einhergeht, kann in der Tat vom Patienten als Stigma einer persönlichen Schwäche gedeutet werden, zumal wir in einer Zeit leben, da Arbeit und Erfolg scheinbar nur etwas für Kämpfernaturen sind. Ganz offensichtlich kann die therapeutische Maßnahme des Arztes nicht ihre gewünschte Wirkung haben, wenn sie sich auf die Verabreichung von Medikamenten beschränkt.»

Psychosomatische Störungen brauchen eine Weile, um sich voll zu entfalten, aber wenn ein Mensch über einen längeren Zeitraum hinweg seelischer Gewalt ausgesetzt ist, treten sie fast immer offen zutage. Der Körper registriert die Aggression vor der Vernunft, die sich nicht selten weigert, das wahrzunehmen, was sie nicht einzuordnen weiß. Später wird sich der Körper auch an das Trauma erinnern, und so können sich die Symptome, aufgrund des posttraumatischen Stresses, fortsetzen. Psychosomatische Störungen nehmen an Intensität immer mehr zu: Es kommt zu spektakulären Gewichtsverlusten oder rasend schnellen Gewichtszunahmen (15 bis 20 Kilo in wenigen Monaten), Verdauungsstörungen (Magenschmerzen, Koliken, Dickdarmkatarrh, Magengeschwüre), endokrinen Störungen (Schilddrüsenprobleme, Regelstörungen), unkontrollierbaren Schüben von Bluthochdruck trotz Medikamenteneinnahme, Unwohlsein, Schwindelgefühl, Hautkrankheiten und so weiter.

Vor kurzem hat mich Pierre konsultiert, weil er von seinem neuen Chef malträtiert wird, der vor einiger Zeit in die Firma gekommen ist. Während seines ersten Besuchs ist er noch dynamisch und lebhaft und erläutert sehr präzise die Verhaltensweisen seines Vorgesetzten. Medikamentöse Hilfe lehnt er ab, weil er demnächst in den Urlaub fährt und hofft, dass die Dinge sich nach seiner Rückkehr zum Besseren wenden. Als er mich einige Wochen später erneut konsultiert, hat er neun Kilo abgenommen, ist seine Gesichtsfarbe aschfahl, sind seine Gesten zittrig. Im letzten Moment hat man ihm den Urlaub verweigert, obwohl er den Antrag bereits vor mehreren Monaten gestellt hatte, und ihm gedroht, dass er, falls er seiner Arbeit auch nur einen halben Tag lang fern bliebe, mit einem Verweis zu rechnen hätte. Sein Chef überhäuft ihn mit Arbeit und blafft ihn den ganzen Tag lang an. Nichts kann Pierre ihm recht machen. Pierre kann nicht mehr schlafen. Immer und immer wieder grübelt er darüber nach, was er hätte sagen oder tun müssen, um sich zu wehren. Erst am frühen Morgen findet er ein wenig Schlaf, dann klingelt auch schon wieder der Wecker. Er zwingt sich zum Essen, hat aber keinen Appetit. Da er allein lebt, wärmt er sich abends oft ein tiefgefrorenes Gericht auf, das er dann zu essen vergisst; mittags kauft er sich ein Sandwich, das er neben dem Kaffeeautomaten verzehrt.

Angesichts seines angeschlagenen Gesundheitszustands rate ich ihm, schleunigst seinen Hausarzt zu konsultieren und sich gründlich untersuchen zu lassen. Man stellt Bluthochdruck bei ihm fest, erhöhte Cholesterinwerte und Herzrhythmusstörungen. Pierre weigert sich noch immer, sich krankschreiben zu lassen, weil er befürchtet, seine Stelle zu verlieren.

Allmählich leidet auch sein Äußeres: Seine Kleidung ist nicht mehr so gepflegt wie früher, sein Körper wirkt schlaff, er ist nicht mehr tadellos rasiert. Sein Äußeres verrät den depressiven Zustand, den er sich immer noch nicht eingestehen will. Diese Weigerung erklärt wohl, dass er die Nebenwirkungen der Antidepressiva schlecht erträgt.

Kurze Zeit später erhalte ich einen Anruf aus einer Kranken-

station, in die man Pierre mit einer Vaguslähmung eingeliefert hat, nachdem sein Chef ihm im Beisein der Sekretärinnen Beleidigungen entgegengebrüllt hat. Das Krankenhaus beschließt, ihn einige Zeit dazubehalten, damit er gezwungen ist, sich zu schonen.

Ein physischer Schock kann psychische, ein emotionaler Schock somatische Auswirkungen haben. Es gibt also einen Übergang vom Physischen ins Psychische und umgekehrt. Die Vorstellung von einem Ereignis oder die Furcht davor können das gleiche Syndrom erzeugen wie das Ereignis selbst.

Hélène ist aufgrund einer schweren Depression, an der sie seit mehreren Monaten leidet, in Behandlung. Sie schläft nicht mehr, isst nicht mehr, hat etliche Kilo abgenommen. Eine gründliche Untersuchung durch ihren Allgemeinarzt ergibt keinen Befund: alles im normalen Bereich. Sie schreibt ihre Erschöpfung den «verrückten» Zuständen zu, die seit neuestem in der Bank, in der sie seit zwanzig Jahren beschäftigt ist, herrschen. Seit einer Umstrukturierung setzt die Direktion alle Beschäftigten unter Druck, die nicht genügend Leistung erbringen oder älter sind als fünfzig, um sie zur Kündigung zu bewegen. Manche verhandeln um eine Abfindung, andere brechen zusammen. Im Prinzip gehört Hélène, die als mustergültige Angestellte gilt und erst 40 Jahre alt ist, nicht zur Zielgruppe, aber das allgemeine Klima ist schlicht unerträglich; jeder ist sich selbst der Nächste. Ihre Vorgesetzte gilt als Duckmäuserin, von ihr ist keine Hilfe zu erwarten. Sie hackt auf Hélène herum, und diese weiß nicht, ob sie es aus Bosheit oder aus Opportunismus tut. Seit den vielen Kündigungen ist das Arbeitspensum konstant geblieben und nun gänzlich von jenen Mitarbeitern zu bewältigen, die noch übrig sind. Hélène ist am Ende ihrer Kräfte und würde sich gerne versetzen lassen, aber man hält ihr entgegen: «Wo kämen wir hin, wenn wir uns immer nach unseren Arbeitnehmern richten würden, sie haben sich gefälligst nach uns zu richten!» Nachdem sie sich vergeblich aufgerieben hat, um in diesem Klima bestehen zu können, lässt Hélène sich krankschreiben, um sich von ihren Depressionen zu kurieren.

174

Nach mehreren Monaten, als sich ihre Stimmung wieder ge-
lichtet hat, erfährt sie, dass sie einen schnell wachsenden Tumor
in der Brust hat. Eigenartigerweise fühlt Hélène sich erleichtert:
«Jetzt kann mir wenigstens niemand mehr nachsagen, ich sei
gar nicht krank!»

Ist Hélènes Krebserkrankung die Folge des beruflichen Är-
gers, dem sie ausgesetzt war? Vielleicht kann man das so
nicht sagen, aber ganz von der Hand zu weisen ist nicht, dass
zwischen der für sie unerträglichen Atmosphäre in ihrer
Bank und dem raschen Fortschreiten des Krebsgeschwürs irgendein Zusammenhang besteht. Man könnte die Hypothe-
se aufstellen, dass ihr Körper dort nachgegeben hat, wo sie
genetisch vorbelastet war.

9. Die Folgen eines Traumas

Nach mehreren Monaten seelischer Gewalt verwandeln sich die Stresssymptome, noch undifferenziert zu Beginn der Aggression, in eine offenkundige psychische Störung.

Alle Opfer, abgesehen vielleicht von einigen wenigen Ausnahmen, sind auf lange Sicht destabilisiert. Bei allen anderen Leidensformen am Arbeitsplatz, und besonders im Falle eines zu großen Leistungsdrucks, hört das Leiden auf, sobald die Ursache wegfällt, und der Betreffende kann wieder zum normalen Leben zurückfinden. Seelische Gewalt dagegen hinterlässt unauslöschliche Spuren, die von posttraumatischem Stress bis hin zu einem hartnäckigen Gefühl der Schmach oder gar zu dauerhaften Veränderungen der Persönlichkeit reichen können. Die Entwertung bleibt, auch wenn der Betroffene sich von seinem Aggressor fernhält. Er trägt eine seelische Narbe davon, die ihn schwächt und dazu bringt, in Furcht zu leben und jedem zu misstrauen.

Der posttraumatische Stress

Wie ein bewaffneter Überfall oder eine Vergewaltigung löst auch seelische Gewalt unweigerlich ein Trauma aus. In der Psychoanalyse beinhaltet das Konzept des Traumas ein intensives, eventuell wiederholtes Ereignis im Leben des Subjekts, dessen Unfähigkeit, adäquat darauf zu reagieren, und die dauerhaften Auswirkungen, die das besagte traumatische Ereignis auf die Psyche hat. Anfänglich hatte Freud das Trauma mit einer äußeren Realität in Beziehung gesetzt, jener der Verführung, war jedoch schon bald wieder von dieser Theorie abgekommen, um sie durch jene der Wunschvor-

176

stellung zu ersetzen. Ihm zufolge gibt es nur in der Kindheit und im sexuellen Bereich Traumata, zählen nur die intrapsychischen Konflikte. Er ist der Ansicht, dass im Erwachsenenalter der Mensch für das verantwortlich ist, was ihm widerfährt; wenn er also Leidenssituationen beibehält, dann aus reinem Masochismus. Dennoch gibt es, wie ich es in meinem vorhergehenden Buch beschrieben habe, Situationen, in denen die Opfer, ganz gleich, in welcher seelischen Verfassung sie sich befinden, von der äußeren Realität eingefangen werden.

Den schlimmsten traumatischen Krankheitsbildern begegnet man im Wesentlichen nach jenen Fällen seelischer Gewalt, bei denen das Opfer isoliert wurde, «allein gegen alle»,während die schlechte Behandlung aus der Chefetage weit weniger nachhaltige Folgen zeitigt, da das Opfer hier dank der Solidarität der anderen imstande ist, die Situation einigermaßen zu relativieren.

Es kommt zu traumatischen Neurosen, seltener zu traumatischen Psychosen, was laut DSM IV (Klassifikationssystem der American Psychiatric Association) dem Zustand von posttraumatischem Stress entspricht. Die Krankheitsbilder der verschiedenen Traumata gleichen sich.

Die Szenen von Gewalt und Erniedrigung drängen sich immer wieder ins Bewusstsein des traumatisierten Menschen, ohne dass dieser sich dagegen wehren könnte. Diese Bilder werden als schmerzhafte Flashbacks empfunden, als etwas, das dem Menschen, der sie ablehnt, nicht zugehörig ist. Und in der Nacht werden die traumatischen Situationen in Form von bedrängenden Albträumen noch einmal durchlebt. Das Wachrufen der gewalttätigen Szenen bleibt noch lange Zeit, manchmal sogar für immer, äußerst schmerzhaft. Noch Jahre danach träumen die Opfer regelmäßig davon und haben Angst vor der Erinnerung. Viele Menschen sagen, dass sie sogar nach zehn oder zwanzig Jahren noch in Tränen ausbrechen, wenn sie beispielsweise Akten einsehen, die sie an ihre leidvollen Erfahrungen erinnern. Mehrere Personen, bei denen die seelische Gewalt schon einige Jahre zurücklag, gaben mir in Briefen, die sie den ausgefüllten Fragebögen beilegten, zu verstehen, dass ihr Leiden durch das Wachrufen der vergangenen Verletzungen reaktiviert worden und tatsächlich noch genauso heftig gewesen sei wie zum Zeitpunkt des Geschehens. Sie hatten die demütigenden Szenen gleichsam noch einmal erlebt, denselben Schmerz im Magen, dieselbe Benommenheit verspürt. Viele fügten am Ende hinzu: «Ich musste es tun, auch wenn es für mich sehr schmerzhaft war, denn wenn ich dadurch etwas bewegen kann, dann hatte mein Leiden einen Sinn.» In der Tat ist es unerträglich, den Sinn all dessen, was einem widerfahren ist, nicht begreifen zu können – und somit sinnlos zu leiden.

«Ihr Buch hat mir sehr gut und sehr schlecht getan. Sehr gut, weil ich mich verstanden weiß, die Aggression endlich beim Namen nenne, die Aggressoren erkennen und einordnen kann und langsam anfange zu begreifen ...; aber auch sehr schlecht, weil ich mit jeder Seite die vergangenen Szenen noch einmal durchlebt habe, häufig sogar wortwörtlich, und dies mir vor Augen hielt, dass mein Schmerz noch immer intakt ist. Während des Lesens habe ich ganze Absätze angestrichen, die mit fürchterlicher Präzision genau das beschrieben, was ich schon kannte, und zwar so intensiv, dass das Buch mir vorkommt, als schildere es meine eigene Geschichte. Wer noch nie zum Opfer geworden ist, dem ist das alles unbegreiflich. Auch jene, die es waren oder noch sind, können es kaum fassen, und trotzdem ist es wahr! So wie Worte töten können, kann Ihr Buch etliche Leben retten und dazu beitragen, dass sie wieder lebenswert werden. Ich glaube (hoffe), dass in den Köpfen der Menschen nichts mehr so sein wird, wie es war, und dass Sie mit Ihrem Werk einen Präzedenzfall geschaffen haben.»

Es ist, als hätte sich der Körper gegen seinen Willen das Andenken an das Trauma bewahrt und als könne er es in alle Ewigkeit jederzeit abrufen. Die Menschen erschrecken, und Bilder drängen sich ihnen auf, wenn sie jemandem begegnen, der ihrem Peiniger ähnelt, oder wenn sie in eine Situation kommen, die die Vergangenheit heraufbeschwört.

Diese Form der Aggression hinterlässt stets ihre Spuren. Noch Jahre später zeigen die Opfer ein Angst- oder Vermeidungsverhalten. Manchmal hindert die Angst vor dem Schmerz, den das Wachrufen der Vergangenheit womöglich hervorruft, die Opfer daran, an den Ort der Gewalt zurückzukehren oder ehemalige Kollegen zu treffen; sie entwickeln also eine Art Phobie.

Traumatische Erfahrungen bringen eine Verzerrung der Zeit mit sich: Das Gedächtnis stagniert durch die Fixierung auf das traumatische Ereignis, wie in Hypermnesie, und die Gegenwart wird irreal: Der Traumatisierte vergisst den Alltag oder löst sich daraus.

«Nicht einmal mehr mein Mann und meine Kinder sind mir wirklich wichtig. Ich weiß zwar, dass ich sie liebe, aber ich empfinde nichts mehr.»

Die Opfer geraten ins Grübeln. Sie zermartern sich das Hirn, warum man sie abgeschoben hat, versuchen, andere Szenarien zu entwerfen: «Wenn ich dies getan, jenes gesagt hätte …», brüten unentwegt über die erlittene Demütigung.

Dieses ewige Sinnieren kann dazu führen, dass die Angehörigen des Opfers und manchmal sogar der Therapeut allmählich zu der Überzeugung gelangen, dass es seinen Leidenszustand auskostet und nicht aufgeben will. Das stimmt jedoch nicht. Es handelt sich vielmehr um den vergeblichen Versuch, dem, was ihm widerfahren ist, einen Sinn zu verleihen. Das Besondere der seelischen Gewalt besteht darin, dass sie sich keiner vernünftigen Logik fügt. Wer ihr zum Opfer fällt, der begreift nicht, was mit ihm geschieht. Wenn die Erfahrung traumatisch ist und die Symptome nicht verschwinden, dann deshalb, weil seelische Gewalt eine unvorstellbar zerstörerische Wirkung hat.

Alle Opfer äußern ein Gefühl der Einsamkeit, weil es

schwierig ist, dieses Leiden in Worte zu fassen. Sie haben Mühe, sich zu äußern, weil die Gewalt, die an ihnen geübt wird, undenkbar ist und sie nicht im mindesten auf soviel Niedertracht gefasst waren. Doch sobald sie sich mitteilen können, tritt eine große Erleichterung ein. Man muss den Opfern daher helfen, ihr Leid in Worte zu fassen, und endlich akzeptieren, dass es dieses Leid tatsächlich gibt. Viele Fälle von seelischer Gewalt spielen sich vor unseren Augen ab, ohne dass wir dessen gewahr werden.

Vor nunmehr zehn Jahren hat Marion nach einer langen Phase der seelischen Gewalt durch ihren Vorgesetzten und vorgeblichen Freund ihre Arbeitsstelle verlassen. Sie hatte lange nichts verstanden. Warum griff er sie an, obwohl sie sich so sehr bemühte, ihre Arbeit gut zu machen? Warum dieser Auswuchs an Bösartigkeit, wo sie doch zu einem Kompromiss bereit gewesen und von sich aus gegangen wäre, nur um der täglichen Gewalt zu entkommen?

Jetzt hat Marion eine andere Stelle gefunden, weitaus interessanter und weitaus besser bezahlt, und sagt sich sogar, dass ihr nichts Besseres habe passieren können, als entlassen worden zu sein. Doch wenn sie erzählt, was sich zugetragen hat, kämpft sie trotz alledem auch heute noch mit den Tränen. Sie hat dieses Kapitel offensichtlich abgeschlossen, sich ganz und gar der Zukunft zugewandt und widmet sich mit solcher Begeisterung ihren neuen Aufgaben, dass sie nicht mehr oft an diese schwarze Phase in ihrem Leben zurückdenkt. Doch nachts holt die Vergangenheit sie mit quälenden Träumen ein, so dass sie am nächsten Morgen wie gerädert ist, und manchmal blitzt ein Bild in ihr auf oder die Erinnerung an eine verletzende Bemerkung. Sie macht sich Vorwürfe, dass sie nicht schon viel früher gegangen ist, und kann sich nicht verzeihen, dass sie so naiv war, sich übertölpeln ließ, ohne reagieren zu können.

Jetzt spricht sie nicht mehr darüber. Wenn man sie über diese Zeit befragt, hat sie eine gänzlich neutrale Antwort parat, die den Eindruck vermittelt, als würde sie dies alles nicht mehr berühren. Aber so ist es nicht, sie weint noch immer wegen damals!

Die Enttäuschung

Lebenserfahrungen wie seelische Gewalt pflegen an den Menschen zu zehren, sie auszulaugen, auszuhöhlen, ihnen jede Illusion und jede Hoffnung zu rauben. Der narzisstische Zusammenbruch ist umso stärker, je mehr sich die betreffende Person gefühlsmäßig in die Arbeit eingebracht hat. Sie hat unweigerlich das Gefühl, gescheitert zu sein, ihre Existenz vergeudet, das Paradies verloren zu haben.

Seit François sich, nachdem er zwei Jahre lang von seinen beiden nächsten Vorgesetzten seelisch gequält wurde, entschlossen hat, die Firma zu verlassen, hat er Nacht für Nacht Albträume, aus denen er jede Stunde schweißgebadet aufschreckt, weil er die brutalen Gesichter seiner Angreifer vor Augen hat. Er würde sich den Schmutz, mit dem man ihn beworfen hat, am liebsten aus dem Gehirn reißen, aber er kann die erlittenen Demütigungen einfach nicht vergessen.

Als er mit viel Enthusiasmus seine Stelle in diesem jungen Unternehmen angetreten hatte, war er auf eine Welt voller Intrigen gestoßen, ohne jede Regel, in der der Zweck die Mittel heiligt, wenn es darum geht, jemanden zu vernichten, der die krummen Touren nicht mitmachen will.

Was François nicht erträgt, ist die Tatsache, dass er sich in seinem Team so sehr getäuscht hat, dem er so viel Vertrauen entgegengebracht hatte. Mit seiner Arbeit verliert er auch seine Illusionen. Er hatte an einen Beziehungstyp glauben wollen, der nicht existiert. Er weiß, dass er Beziehungen zu anderen Menschen künftig anders erleben wird.

Das Wiederaufleben vergangener Verletzungen

Manchmal erinnern uns die Aggressionen, die wir am Arbeitsplatz erfahren, an leidvolle Situationen aus unserer privaten Geschichte. Das können die Tyrannei oder die Perversion eines oder beider Elternteile sein oder andere Aggressionen und Demütigungen, die wir in der Kindheit erdulden mussten. Die gewalttätigen Szenen wecken in uns eine vergangene Angst, die wir womöglich längst vergessen hatten. Eine Demütigung kann alle früheren Demütigungen wachrufen, die wir durch einen Elternteil, in der Familie, in der Schule oder auch an einem früheren Arbeitsplatz erfahren mussten.

Als Veronika nach einem langen krankheitsbedingten Arbeitsausfall zurückkommt, ist ihr Büro leer und niemand da, um sie willkommen zu heißen. Da die Abteilung, während Veronika nicht einsatzfähig war, ein neues Computersystem erhalten hat, setzt ihre Vorgesetzte sie in ein Vorzimmer und lässt sie Aktenstücke einordnen. Immer wenn sie an Veronika vorbeigeht, und das geschieht pro Tag wohl an die zwanzig Mal, kann sie es sich nicht verkneifen, ihr eine verletzende Bemerkung hinzuwerfen, die sie mit der Behauptung rechtfertigt, sie könne keine Menschen ertragen, die zu nichts nutze seien. Anstatt die Möglichkeit einer Fortbildung auszuhandeln, die ihr gestatten würde, ihre Kompetenzen zu erneuern und ihren Posten wieder einzunehmen, konzentriert Veronika sich völlig auf das Verhalten ihrer Vorgesetzten, wehrt sich dagegen und beklagt sich bei jedermann über die Boshaftigkeit dieser Frau. Veronika weiß, woran es liegt, dass sie so heftig auf das hässliche Verhalten ihrer Chefin reagiert: Es erinnert sie an die Gewalttätigkeit ihrer Mutter, unter der sie sehr gelitten hat. Sie wurde als Kind geschlagen, und als sie ihr Elternhaus verließ, hat sie sich geschworen, sich so etwas nie mehr gefallen zu lassen: «Ich bin so empfindlich, weil ich schon genügend verletzende Worte, Tiefschläge und Schweinereien einstecken musste, aber das darf ich doch nicht laut sagen, sonst komme ich noch in den Verdacht, krank zu sein.» Trotzdem wird die Direktion den Verdacht äußern, dass Veronikas Reaktion eventuell auf einer psychischen Störung beruhe, und vom Betriebsarzt verlangen, sie für arbeitsuntauglich zu erklären.

Zuweilen ist es auch ein sexueller Missbrauch, den es zu verdrängen galt, und in einigen Fällen, die ich persönlich betreut habe, konnte dieses belastende Familiengeheimnis durch die seelische Gewalt, der diese Personen ausgesetzt waren, und die Scham, die sie dabei empfunden hatten, endlich aufgedeckt und zur Sprache gebracht werden.

Folgendes schreibt mir Évelyne nach einer Phase der seelischen Gewalt, die zu ihrer Entlassung führte:

«Ich habe viele Tage in tiefster Verzweiflung zugebracht, wusste nicht, ob ich verrückt war und/oder vollkommen ungeeignet für die Arbeit, die Gesellschaft und das Leben überhaupt. Nach zahlreichen Arbeitsausfällen und einer Behandlung (wirkungslos), die mir mein Hausarzt verschrieben hat, lasse ich mir seit einigen Monaten von einer Psychotherapeutin helfen. Während sie versucht, mein Selbstvertrauen wieder aufzubauen, muss ich gleichzeitig die Verbindung zu schmerzhaften Ereignissen herstellen, die sich in meiner Kindheit abspielten, als ich im Alter von vier oder fünf Jahren das Opfer eines Perversen anderer Art geworden war. Die Schmerzen, Emotionen, die Scham, das schlechte Gewissen und der Ekel sind dieselben wie vor 40 Jahren, nur noch lebhafter und quälender. Wird dieser Erinnerungsversuch mir helfen zu verstehen, so dass ich in Zukunft weiterer Perversen auf meinem Lebensweg ausweichen kann? Ich bin nicht davon überzeugt und weiterhin vor Angst wie gelähmt.»

Jeder hat seine leidvollen Erfahrungen – hören wir endlich auf, uns etwas vorzumachen und unsere Wunden zu verstecken. Man darf aber trotzdem nicht zulassen, dass die Aggressoren sich von ihrer Schuld reinwaschen, indem sie die früheren Traumata ihrer Opfer heranziehen. Natürlich können gewisse Verhaltensweisen vergangene Verletzungen, die man lieber vergessen hätte, wieder aufleben lassen, aber diese alten Traumata sind nicht die Verursacher der seelischen Gewalt.

10. Die spezifischen Folgen seelischer Gewalt

Scham und Schmach

Was die seelische Gewalt von allen anderen leidvollen Erfahrungen am Arbeitsplatz unterscheidet, ist die Tatsache, dass die Betroffenen hauptsächlich mit dem Gefühl der Scham und Erniedrigung reagieren. Zudem fehlt zumeist der Hass auf den Peiniger. Den Opfern geht es einzig und allein darum, rehabilitiert zu werden und ihre Ehre wiederzuerlangen. Sie möchten sich am liebsten verkriechen, von der Welt zurückziehen.

Die Scham der Opfer erklärt ihre Schwierigkeiten, sich über die seelische Gewalt, der sie ausgesetzt sind, zu äußern, besonders wenn diese ihre persönliche Würde verletzt. Ähnlich wie bei sexuellem Missbrauch ist die Realität oft schlimmer als das, was die Opfer zunächst erzählen, da sie kaum Worte dafür finden. Wie soll man im gegebenen Moment sagen, dass man sich schlecht behandelt fühlt, wenn man zuvor noch nichts hat durchsickern lassen? Wie vor sich selbst rechtfertigen, dass man nicht sofort protestiert hat? Wie den anderen erklären, warum man gerade in diesem Augenblick reagiert?

Eine Aggression, gegen die man sich zur Wehr setzt, wenn auch spät, wirkt nicht so lange nach. Was stets nachhaltig verletzt, ist die Einsicht, dass man nicht das Nötige zu unternehmen wusste oder vermochte, um der Schikane Einhalt zu gebieten, viel zu lange gute Miene zum bösen Spiel gemacht und die giftigen Botschaften nicht rechtzeitig entschlüsselt hat. Die Scham erwächst daraus, dass man nicht zu reagieren vermochte.

«Ich war und bin das Opfer beleidigender, abwertender Äuße-
rungen durch den IT-Spezialisten der Abteilung, in der ich ange-
stellt bin.

Ich schäme mich der erlittenen Gemeinheiten und habe
Angst vor den künftigen. Obwohl ich mittlerweile weitaus sel-
tener gedemütigt werde als früher, rufen diese Situationen einen
heftigen Schmerz in mir wach, unergründlich und tief wie ein
Brunnenschacht. Die gegenwärtige und die vergangene Aggres-
sion quälen und behindern mich. Es ist wie ein Makel, wie der
Beweis, dass ich die Aggression verdiene, weil ich mich nicht zu
wehren weiß. Ich möchte zwei Beispiele nennen:

Eines Morgens geht dieser Mensch in mein Büro und setzt
sich mir gegenüber vor den Computer meiner Kollegin. Ich sage
zu ihm: «Guten Morgen, Martin», und er erwidert: «Guten
Morgen, Dingsbums». Ich protestiere und fordere ihn auf, mich
bei meinem Vornamen zu nennen. Er entgegnet: «Na ja, du bist
eben eine dicke Blunze!» Weil ich mich vor den anderen genie-
re, zwinge ich mich zu einer scherzhaften Bemerkung – «Ein
charmanter Kollege, nicht wahr?»–, obwohl ich in Wirklichkeit
fassungslos und wütend bin. Ich fühle, wie Hass, Aggression
und Groll in mir aufsteigen. Ein anderes Mal sagt er in meinem
Büro zu meiner Kollegin über eine Angestellte, die zur gleichen
Zeit in die Firma kam wie ich: ‹Gut, dass du sie eingestellt hast
… die ist schon was anderes als die da!›, und deutet dabei mit
dem Finger auf mich.»

Der Sinnverlust

Was uns krank macht, ist das Unbegreifliche, die Falschheit,
mit der man uns ein X für ein U vormachen will. Dass der
doppelte Diskurs in der Familie ein Individuum schizophren
machen kann, ist erwiesen; der doppelte Diskurs in Unternehmen jedoch kann die Beschäftigten zerstören oder zu Paranoikern werden lassen. Er führt ihnen die Absurdität einer
Arbeit vor Augen, die ihren Sinn verloren hat. Sie können ihren eigenen Gefühlen nicht mehr vertrauen: Was ist wahr,
was ist falsch? Bin ich wirklich eine solche Null, so schlecht,

so schlimm, wie sie sagen? Sie leiden, ohne sich verteidigen zu können. Man will sie glauben machen, dass sie sich das, was mit ihnen geschieht, selbst zuzuschreiben hätten, dass etwas mit ihnen nicht stimme, sie verrückt seien.

Es gilt anzumerken, dass die paradoxen Befehle (zum Beispiel etwas sagen und das Gegenteil meinen) häufig bei den sogenannten «Techniken seelischer Gewalt» zur Anwendung kommen. Es geht darum, den anderen am Begreifen zu hindern, ihn zu lähmen. Man macht jemandem den Vorwurf, nicht zu arbeiten, und verweigert ihm zugleich die nötigen Arbeitsmittel oder hält ihn gar vollständig von seiner Arbeit ab, wie wir im vorausgehenden Kapitel gesehen haben. Oder man stellt jemandem eine Aufgabe, von der jeder weiß, dass sie unnütz ist, wie die Heldin in Amélie Nothombs Roman, die hundert Mal dieselben Photokopien machen muss.[1]

An seiner geistigen Gesundheit zu zweifeln ist schon auszehrend genug, wenn nun noch die Unaufmerksamkeit der Kollegen und Zeugen hinzukommt, die entweder so tun, als wäre nichts geschehen, oder einem zu verstehen geben, dass man sich die Art und Weise, wie mit einem umgegangen wird, selbst zuzuschreiben hat, wird die Situation unerträglich, und man muss sich auf die eine oder andere Weise abreagieren.

Aggressive Reaktionen sind die unmittelbare Folge des Sinnverlusts und der Enttäuschung darüber, dass niemand einem Gehör schenkt.

Manche Arbeitnehmer «rasten aus», schlagen Büroausstattung kaputt, löschen alle Daten oder rufen ihren Aggressor an, um ihn wüst zu beschimpfen. Einige dieser Verzweiflungstaten haben einen selbstzerstörerischen Beigeschmack, da der Betreffende sehr wohl weiß, dass er seine Situation, indem er so handelt, nur noch schlimmer macht. Es versteht sich wohl von selbst, dass Ausbrüche wie diese immer auf

---

[1] Nothomb, A., Stupeur et tremblements, Paris 1999.

den überreagierenden Arbeitnehmer zurückfallen, der dann als schwierig gilt.

Die psychischen Veränderungen

Seelische Gewalt kann eine Zerstörung der Identität hervorrufen und das Wesen einer Person auf Dauer verändern. Von unserer Kindheit an bildet sich nach und nach unsere Identität und wird nie endgültig fixiert. Wenn man Opfer einer Aggression wird, gegen die anzukämpfen man nicht die psychische Stärke besitzt, kann es zu einer Akzentuierung früherer Charaktereigenschaften kommen oder zu psychischen Störungen. Es handelt sich dabei um eine echte Entfremdung, im Zuge derer eine Person ihrer selbst beraubt wird.

Es gibt tatsächlich Worte oder Geisteshaltungen, die psychische Veränderungen nach sich ziehen können. Ein chinesisches Sprichwort sagt: «Man kann von einem Dolchstoß, nicht aber von einem Wortstoß genesen.» Wenn das Ziel der Aggression die Vernichtung, der Identitätsverlust des anderen ist, hat dieser, um sich zu schützen, nur zwei Möglichkeiten: Er kann sich teilen – in der Psychiatrie spricht man von Dissoziation – oder auf seine Identität verzichten.

Traumatische Ereignisse lösen einen Bruch aus, nichts ist mehr so, wie es war. Man geht verändert daraus hervor. Diese Veränderung kann sich positiv niederschlagen, wie eine Lehre – begegnet man derselben Situation noch einmal, ist man vorgewarnt. Aber dies ist leider nicht immer der Fall, es gibt zwei Entwicklungsrichtungen.

Der Vitalitätsverlust

Das Opfer seelischer Gewalt kann eine traumatische Neurose davontragen; in diesem Fall wird der Zustand der Depression chronisch. Es ist, als könne sich der Betroffene nicht mehr aus den Fallstricken des Unternehmens befreien. Unaufhörlich denkt er darüber nach, was er erleiden musste, und zerbricht sich den Kopf, wie es so weit kommen konnte. Er fühlt sich wie erschlagen und verliert, manchmal auf Dauer, jeden Schwung, jede Lebensfreude. Er hört auf, sich zu bewegen, ist wie gelähmt, manchmal endgültig. In diesem Fall kann man von «seelischem Mord» sprechen: Das Opfer ist zwar noch am Leben, aber gleichsam zum Zombie geworden. Es wird für alle Zeit ein Stück seines Aggressors in sich tragen, hat seine Worte verinnerlicht. In einer anderen Kultur würde man sagen, es sei «besessen».

«Heute, Jahre später, habe ich diese kleine Stimme in mir, die mir, sobald ich vor einer neuen Aufgabe stehe, sagt, dass ich eine Null bin, zu nichts tauge und es ganz bestimmt nicht schaffen werde.»

Die Erstarrung

In anderen Fällen kommt es zu einer Erstarrung des Opfers, die paranoische Züge annimmt.

Der Übergang vom legitimen Misstrauen zur induzierten Paranoia kann sich unmerklich vollziehen. Die Grenze ist fließend, was häufig die Diagnose verfälscht. Dennoch wäre es ein völlig verfehlter Einsatz therapeutischen Wissens, wenn man derlei Störungen von vornherein auf eine bereits existierende Erkrankung zurückführen würde. Ein Mensch, dessen Vertrauen missbraucht, der betrogen und manipuliert wurde, wird zu Recht misstrauisch. Wer überwacht und in eine Falle gelockt wurde, wird sich danach unweigerlich besser in Acht nehmen. Die Erfahrung lehrt uns gemeinhin, mehr Vorsicht walten zu lassen, aber traumatische Erfahrungen können übertrieben misstrauisch machen. Berufliche Situationen, in denen man unentwegt auf der Hut sein muss, können ein pauschales Misstrauen und eine Erstarrung der Persönlichkeit nach sich ziehen. In meiner Praxis habe ich die Erfahrung gemacht, dass seelische Gewalt, die im öffentlichen Dienst geübt wird, ihre Opfer besonders anfällig macht für die Entwicklung paranoischer Züge. Tatsächlich dauert die quälende Situation in diesem Bereich sehr lang, ist voller bürokratischer Hindernisse; bei jeder Beschwerde muss der Dienstweg eingehalten werden, so dass die Angelegenheit besonders perfide wird, wenn die Klage ausgerechnet einen Vorgesetzten betrifft ... Jeder Antrag muss von Aufzeichnungen, Akten, Erinnerungen, Beweisen und so weiter begleitet werden. Wer sich wehren möchte, muss daher prozesskundig werden.

Schließlich kommt es auch vor, dass die Opfer sogar bei Therapeuten oder Anwälten auf Misstrauen und Ungläubigkeit stoßen. Man sagt ihnen, sie seien allzu naiv gewesen, woraufhin sie sich Vorwürfe machen, weil sie die Aggression nicht haben kommen sehen. Sie reagieren mit einem generellen Misstrauen, zweifeln an allem und jedem. In ihrer Sorge, wenigstens im Nachhinein alles richtig zu machen, rechtfertigen sie sich wegen jeder Kleinigkeit, überprüfen alles und legen Akten in dreifacher Ausführung an; selbst wenn sie den Prozess gewinnen, gelingt es ihnen nicht mehr, sich von dem Erlebten zu lösen und das Kapitel abzuschließen. Es kommt zu einer reaktionellen Erstarrung, oft verbunden mit einer Verfolgungsangst, die sich bis zum Wahn steigern kann.

Zwei Jahre lang war Corinne Gérards Assistentin. Zu Anfang zeigte sich dieser sehr verführerisch, bemühte sich ihrer Aussage nach sogar, eine tiefere Beziehung mit ihr einzugehen. Corinne wies seine Avancen zurück, versuchte immer wieder, die Beziehung auf einer streng beruflichen Ebene zu halten. Daraufhin kam es täglich zu seelischer Gewalt: ungerechtfertigte Kritik an ihrer Arbeit, verletzende Worte in aller Öffentlichkeit, verächtliche Gesten, Isolierung, absichtliche Fehler bei der Übermittlung von Informationen und so weiter. Nun beginnt Gérard, sie zu überwachen – so deutet sie zumindest sein Verhalten. Unter dem Vorwand, legitime Sicherheitsvorkehrungen treffen zu müssen, lässt er in allen Räumen Überwachungskameras installieren. Natürlich ist dieser Beschluss nicht direkt gegen sie ge-

richtet, aber da eine der Kameras, wie zufällig, auf Corinnes Bürotür gerichtet ist, kann Gérard ihr Kommen und Gehen genauestens verfolgen. Zudem glaubt Corinne im Rückspiegel ihres Wagens mehrmals Gérard bemerkt zu haben, der nach der Arbeit denselben Weg genommen hat. Aber ist das wirklich so verwunderlich? Schließlich wohnen sie im selben Viertel. Wenn Gérard sich nicht so zerstörerisch gegen Corinne verhalten hätte, würden diese Vorkommnisse sie wahrscheinlich nicht beunruhigen, vielleicht hätte sie sie nicht einmal registriert. Aber so hat sie sie bemerkt, ist zutiefst verstört und kann an nichts anderes mehr denken.

Als die seelische Gewalt schließlich eine noch feindseligere Wendung nimmt, bricht Corinne zusammen und wird krankgeschrieben. Sie schläft nicht mehr, weint den ganzen Tag, ängstigt sich, ist ständig auf der Hut und hat unentwegt das Gefühl, bespitzelt zu werden. Sie misstraut jedem.

Der erste Psychiater, den sie konsultiert, diagnostiziert Verfolgungswahn. Aber es gibt doch Kollegen, die bereit sind, die perversen Machenschaften ihres Chefs zu bezeugen, und die Kameras, die auf ihr Büro gerichtet sind, sind tatsächlich da! In der Annahme, dass der Psychiater ihr feindlich gesinnt sei, was diesen in seiner Diagnose bestätigt, äußert Corinne ihm gegenüber den Wunsch, den Therapeuten zu wechseln. Der Psychiater gibt ihr zu verstehen, dass ihre Angst, verfolgt zu werden, sie eben auch in seiner Praxis einhole, und rät ihr davon ab, die Therapie bei ihm abzubrechen. Sie sagt sich, dass er Recht haben könnte, und setzt, wenn auch widerwillig, die Behandlung fort. Doch als ihr Gesundheitszustand sich kaum verbessert, wechselt sie endlich doch den Therapeuten und geht zu einer Ärztin in eine andere Stadt. Diese ermutigt sie, juristische Schritte zu unternehmen. Nach mehreren Monaten gewinnt Corinne schließlich den Prozess: Die Behörde erkennt das bösartige Verhalten ihres Vorgesetzten an. Sie ist beruhigt: «Ich bin also doch nicht verrückt!» Nach und nach gewinnt sie ihr Selbstvertrauen zurück und muss nicht mehr allen Menschen misstrauen.

An diesem klinischen Fall sieht man, wie wichtig es ist, dem Opfer dabei zu helfen, dass die erlittene Gewalt von außen anerkannt wird.

Die Flucht in die Psychose

Seelische Gewalt kann, wie jedes heftige Trauma oder wie jede wiederholte Demütigung, zu einem Riss in der Psyche führen und einen Menschen mehr oder minder dauerhaft in den Wahnsinn treiben.

Maguy arbeitet seit zehn Jahren als Buchhalterin in einer bekannten Firma. Im Zuge einer Umstrukturierung erhält die Belegschaft einen neuen Direktor, der von Anfang an keinen Hehl daraus macht, dass er seine Untergebenen nicht leiden kann. Das Verhältnis unter den Mitarbeitern wird hart, jeder misstraut jedem und man muss sich wegen jeder Kleinigkeit rechtfertigen. Eine Kollegin erleidet während einer Versammlung einen tetanischen Anfall, eine andere ist verpflichtet, sich mit mehreren Einschreibebriefen zu rechtfertigen.

Seitdem der neue Chef hier waltet, darf Maguy nicht mehr wie üblich an den Besprechungen teilnehmen, und man vertraut ihr weniger Aufgaben an.

Als sie begreift, dass dieser Chef sie ablehnt, versucht sie, mit ihm ein Arrangement auszuhandeln, damit sie die Firma verlassen kann. Ihr Chef sagt: «Kein Problem!», unternimmt aber nichts und verweigert eine weitere Unterredung. Er macht ihr viele Vorwürfe bezüglich ihrer Arbeit, aber wenn sie versucht, sich zu erklären, legt er den Hörer auf oder kehrt ihr den Rücken zu. Schließlich lässt er sie wissen, dass er ihren Weggang wünscht, aber nichts dafür bezahlen will.

Da machen sich bei Maguy Anzeichen von Wahn bemerkbar. Sie hat den Eindruck, als würde über sie gesprochen. Sowohl am Arbeitsplatz als auch zu Hause, meint sie Leute sagen zu hören, sie sei inkompetent. Sie bildet sich ein, ihre Nachbarn seien Spitzel ihres Chefs, die sie belauschten, um Beweise gegen sie zu sammeln, Beweise, aufgrund deren sie zur Kündigung gezwungen werden soll. Sie glaubt, dass ihr Telefon angezapft werde und dass in ihrer Wohnung versteckte Kameras installiert seien, um sie in die Falle zu locken.

Um sie zu beruhigen, fährt ihr Mann ein paar Tage mit ihr in Urlaub. Die Störungen verschwinden, und sie kann sogar darüber lachen. Doch als sie aus dem Urlaub zurückkehrt und die

Arbeit wieder aufnimmt, kommen auch die Wahnvorstellungen zurück ...

Es handelt sich hier um eine echte Wahnvorstellung, bestehend aus auditiven und psychischen Halluzinationen in Verbindung mit Verfolgungswahn, die man chronische halluzinatorische Psychose nennt. Die Stimmen, die Maguy hört, sind kritisch oder übelwollend, ein Echo dessen, was sie im Beruf erfährt. Ist ihr Wahn an das gebunden, was sich an ihrem Arbeitsplatz abspielt? Es lässt sich nicht bestreiten, dass die verunsichernde Atmosphäre, die dort herrscht, ihren Wahn ausgelöst hat. Ist die Feindseligkeit, die sie wahrzunehmen glaubt, real? Auch wenn es schwierig ist, die wirklichen Absichten ihres Vorgesetzten zu ergründen, ist Maguys Wahn nicht aus dem Nichts entstanden, und das verstörende Klima gab es tatsächlich, auch wenn Maguy es aller Wahrscheinlichkeit nach übertrieben stark empfunden hat.

Ob zu Recht oder zu Unrecht, jedenfalls fühlte sie sich so bedroht, dass ihr seelisches Gleichgewicht ins Wanken geriet; war das, was ihr zugestoßen ist, so destabilisierend, dass sie in eine Psychose fiel. Hätte sie auch dann Wahnvorstellungen entwickelt, wenn ihre berufliche Situation stabil geblieben wäre? Wohl kaum. Die berufliche Unsicherheit ist zweifellos ein sehr beängstigender Faktor, auch wenn sie nicht der Ursprung der Störung sein kann.

Mit Hilfe von Medikamenten verschwinden Maguys Symptome schnell wieder, aber die Vorstellung, ihre Arbeit wieder aufnehmen zu müssen, ängstigt sie. Auf einen inneren Impuls hin reicht sie schließlich ihre Kündigung ein und ist erleichtert. Allerdings muss sie die Kündigungsfrist einhalten, und sobald sie wieder mit dem Unternehmen in Kontakt kommt, beginnen die Wahnvorstellungen erneut und schlimmer denn je. Ich kann sie überreden, sich bis zum Ablauf ihrer Kündigungsfrist krankschreiben zu lassen. Zu Hause findet sie ihre Vitalität wieder. Einige Wochen später beginnt sie eine Fortbildung, die sie mit Begeisterung absolviert, und im Monat darauf erhält sie eine neue Arbeitsstelle.

Mit einigen Monaten Abstand hat Maguy keine Behandlung mehr nötig und leidet nicht mehr an Wahnvorstellungen. Weitaus überraschender ist, dass kurze Zeit später Lisa, eine von Maguys Kolleginnen und Buchhalterin wie sie, in eine ähnliche Situation gerät, aber scheinbar «normaler» reagiert: Sie versucht sich anzupassen und lässt sich alles gefallen. Selbst als die Böswilligkeit immer ostentativer wird, hält sie durch, zumindest äußerlich, entwickelt allerdings eine beachtliche Palette psychosomatischer Störungen. Am Ende wird sie entlassen und verfällt in Depressionen, ohne es sich einzugestehen. Ihr Allgemeinarzt verordnet ihr verschiedene Medikamente, die ohne Wirkung bleiben, und verschreibt ihr schließlich aus Hilflosigkeit Antidepressiva, die sie nicht verträgt. Eine Psychotherapie weist sie ebenfalls von sich, weil sie ja, wie sie sagt, nicht verrückt ist.

Lisa ist seither krankgeschrieben und arbeitslos, im Übrigen sucht sie gar nicht erst nach einer neuen Stelle, weil sie sich nicht kräftig genug fühlt.

Die Geschichten von Maguy und Lisa sind, abgesehen von der Tatsache, dass sie sich in demselben Unternehmen zugetragen haben, auch in anderer Hinsicht sehr lehrreich. Das Abgleiten in einen heftigen Wahn war für Maguy ein sehr probates Verteidigungsmittel, um sich einer «bösartigen» Arbeitsatmosphäre zu entziehen. In gewisser Weise brauchte sie diesen Wahn als Anstoß, um reagieren und sich schützen zu können.

Es ist verblüffend, dass der Zustand, den man einer Person vorwirft, im Grunde jener ist, in den man sie treibt. Wenn man zu jemandem sagt: «Du bist ja verrückt!» oder «Du bist paranoid», wird er tatsächlich verrückt oder paranoid.

Man darf das Abgleiten in den Wahnsinn nicht immer als Scheitern betrachten. Es kann auch ein wirksamer Schutz sein, den unsere Psyche erfindet, um durchzuhalten.

Für die Opfer seelischer Gewalt, ob sie sich nun auf ihre Empörung fixieren oder ein paranoisches Misstrauen entwickeln, gibt es keine Möglichkeit mehr, sich mit der Arbeitswelt, die sie ausgeschlossen hat, auszusöhnen. Im ersten Fall ist das Opfer wie gelähmt und kreist unaufhörlich um das traumatische Erlebnis, im zweiten Fall ist es wie erstarrt und ständig auf der Hut, um nicht angegriffen zu werden. Das Unternehmen hat diese Menschen, durch seine rigide Funktionsweise, ausgestoßen und in den Wahnsinn oder eine Krankheit getrieben. Nun ist es Aufgabe der Gesellschaft, sich über den Umweg der Krankenversicherung um die Opfer zu kümmern.

Seelische Gewalt ist, wie man sieht, ein spezieller Vorgang, der das Opfer nach und nach zu dem werden lässt, was man ihm vorwirft zu sein. Sagt man zu ihm: «Du bist eine Null!», verliert es alsbald seine Fähigkeiten und spürt, wie es tatsächlich eine Null wird. Behandelt man das Opfer, als sei es verrückt, wird es übertrieben misstrauisch, starr und prozesssüchtig. Worte haben eine ungeheure Macht, und werden sie eindringlich genug geäußert, können sie Verwandlungen herbeiführen.

IV.
Die Ursachen
seelischer Gewalt

Man könnte versucht sein zu glauben, dass seelische Gewalt nur eine einzige Ursache hat, und daraus den Schluss ziehen, dass es nur ein einziges Mittel dagegen gibt. Für eine angemessene Annäherung ist es jedoch notwendig, das Problem aus verschiedenen Blickwinkeln zu betrachten: dem psychologischen, indem man sich vor allem mit der Persönlichkeit und Geschichte der betroffenen Personen befasst, und dem organisatorischen, indem man hauptsächlich die Regeln des Managements analysiert. Sich einzig und allein auf die Persönlichkeit des Opfers zu konzentrieren, auf seine Schwächen und Fehler, und dabei den oder die Angreifer ganz außer Acht zu lassen, wäre der falsche Weg; dasselbe gilt für den Ansatz, der sich nur mit dem Angreifer beschäftigt und so tut, als sei die seelische Gewalt etwas, das nur seiner Person innewohne. Umgekehrt muss man sich aber auch vor der Behauptung hüten, dass keiner der Beteiligten die Verantwortung trage, weder die Opfer noch die Aggressoren, die ja selbst nur Opfer des Systems seien, dass alles Übel von einer abstrakten Macht herrühre: dem Kapitalismus oder der Globalisierung. Wollte man die Gewalt nur als eine Folge der Arbeitsorganisation betrachten, liefe man Gefahr, die Akteure reinzuwaschen. Daher sollte man sich einerseits davor hüten, im Übermaß zu psychologisieren, andererseits davor, die Menschen von jeder Schuld freizusprechen, indem man die (unmenschliche) Arbeitsstruktur für ihr Handeln verantwortlich macht.

Auch wenn die Gewalt an einem bestimmten Arbeitsplatz manchmal mit einer krank machenden Struktur zusammenhängt, hallt in ihr dennoch die Gewalt wider, die auf den unterschiedlichen hierarchischen Ebenen von Individuen geübt wird.

Es gibt zwar unbestritten perverse Systeme, die das Auftreten seelischer Gewalt begünstigen, aber diese Systeme im

Auge zu behalten sollte nicht daran hindern, auch die beteiligten Personen zu berücksichtigen. Auch wenn ein Unternehmen seine Beschäftigten am liebsten zu fügsamen Spielfiguren machen würde, so bleiben sie dennoch angreifbare Individuen, geprägt von ihrer Erziehung, ihrem sozialen Umfeld und ihren Traumata. Ein Fall von seelischer Gewalt kann nicht unabhängig von der Geschichte und der Gesinnung der Protagonisten erklärt werden, die ihre Weltsicht prägen, auch wenn diese persönlichen Elemente nur im beruflichen Zusammenhang betrachtet werden dürfen, der ihnen ihren Sinn verleiht. Die Art und Weise, wie jemand auf einen feindseligen Kontext reagiert, ist also abhängig von seiner persönlichen Geschichte, aber auch von der Geschichte der Firma, in der er arbeitet, der Gesellschaft, in der er lebt, und dem privaten Umfeld, den Mikrogesellschaften, die ihn umgeben. All diese bestimmenden Elemente sind miteinander verquickt, wobei dem einzelnen Menschen stets die Freiheit bleibt, zu agieren oder zu reagieren.

11. Begünstigende Zusammenhänge

Man kann die Meinung vertreten, dass seelische Gewalt in der menschlichen Natur liege und dass sie am Arbeitsplatz schon immer existiert habe, dennoch lassen sich hier gewisse Verrohungstendenzen nicht leugnen. Welche Gründe könnte es dafür geben? Sind es nicht die Veränderungen im beruflichen Umfeld, die derartige Verhaltensweisen begünstigen?

Es gibt zwar mit Sicherheit kein psychologisches Profil des typischen Opfers, dafür aber berufliche Zusammenhänge, in denen sich Prozesse seelischer Gewalt eher entfalten können als in anderen. Das sind nicht nur die Bereiche mit hohem Stresspegel und schlechter Organisation, sondern mehr noch jene, in denen undurchsichtige oder gar offen perverse Führungspraktiken zur Anwendung kommen, die von der Belegschaft gleichsam als unausgesprochene Aufforderung zu perversen Machenschaften aufgefasst werden können.

Die neue Arbeitsorganisation

Der Stellenwert des Stresses

Sämtliche Untersuchungen bestätigen, dass seelische Gewalt eher in Bereichen entsteht, deren Mitarbeiter besonderen Belastungen ausgesetzt sind. Ich möchte mich hier nicht allzu ausführlich über die negativen Folgen von Stress verbreiten, da es erstens ohnehin zahlreiche fundierte Abhandlungen darüber gibt und zweitens der Stress zwar die Psyche belastet und oft sehr schmerzhaft empfunden wird, aber noch keine seelische Gewalt darstellt, sondern ihr lediglich den Boden bereitet. Was vor allem seelische Gewalt hervorbringt, ist nicht etwa ein Zuviel an Arbeit – schließlich wird auch in Abteilungen, in denen die Leute unterbeschäftigt sind, seelische Gewalt geübt –, sondern ein Fehlen interner Richtlinien für den Umgang miteinander sowie für die Methoden des Managements; alles scheint erlaubt zu sein, die Machtbefugnisse der Chefs sind ebenso grenzenlos wie ihre Ansprüche an die Untergebenen.

Christoph ist Jurist in einem Berufsverband. Seine Vorgesetzte weiß zwar, dass er überarbeitet ist, weil er bis spät abends im Büro bleibt und sich manchmal Akten mit nach Hause nimmt, um auch am Wochenende noch zu arbeiten, verweigert ihm aber dennoch den Gehilfen, den er seit einem Jahr vergeblich fordert.

Er erträgt seinen Stress umso weniger, als er weiß – und alle anderen wissen es auch –, dass in der Abteilung nebenan manche Kollegen morgens zu spät kommen, Besprechungen vortäuschen und während ihrer Bürostunden zum Friseur gehen.

Die Umstellung auf die 35-Stunden-Woche in manchen Branchen hat mit Sicherheit dazu beigetragen, dass die Arbeit intensiver geworden ist. Die Beschäftigten müssen in immer kürzerer Zeit immer mehr produzieren. Alles muss immer schneller gehen, damit die reguläre Arbeitszeit auch wirklich optimal genutzt wird und auf keinen Fall Leerläufe entstehen: Die Arbeitsrhythmen sind vorgegeben, die Pausen werden möglichst knapp bemessen, die Kommunikation zwischen den Arbeitnehmern wird auf das absolute Minimum reduziert. Die rasante Entwicklung neuer Technologien verpflichtet die Arbeitnehmer, sich beständig auf dem Laufenden zu halten, damit sie vielseitig einsetzbar sind. Sie müssen sich schnell auf neue Verfahren einzustellen wissen, die oft jeder Logik entbehren, auf Umstrukturierungen und endlose Hausmitteilungen. Nur die angestrebten Ziele zählen. Sie gilt es um jeden Preis einzuhalten. Wer nicht Schritt hält, gilt als unzeitgemäß.

Man hetzt die Arbeitnehmer und lässt ihnen keine Zeit

mehr, ihre Tätigkeit zu überdenken, geschweige denn, über sie zu sprechen. In einer Berufswelt, in der ständig oberste Dringlichkeitsstufe herrscht, hat niemand mehr Zeit, dem anderen zuzuhören. Wer permanent unter Druck steht, gehetzt oder schlecht behandelt wird, der vergisst den anderen, hat keine Zeit mehr, ihm Mitgefühl entgegenzubringen, ihm, im wahrsten Sinne des Wortes, «zu begegnen». Es gibt zwar noch Kontakte, aber keinen Austausch, keine Momente mehr, die man teilen kann. Wer seine eigenen Bedürfnisse und die des Körpers in diesem Maße verleugnet, ist schwerlich noch imstande, sich eines anderen Menschen anzunehmen. Er nimmt das Leid um sich herum überhaupt nicht erst wahr, und wenn doch, lässt er sich nicht davon aufhalten, weil dies ja dazu führen könnte, dass er die Zielsetzungen aus den Augen verliert.

Natürlich nehmen die überlasteten Angestellten an Seminaren teil, in denen sie lernen, den Stress besser zu bewältigen oder sich ihre Zeit optimal einzuteilen; doch bringt man ihnen dort lediglich bei, die Grenzen ihrer Belastbarkeit noch weiter auszudehnen, damit sie ihre Pflichten noch effizienter, noch schneller erledigen können. Man lehrt sie, an sich selbst zu arbeiten, um den narzisstischen Angriffen am Arbeitsplatz besser gewachsen zu sein, denn neben der beruflichen Kompetenz verlangt man von den Beschäftigten mittlerweile auch eine besondere Belastbarkeit, damit sie den Unsicherheiten, Ablehnungen und Enttäuschungen, die man ihnen nicht zu ersparen gedenkt, besser standhalten. Verliert ein Arbeitnehmer seine Motivation, forscht man nicht etwa nach den Ursachen, sondern lehnt ihn schlicht als nicht-konform, als nicht genügend durchsetzungsfähig ab. So wird deutlich, dass der Nutzen von Stressbewältigungsseminaren, deren Ziel es ist, die Menschen noch leistungsstärker zu machen, in erster Linie bei den Unternehmen liegt, die sich vor allem dickfellige Angestellte wünschen. Um sich ihrer Belastbarkeit zu vergewissern, testet man sie bereits während des Vorstellungsgesprächs. Ab einem bestimmten hierarchischen Niveau rekrutiert man die Leute weniger nach ihrer Kompetenz als nach ihrer Fähigkeit, (theoretisch) alles auszuhalten.

Diese Arbeitsmethoden machen aus Menschen Maschinen. Einige Führungskräfte, die zu mir in die Praxis kommen, suchen mich lieber morgens, vor ihrer Arbeit auf, weil sie abends eine Weile brauchen, bis sie sich so weit entspannt haben, dass sie über ihre Gefühle sprechen können. Sie kommen mit verspannten Muskeln und verkrampftem Kiefer und haben nichts anderes als Fakten im Kopf. Ich muss sie ganz behutsam aus der Reserve locken – «Ist ja gut, hier riskieren Sie nichts, Sie können sich entspannen!» –, damit sie ihren Körper wieder mitsprechen lassen können. Es ist, als hätten sie sich einen dicken Panzer zugelegt, der sich kaum mehr abwerfen lässt.

Man verlangt von den Arbeitnehmern ein hohes Maß an Leistung, Motivation, Interesse und zudem die Bereitschaft, mehr zu tun als im Vertrag vorgesehen – was aber bietet man ihnen als Gegenleistung? Sicherheit etwa? Gute Arbeitsbedingungen, in denen sie sich optimal entfalten können?

Trotz des wirtschaftlichen Aufschwungs bleibt die Unsicherheit bestehen. Die einzige Gewissheit eines Arbeitnehmers ist heutzutage die, dass er ungeachtet seiner hierarchischen Position seine Stellung verliert, sobald er nicht mehr ausreichend Leistung erbringt oder sich nicht mehr konform verhält. Die Firmenleitung will von menschlicher Schwäche oder Angeschlagenheit nichts hören: «Wir wollen nur die Besten, die Brillantesten!», aber was wird dann aus all den anderen, den Mittelmäßigen, weniger Klugen? Oder aus den Besten, sollten sie in ein Formtief geraten? Um den Risikofaktor, den die menschliche Schwäche darstellt, so niedrig wie möglich zu halten, haben sich die Unternehmen Instrumente beschafft, mit deren Hilfe sie ihre Arbeitnehmer testen. Um die «einsatzfähigsten» selektieren zu können, hat man scheinbar wissenschaftliche Testmethoden erfunden, die der Emotion, Intuition oder Subjektivität keinerlei Spielraum lassen. Dies führt dazu, dass alle ständig auf der Hut sind: Wenn ich ein Formtief oder eine vorübergehende Schwächephase habe, wenn ich mich trotz zahlreicher Schulungen nicht unter den Besten halten kann, bin ich geliefert, werde ich aussortiert. Fügt man dieser permanenten Anspannung noch die sich schnell ändernden Methoden und Ziele hinzu sowie die zahlreichen Fusionen und Umstrukturierungen, wird man verstehen, dass manche Arbeitnehmer die Arme sinken lassen und die Motivation verlieren.

Absurderweise sind die Firmenchefs zwar im Bereich Marketing durchaus bereit, den psychologischen Faktor zu beachten (zum Beispiel, wenn es um das irrationale Verhalten der Verbraucher geht), weigern sich aber beharrlich, auf die Psyche ihrer Arbeitnehmer einzugehen. Sie wollen sie leistungsstark, verantwortungsbewusst, mit tadellosem Lebenslauf. Der «psychologische Faktor» wird als störend empfunden.

Aber auch Menschen können ihre Pannen haben, krank werden, und selten drücken ihnen die Unternehmen in diesem Fall ihre Dankbarkeit aus für die Leistungen, die sie vor ihrer «Panne» erbracht haben, weil sie nicht einsehen können, dass Menschen ihre Schwachpunkte haben. In der Arbeitswelt ist man entweder in Höchstform oder krank. Dazwischen gibt es nichts.

Dennoch scheuen motivierte Arbeitnehmer keinen Stress, wenn ihnen ihre Aufgabe sinnvoll erscheint und ihre Leistung anerkannt wird. Der Fehler, den viele Unternehmen machen, besteht darin, ihre Arbeitnehmer zu demotivieren, indem sie ihnen nicht die menschlichen und materiellen Mittel (hierzu zählt auch die entsprechende Vergütung ihrer Leistungen) zur Verfügung stellen, die sie zur Erfüllung ihrer Aufgaben benötigen.

Natürlich darf man sich nicht einbilden, dass sich Stress völlig abstellen ließe, aber immerhin könnte man Warnsignale einrichten, um zu vermeiden, dass er zerstörerisch wird, und für Barrieren sorgen, die das Abrutschen in die Perversion verhindern.

Die mangelhafte Kommunikation

Auch wenn die Kunst der Kommunikation zu den in Managerseminaren am häufigsten angebotenen Kursprogrammen gehört, scheinen die Menschen immer weniger miteinander zu reden. Eine Langzeitstudie des INSEE (französisches Institut für Statistik und Wirtschaftsstudien), von 1983 bis 1997, die sich mit der Kommunikation am Arbeitsplatz und der nachbarschaftlichen Geselligkeit befasste, hat ergeben, dass echte Begegnungen immer seltener werden:

«Binnen 15 Jahren hat sich die Anzahl der Arbeitnehmer, die einmal pro Woche ein außerberufliches Gespräch (Kino, Politik, Sport ...) mit einem Kollegen führen, um 12 Prozent verringert.» [1]

In der Unternehmenswelt hat sich zweifellos ein Kommunikationswandel vollzogen, der unmerklich auch die Beziehung der Beschäftigten zueinander verändert hat: Sowohl im verbalen Austausch wie in den E-Mails spricht man schnell, kommt sofort zum Wesentlichen, schränkt Höflichkeitsfloskeln ein, nimmt sich keine Zeit mehr für ein richtiges Gespräch. Man hinterlässt eine Arbeitsanweisung, schickt ein Memo. Andererseits sind unter dem Einfluss der neuen Technologien Formulierungen entstanden, die sich vom allgemeinen Sprachgebrauch erheblich unterscheiden. Man muss den «Jargon» beherrschen, sich einer kodierten Sprache bedienen, die Nicht-Eingeweihte ausschließt. Diese pseudo-gebildete Sprache gehört in die Domäne des Neuen Markts, der wie ein Clan funktioniert. Sie gilt aber auch im

---

[1] Studie, die im März 1998 erschienen ist; vgl. *Le Monde*, 24. Dezember 1999.

Bereich des Managements, wo man, statt eine menschliche, vernünftige Sprache zu benutzen, Beurteilungsskalen einführt, anhand deren man die Arbeitnehmer besser bewerten zu können meint, Bezugskriterien, um ihnen zu sagen, wie sie ihre Aufgabe auszuführen haben. Angeblich gewährleisten diese neuen Methoden eine höhere Effizienz, allerdings sind sie machtlos, was die Verbesserung der zwischenmenschlichen Beziehungen anbelangt.

Zwar hat man auf Führungsebene versucht, diesem Beziehungsdefizit mit Hilfe von Kommunikationstechniken entgegenzuwirken («um Ihre Untergebenen zu motivieren, müssen Sie dies tun, um Konflikte zu regeln, jenes ...»), doch sind all diese Verfahrensweisen streng codiert. Für zahlreiche junge Führungskräfte, die man aufgrund ihres Universitätsabschlusses oder ihrer fachlichen Kompetenz und nicht wegen ihrer menschlichen Qualitäten eingestellt hat, ersetzen Beziehungstechniken und Bewertungskriterien die Mitmenschlichkeit. Wie im medizinischen Bereich die vielen zusätzlichen Examina zuweilen dazu führen, dass Untersuchung und Befragung des Kranken zu kurz kommen, verschwindet mit den modernen Kommunikationstechniken das Zuhören, der Dialog und der Respekt vor dem anderen, kurzum alles, was uns dazu bringen könnte, unseren Standpunkt zu überdenken oder uns in Frage zu stellen.

In den Chefetagen selbst herrschen Kommunikationsprobleme, die sich über alle hierarchischen Ebenen hinweg fortsetzen. Ist die Struktur zu starr – dies ist vor allem dann der Fall, wenn die Funktionsweise zu zentralisiert, zu reglementiert ist –, dringen keine Neuigkeiten mehr nach außen durch. Auf diese Weise entsteht eine Kluft zwischen der Verwaltung, der Direktion und der Produktion eines Unternehmens.

Überdies wissen die Verantwortlichen viel zu oft weder, wie sie ihre Beschäftigten aufwerten, noch, wie sie sie ermutigen sollen. Im Gegenteil, gerade in den mittleren Positionen kursieren negative oder abwertende Botschaften wie zum Beispiel: «Wer sind Sie denn, dass Sie sich einbilden …?», «Sie sind gar nicht so blöd, könnten Sie …?»

Manchen Führungskräften fehlt der Mut, sich ihren Untergebenen zu stellen, mit ihnen zu sprechen, also erteilen sie ihnen stattdessen Befehle. Sie stellen sie vor vollendete Tatsachen, geben per Hausmitteilung ihre Anweisungen weiter oder während einer Besprechung, wenn sie keine Einwände zu befürchten haben. Anstatt das Problem aus der Welt zu schaffen, lässt man es entweder unausgesprochen, ergeht sich in Andeutungen oder erzwingt ohne jede Diskussion eine Lösung. Man sichert sich ab, indem man nur eingeschränkt Informationen nach unten weitergibt, denn auf diese Weise lassen sich unbemerkt Strategien und Bündnisse wechseln.

Viele Arbeitgeber machen den Fehler, Uneinigkeiten regeln zu wollen, ohne ihre eigentlichen Ursachen beim Namen zu nennen. Sie wollen um jeden Preis Konflikte vermeiden, während es weitaus gesünder wäre, das Übel an der Wurzel zu packen und zu benennen, was nicht in Ordnung ist. Was unausgesprochen bleibt, zieht allzu leicht Missverständnisse oder Manipulationen nach sich. In einer traditionellen, üblicherweise eher repressiven Struktur kommt es häufiger zu offenen Auseinandersetzungen, während unterschwellige Konflikte und seelische Gewalt eher in demokratisch, liberal geführten Betrieben zu finden sind, wo die Beschäftigten mit Verführungsstrategien an die Werte der Firmen gebunden werden.

Abgesehen von den Dialogen, die die Beschäftigten in Versammlungen und Fortbildungen zwangsweise führen, herrscht laut Aussage vieler Arbeitnehmer in den Betrieben im Allgemeinen ein Kommunikationsdefizit. Man sagt den Beschäftigten zwar, sie dürften sich jederzeit äußern oder Fragen stellen, aber wenn sie es dann tatsächlich tun, hört ihnen niemand zu, will keiner wissen, was sie zu sagen haben. Sie können sich nicht äußern, ohne Gefahr zu laufen, dass ihre Worte verdreht und gegen sie verwendet werden.

Viele sagen, sie seien misstrauisch gegenüber einer solch asymmetrischen Kommunikation: «Ich tue alles, um keinen Ärger zu bekommen, also bin ich lieber still!»

Die Arbeitnehmer lassen sich von dem üblichen doppelzüngigen Gerede der Betriebe nicht täuschen. Genau wie es Jean-Pierre Le Goff in seinem Buch *Les illusions du management*[2] beschreibt, können sie nicht umhin, die Kluft zwischen den Aussagen ihrer Direktion und der Realität zu erkennen, die sie tagtäglich erleben. Sie wissen, dass die schönen Worte ihrer Vorgesetzten oft dazu dienen, Lügen und opportunistische Strategien zu bemänteln. Während Slogans ausgegeben werden wie: «Unser Reichtum, das sind die Menschen, die wir beschäftigen!», gilt das wahre Interesse der Firmenchefs ausschließlich der Leistung ihrer Angestellten und dem Zugewinn, den sie erwirtschaften.

Überall gibt es neben der offiziellen Verlautbarung die impliziten Botschaften. Zum Beispiel ist jedem bewusst, dass es neben der offiziellen eine inoffizielle Arbeitszeit gibt, eine Art moralischen Vertrag mit der Firma. Diese Verpflichtung, mehr Einsatz zu bringen als vertraglich festgelegt, hintertreibt die Solidarität zwischen den Arbeitnehmern. Wer die von der Gruppe akzeptierten Regeln nicht beachtet, wird abgelehnt, hat Schuldgefühle und verlässt am Ende die Firma.

Die Äußerungen von manchen Leitern multinationaler Konzerne ergeben nicht mehr Sinn als die gebildet anmutenden Reden narzisstischer Perverser, deren Machenschaften ich in meinem letzten Buch geschildert habe. Ihnen ist nicht an Kommunikation gelegen, sie müssen im Gegenteil ein Verstehen verhindern, um die Strategien der Firma nicht preiszugeben. Trotzdem wollen sie so tief wie möglich zu den Sehnsüchten der Arbeitnehmer vordringen, um Einfluss auf ihr Tun und Denken zu nehmen. Sie bedienen sich leerer Phrasen, um sie in ihren Bann zu ziehen. Die Arbeitnehmer können weder verstehen, wovon die Rede ist, noch das Ge-

---

[2] Le Goff, J.-P., Les illusions du management, Paris 1996.

sagte auf seine Richtigkeit hin überprüfen, sie können nichts anderes tun, als sich fügen. Weigert sich einer, werden die Äußerungen zwingend, bedrohlich, erzeugen Angst und Unterwürfigkeit. Auch wenn derlei Verfahren nicht darauf abgestellt sind, jemanden zu vernichten, kommen sie den Praktiken seelischer Gewalt doch sehr nahe, denn immerhin dienen sie der Kontrolle und der Unterwerfung.

Da die Unternehmen, um ihre Strategien zu schützen, keine echten Fakten kundgeben, sondern mit Hilfe widersprüchlicher Botschaften einerseits ihre Arbeitnehmer zu manipulieren, andererseits die Aktionäre zu verführen suchen, sind die Arbeitnehmer gezwungen, bei jeder Mitteilung, die von der Firmenleitung an sie ergeht, zwischen den Zeilen zu lesen. Um in einem großen Konzern oder einer Behörde voranzukommen, muss man den doppelten Diskurs und die subtilen Signale entschlüsseln können, damit man eventuelle Richtungswechsel des Unternehmens oder der Behörde schon im Voraus erahnt.

Neben den offiziellen gibt es die offiziösen Informationen; die Gerüchteküche brodelt. Wem soll man glauben? Die Losungen führen in die Irre, täuschen insbesondere jene «Naiven», die sich ausschließlich an den Wortlaut der Botschaften klammern. Folglich geraten vor allem die Gutgläubigen, allzu Ehrlichen – die immer sagen, was sie auf dem Herzen haben, und tun, was man von ihnen erwartet – in die Gefahr, seelischer Gewalt zum Opfer zu fallen.

Wenn die Arbeitnehmer Manipulationen schutzlos ausgeliefert sind, hat ein perverses Individuum, das seine Belange mit seelischer Gewalt durchsetzen will, leichtes Spiel.

Die Formatierung

Obwohl unsere Gesellschaft sich immer individualistischer gibt, treten paradoxerweise in der Arbeitswelt die individuellen Werte immer weiter in den Hintergrund.

Wer in eine Firma kommt, muss deren Kultur, das heißt

ihre Werte, Normen und Denkweisen akzeptieren. Schon während der Vorstellungsgespräche werden die konformen Bewerber selektiert. Es besteht ein großer Unterschied zwischen dem Anforderungsprofil, das in den Stellenangeboten gezeichnet wird, und der Realität am Arbeitsplatz. Während laut Annonce Eigeninitiative und originelles Denken gefragt sind, weiß das Unternehmen mit Andersartigkeit de facto wenig anzufangen. Um die Stelle zu bekommen, muss der Bewerber in bestimmte vorgefertigte Schablonen passen.

Entfernt sich der Arbeitnehmer im Laufe der Zeit allzu weit vom Idealprofil, bemüht man sich, ihn wieder auf den Pfad der Tugend zurückzuführen. Aber im Zuge von Veränderungen im Management und von Umstrukturierungen können sich auch die Bezugssysteme ändern, nach denen die Beschäftigten sich auszurichten haben. Will ein Arbeitnehmer darauf reagieren, muss er enorm anpassungsfähig sein. Gelingt ihm die Angleichung nicht, kann er ausgeschlossen werden, ohne dass er sich etwas hätte zuschulden kommen lassen.

Die Autonomie der Arbeitnehmer hat sich in bestimmten Grenzen zu bewegen. Obwohl auch traditionelle Unternehmen nach kreativen Beschäftigten verlangen, fürchten sie in Wahrheit jeden neuen Gedanken und bevorzugen die geistige oder zumindest die «formale» Konformität. Trotz der Prognose von Experten, dass sich der Führungsstil ändern muss, ist generell festzustellen, dass die Firmenchefs, auch wenn sie das Gegenteil behaupten, die Unsicherheit und Unordnung von Neuerungen fürchten und sich ungern in Frage stellen.

Unsere Gesellschaft huldigt zwar den Unterschieden, doch die Firmenchefs suchen formatierte Individuen, die mit verschiedenen Abteilungen und verschiedenen Aufgaben kompatibel sind. Sie müssen vielseitig einsetzbar sein und sich überall anpassen können. Was man früher nur von den Angestellten in gehobenen Positionen verlangte, ist mittlerweile auf allen Ebenen erwünscht. Alle Vorgänge müssen standardisiert sein, alle Arbeitnehmer sich konform verhalten. Sie sollten nicht zu viele Fragen stellen, nicht zu viel nachdenken. Sie müssen einen Teil ihrer Persönlichkeit aufgeben. Alles, sogar die Kleidung, unterliegt einem gewissen Standard. Man sichert sich ab durch objektive, messbare Richtlinien, weil man den Menschen misstraut. Zwar akzeptiert man in Ausnahmefällen das Talent gewisser visionärer Chefs, aber in den untergebenen Positionen hat man die Menschen lieber fest im Griff, indem man sie den herrschenden Normen unterwirft.

Trotzdem sind Schablonen nicht das Leben selbst, sondern nur der Anschein von Leben. Die Illusion ist nicht von langer Dauer. Sobald ein Arbeitnehmer in Schwierigkeiten steckt, krank wird oder ausnahmsweise keine Höchstleistungen erbringt und wieder menschlich wirkt, muss er gehen. Wer alles normieren will, wird nicht auf seine Kosten kommen, da der Arbeitnehmer sich am Arbeitsplatz nicht entfalten kann. Die Folgen sind psychosomatische Störungen, Arbeitsunfälle und Absenzen. Und all diese Dinge bringen für das Unternehmen nicht unerhebliche Ausgaben mit sich.

Die Arbeitnehmer selbst möchten ein Ausscheiden aus der Gruppe vermeiden und sind bereit, sich selbst zu zensieren, unliebsame Meinungen für sich zu behalten. Sie wissen, dass ihre Chancen steigen, von den anderen akzeptiert zu werden, wenn ihre Gesinnung mit den Werten der Firma konform geht. Sie sind nicht nur darum bemüht, ihren Arbeitsplatz zu behalten, sie wollen auch der Gruppe angehören. Sie haben Angst, man könne sie *in flagranti* dabei ertappen, wie sie gegen die Werte ihrer Firma verstoßen, fürchten, die ganze Gruppe gegen sich aufzubringen.

Wer eine neue Stelle in einem Unternehmen antritt, lernt bald, sich jeder Kritik zu enthalten, denn nach der harten Probezeit ist man allzu glücklich, eine gewisse Stabilität gefunden zu haben. Wer sich dem Firmengeist nicht gänzlich angleicht, für den wird es beängstigend unangenehm, weil er

Gefahr läuft, ausgegrenzt zu werden. Man muss sich demnach mit einem Gedankensystem arrangieren, das nicht das eigene ist. Wer seine gesamte Energie in die Arbeit investiert, ist bereit, sich selbst zu verleugnen, um weiterhin dem kollektiven Diskurs anzuhängen und in der Gruppe zu bleiben. Auf diese Weise etabliert sich eine natürliche Auswahl geeichter Arbeitnehmer.

Man verlangt von den Mitarbeitern Initiative und Verantwortung, aber je selbständiger sie werden, desto bedrohlicher wirken sie auf ihre Vorgesetzten, die befürchten müssen, ihre Macht zu verlieren, und sich gegen die vermeintliche Konkurrenz zur Wehr setzen. In einem pyramidalen System schien die Position der Chefs gegenüber den Untergebenen klar geregelt zu sein. Wie aber soll man jemanden leiten, der selbständig ist? Um auf dieses Dilemma zu reagieren, hat man im Bereich Management ein Wundermittel nach dem anderen ausprobiert. Man braucht nur einmal in den Bahnhofs- oder Flughafenkiosken die Anzahl der Bücher oder Publikationen über Führungsmethoden zu zählen, dann wird man erkennen, wie groß die Hilflosigkeit der Führungskräfte gegenüber ihren Untergebenen sein muss und wie ausgeprägt ihre Angst vor dem Scheitern. Sie warten darauf, dass man sie auf Seminare schickt, die sie passiv über sich ergehen lassen und in denen man sie nicht etwa lehrt, Fragen zu stellen und Zweifel zuzulassen, sondern sie mit Techniken und Gewissheiten überschüttet.

Um in einem Unternehmen aufzusteigen, müsste man ein Chamäleon sein und seine äußere Erscheinung den wechselnden Zielsetzungen und Denkstrukturen des Unternehmens anpassen können. Aber ersetzen die Normen, die uns die Firmenwelt im Interesse der Allgemeinheit aufzwingt, nicht unsere Werte? Die Nivellierung der Persönlichkeit, wenn sie mit einem Mangel an Achtung vor anderen Menschen einhergeht, ist eine Form der Suggestion, die tagtäglich auf die Arbeitnehmer einwirkt und sie auf lange Sicht passiv werden lässt. Und gerade diese Passivität kann dazu führen, dass sie das destruktive Gebaren eines perversen Vorgesetzten unterstützen oder zumindest als schicksalhaft akzeptieren, anstatt es als untragbares Verhalten anzuprangern.

Das einzige Mittel, gegen diese fortgesetzte Formatierung anzukämpfen, besteht darin, sich seine geistige Freiheit und seinen kritischen Geist zu bewahren. Anstatt ihre Mitarbeiter um jeden Preis normieren zu wollen, täten die Unternehmen besser daran, ihre Verschiedenheit als Reichtum anzunehmen und zu schätzen, denn indem sie ihre Eigentümlichkeit ablehnen, vergeuden sie Kreativität und Talent.

Der Mangel an Anerkennung

Die Arbeit spielt in der Identitätsbildung eine zentrale Rolle, da man hier die eigenen Fähigkeiten unter Beweis stellen, Lebenspläne und Träume verwirklichen kann.

In diesem Sinne ist von wesentlicher Bedeutung, dass unsere berufliche Identität am Arbeitsplatz Bestätigung findet. Ein Mensch, der in den Augen der anderen überhaupt nicht existierte, müsste verkümmern und depressiv werden. Genau dies bewirkt im Übrigen auch seelische Gewalt, nämlich das symbolische Verschwinden einer Person. Wenn ein Arbeitnehmer das Gefühl hat, keine Anerkennung zu finden, ganz gleich, was er leistet, verliert er seine Motivation und hat kein Interesse mehr, sich in seinem Job zu engagieren.

In einem privatisierten Unternehmen streicht man nach Einführung der 35-Stunden-Woche den Direktionsassistentinnen die Überstunden, was nicht nur ihren Lohn erheblich kürzt, sondern zudem ihre Befugnisse und Aufgaben empfindlich beschneidet. Demotiviert, zu einfachen Aushilfssekretärinnen degradiert, beginnen einige von ihnen, die zuvor sehr loyal waren, jede Aufgabe abzulehnen, die nicht strikt in ihren Zuständigkeitsbereich fällt, aber zu einem angenehmen Arbeitsklima beitragen würde. Die Atmosphäre verschlechtert sich zusehends, und natürlich zieht man sie dafür zur Verantwortung. Einige

Führungskräfte können nicht verstehen, warum die Sekretärin-
nen nicht mehr so loyal sind, und versuchen, ihnen Fehler zu
unterstellen.

Wenn die Firmenleiter sich nur für den Zugewinn interessieren und die Arbeitnehmer ausschließlich unter dem Aspekt
ihrer fachlichen Kompetenz oder Nützlichkeit betrachten,
anstatt sie als menschliche Wesen wahrzunehmen, degradie-
ren sie Letztere zu simplen Bauern im Schachspiel, vermitteln ihnen das Gefühl, als gäbe es sie eigentlich gar nicht,
und dieses Gefühl kann entweder Resignation oder Revolte
auslösen.

Dieselbe Instrumentalisierung findet sich im Verhältnis
der Chefs zu ihren Angestellten, in dem es immer weniger
Austausch gibt. Die Mitarbeiter werden zu schlichten «Ressourcen», kaum noch menschlich. Untergebene sind zum
Geben da; man schuldet ihnen weder Dank, noch braucht
man sie zu loben oder ihnen Beachtung zu schenken. Abgesehen von ihrem praktischen Nutzen nimmt man sie überhaupt nicht wahr:

Und so wartet Marie, die in zehn Jahren nicht ein einziges Mal
krank war und die Anzahl ihrer Arbeitsstunden nie zu ihren
Gunsten ausgelegt hat, vergebens auf einen Anruf ihres Vorge-
setzten (mit dem sie seit sieben Jahren zusammengearbeitet
hat), nachdem sie ihn hat wissen lassen, dass sie aufgrund einer
Krebserkrankung im Krankenhaus liegt ...

Man fordert vom Arbeitnehmer großen Einsatz, erwartet
von ihm, sich persönlich einzubringen, sich zu engagieren,
alle Hebel in Bewegung zu setzen, lässt ihm aber für die geleistete Arbeit keinerlei Anerkennung zukommen. Lieber
leugnet man die Schwierigkeit der Aufgabe – «Sehen Sie zu,
wie Sie zurechtkommen, ich will davon nichts hören!» –
oder die Aufgabe selbst. So kommt es nicht selten vor, dass
ein Vorgesetzter einem Untergebenen ein Projekt entzieht,
für das dieser sich sehr engagiert hat, um ohne ein Wort der

Anerkennung einen anderen Mitarbeiter damit zu betrauen, oder dass ein Vorgesetzter sich die Bemühungen seines Angestellten aneignet, um sich damit zu profilieren.

«Als wäre es noch nicht schlimm genug, dass man mich nicht an den Besprechungen teilnehmen lässt, die mein Projekt betreffen, hält man es noch nicht einmal für nötig, mich über die Ergebnisse zu informieren.

Die Arbeit, die ich leiste, gehört nicht mir, sondern dem ‹Haus›, das sie nach Gutdünken ummodeln kann.»

Man weiß nicht mehr, wozu man arbeitet, weiß nicht mehr, wozu die eigene Arbeit gut sein soll, da sie einem entgleitet, sieht keinen Sinn mehr in dem, was man tut. Man fragt sich, welchen Nutzen die eigene Arbeit hat, welchen Nutzen man selber hat …

Nicht nur, dass es keine Anerkennung für die geleistete Arbeit gibt, der Arbeitnehmer wird nicht einmal als menschliches Wesen wahrgenommen. Wer zum Beispiel einen Tag frei nehmen will, weil ein Angehöriger verstorben ist, wartet zumeist vergebens auf Beileidsbekundungen. Wie soll man aber in einem System motiviert sein, das einen überhaupt nicht zur Kenntnis nimmt, in dem man nur eine unwichtige Spielfigur, eine Personalnummer ist? Tagtäglich müssen die Beschäftigten in ihrem beruflichen Umfeld, das sie eigentlich bestärken sollte, Verletzungen hinnehmen, die ihr Selbstvertrauen schwächen.

Wie viel Achtung in einem Unternehmen der persönlichen Würde entgegengebracht wird, ist von der Einstellung der Unternehmensleitung abhängig. Es gibt Firmen, in denen man versucht, die familiären, sozialen oder persönlichen Probleme der Mitarbeiter zu berücksichtigen, nur geschieht dies in einer so aufdringlichen Weise, dass die Arbeitnehmer befürchten, zu viel Privates preisgeben zu müssen.

Die Unternehmen können die menschliche Würde ihrer Beschäftigten nicht einfach ignorieren. Der große Anklang, den mein vorhergehendes Buch gefunden hat, sollte den

Führungskräften zur Warnung dienen, denn bei den meisten Streiks im Zusammenhang mit seelischer Gewalt forderten die Beschäftigten von ihren Arbeitgebern in erster Linie mehr Respekt.

Folgendes schreibt einer meiner Leser:

«Als der Ausdruck ‹menschliche Ressourcen› in Mode kam, empfand ich ihn als eine tiefe Demütigung, fühlte mich auf eine Stufe gesetzt mit den Energieressourcen wie der Kohle, dem Wasser aus Stauseen oder der Kernenergie. Gleichzeitig begann man die Zeit, die für eine Aufgabe benötigt wurde, in ‹Menschenstunden› oder ‹Menschentagen› auszudrücken. Und auch diese Begriffe habe ich als abwertend und menschenverachtend empfunden.

Vielleicht liege ich falsch, aber ich glaube, dass über der Kategorie ‹Mensch› das ‹Individuum› steht, dem man gewisse Qualitäten zuerkennt, und darüber noch die ‹Person›, der man Respekt schuldet.

Für mich lässt sich die Situation in vier Worte fassen: Person = Respekt, Ressourcen = Ausbeutung.»

Dabei hängt der Erfolg eines Unternehmens unmittelbar von der Sorge der Direktion um das Wohlergehen der Arbeitnehmer ab. Etliche Studien in amerikanischen Konzernen haben ergeben, dass die Aufmerksamkeit, die die Firma den Mitarbeitern zollt, weitaus mehr Einfluss auf die Erträge hat als die eigentlichen Arbeitsbedingungen. Der Wirtschaftsexperte Daniel Cohen, Verfasser des Buches *Nos temps modernes*,[3] bestätigt es uns: «Der Aktienwert eines Unternehmens wird zur Hälfte vom menschlichen Kapital, aus dem es besteht, und (nur) zur Hälfte vom eigentlichen Kapital bestimmt. Die Bedeutung des Faktors Mensch wird jedoch regelmäßig unterschätzt.»

Wenn der Arbeitsmarkt boomt und die Bewerber Ansprüche stellen, entdecken ihn zahlreiche Unternehmen neu und

[3] Cohen, D., Nos temps modernes, Paris 1999.

machen opportunistische Versuche, neue Mitarbeiter besser willkommen zu heißen, ihnen bessere Arbeitsbedingungen zu bieten oder ihnen die Organisation ihres Lebens zu erleichtern. Viele Führungskräfte haben eine extrem nüchterne, ja, zynische Auffassung von Menschenführung. Man lockt junge Hochschulabgänger mit Flitterkram, damit sie nicht merken, wie wenig Sinn man ihnen zu bieten hat. Man gaukelt ihnen ein globalisiertes Gesellschaftsmodell und falsches Wohlbefinden vor, verspricht ihnen virtuelles Glück, scheut sich aber nicht, sie ohne jeden Skrupel wieder zu entlassen, wenn sie einem nicht mehr genehm sind. Jedes Mittel ist recht, um junge Hochschulabgänger anzuwerben: komfortable Büros, beste Fortbildungsprogramme, Arbeitsstunden à la carte. Manche Unternehmen bieten gar noch Sonderleistungen an (Schnellreinigung, Medikamente, Hilfe beim Behördengang ...), damit ihre Angestellten keine wertvolle Zeit verlieren. Aber dass man sich nicht täusche – hier geht es nicht darum, die Arbeitnehmer glücklicher zu machen, sie sollen lediglich noch verfügbarer, leistungsstärker und auch abhängiger werden.

Diese Verführungsstrategien richten sich natürlich nur an hochqualifizierte Kräfte. Die anderen sind ohnehin austauschbar, sie braucht man nicht zu umgarnen; sie haben zu tun, was man von ihnen verlangt, und das ohne viel Aufhebens! Diese unterschiedliche Behandlungsweise vertieft natürlich die Kluft zwischen Arbeitnehmern, die ein Diplom vorweisen können, und weniger hoch qualifizierten Kräften, denen man das Gefühl vermittelt, nicht gebraucht zu werden.

Jeder weiß, wie lächerlich diese kleinen Aufmerksamkeiten sind: Was einen Arbeitnehmer dazu veranlasst, in einem Unternehmen zu bleiben, ist abgesehen von der guten Bezahlung das angenehme, anregende Arbeitsklima, in dem er sich entfalten kann und Anerkennung findet.

Im Laufe eines Kolloquiums an der CNAM mit dem Titel «Personenführung – Macht und Loyalität in Unternehmen», gelang es dem Redner, Absolvent einer renommierten Hochschule und Mitarbeiter einer großen Unternehmensberatung, nicht ein einziges Mal das Thema Loyalität anzusprechen. Er referierte ausführlich über die unterschiedlichen Führungsstile in traditionellen Unternehmen und in jenen des Neuen Markts sowie über die materiellen und finanziellen Vorteile (hauptsächlich die Aktienbeteiligungen), die die Arbeitnehmer angeblich bei der Stange hielten, vermied dabei jedoch geflissentlich die Begriffe Loyalität und Respekt.

Die Missachtung des anderen ist der erste Schritt zur seelischen Gewalt. Sie ist eine unbewusste Taktik, um auf die Arbeitnehmer Einfluss zu nehmen und sie abzuwerten.

Der Zynismus des Systems

Es gibt nicht nur kranke Individuen, sondern auch kranke Kollektive. Neben perversen Individuen und solchen, die sich perverser Verfahren bedienen, gibt es Firmenstrukturen, die in sich toxisch sein können. Man findet auf der Ebene der Unternehmen ähnliche Profile wie auf der Ebene der Personen. Manche Firmen kümmern sich nicht um den Schutz der Menschen, die sie beschäftigen, und lassen aus Gleichgültigkeit ein Klima entstehen, das seelische Gewalt fördert. Andere Unternehmen funktionieren zynisch und scheuen weder Manipulationen noch Lügen, um ihren Arbeitnehmern noch mehr Leistung abzufordern und auf diese Weise den Profit zu steigern. Wieder andere neigen zu perversen Machenschaften und sind jederzeit bereit, wenn es ihrem Weiterkommen dienlich ist, ihre Gegner, aber auch ihre Arbeitnehmer hinters Licht zu führen und zu vernichten.

Immer mehr Unternehmen lassen ein verderbliches Klima zu, in dem es schwierig ist, einen bestimmten Angreifer zu benennen. Man kann lediglich von einer unangenehmen Atmosphäre sprechen, einem toxischen Geist.

Die Untersuchungen, die bisher gemacht wurden, zeigen nicht eindeutig, ob seelische Gewalt durch gewisse Firmenstrukturen stärker begünstigt wird als durch andere. Man weiß aber: Je hierarchischer ein Unternehmen aufgebaut ist, desto größer die Abhängigkeit seiner Mitarbeiter und desto größer auch die Gefahr von seelischer Gewalt. Ebenso können gewisse Strategien, wie der systematische Abbau von Arbeitsplätzen, einen destruktiven Keim in sich tragen. Außerdem hat das Gerede der Manager über die alles rechtfertigende Rentabilität eine weitaus despotischere Wirkung als offen autoritäres Verhalten. Eindeutig erwiesen ist durch die bisherigen Umfragen hingegen, dass sich die Perversität eines Firmenleiters oder eines Mitglieds der Direktion auf sämtliche hierarchische Ebenen überträgt. Es kommt zu einer allgemeinen Verrohung der Umgangsformen, alle Schläge sind erlaubt. Weil es der Firmenleitung an moralischen Grundsätzen fehlt, wird die gesamte Struktur pervers.

Nicht das Ziel der Rentabilität an sich führt zur seelischen Gewalt, sondern die Mittel, mit deren Hilfe man dieses Ziel erreicht. Der Wille zu Macht und materiellem Erfolg ist eine unverzichtbare Zutat, damit seelische Gewalt entsteht. Allerdings begegnet man, wie bereits erwähnt, der größten Niedertracht oft in karitativen Einrichtungen, die nicht profitorientiert sind und von denen man daher nicht behaupten kann, ihr Hauptzweck sei der Zugewinn. Ein Unternehmen dagegen, das zwar klar und deutlich Rentabilität und Rendite als seine Ziele formuliert, dabei aber den Arbeitnehmern Respekt erweist, ist gegen seelische Gewalt gefeit.

Die Unternehmen, die ihre Schwächen mit allen Tricks zu vertuschen suchen, behandeln oft auch ihre Arbeitnehmer schlecht und betrachten sie als reine Mittel zum Zweck. Dieselben Unternehmen beschweren sich zynischerweise auch darüber, dass sie immer weniger talentierte, loyale Mitarbeiter finden. Als gäbe es eine Art natürliche Selektion, sitzen in den höchsten Etagen nicht selten besonders ausgekochte Individuen. Den Arbeitnehmern bleibt nichts anderes übrig, als sich zu fügen, wenn ihnen ihr Arbeitsplatz lieb ist.

Das Ablegen der Verantwortung

Ein weit verbreitetes Übel in unserer Gesellschaft besteht darin, dass niemand mehr für irgendetwas die Verantwortung übernehmen möchte und Mittel und Wege findet, sie auf andere abzuschieben, und dass jeder sich als Opfer inszeniert, auch wenn er keine besonderen Härten zu ertragen hat. Seit in den Unternehmen die verzweigte Hierarchie die Pyramidenstruktur weitgehend abgelöst hat, ist es einfach, die Verantwortung von sich zu weisen: «Das war ich nicht, das war der und der!» oder «So ist nun einmal das Gesetz des Marktes!» Aus diesem Grund wollen Geschäftsführer, die für spektakuläre Verluste verantwortlich sind, die Konsequenzen dafür nicht tragen, und ebendeshalb versuchen jene, die ihre Kollegen oder Untergebenen schikanieren, die Schuld auf andere oder auf das System zu schieben.

Nicht einmal die Entlassung eines Mitarbeiters will man selbst verantworten. Um sich eventuelle Gemütsregungen zu ersparen, beauftragen Firmenleiter Unternehmensberater, die möglichst abstrakt und distanziert berechnen sollen, wie viele Mitarbeiter die Firma mindestens benötigt. Ziel und Zweck dieser Maßnahme ist immer eine Streichung von Arbeitsplätzen. Natürlich fällt es leichter, jemanden für überflüssig zu erklären, den man nicht kennt, der nichts ist als ein simpler Spielstein auf dem Organisationsplan! Auf diese Weise können die Chefs so tun, als träfe sie keine Schuld, als würden Zahlen sie zu dieser Entscheidung zwingen.

Der Größenwahn der Firmenchefs

Hinter dem Ziel mancher Firmenchefs, um jeden Preis gegen die Konkurrenz zu bestehen, verbirgt sich ein erschreckender Größenwahn; die Sucht nach dem unmittelbaren, sichtbaren Erfolg lässt sie das längerfristige Interesse der Firma aus den Augen verlieren, das auch den Schutz der Arbeitnehmer beinhalten müsste. Nur der Stand der Aktien kann sie noch beflügeln.

Mit der Wirtschaftskrise ließen sich über zehn Jahre lang Lohnkürzungen und Personaleinsparungen rechtfertigen, konnten sämtliche Forderungen der Arbeitnehmer zum Schweigen gebracht werden. Mit einem gewissen Zynismus inszenieren sich die Leiter der multinationalen Konzerne als Herren der Welt, stellen sich gar noch über die politischen Machthaber und entfernen sich immer weiter vom kleinen Arbeiter an der Basis. Ihr vorrangiges Ziel besteht darin, immer größer und mächtiger zu werden. Um dieses Bestreben zu rechtfertigen, behaupten sie, dass sie von der Konkurrenz niedergewalzt und vom Markt verdrängt werden, wenn sie nicht als erste angreifen. Ist diese Angst wirklich begründet, oder entfalten sich hier nicht Paranoia und Größenwahn?

Der Kampf «auf Leben und Tod» zwischen konkurrierenden Firmen scheint eine neue Spielregel zu sein, die von allen Firmenchefs hingenommen wird. Andrew Grove, der Begründer von Intel, vertritt die Auffassung: «Je größer die Beute, desto zahlreicher die Raubtiere, die darauf lauern, sich Brocken für Brocken anzueignen, bis nichts mehr übrig ist. Ich glaube, dass zu den vorrangigsten Verantwortlichkeiten eines Firmenchefs gehört, sich beständig gegen diese Angriffe zu wehren und jedem seiner Untergebenen diese Verteidigungshaltung einzutrichtern.»[4] Vordergründig mag er von gesundem Misstrauen sprechen, aber eigentlich geht es ihm darum, den Gegner zur Strecke zu bringen. Für Andrew Grove gilt in der Arbeitswelt das Motto «Jeder ist sich selbst der Nächste». In Bezug auf die Arbeitnehmer meint er: «Wer kann versprechen, dass dieser Arbeitnehmer noch eine Stelle finden wird, und offen gesagt, wen kümmert es, abgesehen

[4] Grove, A., Seuls les paranoïaques survivent, Paris 1997.

von ihm selbst?» Dies ist wirklich der Zynismus der Allmächtigen!

Diese narzisstischen Chefs internationaler Großkonzerne beherrschen den Rest der Welt. Sie organisieren das Leben anderer, modellieren mit Hilfe der Werbung und der Medien die Wünsche und Bedürfnisse ihrer Mitmenschen, wissen angeblich, was gut für sie ist, und verfügen über Mittel und Wege, ihre Vorstellungen durchzusetzen. Wie Jean-Marie Messier[5] sagt: «Die Unternehmen können oftmals besser als die Politiker beurteilen, was den Verbrauchern nützt.» Weder Verbraucher noch Arbeitnehmer zählen als Individuen, und er setzt hinzu: «Der Markt entscheidet, indem er die Börsenkurse nach oben oder nach unten treibt.»

Um die Kosten zu reduzieren, entledigt man sich der Menschen genauso leicht, als würde man Aktien abstoßen. Anscheinend ist es einfacher, den einzelnen Menschen zu opfern, indem man ihn zur Ohnmacht verurteilt, als die Gesetze des Marktes in Frage zu stellen. In den multinationalen Konzernen rührt der Machtmissbrauch daher, dass ein Einzelner keinerlei Mittel hat, sich Gehör zu verschaffen. Man hält ihm übergeordnete Interessen und kurzfristige Ziele entgegen: die Aktienkurse, den Markt und so weiter.

Diese Verfahren werden sogar außerhalb des Unternehmens spürbar, für Kunden und Verbraucher, was natürlich beweist, dass damit nichts zu gewinnen ist.

Dieses erfolgreiche internationale Unternehmen verfügt über ein Netz aus hochmotivierten, begeisterten Wirtschaftsexperten. Doch unversehens wirken sie seltsam deprimiert, obwohl das Unternehmen weiterhin ausgezeichnete Resultate erzielt und unlängst neue Produkte auf den Markt gebracht hat. Sie scheinen ihren Schwung, ihren Enthusiasmus verloren zu haben und entschuldigen sich fast für ihren Beruf. Zwei Jahre später, als das Unternehmen immer noch

[5] Messier, J.-M., j6m. com., Paris 2000.

annehmbare Resultate erzielt, fassen dieselben Angestellten neuen Mut …

Was ist passiert? Eigentlich nur ein Personalwechsel innerhalb der Generaldirektion. Zwei Jahre zuvor hatte man, aus politischen und strategischen Gründen, einen Machtmenschen zum Generaldirektor ernannt, der sich weder für die Produkte noch für die Arbeitnehmer interessierte. Die Kunden wussten nichts davon, stellten jedoch an den Angestellten Veränderungen fest.
    Zwei Jahre später übernahm ein neuer Generaldirektor die Firma, mit humaneren Führungsmethoden, und die gesamte Belegschaft atmete auf.

Natürlich lässt sich dieser toxische Führungsstil äußerlich schwer vom normalen Stress unterscheiden, der sich aus dem Anspruch ergibt, die Produktivität steigern zu müssen. Aber der Hauptunterschied, den die Arbeitnehmer spüren, besteht in der Achtung beziehungsweise mangelnden Achtung der Direktion vor den Menschen. Sobald ein Unternehmen zulässt, dass sich in seinen Mauern Respektlosigkeit Bahn bricht, bereitet es der seelischen Gewalt den Boden.

Kommt es in einem gesunden Unternehmen zu einem Fehlverhalten, das in seelische Gewalt ausarten könnte, kann das Opfer sich zur Wehr setzen, indem es sich mit seinem Anliegen an einen Vorgesetzten wendet. Ich werde im letzten Kapitel noch auf die möglichen Präventivmaßnahmen zu sprechen kommen.

Die Perversität des Systems

Wenn Perversität darin besteht, die übelsten Eigenschaften eines Menschen zum Vorschein zu bringen, darf man zu Recht behaupten, dass es perverse Unternehmen gibt. Anstatt ihre Arbeitnehmer anzuspornen, damit sie in ihrem eigenen Interesse und dem der Firma ihr Bestes geben, schüren sie Rivalitäten und fördern unlautere Machenschaften. Sie gehen von der irrigen Meinung aus, dass sich Arbeitnehmer, die jedes Eigeninteresse ablegen, noch mehr für die Firma engagieren; außerdem sind einige Firmenchefs auf die Idee verfallen, dass es besser sei, die Arbeitnehmer so lange zu schikanieren, bis sie das Feld freiwillig räumen, anstatt Entlassungen auszusprechen, die ja stets die Gefahr kollektiver Aktionen bergen.

Daher werden nach Fusionen oder Umstrukturierungen Arbeitsplätze kurzerhand doppelt besetzt und die beiden Mitarbeiter mit Hilfe von Sticheleien oder übler Nachrede gegeneinander aufgehetzt. Sodann wird in aller Ruhe abgewartet, welcher von beiden zuerst Schwächen zeigt und Fehler begeht oder die Nerven verliert, krank wird und endlich die Kündigung einreicht. Man kann auch für Ärger sorgen, indem man einen Mitarbeiter die Anordnungen eines rangniedrigeren Kollegen befolgen lässt und dies mit dem Argument begründet, dass Letzterer schon länger in der Firma sei, oder indem man bei Beförderungen weder die Kompetenz noch die Dauer der Betriebszugehörigkeit berücksichtigt. Die Unsicherheit, die auf diese Weise entsteht, kann so manchen Beschäftigten zu unlauteren Machenschaften verleiten.

In einer vergifteten Unternehmenskultur herrschen heimliche, «perverse» Regeln: Die Macht der Chefs ist grenzenlos, die persönliche Würde wird mit Füßen getreten. Man bedient sich des doppelten Diskurses und paradoxer Botschaften, um die Arbeitnehmer besser beeinflussen zu können, und lügt, um illegale Praktiken zu verschleiern.

In manchen Unternehmen sind Zynismus, Lüge und Wortbrüchigkeit die Regel.

Francis arbeitet seit sieben Jahren in derselben Firma und genießt bereits einige Vorteile; seine Arbeit fordert ihn wenig, und so ist er begeistert, als man ihm anbietet, eine Filiale zu leiten. Seine erarbeiteten Vorteile darf er behalten, heißt es, und er soll mehr Lohn bekommen. Er hat sich auf seinem neuen Posten be-

reits gut eingearbeitet, aber die versprochene Lohnerhöhung
lässt auf sich warten. Man teilt ihm mit, dass diese Erhöhung
erst dann wirksam werde, wenn er jede Verbindung zum Mut-
terunternehmen abzubrechen bereit sei. Damit würde er aber
auch seine Vorteile einbüßen ...

Das sei aber nicht, was man ihm zugesichert habe, gibt er zu
bedenken, und erhält prompt die Antwort: «Dergleichen haben
wir nie gesagt!»

Man kann diese harmlosen Schwindeleien (zumindest für
den, der sie äußert) mit den Gewohnheitslügen mancher Politiker vergleichen. Was gesagt wird, hat keinerlei Bedeutung. Woran soll man sich bei all der Lügerei und Phrasen-
drescherei noch halten?

Die Banalisierung unmoralischer Verhaltensweisen hat
zur Folge, dass man eine von Zynismus und Häme geprägte
Gesinnung unterstützt. Wenn alle Welt sich so verhält, warum nicht auch ich? Man unterstellt dem anderen von vornherein, dass er seine Macht missbrauchen wird: «Der wird ja
doch nur lügen und manipulieren, da kann ich ebenso gut
damit anfangen!» Irgendwann gibt man es auf, die Moral
hochhalten zu wollen. Die eigenen ethischen Prinzipien beginnen zu bröckeln, sobald man glaubt, dass sich Machtmissbrauch, Manipulation, Korruption und mafiose Methoden kaum vermeiden lassen, und sind unwiderruflich verloren, wenn man diese Praktiken als normal akzeptiert.

Wenn ein Unternehmen nur das eigene, nicht das kollektive
Interesse verfolgt, ist dies so etwas wie eine unausgesprochene
Aufforderung an die Allgemeinheit, es genauso zu halten.

Die zahlreichen kleinen Kniffe und Schiebereien der Firmenleiter mögen unbedeutend erscheinen, können jedoch
den Arbeitnehmern suggerieren, dass alles möglich sei. Regelverstöße der einen Partei ziehen Regelverstöße der anderen nach sich.

Um ihre Forderungen durchzusetzen, haben im Juli 2000 die
entlassenen Arbeiter der Seidenspinnerei Cellatex in der Stadt

*Givet in den Ardennen 5000 Liter Säure in einen Bach gekippt,
der in die Meuse mündet. Diese Geste der Verzweiflung und
gleichsam der Selbstverstümmelung, zumal die Täter in Fabrik-
nähe wohnten, war kein Zufall. Sie entsprach vielmehr den Gepflogenheiten des Unternehmens, das sich rücksichtslos über
die Umweltbestimmungen hinwegsetzte und hochgiftige Sub-
stanzen in die Luft und ins Wasser entließ.*

Es nimmt nicht wunder, dass man in einem solchen Unternehmen auch auf Korruption, seelische Gewalt und Lügen
stößt, entspringen diese Laster doch derselben Laxheit, demselben Mangel an moralischen Prinzipien.

*Dank der Aussagen eines Angestellten der Firma Mitsubishi ha-
ben wir unlängst erfahren, dass das Unternehmen über dreißig
Jahre lang bei Hunderttausenden seiner Autos Fabrikations-
mängel vertuscht hat, von denen einige zu Unfällen führten.
Man hatte sogar eigens eine Software entworfen, um die Existenz der fehlerhaften Wagen zu vertuschen. Die Firma wird ein
beträchtliches Bußgeld zahlen müssen, zumal sie mit diesen
Machenschaften gegen das Gesetz verstoßen hat. Fraglich
bleibt, ob diese Strafe an der grundlegenden Einstellung der Firma etwas ändern wird, die ja bereits mit Fällen von sexueller
Belästigung und Korruption für Schlagzeilen sorgte.*[6]

In einem perversen Kontext wie diesem kommt es nicht selten vor, dass man Neuankömmlinge unter Druck setzt, damit sie sich den allgemeinen Regeln beugen, selbst wenn diese gegen herrschende Gesetze verstoßen sollten. Entweder
sie sind einverstanden und schließen sich aus Zynismus oder
Angst den allgemeinen Gepflogenheiten an, oder sie weigern
sich und legen damit einen gleichsam heroischen Widerstand an den Tag, da sie ja Gefahr laufen, kaltgestellt oder
schikaniert zu werden. Dennoch werden Verhaltensweisen,
die mit Gewalt oder Druck aufgezwungen werden, nicht

---

[6] Shimbun, Nihon Keizai, zitiert in *Courrier international*, Nr. 514, 7. Sep-
tember 2000.

grundsätzlich akzeptiert. Die Arbeitnehmer fügen sich nur, weil sie keine andere Wahl haben, verabschieden sich allerdings bei der ersten Gelegenheit, die sich ihnen bietet. Wenn man sich das Schweigen oder die Fügsamkeit der Menschen erkauft, kann man sicher sein, dass derlei Praktiken auf einer niedrigeren Stufe der Hierarchie ihre Schatten werfen. Manipulation erzeugt Manipulation. Da vor solch einem Hintergrund kein Vertrauen möglich ist, muss man jederzeit damit rechnen, verraten oder sabotiert zu werden.

Die Zerstörung der Person

Wer sich in der Geschäftswelt auf einem bestimmten Niveau bewegt, schwimmt unter Haien. Die Welt der Hochfinanz kennt keine Freundschaft. Konkurrenten werden nicht nur überholt, sie werden ausgelöscht. Im Übrigen ist das Vokabular der globalen Wirtschaft ausgesprochen gewalttätig und gleicht dem Wortschatz der narzisstischen Perversen: Es ist hier von «Raubtieren» die Rede, die eine «Hetzjagd» auf ein Konkurrenzunternehmen veranstalten, von Firmen, die man «ins Visier» nimmt und am Ende «erledigt», und so weiter.

Gerät ein Unternehmen ins Schleudern, kann es passieren, dass es von außen einen «Säuberer» anheuert, um nicht zu sagen einen Mörder. Dieser sorgt ungerührt für Ordnung: Fabrikschließungen, Abbau von Arbeitsplätzen.

Manchmal geht man dabei sehr brutal vor und kündigt die Maßnahme auch noch herausfordernd an, wie im Fernsehfilm *De gré ou de force* («Wohl oder Übel»), in dem ein sogenannter *cost-killer* sich an das «Aussortieren» all jener Beschäftigten macht, die angeblich nicht rentabel genug arbeiten.

Ein *cost-killer* hat die Aufgabe, in kürzester Zeit, außerhalb jedes Sozialplans, eine bestimmte Anzahl von Arbeitnehmern loszuwerden, anders ausgedrückt, den Firmen, die ihn zynischerweise engagiert haben, die Drecksarbeit abzunehmen. Dieser *cost-killer* bringt das gesamte System durcheinander, indem er jene Arbeitnehmer aussondert, die nicht mehr den heutigen Anforderungen entsprechen, um nach getaner Arbeit seine zerstörerischen Talente andernorts zum Einsatz zu bringen.

Das «gesäuberte» Unternehmen stellt daraufhin einen Geschäftsführer ein, den das Personal positiv bewertet, um Zusammenhalt und Motivation innerhalb der Firma wieder zu stärken. Indem die Firmenleitung wahlweise mit Angst- und Verführungsstrategien arbeitet, erreicht sie, dass die Arbeitnehmer sich ihr fügen.

Dies kann auch mit subtileren, aber gleichermaßen zynischeren Mitteln erreicht werden. Trug Noël Goutard, der ehemalige Chef der Firma Valeo, nicht den Spitznamen «Metzger von Montrouge»? Er vertrat eine darwinistische und zynische Firmenauffassung: «Es gibt Leute, die hier auf ihre Kosten kommen und versuchen, ihre Karriere voranzutreiben, und solche, die es zu nichts bringen und sich vor jeder Verantwortung drücken. Der Wettbewerb führt zu einer natürlichen Auslese. Da müssen Köpfe rollen.»[7]

Die Intervention eines «Säuberers», unabhängig von jeder Umstrukturierung, kann das unbewusste Bedürfnis einer ambivalenten Geschäftsführung sein, die sich, gemäß dem Grundsatz, dass man, um neues Leben zu ermöglichen, den Tod zulassen müsse, aller überflüssigen Triebe entledigt, bevor sie sich an die Umstrukturierung macht. Man zerstört, um für frisches Blut zu sorgen.

Es gilt, wachsam zu sein, denn jedes System, das sich nicht unter Kontrolle hat, läuft Gefahr, in die Perversität abzugleiten.

Die Entgleisungen, die der seelischen Gewalt den Boden bereiten, sind nicht schicksalsbedingt, und die Firmen können nur gewinnen, wenn sie ihren Führungsstil revidieren. Falls sie sich nicht freiwillig bereit erklären, der seelischen Gewalt vorzubeugen, muss man sie dazu zwingen.

[7] *Le Monde*, 31. Mai 2000.

Eine Firma kann ohne die Männer und Frauen, aus denen sie sich zusammensetzt, nicht funktionieren. Es gibt Unternehmen, in denen der Respekt vor den Arbeitnehmern und das offene Ohr für ihre Belange einen hohen Stellenwert einnehmen und die sich trotz des Stresses und des Drucks vonseiten des Marktes um gesunde Strukturen bemühen. Sie wirtschaften dabei nicht schlechter als andere.

Warum eine narzisstische Gesellschaft seelische Gewalt fördert

Wenn sich perverse Verhaltensweisen in unseren Unternehmen bemerkbar machen, dann nur, weil sich die Werte in unserer Gesellschaft verschoben haben. Oder ist es umgekehrt? Vielleicht hat der wirtschaftliche Zynismus, der mit der Globalisierung einhergeht, die Werte in unserer Gesellschaft verschoben? Wie dem auch sei, man kann jedenfalls keine Kritik der Führungsmethoden vornehmen, ohne diese in einem gesellschaftlichen Kontext zu betrachten.

Es lässt sich nicht bestreiten, dass wir uns in einer narzisstischen Gesellschaft bewegen, die uns zum Egokult einlädt. Man muss es zu etwas bringen im Leben, reich werden und mächtig, und seine Errungenschaften auch allen zeigen. Längst haben die Chefs multinationaler Konzerne die gekrönten Häupter von den Titelblättern unserer Illustrierten verdrängt. In der heutigen Gesellschaft zählen vor allem das Image, die äußere Erscheinung eines Menschen, weniger seine inneren Werte.

Die Medien, ganz besonders das Fernsehen, fördern diese Einstellung. Kompetenz ist uns nur dann von Nutzen, wenn wir zudem einigermaßen medienwirksam sind, also dem gängigen Schönheitsbild entsprechen und uns gewandt und ungezwungen vor der Kamera zu bewegen wissen. Zum Beispiel genügt es nicht, einfach nur ein anständiger Wissenschaftler oder ein seriöser Firmenchef zu sein, man muss sich auch präsentieren und gut verkaufen können.

In unserer Gesellschaft, die immer oberflächlicher wird, zählen ausschließlich Geld, Erfolg und ein makelloser Lebenslauf, der steil nach oben führt. Alle Menschen, ob im beruflichen oder im persönlichen Bereich, haben eine panische Angst davor, nicht mehr mithalten zu können. Nur der schöne Schein zählt, und wer nicht mehr der Beste sein kann, muss vor sich selbst und den anderen eben so tun, als sei er es noch. Man muss auf Nummer sicher gehen. Um es mit den Worten von Alain Ehrenberg zu sagen: «Wir sind allesamt Gefangene einer Leistungsgesellschaft.»[8] Wer deren Soll nicht erfüllt, muss wenigstens den Schein wahren, die anderen nötigenfalls beschwindeln.

Wir haben gelernt, dieses System zu akzeptieren, auch wenn es uns an den Abgrund führt. In einer Gesellschaft, in der die Lüge regiert, lernt jeder, sich so gut es geht in der täglichen Heuchelei einzurichten. Mit der Zeit wird sie zur Norm. Dann hat niemand mehr ein schlechtes Gewissen, wenn er das eine sagt und das andere tut oder sein Wort nicht hält, zumal ja den maßgeblichen Personen, also jenen, die der Jugend als Vorbilder dienen sollten, die Lügen gar so leicht von der Zunge zu gehen scheinen.

Opfer von seelischer Gewalt haben ihre Illusionen über die Arbeitswelt und die Gesellschaft verloren. Und all diese vielen individuellen Enttäuschungen summieren sich und bewirken einen regelrechten Stimmungsumschwung: Bald wird zur Norm werden, dass jeder jedem misstraut, und eine Gesellschaft entstehen, in der jeder den anderen als potentiellen Feind betrachtet, der ihm seinen Platz abspenstig machen will.

Um der Gewalt Herr zu werden, muss man sie in ihrem Kontext betrachten. Eine gewalttätige und verächtliche Gesellschaft bringt gewalttätige und verächtliche Individuen

[8] Ehrenberg, A., La fatigue d'être soi, Paris 1998.

hervor. Damit die Gesellschaft sich verändern kann, muss sich jedes Individuum, das an ihr teilhat, in Frage stellen und bemühen, sich zu ändern.

12. Was sich zwischen den Personen abspielt

Ein Lob auf die Bewegung

Wenn man die seelische Gewalt mit dem Blick auf ihre Protagonisten studiert, darf man nicht dem Klischee verfallen, dass auf der einen Seite die bösen Peiniger und auf der anderen die gutartigen Opfer zu finden sind. Wir befassen uns mit den subtileren Schichten zwischenmenschlicher Beziehungen, wo nichts von vornherein feststeht und die Gesinnung des einen die des anderen beeinflussen kann. Ein und dieselbe Person kann sich in einem günstigen Umfeld sehr kompetent und charmant verhalten und inkompetent und unangenehm wirken, wenn die Umgebung ihr feindlich gesinnt ist. Jeder ist auf seine Weise verwundbar, nur wird dies bei Führungskräften eher toleriert als bei Untergebenen.

Wer glaubt, dass die Verfahren seelischer Gewalt, die im privaten Bereich zum Einsatz kommen, sich grundsätzlich von jenen im Berufsleben unterscheiden, liegt falsch. Keine Form der Gewalt ist rein privat, sobald sie in unserer Gesellschaft stattfindet. Nur ist in der Berufswelt die kollektive Komponente vorrangig, zumal die Protagonisten hier in ein hierarchisches System eingebunden sind, so dass auf diese Weise eine doppelte Viktimisierung stattfindet, zuerst durch den Peiniger, dann durch die Zeugen oder Vorgesetzten, die der Gewalt tatenlos zusehen.

Dennoch sind die einzelnen Etappen, die darauf abzielen, einen Menschen erst an die Wand zu drücken und dann zu vernichten, in allen Zusammenhängen gleich: Zunächst wird die Gewalt in homöopathischen Dosen verabreicht, um das Opfer, das sich ihr nicht entziehen kann, zu lähmen. Dann üben ein Einzelner oder eine Gruppe Macht auf das wehrlose Opfer aus. Es ist die erzwungene Asymmetrie, die die Gewalt ausmacht. In der Arbeitswelt ist ein Amtsmissbrauch eines Vorgesetzten oft schwer von seinen Vorrechten gegenüber den Untergebenen zu unterscheiden. Ein Abhängigkeitsverhältnis ist von Natur aus asymmetrisch, jedoch ist es gewissen Regeln unterworfen und darf sich eigentlich nur auf die zu erledigende Arbeit beziehen. Natürlich kann ein Vorgesetzter auch versucht sein, seine Machtposition auszunutzen oder einen Untergebenen nicht als gleichwertigen Menschen zu behandeln: «Der da steht unter mir, den brauche ich nicht zu respektieren!»

Seelische Gewalt ist eine subjektive Größe

Die Schwierigkeit, Situationen seelischer Gewalt zu analysieren und aufzulösen, ist auf die Tatsache zurückzuführen, dass die äußere Realität, wie Zeugen und Helfer sie wahrnehmen, nicht mit der psychischen Realität der Protagonisten übereinstimmt. Eine Situation gewinnt ihre Bedeutung erst über die subjektive Wahrnehmung der beteiligten Personen. Was von der gepeinigten Person als quälend empfunden wird, mit anderen Worten, die kränkende Wirkung einer Tat, steht vielleicht in keinem Verhältnis zu dem, was tatsächlich geschehen ist. Unser Empfinden hängt von unserer persönlichen Geschichte ab, von unserer Erziehung und von vergangenen Verletzungen. Die Persönlichkeit eines Menschen, die von seinem Charakter, aber auch von seiner Geschichte bestimmt wird, beeinflusst seine Reaktionen. Jemand kann uns mit seinem Verhalten zu Aggressionen reizen, die wir zwar nicht wahrhaben wollen, gegen die wir jedoch machtlos sind: «Ich kann ihn nicht ausstehen!», oder schlimmer noch: «Ich kann ihn nicht riechen!», was nicht unbedingt so bleiben muss; es besteht immer die Möglichkeit, dass wir unsere Haltung korrigieren. Wenn seelische Gewalt im Spiel ist, zeigt dies nur, dass sämtliche Anpassungsbemühungen gescheitert sind.

In Konfliktsituationen muss jeder der Protagonisten seinen Standpunkt und sein Interesse verteidigen. Wenn sie ihre Unstimmigkeiten offenlegen, könnte man meinen, dass sie von unterschiedlichen Dingen sprechen. Jeder hat gewaltige Vorurteile gegen den anderen, unterstellt ihm von Anfang an feindselige Handlungen, traut ihm nur selten Versöhnungsversuche zu. Jeder rechtfertigt sich, indem er den anderen als den Angreifer bezeichnet.

Übt ein Einzelner seelische Gewalt, glaubt er grundsätzlich, dass das Opfer es nicht anders verdient habe, während Letzteres, zumindest anfangs, keineswegs sicher ist, ob es die Gewalt, der es ausgesetzt ist, nicht selbst verschuldet hat.

Wie uns eine Begegnung dazu bringen kann,
uns zu ändern

Man kann die Realität nicht nur von einem relationalen oder nur von einem intrapsychischen Standpunkt aus betrachten, zumal zwischen äußerer und innerer Welt ein ständiger Austausch stattfindet, der unser Verhalten beeinflusst. Sobald ein Gegenüber uns missfällt, vollzieht sich in uns eine Veränderung, die der andere gleichsam körperlich spürt; er weiß seinen Eindruck aber noch nicht zu deuten, beziehungsweise kann ihn nicht in Worte fassen. Er beruht auf etwas Realem, Subtilem, das in der Luft liegt und sich ständig wandelt. Zwischen zwei Personen ist alles im Fluss, und doch genügt ein Nichts (der Flügelschlag eines Schmetterlings!), um dieses Fließen und mit ihm das Verhältnis selbst einzufrieren. Damit die Beziehung zweier Menschen funktionieren kann, ist ein Minimum an Flexibilität und Bewegung vonnöten. Manchmal ist es das berufliche Umfeld, das mit seiner Härte und seinem Stress das Verhältnis zweier Menschen zum Erstarren bringt und bewirkt, dass ihre Reaktionen zu einem festen Schema gerinnen. Umgekehrt ließe sich denken, dass eine aufmerksame Unternehmensleitung, indem sie dieser Erstarrung rechtzeitig entgegenwirkt, die Blockade lösen könnte.

Besagte Bewegung entsteht über die kleinen, nicht greifbaren Dinge, die «kleinen Wahrnehmungen», wie Leibniz sie genannt hat. Es gibt die Wahrnehmung des Ganzen und die der kleinen Dinge. Die seelische Gewalt findet, zumindest anfangs, im Bereich dieser kleinen Dinge statt, und genau aus diesem Grund ist sie juristisch auch so schwer nachweisbar. Zwar werden die aggressiven Signale von der Person, die sie betreffen, wahrgenommen, nicht aber von ihrer Umgebung, die infolgedessen auch nicht einschreitet.

In einem Artikel, der in der Zeitschrift *Chimères* erschienen ist, weiß José Gil diesen Gedanken sehr anschaulich auszudrücken: «Nehmen wir zum Beispiel ein Gesicht, ein lächelndes Gesicht. Dieses Lächeln soll freundschaftlich wirken, wir aber nehmen darin genau das Gegenteil wahr, nämlich eine abgrundtiefe Abneigung, ja, Feindseligkeit. Aber nur ein scharfer Blick erfasst die Kluft zwischen dem, was das Lächeln zu sagen vorgibt, und dem, was es tatsächlich sagt. Und damit wir diese Kluft entdecken, helfen uns die kleinen Wahrnehmungen: Es liegt in diesem Lächeln eine *kaum wahrnehmbare* Heuchelei.»[1]

Dasselbe gilt für die Worte: Dem Sinn nach sanfte, wohlwollende Worte können mit einer Aggressivität geladen sein, die nur von der Person wahrgenommen werden kann, für die die Worte bestimmt sind. Die Umgebung wird vielleicht gar nichts bemerken. Man spricht in diesem Fall von paradoxer Kommunikation, ein bestimmendes Element der perversen Kommunikation – ich habe sie im vorhergehenden Buch ausführlich behandelt.

Unglücklicherweise kann ein allzu aufreibendes oder ungesundes berufliches Umfeld diese kleinen Wahrnehmungen blockieren, sei es durch einen doppelten Druck, der die Beschäftigten schließlich regelrecht betäubt, sei es durch einen

---

[1] Gil, J., Les enjeux du sensible, in: *Chimères*, Nr. 39.

zu starren Arbeitsablauf, der sie einengt. Auf alle Fälle kann das feine Gespür im zwischenmenschlichen Bereich verkümmern, wenn die Menschen sich immer weniger begegnen. Die Verflüchtigung des Sinns ist eine Konstante im Berufsleben geworden.

Ein in dieser Weise veränderter Kontext, der sinnentleerte Situationen erzeugt, bereitet nicht selten der seelischen Gewalt den Boden. Hier ist eine Verwerfung entstanden, die einem perversen oder manipulierenden Individuum zum Durchbruch verhelfen kann.

Gibt es das typische Opfer?

Man hat mich schon oft gefragt, ob es denn ein psychologisches Profil gebe, das jemanden gleichsam zum Opfer prädestiniere. Ich möchte an dieser Stelle noch einmal wiederholen, dass jeder beliebige Mensch ein Opfer seelischer Gewalt werden kann. Dennoch behaupten sowohl die Aggressoren als auch die ungläubigen Zeugen weiterhin, dass diese Problematik ausschließlich überempfindliche Menschen betreffe oder solche mit bestimmten pathologischen Anlagen, sie wollen uns damit also glauben machen, dass es sozusagen die geborenen Opfer gebe.

Es gibt sie nicht, wohl aber berufliche Zusammenhänge, die der seelischen Gewalt Vorschub leisten, und bestimmte Situationen, in denen die Gefahr, dass jemand angegriffen wird, steigt.

Situationen, die seelischer Gewalt Vorschub leisten

Ein Arbeitnehmer läuft eher Gefahr, aufs Korn genommen zu werden, wenn er aufgrund dessen, was er ist oder zu sein scheint, einen Mitarbeiter oder das Gleichgewicht der Gruppe stört.

Die Untypischen Wie bereits im ersten Kapitel beschrieben, kann die Tatsache, dass die Verschiedenheit einer Person oder Gruppe nicht akzeptiert wird, seelischer Gewalt Vorschub leisten. Diese Ablehnung ist nahe verwandt mit der Diskriminierung und kann sich auf sichtbare Unterschiede wie das Geschlecht oder die Hautfarbe beziehen, wobei es meist die feinen, von anderen kaum wahrnehmbaren Unterschiede sind, die aggressive Reaktionen auslösen.

Nicole engagiert sich sehr in ihrem Beruf, der kommerzielle wie künstlerische Aspekte in sich vereint. Sie hat ganz unten angefangen und ihr Privatleben geopfert, um «den Durchbruch zu schaffen». Zum Glück hat sie eine Vorgesetzte, die sie respektiert und schätzt und mit der sie sich gut versteht. Als die Direktion jedoch beschließt, dem Marketing-Aspekt mehr Gewicht zu verleihen, ersetzt man diese Vorgesetzte durch Annie, eine knallharte Geschäftsfrau, die hervorragende Marketing-Ergebnisse erzielt.

Annie weist Nicole gleich zu Anfang darauf hin, dass ihre Arbeitsweise sich von Grund auf ändern muss, und schiebt all ihre Projekte auf.

Nicole weiß, dass sie den Erwartungen ihrer Vorgesetzten nicht entspricht. Ihre Art zu sprechen passt nicht so recht zu ihrer Stellung. Sie besitzt nicht den richtigen «Stil». Sie ist spontan und extravertiert, während Annie eher gehemmt durchs Leben geht. Sie weiß auch, dass ihre Schönheit und natürliche Eleganz Annie ein Dorn im Auge sind, weil diese sich nicht recht wohl fühlt in ihrer Haut.

Nicole wiederum möchte zu ihren Vorgesetzten aufblicken können und erwartet im Gegenzug, dass man sie schätzt. Annie hat aber für Nicole nichts übrig und informiert sie nicht einmal über die laufenden Projekte.

Nach und nach verliert Nicole ihr Selbstvertrauen. Sie ist nur noch bedrückt und kollabiert morgens mehrfach auf dem Weg zur Arbeit. Seit Annies Ankunft ist Nicole häufig schlechter Laune, und ihre Familie wird allmählich ungeduldig, weil sie kaum mehr ansprechbar ist. Als sich sogar Kollegen, mit denen Nicole sich immer gut verstanden hat, über sie beschweren, beschließt sie, sich versetzen zu lassen.

Die allzu Kompetenten, allzu Offensiven Manche Leute laufen Gefahr, mit ihrem Wesen einen Vorgesetzten oder Kollegen in den Schatten zu stellen. Die Versuchung kann daher groß sein, sie zurückzustufen oder von ihrem Posten zu verdrängen. Wie heißt es so schön: «Die Inkompetenz ist eine Bedrohung für uns selbst, die Kompetenz eine Bedrohung für die anderen.»[2]

Verantwortliche, die ihrer selbst nicht allzu sicher sind, meiden selbständige, starke Menschen, weil sie befürchten, dass gemessen an deren Stärke ihre eigene Schwäche zu sehr in den Vordergrund treten könnte.

Marita hat ein offenes, direktes, klares Wesen. Sie nimmt kein Blatt vor den Mund, was von ihren Vorgesetzten als Unverschämtheit aufgefasst wird. Sie hat keine Angst vor ihnen und wagt es oft als einzige, bei Besprechungen offen auszusprechen, was nicht klappt.

Als Entlassungen ins Haus stehen, beginnt einer ihrer Vorgesetzten, Marita jeden Tag verbal anzugreifen. Er isoliert sie, indem er sie in einem anderen Gebäude unterbringt und bei ihren Kollegen anklingen lässt, sie hätte Drückeberger «verpfiffen».

Später wird er zugeben, dass er Angst hatte, sie könne mit ihrer Überzeugungskraft ihre Kollegen gegen eine berufliche Umstellung aufbringen …

Leute, die sich nicht formatieren lassen Hier seien all jene genannt, die mit ihrem Wesen anecken, weil es aus dem Rahmen fällt, zum Beispiel die allzu ehrlichen, allzu gewissenhaften oder allzu dynamischen Arbeitnehmer. Häufig rechtfertigt man, was man ihnen antut, mit dem Vorwurf: «Sie sind eben zu idealistisch!»

Angeblich haben diese Menschen den Fehler, sich einer Gruppe oder Struktur nicht anpassen zu können. Ist dies denn wirklich ein Manko? Oder sträuben diese Menschen

---

[2] Amiel, P., Marchio, C., Projekt für den Wettbewerb Seita «Violence, réalité, obsession, fantasme».

sich nur dagegen, dass sie ihre Persönlichkeit aufgeben und genauso werden müssen wie die anderen?

Françoise ist die Tochter eines Firmenleiters. Nach einem chaotischen Studium landet sie eher zufällig im medizinisch-sozialen Bereich. Weil sie kompetent ist, überträgt man ihr mehr Verantwortung als auf ihrer hierarchischen Stufe üblich. In ihrer Abteilung ist sie die einzige Frau mittleren Alters; alle anderen sind entweder jünger und seit kurzem Eltern oder stehen unmittelbar vor dem Ruhestand. Weil sie gern effizient arbeitet, «schnell und gut», fühlt sie sich in dieser großen, ein wenig lethargischen Gruppe fehl am Platz. Die anderen empfinden dies genauso. Manche lehnen sie ab, andere haben Angst vor ihr oder beneiden sie.

Als ihre Vorgesetzte sich in einem wichtigen Schriftstück mehrere grobe Fehler leistet und Françoise sie darauf hinweist, wird sie als Unruhestifterin abgestempelt. Alle verschwören sich gegen sie und grenzen sie aus.

Wie man sieht, ist Françoise nicht geschickt genug, um sich wie ein Chamäleon in diese große Gruppe einzufügen. Ihre starke Persönlichkeit unterscheidet sie von den anderen. Offiziell ist sie eingestellt worden, um frischen Wind in die Station zu bringen, aber niemand hat die geringste Lust, sich in Bewegung zu setzen.

Menschen wie Françoise wissen ganz genau, dass ihre Stärke auch ihren Niedergang begründet.

Hier der Brief, den Lydie mir geschrieben hat:

«Ich wohne in einer Kleinstadt, in der alle ‹maßgeblichen› Leute in der Verwaltung oder Wirtschaft einander kennen. Möglicherweise ist mir der Ruf vorausgeeilt, einen eigenen Willen zu haben (worunter man hier freilich einen schlechten Charakter versteht). Das war auch schon bei früheren Versetzungen der Fall.

Ich bin sehr dafür, dass unsere Akademiker den Begriff ‹schlechter Charakter› neu definieren, und hätte folgende Vorschläge:

– jemand, der seinen Standpunkt verteidigt;

– *jemand, der sich zur Wehr setzt;*
– *jemand, der sich weigert, das böswillige Intrigenspiel der anderen mitzuspielen;*
– *jemand, der Lüge und Verleumdung nicht akzeptieren will;*
– *jemand, der keine Ungerechtigkeiten erträgt.*

Ein Mensch, der «kein Blatt vor den Mund nimmt», ist schlecht zu ertragen. Oftmals macht man ihn für die Missstände verantwortlich, gegen die er sich wehrt.

Jene, die über keine oder die falschen Beziehungen verfügen
Seelische Gewalt ist unbestreitbar eine Pathologie der Einsamkeit. Man greift mit Vorliebe isolierte Arbeitnehmer an, und falls Bündnisse bestehen, sucht man sie zu sprengen. Verfügt jemand über Beziehungen, ist noch nicht gesagt, dass es auch die richtigen sind. Manchmal gerät man zwischen zwei rivalisierende Gruppen und wird gleichsam «geopfert».

Bernard ist Forscher im Bereich der neuen Technologien. Er wurde aus dem öffentlichen Sektor, wo er zuvor gearbeitet hatte, von einem amerikanischen Privatlabor abgeworben, das die Forschung in Europa vorantreiben soll. Der Generaldirektor dieses Labors unterstellt Bernard der Aufsicht zweier Direktoren.

Die Arbeit geht gut voran, Bernard genießt das Vertrauen des amerikanischen Generaldirektors und kommuniziert regelmäßig über E-Mail mit ihm. Aber nach einigen Monaten wollen die beiden europäischen Direktoren sich von der amerikanischen Firma trennen. Da sie wissen, wie nah Bernard dem amerikanischen Generaldirektor steht, fürchten sie, er könne ihre Pläne an ihn weitergeben.

Also «boykottieren» sie Bernard, grüßen ihn nicht mehr, geben keinerlei Informationen an ihn weiter und schließen ihn aus jeder Versammlung aus. Sein Name wird sogar aus dem Telefonverzeichnis der Firma gestrichen, und die Telefonvermittlung hat die Anweisung erhalten, kein Gespräch mehr an ihn durchzustellen. Man gibt ihm zwar weiterhin Arbeit, weil man ihn braucht, aber man verweigert ihm die Informationen, die er benötigt, um sie ordentlich zu erledigen.

Obwohl er Forscher und eigentlich autonom ist, überwacht man ihn ständig, übt Kritik an ihm und schickt ihm wegen nichtiger Lappalien eingeschriebene Briefe.

Bernard weiß zwar, dass er nur eine störende Spielfigur ist, die den Plänen der beiden anderen im Weg steht, ist aber dennoch stark mitgenommen. Da sie es nicht wagen, den amerikanischen Generaldirektor direkt anzugreifen, lassen die beiden Direktoren nicht von Bernard ab, dessen Gesundheitszustand sich verschlechtert und der sein Selbstvertrauen verliert.

Die Arbeitnehmer, die einen Kündigungsschutz genießen

Aus meiner Umfrage geht hervor, dass Personalvertreter, Personen über 50 und Schwangere (bei ihnen befürchtet man, dass sie nach der Entbindung nicht mehr so verfügbar sind!) häufiger Opfer seelischer Gewalt werden als andere. Dasselbe gilt für manche Branchen im öffentlichen Dienst, weil hier die Beschäftigten nicht entlassen werden können, außer nach besonders schwerwiegenden Vergehen. Auch Versetzungen sind nur bedingt möglich.

Die Gefahr, dass die Anzahl der Fälle seelischer Gewalt noch weiter ansteigt, ist groß, was oft nichts anderes bedeutet, als dass man versuchen wird, die Regelungen zum Schutz der Arbeitnehmer zu umgehen. In Ländern, in denen Letztere überhaupt nicht oder ungenügend geschützt sind, ist die Gewalt direkter. Ist es jedoch unmöglich, einen Mitarbeiter ohne ernsthaften Grund zu entlassen, bedienen sich Vorgesetzte gewisser «Entmutigungspraktiken», um unerwünschte Untergebene loszuwerden, untergraben also zunächst ihre Arbeitsbedingungen und dann ihre Person.

Lolita ist seit zehn Jahren in einer Bekleidungsfirma beschäftigt. Ihre Probleme fangen an, als sie und drei weitere Kolleginnen Gewerkschaftsvertreterinnen werden und über die 35-Stunden-Woche verhandeln sollen. Seitdem werden die vier

ununterbrochen von der Geschäftsleitung seelisch gequält. Drei
von ihnen – eine davon ist bereits längere Zeit krankgeschrie-
ben – werden schließlich entlassen, wobei eine in einer anderen
Firma unterkommt.

Nachdem nur noch Lolita zurückgeblieben ist, wird sie von
ihren Kollegen ausgegrenzt, die sich dem Druck der Direktion
beugen und sich für eine gleichgültige Haltung entscheiden.
Nachdem Lolita unentwegt bespitzelt, mehrfach mit «Zurück-
stufung» bedroht und beruflicher Fehler bezichtigt wird, unter-
zieht man sie zum dritten Mal einem Kündigungsverfahren,
nachdem die beiden ersten durch das Gewerbeaufsichtsamt ab-
gewiesen worden sind.

Personen, die weniger «leistungsstark» sind Ist ein Arbeitnehmer nicht kompetent oder schnell genug oder passt sich
nur zögernd an, ist es für seine Vorgesetzten ein Leichtes,
ihm einen Strick daraus zu drehen. Seelische Gewalt ist dann
überflüssig, außer der betreffende Arbeitnehmer genießt einen besonderen Kündigungsschutz.

Aber die Kollegen, gefangen im Getriebe von Leistung
und Konformität, könnten sehr wohl auf die Idee verfallen,
einen Mitarbeiter auszugrenzen, der der Leistung der Gruppe schadet. Wenn sich im Zuge von Umstrukturierungen
und Sozialplänen der Druck auf die Arbeitnehmer erhöht,
befällt diese manchmal eine unüberwindliche Abneigung gegen Kollegen, die weniger Leistung erbringen als sie.

Die vorübergehend geschwächten Arbeitnehmer Steckt ein
Arbeitnehmer in persönlichen Schwierigkeiten, kann es vorkommen, dass sein berufliches Umfeld aus dieser Schwäche
Nutzen zieht. Skrupellose Geschäftsleitungen, die ihre Belegschaft «entschlacken» wollen, werden versuchen, gerade
demjenigen einen Fehler zu unterstellen, der sich gerade
nicht wehren kann. Kollegen, die befördert werden wollen,
können ebenfalls von seiner Schwäche profitieren, um ihrerseits zu punkten und seine Stelle einzunehmen oder ihn zu
überholen:

David ist seit zehn Jahren im selben Unternehmen kaufmänni-
scher Leiter. Er gilt als besonders fleißig und leistungsstark, und
es gibt einige, die ihm seinen Erfolg neiden. Im Zuge einer Fusi-
on fängt ein neuer kaufmännischer Leiter in der Firma an. Da-
vid und sein neuer Kollege sind nun zu zweit und teilen sich das
Sekretariat, die Computerausstattung und die Kunden. Da
stirbt Davids Vater, und im gleichen Jahr muss seine Frau sich
aufgrund einer Brustkrebserkrankung einer Chemotherapie
unterziehen.

David ist aus diesem Grund natürlich weniger verfügbar als
zuvor, bleibt abends nicht mehr so lange im Büro und muss sich
mehrfach ohne Vorankündigung von seinem Arbeitsplatz ent-
fernen. Sein Kollege nutzt Davids missliche Lage, um ihm die
Kunden abspenstig zu machen, und schafft ein Vakuum um ihn
herum. Angeblich aus verwaltungstechnischen Gründen über-
nimmt er sein Büro, und David muss mit einem Raum am Ende
des Flurs vorlieb nehmen. Weil er Einspruch erhebt, gerät er in
den Ruf, einen schwierigen Charakter zu haben. Auch bei den
Kunden wird David diskreditiert. Die Direktion, die prinzipiell
nur mit den Besten zu arbeiten bereit ist, greift nicht etwa ein,
um David zu helfen, sondern wirft ihm auch noch Führungsfeh-
ler vor.

Die Arbeitswelt gleicht zuweilen einem Dschungel, in dem
man sich zu Recht bedroht fühlt.

Das unschuldige Opfer

Zahlreiche Fälle von seelischer Gewalt lassen an die Praxis
des Sündenbocks denken: Eine menschliche Gemeinschaft
gibt für alles Unrecht einem Individuum oder einer Gruppe
die Schuld, die sich nicht das Geringste haben zuschulden
kommen lassen. Auf diese Weise verlagert sie alles, was sie
tut, nach außen.

René Girard[3] zufolge besteht der fundamentale Akt primi-
tiver Gesellschaften darin, ein Opfer, einen Sündenbock, zu

---

[3] Girard, R., Je vois satan tomber comme l'éclair, Paris 1999.

bestimmen und die Illusion seines Schuldigseins zu pflegen, um auf diese Weise sämtliche kollektiven Spannungen nach außen abzuleiten. Diese Maßnahme schafft Frieden innerhalb der Gemeinschaft, da sich ihre Mitglieder gegen das Opfer verbünden, sich dadurch beruhigen und sogar versöhnen. Der Praxis des Sündenbocks liegt ein sakraler Ritus zugrunde, eine Art Opferritual, dessen bekanntestes Beispiel im *Levitikus* (3. Buch Mose) beschrieben wird: Am Feiertag der Expiation legt der Priester einem Bock die Hände auf und bürdet ihm alle Sünden Israels auf. Daraufhin wird dieser Bock in die Wüste gejagt, auf dass er alles Übel der Gemeinde beim Dämon Azazel ablade.

Es gibt im Beruf Situationen, in denen eine Person oder Gruppe ihre Wut nicht äußern kann und sie scheinbar willkürlich auf ein ausgewähltes Opfer überträgt. Wenn beispielsweise zwei Gruppen aufeinander stoßen und zu viel auf dem Spiel steht, kann sich die aufgestaute Wut gegen eine bestimmte Person richten, die – darüber sind sich alle einig – mit dem Konflikt im Grunde nichts zu schaffen hat.

Yolande, die als Juristin in einer humanitären Vereinigung beschäftigt ist, gerät zwischen zwei einflussreiche Gruppen: auf der einen Seite die Gefolgschaft des Präsidenten, auf der anderen die des Generalsekretärs. Als sich die Rivalität zwischen beiden Gruppen zuspitzt, wird sie gleichsam zum Streitobjekt. Da keine Gruppe es wagt, die andere direkt anzugreifen, versuchen beide, ihre aggressiven Botschaften über Yolande weiterzugeben. Jede Gruppe ist bemüht, sie auf ihre Seite zu ziehen, um sie gegen die anderen aufzuhetzen.

Weil Yolande sich nicht auf dieses Spiel einlässt, wird sie am Ende zum Prügelknaben beider Clans. Beide befinden sie für uneinsichtig und geben ihr dies in sarkastischen Bemerkungen zu verstehen. Man kritisiert ihre Arbeit, hat plötzlich den Eindruck, dass sie nicht genügend leistet, und keine der Gruppen will akzeptieren, dass sie auch noch für die andere tätig ist. Yolande wird ausgegrenzt. Was sie auch sagt oder tut, man wirft es ihr vor. Allmählich leidet ihre Gesundheit darunter, weil sie Angst hat, zur Arbeit zu gehen.

Am Ende einigen sich die verfeindeten Gruppen darauf, ihr einen Brief zu schreiben, in dem sich in die beruflichen Vorwürfe auch Kritik an ihrer Person mischt (unter anderem wirft man ihr vor, ihre Kleidung sei ihrer Position nicht angemessen).

In der systemischen Therapie spricht man in diesem Zusammenhang von einem «Negativintegrator». Dieser Person kommt die Funktion zu, die gesamte Aggressivität der Gruppe auf sich zu ziehen; hat sie sich auf diese Weise «entladen», kann die Gruppe wieder besser funktionieren.

Üblicherweise übernimmt jedes Gruppenmitglied einmal die Rolle eines «Negativintegrators». Befindet sich allerdings ein und dieselbe Person permanent in dieser Position, ohne dass die Gruppe regulierend eingreift, kann man von seelischer Gewalt sprechen. Man muss jedoch präzisieren, dass es sich hier um ein kollektives und unbewusstes Phänomen handelt, das sich weitaus einfacher von außen, durch einen unbeteiligten Beobachter, erkennen lässt als durch die Gruppenmitglieder selbst.

Man darf solche Situationen, die in die Domäne des Unbewussten fallen, nicht mit den bewussten Praktiken perverser Individuen verwechseln, die ihre Irrtümer und Fehler einem anderen in die Schuhe schieben wollen.

Es gibt auch neurotisch veranlagte Menschen, die sich ständig selbst ins Unrecht setzen und alles tun, damit man ihnen Vorwürfe macht. Sie begeben sich also freiwillig in die Position des Sündenbocks, obwohl die Gruppe ihnen wohlgesinnt ist.

Die Faktoren, die zu einem verminderten Selbstschutz beitragen

In Situationen seelischer Gewalt zeigen nicht alle Menschen die gleichen Reaktionen. Manche sind aufgrund ihrer Geschichte oder ihrer Persönlichkeit weniger gut imstande, sich zu schützen, leiden mehr und haben größere Schwierigkeiten, sich zur Wehr zu setzen.

Im Übrigen weiß ein perverser Peiniger bestimmte Eigenheiten oder Charakterzüge seines Opfers ausgezeichnet für die eigenen Zwecke zu nutzen. Er spürt auch die wunden Punkte auf, die von persönlichen Erfahrungen herrühren. Der Peiniger legt es grundsätzlich darauf an, das Opfer an der empfindlichsten Stelle zu treffen und, wenn möglich, seine Identität und seine Selbstachtung zu erschüttern.

Der angegriffene Selbstwert Niemand lässt sich gern kritisieren, aber Personen mit mangelndem Selbstwertgefühl sind besonders empfindlich.[4] Zweifel an der Reinlichkeit eines Menschen zu äußern, der besonders reinlich ist, oder einem überaus gewissenhaften Arbeitnehmer Schlampigkeit vorzuwerfen, sind sichere Methoden, die Betreffenden tief zu verletzen.

Wenn ein Mitarbeiter zunächst wenig Selbstvertrauen hatte, aber sich dank seiner Leistungen ein positives Image erarbeiten konnte, braucht es nicht viel, um ihn aus der Fassung zu bringen: Es genügt, wenn man seine Leistungen abwertet, ihm die Möglichkeit nimmt, sein Bestes zu geben, oder ihn schlicht am Arbeiten hindert. Wer sich nicht nur in seinem Beruf engagiert, den wird eine solche Niedertracht nicht ganz so hart treffen. Um ihn aus der Bahn zu werfen, wird ein perverser Peiniger andere Taktiken ersinnen.

In dieser Welt, in der der schöne Schein immer wichtiger wird, leiden immer mehr Menschen an Minderwertigkeitskomplexen. In einer narzisstischen Gesellschaft wächst die Verletzlichkeit der Individuen, und sie bedürfen der ständigen Selbstvergewisserung im Blick des anderen. Die Unsicherheit, die sie in konzentrierter Form am Arbeitsplatz

---

[4] André, C., Lelord, F., L'estime de soi, Paris 1999.

quält, ist das Echo einer tieferen Unsicherheit und kann sie aus dem Gleichgewicht werfen.

Einen anderen seelisch zu quälen bedeutet, den Finger auf die Wunde zu legen, seine Schwächen, Fehler und Unzulänglichkeiten herauszustreichen, bis er sich schuldig fühlt und sein Selbstvertrauen verliert. Je mehr Selbstzweifel ein Mensch bereits im Vorfeld hat, desto leichter ist er zu verunsichern.

Ein übersteigertes Bedürfnis nach Anerkennung Wir haben bereits gesehen, dass das berufliche Umfeld in der Identitätsbildung des Menschen eine zentrale Rolle spielt. Die Tatsache, dass man anerkannt, geschätzt oder gemocht wird, verhilft zu einem guten Selbstwertgefühl. Umgekehrt führt die Tatsache, dass man abgewiesen, kritisiert und gedemütigt wird, unweigerlich zu Selbstzweifeln.

Viele Missverständnisse am Arbeitsplatz sind dem Umstand zu verdanken, dass Beschäftigte als persönliche Kritik auffassen, was in Wirklichkeit nur ihrer Funktion gilt. Man kann aber durchaus mit der beruflichen Leistung eines Mitarbeiters unzufrieden sein, den man privat sehr schätzt.

Wer jedoch vollständig in seiner Funktion aufgeht und nur noch der Ingenieur Dupont oder die Krankenschwester Meyer ist, der reagiert mit Sicherheit äußerst empfindlich, wenn er beruflicher Kritik ausgesetzt ist.

In der heutigen Zeit, da die Menschen im Alltag immer einsamer werden, neigen sie dazu, sich zu sehr in ihrem Beruf zu engagieren. Das mag gut gehen, solange sie Erfolg oder das Glück haben, in einem kleinen Unternehmen zu arbeiten, in dem man sie schätzt. Aber das moderne Unternehmen ist eine kalte Welt, die Resultate fordert. Der «eigentliche» Chef ist oft keine Einzelperson mehr, sondern eine Gruppe. Wie soll man unter diesen Bedingungen irgendein «gefühlsmäßiges» *Feedback*, irgendeine Wertschätzung erwarten?

René erfährt von einer Sekretärin, dass sein Chef die Umstellung auf die 35-Stunden-Woche ausnutzen will, um ihm eine gewisse Anzahl von Vergünstigungen zu streichen, was für ihn eine beträchtliche Einkommensminderung bedeuten würde. Anstatt mit dem Chef zu verhandeln, beschließt er, auf der Stelle zu kündigen.

In diesen gewandelten Kontexten sind die Arbeitnehmer enttäuscht oder sogar gekränkt, wenn sie keine Anerkennung finden, und so kann es leicht passieren, dass sie wie René mit Wut und Trotz reagieren.

Je mehr der Arbeitnehmer in seinen Beruf investiert hat, desto heftiger das Trauma. So kommt es häufig vor, dass Personen, bevor man ihnen kündigt, ausgegrenzt werden. Sie haben dann den Eindruck, als stünden sie unter Quarantäne, denn man kritisiert sie und sagt ihnen Übles nach – als könne man der getroffenen Entscheidung dadurch noch eine Grundlage verschaffen.

Brigitte, zum betreffenden Zeitpunkt 59-jährig, Direktionssekretärin, ist ausgegrenzt, kritisiert und verleumdet worden und hat nach 23 Jahren in derselben Firma von Kündigungszahlungen «profitieren» können. Sie ist die dritte Sekretärin, mit der man auf diese Weise verfährt. Eine andere hat sich kurz zuvor das Leben genommen.

Sie beschreibt die Situation mit folgenden Worten:

«Nachdem ich über meine Entlassung in Kenntnis gesetzt worden war, wurde ich vor jeder Verhandlung mit Vorfällen konfrontiert, die mich zweifellos aus dem Gleichgewicht werfen sollten, damit ich mich leichter über den Tisch ziehen ließe. Nachdem ich schweren Herzens eingesehen hatte, dass mir nichts anderes übrig blieb, als die Firma zu verlassen, habe ich meinen Vorgesetzten voll und ganz vertraut. Ich glaubte zuerst, dass die ‹Unstimmigkeit›, mit der man mein Ausscheiden aus der Firma begründen wollte, ‹nur auf dem Papier› bestünde, wie man mir versichert hatte; nur aus diesem Grund hatte ich mein Einverständnis gegeben. Dann aber musste ich erfahren,

dass dieses Motiv, das man eigens für die Gelegenheit erfunden zu haben schien, der tatsächlichen Zurückweisung entsprach, die die Firma mir angedeihen ließ. Das war der Dank für die 23 Jahre ‹guter, treuer Dienste›.

Ohne Einblick in das Arbeitsrecht, durch das Haus von allen isoliert (kein Anwalt, kein Arbeitsschiedsausschuss, kein Gewerbeaufsichtsamt, ‹Das entspricht nicht unserem Stil!›), musste ich mich mit einer Lawine von Formulierungen herumschlagen, die allen eingängig waren, nur mir nicht. Wie soll man sich ohne jede Erfahrung, noch dazu in einem derartigen Klima der Feindseligkeit, Arbeitsüberlastung und des perfekt organisierten Stresses gegen Vorgesetzte wehren, die über Macht, Wissen und Können verfügen?

Diese Unterschrift wird für mich die unfreieste Tat meines ganzen Lebens und das Symbol eines überaus schlimmen Abschieds bleiben. Sie wurde mir unter einem unerträglichen psychologischen Druck abverlangt. Ich war am Boden zerstört, gebrochen, betäubt, suizidgefährdet. Ich habe alles wie unter Hypnose erlebt, da ich kein Urteilsvermögen mehr besaß. Man hätte mir damals nicht nur mein eigenes Todesurteil, sondern das jedes beliebigen anderen Menschen vorlegen können. Ich hätte sie alle unterschrieben. Diese Gewissheit bleibt mir im Gedächtnis haften und beschäftigt mich immer wieder.

Lassen sich solche Verfahren mit der Ethik einer großen Firma und der Qualität ihrer Führungskräfte vereinbaren? Sind denn das abrupte Ausscheiden aus der Firma, die Arbeitslosigkeit, der verfrühte Ruhestand nicht schon traumatisch genug? Warum muss man uns Sekretärinnen auch noch verunglimpfen, indem man uns Fehler unterstellt, die wir nicht begangen haben, und auf diese Weise unsere Arbeit abwerten?

Ich habe mir das Leben nicht genommen, auch wenn mich der Gedanke daran immer wieder beschäftigt und zwei Jahre lang stark gefährdet hat, aber dennoch hatte diese Entlassung schwerwiegende Folgen, denn ich befand mich lange Zeit in einem körperlichen und seelischen ‹Schockzustand›, dem eine Depression vorausging und folgte, von der ich mich bis jetzt noch nicht vollständig erholt habe. Ich erspare Ihnen die Schilderung all des Leids und der Angst ... von den Kosten ganz zu schweigen, die solche Umstände mit sich bringen, der Unmög-

lichkeit, ein normales Leben zu führen, sich irgendwo zu enga-
gieren …, wodurch sich mein Eintritt in den aktiven, unbe-
schwerten Ruhestand, wie ich ihn mir immer gewünscht hatte,
um einiges verzögert. Um die Organisationsprobleme des Un-
ternehmens zu lösen, hat man die Mitarbeiterinnen geopfert,
die kurz vor der Rente standen. Ich war diesem Unternehmen
persönlich sehr zugetan und in meinem Beruf sehr engagiert.
Ansonsten hätte man mich wohl kaum mit der Position betraut,
die ich in den letzten Jahren innehatte. Hat man denn das
Recht, Menschen, bei denen im Laufe der Jahre eine, wie sie
glauben, wechselseitige Verbundenheit mit dem Unternehmen
gewachsen ist, auf eine derart traumatische Weise ‹hinzurich-
ten›?»

Brigittes Direktion behauptet, man habe «bei der Verhandlung sämtliche Regeln beachtet und die Geduld und Umsicht
walten lassen, die für diese Art der persönlichen Veränderung nötig sei, die ja zugegebenermaßen immer eine schwierige Konfrontation mit neuen Gegebenheiten mit sich
bringt».

Wie lässt sich diese Kluft zwischen den Aussagen der Direktion und jenen ihrer entlassenen Mitarbeiterin erklären?
Bestand der Wunsch, Brigitte zu «erledigen»? Wahrscheinlich nicht. Aber man musste sie dennoch möglichst kostengünstig loswerden, weil sie immerhin 23 Jahre in der Firma
gearbeitet und daher ein gewisses Lohnniveau erreicht hatte
etc. Man kann die Entscheidung, sie zu entlassen, mit den
Arbeitsgewohnheiten rechtfertigen, die sie sich im Laufe der
Zeit zugelegt hatte und die nicht mehr genehm waren. Die
Direktion hatte wahrscheinlich den Eindruck, das «Problem» zu lösen, «wie es sich gehört», aber niemand hatte
sich auch nur einen Moment lang Gedanken gemacht, wie
Brigitte sich dabei fühlen musste. Man hatte versucht, bewusst oder nicht, sie zu manipulieren, damit sie kein Aufhebens machte: kein Rechtsstreit, kein Arbeitsschiedsausschuss. Es ist dieser Mangel an Anerkennung für ihre geleistete Arbeit und der Versuch, sie zum Schweigen zu bringen,

die bei ihr einen bitteren Nachgeschmack hinterlassen haben.

Wenn jemand sich emotional zu sehr in die Arbeit einbringt, so tritt im Fall der Kaltstellung oder Ausgrenzung das ein, was man im Fachjargon als narzisstischen Zusammenbruch bezeichnet.

Ich bin immer wieder überrascht, wie viele der Opfer seelischer Gewalt, die zu mir in die Praxis kommen – dies bestätigt auch mein Fragebogen –, überaus gewissenhafte Menschen sind, die sehr (zu) viel in ihre Arbeit investieren. Sie haben sich völlig der Mythologie ihres Unternehmens verschrieben, gehen darin auf und existieren nicht mehr als eigenständige Menschen. Sie zu beeinflussen, sie ihrer selbst zu entfremden, ist nicht schwer, da ihre Grenzen ohnehin durchlässig sind.

Wer idealistisch veranlagt und sehr motiviert ist, läuft eher Gefahr, seelisch gequält zu werden, als jemand, der pragmatisch denkt, vor allem an den finanziellen Vorteilen und sonstigen Vergünstigungen interessiert ist und seine Gefühle im Privatleben oder in diversen Vereinen ausagiert.

Viele Arbeitnehmer stellen zu hohe Erwartungen an ihr berufliches Umfeld. Es stimmt zwar, dass die gegenwärtigen Führungsmethoden die affektiven Saiten in den Beschäftigten anschlagen, indem sie das Verhältnis zwischen Arbeitnehmer und Arbeitgeber zunehmend auf eine persönlichere Basis stellen ... Jedoch neigen Menschen, die gefühlsmäßig zu sehr in ihre Arbeit involviert sind, leichter dazu, sich mit ihrer Funktion zu identifizieren und die kleinste Kritik an ihren Leistungen sofort als Missbilligung ihrer Person aufzufassen. Wer sich dagegen mit einem formellen Verhältnis begnügt, ist weniger leicht angreifbar.

Man kann feststellen, dass junge Hochschulabsolventen weniger Gefühle in ihre Firma einbringen: Sie handeln ihre Arbeitsbedingungen und ihr Gehalt aus und haben keine Scheu, die Firma wieder zu verlassen, wenn sie ihre Erwartungen enttäuscht. Sie investieren in ihre Tätigkeit, nicht in die Firma.

Auch wenn manche Führungskräfte das Gegenteil behaupten, suchen die Menschen nicht ausschließlich Sicherheit und Annehmlichkeiten im Job, sondern streben auch nach Selbstverwirklichung und dem Gefühl, gebraucht zu werden …

Die allzu Gewissenhaften Der Ausgangspunkt für seelische Gewalt ist häufig ein Wertekonflikt. Wenn ein allzu gewissenhafter Angestellter mit hohen moralischen Werten – er ist zu ehrlich im Vergleich zu seinen Kollegen – bestimmte Machenschaften der Gruppe missbilligt, ist ihr dies Grund genug, sich seiner zu entledigen.

In einem Unternehmen ist es schwierig, ein angemessenes Maß an Toleranz (man akzeptiert zum Beispiel, dass ein Arbeitnehmer während der Arbeitsstunden private Telefongespräche führt) nicht in ein Zuviel an Toleranz entgleiten zu lassen (jeder kann ungehemmt seine Freunde im Ausland anrufen). Als nächstes trifft man vielleicht kleine anrüchige Arrangements – «Ich drücke ein Auge zu, wenn du zu spät kommst, und du sagst nichts über meine Fehler!»– und landet am Ende bei geläufigen, allseits akzeptierten Praktiken – kleine Betrügereien in der Buchhaltung beispielsweise –, die schwer nachweisbar sind.

Es gibt Behörden, in denen derlei Arrangements bereits einen halboffiziellen Status angenommen haben, sozusagen «institutionalisiert» sind … Niemand hält sich an die Arbeitszeiten, als Ausgleich für die schlechte Bezahlung, wie es heißt. Wer diese Gewohnheiten denunziert, wird als «Tugendwächter» gebrandmarkt. Weil er keine Kompromisse akzeptiert, wird er, auch wenn er niemanden anschwärzt, mit seiner aufrechten Haltung ins Abseits geraten und damit die Unehrlichkeit der anderen hervorheben. Sie deuten sein Verhalten als moralischen Vorwurf oder als Belehrung. Indem der Gewissenhafte sich weigert, dem Zynismus der anderen oder dem des Unternehmens beizupflichten, streut er gleichsam Sand ins Getriebe. Man wird ihm so lange seelisch zusetzen, bis er sich den allgemeinen Gepflogenheiten unterwirft. Dies ist die Situation der *Whistleblowers*, die ich im ersten Teil erwähnt habe.

Jean-Pierre ist Beamter in einer großen Behörde. Nach einer Versetzung fällt ihm auf, dass seine neuen Kollegen sich mit den lokalen Unternehmen «arrangiert haben», was die Vergabe von Aufträgen betrifft.

Er teilt den Kollegen unverhohlen seine Missbilligung mit, erkundigt sich bei seinen Vorgesetzten und droht, die Presse einzuschalten. Sogleich wird er ausgegrenzt, sowohl von seinen Kollegen, die nicht mehr mit ihm sprechen, als auch von seinen Vorgesetzten, die aus disziplinarischen Gründen seine Versetzung verlangen.

Die Personen, die sehr viel in ihre Arbeit investieren Opfer seelischer Gewalt zeigen häufig ein großes Engagement im Beruf. Sie betrachten ihre Arbeit idealistisch, wollen nicht nur produktiv sein, sondern ihrer Tätigkeit auch einen Sinn abgewinnen.

Marc wird von seiner Vorgesetzten seelisch gequält und kaltgestellt, weil er sich geweigert hat, eine Falschaussage zu machen, die einen Mitarbeiter um die Stelle hätte bringen sollen. Er hält durch, weil er es sich finanziell nicht leisten kann, zu kündigen. Man schickt ihm fast jede Woche unter sinnlosen Vorwänden einen Einschreibebrief. Niemand setzt sich für ihn ein, weil seine Kollegen Angst haben, ebenfalls gequält zu werden, wenn sie sich zu weit aus dem Fenster lehnen.

Besagte Vorgesetzte wird endlich versetzt, und Marc gewinnt allmählich wieder ein wenig Ausgeglichenheit zurück, ist aber nach wie vor unerbittlich, was die Qualität seiner Arbeit anbelangt. Als eine beauftragte Firma eine Leistung erbringt, die er für inakzeptabel hält, schickt er ihr, obwohl er weiß, dass sein Vorgesetzter ihn nicht unterstützen wird – da der Chef dieser Firma «jemand ist, mit dem man sich nicht anlegen darf» –, eine Beschwerde, mit einer Kopie für den Direktor.

Bald darauf wird er Zeuge derselben zerstörerischen Prakti-
ken, denen auch er ausgesetzt war. Eine junge Kollegin, die ih-
ren Mutterschaftsurlaub angetreten hat, wird von jemandem
vertreten, der dem Vorgesetzten genehmer ist. Kurz vor der
Rückkehr der jungen Mutter erzählt Letzterer jedem, der es
wissen will, dass er ihr keine zwei Wochen mehr gibt. Kaum ist
sie wieder da, macht er ihr das Leben zur Hölle: kleine respekt-
lose Bemerkungen, pausenlose Kritik. Marc stellt sich vor seine
Kollegin, scheut keinen Tritt ins Fettnäpfchen und spricht alles
an, was nicht in Ordnung ist. Er schlägt seiner Kollegin vor,
aus Protest gegen diese Behandlung einen internen Rundbrief
zu verfassen und per E-Mail an sämtliche Mitarbeiter zu ver-
schicken. Plötzlich wird ihm bewusst, dass die Schikane, der er
selbst ausgeliefert war, nicht nur von seiner Vorgesetzten aus-
gegangen war, sondern auch dem Wunsch der Geschäftsleitung
entsprach, alle störenden Mitarbeiter zur Kündigung zu bewe-
gen. Er begreift, dass jeder, um etwas zu bewegen, zwar indivi-
duell reagieren muss, dass diese Reaktionen allein jedoch
nichts bewirken können, solange es keine kollektive Aktion
gibt.

Leider bleibt er isoliert und schafft es nicht, seine Kollegen zu
mobilisieren.

Die gepeinigten Arbeitnehmer sind, wie es aussieht, nicht di-
plomatisch genug. Sie wissen sich nicht zu schützen. Manche
mögen sagen, dass sie sich der Gesellschaft, in der man es
vorzieht, «sich durchzuschlagen» und die opportunistischen
Lügen von Firmenchefs und Politikern zu tolerieren, nicht
genügend anpassen. Aber kann man denn die Tatsache, dass
jemand Lügen und Kompromisse ablehnt oder sich sein kri-
tisches Denken bewahrt, als ein Manko betrachten? Ist es
nicht eher beruhigend zu wissen, dass manche Menschen die
Augen offen halten und nicht blindlings der Gruppe folgen,
wenn sie deren Machenschaften missbilligen? Wer auf seinen ethischen Grundsätzen beharrt, eckt naturgemäß leichter an als andere, macht sich unbeliebt und muss sich absi-
chern. Man empfindet ihn geradezu als *anormal.*

Die Sensitiven Sensitive Menschen sind verwundbarer als andere, wenn sie seelischer Gewalt ausgesetzt sind.

Die «Sensitiven» (ein von Kretschmer zu Anfang des 20. Jahrhunderts geprägter Begriff) sind schüchterne Menschen, übermäßig gefühlsbetont, sensibel und häufig sehr ängstlich. Sie neigen zu Gewissenskonflikten und sind sehr empfänglich für die Reaktionen anderer. Sie leiden an etwas, was die Psychiater als «Hyperästhesie» im sozialen Umgang bezeichnen, das heißt, sie reagieren überaus heftig auf die Anfechtungen des Lebens. Häufig haben sie ein schlechtes Selbstwertgefühl. Ich möchte allerdings betonen, dass es sich bei Hyperästhesie nicht um eine kranke Psyche, sondern um eine charakterliche Empfindlichkeit handelt.

Ein Sensitiver reagiert sensibel auf Verstöße gegen ethische Werte. Er akzeptiert keine unvollkommenen Sachen und noch viel weniger unvollkommene Beziehungen und kommt über nichts hinweg. Für ihn haben Gerüchte und Mauscheleien große Bedeutung.

Er empfindet Demütigungen stärker als andere. Sensitiv veranlagte Menschen reagieren sehr heftig auf Aggressionen; sie nehmen den Vorfall zunächst als sehr schmerzhaft wahr und verfallen darüber in eine depressive Verstimmung oder in eine depressive Neurose, die schlimmstenfalls in Wahnvorstellungen enden kann.

Ihre Überempfindlichkeit und Frustration bilden den idealen Nährboden für seelische Gewalt. Werden sie gequält, kann dies zur Folge haben, dass sie ihr Leid auf psychotische Weise kompensieren. Dieser Mechanismus liegt einer gewissen Anzahl von Fällen zugrunde, bei denen Personen mittels seelischer Gewalt in den Wahnsinn getrieben worden sind, wie wir es im Kapitel über die Auswirkungen seelischer Gewalt auf die Gesundheit gesehen haben.

Im Allgemeinen werden Arbeitnehmer, deren mentale Struktur etwas unflexibel ist, größere Schwierigkeiten haben als andere, sich organisatorischen Veränderungen anzupassen, zumal in einem Kontext, in dem eher opportunistische als produktive Strategien zum Einsatz kommen.

Wie man dem Druck standhält

Es gibt persönliche oder gesellschaftliche Faktoren, die es einem ermöglichen, besser «durchzuhalten». Heinz Leymann[5] hat acht genannt, jedoch sagt keiner dieser Faktoren für sich bereits etwas über die Widerstandsfähigkeit eines Arbeitnehmers aus. Manche scheinen eine gute physische und mentale Konstitution aufzuweisen, fallen aber schnell in schwere Depressionen, während andere, scheinbar anfälliger, länger durchhalten können. Wird die Aggression jedoch allzu heftig, reicht keiner der Faktoren mehr aus, um ihr standzuhalten.

Soll ein gesundes Selbstvertrauen – der zweite Widerstandsfaktor nach Leymann – hilfreich sein, darf es nicht nur Fassade sein. Jedenfalls attackiert ein Peiniger, dessen Praktiken auf einer perversen Kommunikation beruhen, zunächst einmal das Selbstvertrauen seines Opfers, um es besser unterwerfen zu können.

Was den bedingungslosen Rückhalt durch Nahestehende anbelangt, der ebenso das Durchhalten erleichtern soll, so kommt ihm natürlich enorme Bedeutung zu, nur sollten die Ehepartner oder Angehörigen auch begreifen können, welche Prozesse im Gange sind. Der Gepeinigte ist für gewöhnlich viel zu angeschlagen, um seiner Umgebung adäquate Informationen zu vermitteln. Außerdem können selbst die verständnisvollsten Ehepartner und Freunde im Laufe der Zeit die Geduld verlieren, wenn das Opfer von einer Krankheit in die nächste fällt, wenn es sein Gleichgewicht nicht wiederfindet und auch längerfristig keine Lösung in Sicht ist.

[5] Leymann, H., op. cit.

Sebastian arbeitet seit zwei Jahren im Sektor des Neuen Markts. Er ist ein brillanter Informatiker und wurde aufgrund seiner fachlichen Kompetenz eingestellt. Aber seine Fähigkeiten kehren sich gegen ihn, als das Unternehmen, das sich vergrößert hat, mit einer Konkurrenzfirma fusioniert. Nun ist er plötzlich im Weg, und das lässt man ihn auch spüren. Man redet hinter seinem Rücken, dass er inkompetent sei und einen schwierigen Charakter habe. Als nächstes erreichen ihn Einschreibebriefe mit belanglosen Vorwürfen.

Sebastian reagiert von Anfang an sehr betroffen, weil er in seinem vorhergehenden Job immer geschätzt und respektiert wurde. Er ist seit kurzem verheiratet. Seine Frau hat ihre Heimatstadt und einen interessanten Arbeitsplatz verlassen, um ihm nach Paris zu folgen. Als er versucht, mit ihr über das, was ihm in der Arbeit widerfährt, zu sprechen, reagiert sie ungehalten und macht ihm Vorwürfe. Sie versteht nicht, wie sich ein so überaus kompetenter Fachmann von Leuten über den Tisch ziehen lassen kann, die zwar seine Vorgesetzten sind, doch bei weitem nicht seine Fähigkeiten haben.

Sebastian nimmt es sich zu Herzen, und um künftig Streit mit seiner Frau zu vermeiden, erzählt er ihr nichts mehr von seinen Problemen. Er wird sehr reizbar, sowohl im Job wie zu Hause, findet nachts keinen Schlaf mehr, bis auf ein paar Stunden am frühen Morgen. Er hat keine Lust mehr auszugehen, keine Lust mehr auf Sex, macht keine Pläne mehr. Seine Frau erkennt den Mann, den sie geheiratet hat, nicht wieder und denkt an Trennung. Jetzt ist Sebastian vollkommen deprimiert. Er zweifelt an sich, nicht nur auf beruflicher, sondern auch auf privater Ebene: «Ich tauge zu nichts, alles geht schief!» Er leidet an Atemnot, Herzklopfen, ständiger Übelkeit und bekommt Bauchschmerzen, wenn er zur Arbeit gehen muss. Gegen den Widerstand seiner Frau, die nicht will, dass er sich einer Behandlung unterzieht, lässt er sich schließlich krankschreiben, um seine Depressionen in den Griff zu bekommen. Er denkt daran, sich um eine andere Stelle zu bemühen, hat aber so starke Selbstzweifel, dass er sich außerstande fühlt, sich einem Vorstellungsgespräch auszusetzen.

Nach einem Monat Behandlung geht es Sebastian allmählich besser, und er kann sich bewerben. Er möchte entlassen wer-

den, was seine Arbeitgeber ablehnen, weil sie ihm nichts vorzuwerfen haben (!). Also reicht Sebastian die Kündigung ein. Er hat mehrere seriöse Angebote und zudem sein Selbstvertrauen zurückgewonnen.

Seine Frau kann nun endlich aussprechen, wie groß ihre Angst war, dass ihr Mann wie bereits ihr Vater für längere Zeit arbeitslos werden könnte.

Idealerweise müsste das Opfer natürlich innerhalb des Unternehmens Unterstützung finden, aber die Kollegen haben Angst, ihm ihre Sympathie zu bekunden, da perverse Machenschaften sie zweifeln lassen: «Wo Rauch ist, ist auch Feuer! Wenn man ihn so behandelt, dann wird das schon seine Gründe haben!» Sie müssen sich auch schützen, denn würden sie glauben, dass das Opfer für das, was ihm geschieht, nicht verantwortlich ist, dann müssten sie befürchten, dass man auch ein beliebiges anderes Opfer finden könnte. Warum also nicht sie? Es ist weitaus beruhigender, sich zu sagen, dass so etwas nur anderen passiert. Auch wenn sie die Behandlung, die man dem Kollegen angedeihen lässt, als ungerecht empfinden, verhalten sie sich ihm oder ihr gegenüber lieber unsolidarisch, damit sie ihren Arbeitsplatz behalten.

Dennoch beteuern all meine Patienten, wie sehr eine Sympathiebekundung, etwa ein aufmunterndes Wort, und sei es noch so unbedeutend, ihnen geholfen hätte, denn was sich in Situationen wie diesen am schwersten ertragen ließe, sei die Einsamkeit.

Jennifer ist Projektleiterin in einer Touristikagentur. Sie hat den Auftrag, Kontakte zu ihrem Herkunftsland herzustellen. Sie hilft, mehrere Projekte zu verwirklichen, doch als das Unternehmen beschließt, die Strategie zu ändern und auf andere Regionen zu setzen, wird sie nach und nach an den Rand gedrängt. Man überträgt ihr nur noch reizlose Aufgaben, und nichts, was sie tut, findet Beifall.

Eines Morgens fordert ihre Vorgesetzte sie unter dem Vor-

wand, sie habe noch im Büro zu arbeiten, auf, ihr die Schlüssel auszuhändigen. Und so muss Jennifer von nun an morgens auf die Ankunft ihrer Kollegen warten, um ins Büro zu gelangen. Von diesem Tag an wird sie völlig ausgegrenzt. Niemand spricht sie mehr an, nicht einmal mehr aus beruflichen Gründen. Man weicht ihrem Blick aus. Aufgaben werden ihr über Zettel oder per E-Mail übermittelt, und als wäre das noch nicht genug, erklärt man einen bestimmten Bereich um ihren Schreibtisch herum zur verbotenen Zone. Das Unangenehmste sind die ausweichenden Blicke. Wie stellt man es an, jemanden nicht anzusehen, der in denselben Räumlichkeiten arbeitet und auf den man am Abend warten muss, weil er keine Schlüssel hat? Alle Versuche von Jennifers Seite, wieder Kontakt aufzunehmen, sind vergebens. Niemand reagiert, wenn sie spricht. Sie zweifelt am Ende sogar, ob ihre Stimme überhaupt zu hören ist. Am liebsten würde sie schreien: «Wenn ich schreie, können sie nicht so tun, als hörten sie mich nicht!»

Eines Tages steckt ihr eine Kollegin im Vorübergehen eine Notiz zu. Darin steht: «Wir treffen uns um 19 Uhr im Café an der Ecke.» Am Abend erklärt ihr die Kollegin, dass sie nichts gegen sie habe, aber dass sie Anweisung erhalten hätte, nicht mit ihr zu sprechen. Sie erklärt, dass weder sie noch die anderen Kollegen damit einverstanden wären, dass ihnen jedoch viel an diesem Arbeitsplatz gelegen sei und sie den Eindruck hätten, als würde die Direktion keine Gnade kennen, wenn sie zur Geächteten Kontakt aufnähmen. Im Übrigen habe man sie glauben machen wollen, dass Jennifer von der Konkurrenz bezahlt würde, um ihre Projekte auszuspionieren.

Auch wenn dieser Kontakt mit einer Kollegin an Jennifers konkreter Situation nichts geändert hat, ist sie erleichtert: «Obwohl ich weiß, dass ich über kurz oder lang meine Stelle verlieren werde, stört es mich weniger, meine Vorgesetzten gegen mich zu haben, als die gesamte Belegschaft, weil ich meine Kollegen sehr mag. Wenn man den Eindruck hat, dass alle einen verabscheuen, obwohl man immer ehrlich war und sich nichts vorzuwerfen hat, ist man irgendwann so weit, zu glauben, man hätte etwas Übles an sich, und wagt mit niemandem mehr zu sprechen, wer es auch sei!»

In solchen Situationen ist mit Sicherheit die Unterstützung einer zuständigen Person im Unternehmen – des Betriebsarztes oder eines Personalvertreters – sehr hilfreich, da sie tatsächlich auch Veränderungen herbeiführen kann, doch ich komme später noch darauf zurück. Das Opfer seelischer Gewalt kann sich theoretisch durchaus noch in der Lage fühlen zu reagieren, weil es sich sicher ist, im Recht zu sein; es sollte aber die innere Verwirrung nicht unterschätzen, die derartige Aggressionen verursachen – sogar Juristen sind machtlos, wenn sie gequält werden –, daher die Wichtigkeit, sich beim Kollektiv Unterstützung zu suchen.

Im Übrigen, wir müssen immer wieder darauf bestehen, mag ein Ereignis wie eine Entlassung objektiv zwar keine Katastrophe darstellen, schlägt aber dem Selbstbewusstsein eine Wunde, von der der betroffene Arbeitnehmer sich nur schwer wieder erholt. Für einen anderen wiederum mag alles besser sein, als eine unhaltbare berufliche Situation zu ertragen, also wird er kündigen, ohne zu fragen, wie es weitergehen soll. Manche Arbeitnehmer (allein erziehende Mütter zum Beispiel) können allerdings nicht einfach kündigen, weil ihre materielle Situation dies nicht zulässt, und so haben sie oft keine andere Wahl, als sich weiterhin quälen zu lassen.

Während eines Vortrags, den ich in Montreal hielt, ergriff ein junges Mädchen das Wort: «Ich habe Sie gestern im Radio sprechen hören, und was Sie da beschrieben haben, entspricht genau meinen Erfahrungen an meinem letzten Arbeitsplatz. Ohne zu wissen, dass man eine solche Behandlung ‹seelische Gewalt› nennt, habe ich vor einigen Tagen mit der Begründung gekündigt, dass ich mich in der Firma nicht wohl fühlte und lieber ginge, bevor ich krank würde.»

Mit zwanzig Jahren, ohne die Verantwortung für eine Familie, ist es leichter, sich seine Würde zu bewahren und gegen schlechte Behandlung aufzubegehren. Dies ist auch möglich, wenn die gesicherte Stellung eines Ehepartners dem anderen eine Zeit der Beschäftigungslosigkeit gestattet. In diesem Fall hat der Aggressor weniger Macht über das Opfer, zumal es gehen kann, ohne allzu großen Schaden zu nehmen.

Die Komplexität des Problems

Ich möchte nun etwas ausführlicher einen klinischen Fall schildern, der mir für verschiedene Gewaltsituationen repräsentativ erscheint:

Emil ist technischer Projektleiter in einem Industrieunternehmen, das mit mehreren Berufsverbänden kooperiert. Man lässt ihm viel Spielraum, auch bei seinen Auslandskontakten. Das Unternehmen ist gerade in einer Umstellungs- und Automatisierungsphase. Emil arbeitet seit sechs Jahren in der Firma und hatte noch nie Probleme, weder mit den Kollegen noch mit den Vorgesetzten. Seit einem Jahr ist er Personalvertreter.

Nachdem der vorhergehende Generaldirektor ausgeschieden ist, wird Emil im Zuge einer Umstrukturierung in eine andere Abteilung versetzt, in der Raymond das Sagen hat, der vorher auf derselben hierarchischen Stufe gestanden hatte wie er. Für Emil stellt dies kein Problem dar, ihm ist im Prinzip gleich, in welcher Abteilung er arbeitet, denn er liebt seine Arbeit.

Bald macht Raymond ihm Schwierigkeiten. Emil, der vorsichtig und gewissenhaft ist, stellt sich immer erst die Frage, ob ein Projekt überhaupt durchführbar ist, bevor er es in Angriff nimmt. Das geht Raymond auf die Nerven, und er reagiert nicht. Nach einigen Wochen gemeinsamer Arbeit sagt er zu Emil: «Du bist ein übler Bursche, ich werde dich fertig machen!» Er zieht seinen guten Willen in Zweifel: «Du fragst doch nur so viel, weil du nicht mit uns arbeiten willst!» Eines Morgens erhält Emil die schriftliche Anweisung, dass er künftig vor jeder Entscheidung, die er trifft, Raymond um Erlaubnis fragen muss. Er hat den Eindruck, dass man seine berufliche Kompetenz in Zweifel zieht, heftet die Anweisung über seinen Schreibtisch und fragt Raymond von nun an ostentativ wegen jeder Kleinigkeit um Erlaubnis. Raymond nennt ihn eine Nervensäge und schlägt ihm vor, sich auf dem Parkplatz mit ihm zu prügeln. Emil reagiert mit Verachtung und wendet sich an den Personal-

chef, doch der blafft ihn an: «Helfen Sie sich gefälligst selbst, Sie
sind schließlich beide erwachsen!» Emil schickt daraufhin ei-
nen Einschreibebrief an den Personalchef, in dem er kundtut,
dass er sich Raymonds Benehmen nicht bieten lasse und ein Mi-
nimum an Respekt und Anerkennung erwarte. Der Personal-
chef antwortet ihm, ebenfalls mit einem Einschreibebrief, dass
er nicht auf die Schnelle entscheiden könne, wer von ihnen im
Recht sei, er oder Raymond, und schlägt daher, um die Angele-
genheit ins Reine zu bringen, eine offizielle Zusammenkunft
vor, bei der beide Beteiligten sich jeweils von einer Person ihrer
Wahl begleiten lassen dürften.

Dieses Treffen wird jedoch vereitelt, ohne dass man Emil den
Grund dafür wissen lässt. Er arbeitet weiterhin unter Ray-
monds Befehl, der nicht mehr mit ihm spricht, aber systema-
tisch seine Arbeit schlechtmacht.

Während der alljährlichen Beurteilung hat man zwar nichts
an Emils Arbeit auszusetzen, kürzt ihm aber trotzdem seine Be-
teiligungsprämie: «Damit du kapierst, was los ist!»

Ein paar Monate später bittet Emil Raymond, eine Abtei-
lungssitzung zu verschieben, damit er an einer Diskussion über
die 35-Stunden-Woche teilnehmen kann, die außerhalb der Fir-
ma stattfindet. Raymond weigert sich. Emil geht trotzdem zu
dieser Veranstaltung und kommt zu spät in die Abteilungssit-
zung. Man erteilt ihm eine Rüge. Das ist zu viel. Emil setzt sich
mit dem Gewerbeaufsichtsamt in Verbindung, das auch prompt
Nachforschungen anstellt und die Direktion zwingt, ihre Rüge
zurückzunehmen.

Das Arbeitsklima wird für Emil untragbar; er bricht zusam-
men und wird von seinem Hausarzt krankgeschrieben.

Man kann diesen Fall aus unterschiedlichen Blickwinkeln
beleuchten:

- unter dem Aspekt des Arbeitsablaufs: Letztlich ist es eine
  Folge des Automatisierungsprozesses und der Dezimie-
  rung seiner Abteilung, dass Emil unter Raymonds Befehl
  arbeiten muss;
- unter dem persönlichen Aspekt: Raymond kann Emil
  nicht ausstehen und will ihn fertig machen, ist allerdings
  nicht ausgesprochen pervers.

Diese Betrachtungsweise wäre viel zu oberflächlich. Man muss die Details beachten. Die Analyse einer Situation seelischer Gewalt darf sich nicht darauf beschränken, alle Beteiligten einzeln und unabhängig voneinander zu betrachten, man muss sie vielmehr in ihre verschiedenen Bezugssysteme setzen.

An dieser Stelle möchte ich ein paar Informationen ergänzen, die die beiden Protagonisten betreffen. Emil ist nicht nur Mitglied der Personalvertretung, sondern zudem schwarz. Er ist von einer mustergültigen Gewissenhaftigkeit und insgesamt eher ein zwanghafter Charakter. Er spricht immer sehr besonnen und vernünftig. Raymond ist weiß, cholerisch veranlagt und reagiert immer äußerst impulsiv.

Emil ist in Afrika geboren. Seine Mutter stirbt, als er gerade elf Jahre alt ist. Er wächst bei seinen Großeltern auf, angesehenen Leuten, zu denen man aufsieht und die ihn zu Respekt, Ehrlichkeit und Sorgfalt erziehen. Als er 20 ist, stirbt sein Vater, und er geht nach Frankreich.

Er ist seit fünf Jahren geschieden, und sein 16-jähriger Sohn lebt bei ihm. Ein Konflikt, der die Erziehung der Kinder betrifft, hat sich zwischen ihn und seine neue Lebensgefährtin geschoben.

Ist Rassismus im Spiel? Erstaunlicherweise kommt Emil nicht darauf zu sprechen. Dennoch kann man es nicht gänzlich ausschließen, weder auf Emils noch auf Raymonds Seite. Es wäre ziemlich heuchlerisch, würde man so tun, als spielte die kulturelle Zugehörigkeit der beiden Männer hier keinerlei Rolle. Eine andere Hautfarbe zu haben (oder als Frau in einer Männerwelt zu arbeiten) kann dazu führen, dass man sich umso mehr um ein mustergültiges Verhalten bemüht oder empfänglicher für Beleidigungen und Andeutungen wird. Das ist keineswegs zu unterschätzen. Genauso kann es für einen Vorgesetzten unerträglich sein, sich von einem Untergebenen belehren lassen zu müssen, der zu alledem auch noch schwarz ist. An einem vorhergehenden Arbeitsplatz musste Emil sich sagen lassen: «Ich lasse mir doch von einem Schwarzen nichts befehlen!» Er behauptet, dass alle Welt den Direktor für einen Rassisten halte (weil ihm einmal ein Schwarzer, den er beschimpft hatte, die Nase brach), aber niemand offen darüber spreche, weil das Thema tabu sei; man unterhalte sich lieber über organisatorische oder persönliche Probleme ...

Mit seinem Vorschlag, die Angelegenheit «unter Männern» auszutragen, also sich mit Emil zu prügeln, wollte Raymond auf seine Art eine Gleichheit zwischen ihnen herstellen, aber Emil weigert sich und gibt sich auch damit als der Überlegene zu erkennen: «Ich prügle mich doch nicht wie ein Raufbold!» Emil sagt: «Es macht mir nichts aus, wenn sie Rassisten sind, sie sollen es nur klar und deutlich sagen!» Was ihn verletze, das seien die unausgesprochenen Beleidigungen, die auf unterschwellige Weise das Verhältnis vergiften.

Als Personalvertreter hat Emil die Aufgabe, seinen Mitarbeitern zu helfen. Diese Funktion verschafft ihm eine Überlegenheit und Vorteile, um die andere ihn beneiden könnten. Wenn er lieber an einer Versammlung zum Thema der 35-Stunden-Woche teilnimmt als an einer Abteilungssitzung, könnte dies den einen oder anderen provozieren. Auch davon wird nicht laut gesprochen, weil es diskriminierend wäre. Emil erzählt, dass die Direktion während der Verhandlungen um die 35-Stunden-Woche versucht hat, den Vertreter der CFDT in eine unterlegene, schwache Position zu drängen, indem sie seine Arbeit in Frage stellte. Einmal wurde der Gewerkschafter von seinem Vorgesetzten so heftig angegriffen, dass er zusammenbrach und ins Krankenhaus eingeliefert werden musste.

Doch abgesehen davon ist Emil auch ein Perfektionist. Er versucht, sich möglichst wenig zuschulden kommen zu lassen. Im Übrigen macht man ihm weder während des Beurteilungsgesprächs noch bei anderer Gelegenheit Vorwürfe, die seine Arbeit betreffen. Trotzdem behauptet Raymond unentwegt, dass er nichts tauge und schlechte Arbeit leiste. Emil dürfte sich davon eigentlich nicht aus der Ruhe bringen lassen, zumal diese Vorwürfe nachweislich nicht begründet sind. Aber gerade weil Emil sehr gewissenhaft und engagiert ist, macht ihm Raymonds Kritik enorm zu schaffen. Offiziell erwartet man von den Arbeitnehmern Qualität, doch wenn sie allzu perfektionistisch sind, werden sie zum Ärgernis. Die Anweisung an Emil, sich vor Raymond zu verantworten, verstärkt noch seine Wachsamkeit und sein Misstrauen. Aus lauter Angst, bei einem Fehler ertappt zu werden, wird er noch gewissenhafter und provoziert Raymond noch mehr. Dies mag nicht ganz unbeabsichtigt sein: «Die wollen, dass ich mich verantworte, na schön, die werden schon sehen, was sie davon haben!» Und hier beginnt der Teufelskreis. Keiner will mehr nachgeben. Man kann sich auch fragen, ob Raymond, der es ja mit einem mustergültigen Untergebenen zu tun hat, der ihn in den Schatten stellen könnte, sich von diesem nicht angegriffen fühlte und eventuell um seine Stelle fürchtete.

Was ist von der Einstellung des Personalchefs zu halten? Seine erste Reaktion, die in der Aussage besteht, dies sei eine Privatangelegenheit, betreffe ihn nicht, ist bei den Personalchefs weit verbreitet. Später schlägt er eine Vermittlung in Anwesenheit von Zeugen vor. Diese lobenswerte Idee wurde von Emil sehr begrüßt als eine würdige Art und Weise, die Dinge zu regeln. Das Misstrauen des Personalchefs gegenüber den beiden Protagonisten war legitim. Natürlich musste er sich beide Versionen anhören. Warum aber hat diese Zusammenkunft nie stattgefunden? Ich weiß es nicht. Hatte der Personalchef Angst, dem Konflikt nicht gewachsen zu sein? Erschien ihm die Sache nicht wichtig genug? Jedenfalls fühlte Emil sich verraten und wandte sich an den Arbeitsschiedsausschuss.

Was hätte der Personalchef tun können? Er hätte früher intervenieren müssen, um die beiden Protagonisten zu beruhigen, hätte vor allem auf ihre Empfindlichkeit reagieren müssen. Raymond hat sich mit seiner Rüge gegen Emil, als dieser in seiner Funktion als Gewerkschaftsvertreter der Besprechung fernblieb, einen Fehler geleistet, der seine hierarchische Position schwächte. Um ihm wieder auf die Beine zu helfen und dadurch zu ermöglichen, dass er auf Gewalt verzichten konnte, hätte der Personalchef ihn in seiner hierarchischen Position stärken müssen.

Gibt es den typischen Aggressor?

Als ich mein vorheriges Buch schrieb, fragte ich mich, inwieweit es günstig sei, in der Öffentlichkeit den Begriff «narzisstischer Perverser» zu verwenden. Bestand hier nicht das Risiko der Verwechslung mit der sexuellen Perversion? Die zahlreichen Briefe, die ich erhalten habe, zeigen mir jedoch eindeutig, dass der Begriff «pervers» richtig verstanden und eindeutig mit einer niederträchtigen Art der Kommunikation in Verbindung gebracht worden ist, mit dem Versuch, den anderen, ohne dass dieser etwas davon bemerkt, zu manipulieren, um etwas von ihm zu erlangen. Dennoch darf man sich wie gesagt nicht zu einem Schwarzweißdenken hinreißen lassen und die Welt in zwei Lager teilen, hier die unschuldigen Opfer, dort die bösen Perversen. Ohne es zu wollen, ist jeder von uns in bestimmten Situationen perverser Handlungen fähig. Das Problem ist weniger der einzelne Perverse als vielmehr ein gewisser Verhaltenstypus, den es anzuprangern gilt.

Im Übrigen höre ich immer wieder, dass man am Arbeitsplatz nur ausnahmsweise auf narzisstische Perverse treffe und dass diese im Allgemeinen nur die Opfer eines Systems seien, das sie dazu bringe, andere zu maltrātieren. Sie quälten die anderen also nur deshalb, weil sie selbst vom System gequält würden. Die Wirklichkeit erscheint mir doch etwas komplizierter und kann nicht nur auf Unternehmensebene betrachtet werden.

Im einem früheren Kapitel haben wir gesehen, dass seelischer Gewalt kein Konflikt, sondern eine Aggression zugrunde liegt. Während im Konfliktfall gegensätzliche Elemente oder Gefühle aufeinander prallen, liegt seelischer Gewalt wie jeder Form von Aggression der Wunsch zugrunde, den anderen zu verletzen. Ziel des Quälens ist es, in die Psyche des anderen einzudringen, um ihn zu kontrollieren und zu dominieren. Hier geht es nicht etwa um die aggressive Entladung eines Individuums, das zu viel Stress oder schlechten Arbeitsbedingungen ausgeliefert ist. Seelische Gewalt entsteht nicht, weil jemand die Kontrolle über sich verliert, sondern weil er den Wunsch hat, den anderen zu kontrollieren.

Manche Soziologen behaupten – in falscher Auslegung der These von Hannah Arendt über die «Banalität des Bösen»–, dass der psychologische Druck, der von neuen Arbeitsstrukturen ausgehe, aus *jedem* Individuum einen Peiniger machen könne. Meine Erfahrung mit solchen Situationen bringt mich jedoch zu dem Schluss, dass gewisse Bedingungen zwar auf jedermann destabilisierend wirken können, dass aber nicht jeder beliebige Mensch deshalb automatisch zum Aggressor wird. Bei manchen psychologischen Profilen besteht eine größere Anfälligkeit, andere können widerstehen, wahrscheinlich weil sie in ihren ethischen Werten gefestigter sind.

Manche meiner Leser haben sich in Verhaltensweisen wiedererkannt, die ich beschrieben habe, obwohl sie sich nicht für strukturell pervers hielten. Sie wiesen ihr Verhalten der Schwierigkeit zu, das Personal zu leiten. Wir werden noch sehen, dass man die harten Herausforderungen eines Managers auch dann bestehen kann, wenn man seinen Angestellten mit Respekt begegnet, ihnen zuhört, ihre Kritik akzeptiert und sich hin und wieder in Frage stellt.

Um einem Missbrauch des Begriffs vorzubeugen und die Verteufelung von gewissen Aggressoren zu vermeiden, die dazu führen könnte, dass sie zu Opfern ihrer Opfer werden, sollte man Situationen, die der seelischen Gewalt zwar gleichen, aber keine sind (hauptsächlich, weil keine böse Absicht im Spiel ist), von echter seelischer Gewalt unterscheiden lernen, die in böser Absicht geübt wird. Dazwischen gibt es verschiedene Abstufungen von Gewalt, die nur von Fall zu Fall analysiert werden können.

Um etwas Klarheit zu schaffen, habe ich eine eigene Klassifikation vorgenommen, die das Spektrum von der harmlosesten bis hin zur bösartigsten Situation auffächert:

– was keine seelische Gewalt ist, auch wenn es den Anschein hat;
– was zerstörerisch, aber noch immer nicht bösartig ist;
– was zwar bösartig, aber noch nicht bewusst bösartig ist;
– was tatsächlich seelische Gewalt ist.

Natürlich lassen sich die Vorfälle nicht immer so eindeutig einer Kategorie zuweisen, kann es Übergänge von einer Situation zur anderen geben. Diese Unterscheidungen bestimmen die Maßnahmen, die zu treffen sind, sowohl auf der Ebene der Sanktionen als auch im Bereich der Prävention, doch davon später.

Was der seelischen Gewalt zwar gleicht, aber keine ist

Die Missverständnisse und Fehler im Management

In diese Kategorie kann man die Unbeholfenheiten oder Fehler einordnen, die Führungskräfte begehen, weil sie, ungeachtet ihrer fachlichen Kompetenz, unfähig sind, ein Team zu leiten. Manche haben es nötig, aus persönlicher Schwäche, aus mangelnder Selbstsicherheit oder aus Verletzlichkeit, ihre Arbeitnehmer zu unterdrücken. Andere haben nicht den Mut, sich Problemen zu stellen und Missstände beim Namen zu nennen. Stattdessen lügen und manipulieren sie. Hat ein Vorgesetzter zu wenig Selbstvertrauen im Umgang mit seinen Untergebenen, könnte er versucht sein, sich hinter Management-Techniken zu verstecken. Nur haben diese Methoden – angepriesen unter verlockenden Titeln wie

«Die Kunst des Überredens» oder «Wie man Konflikte bewältigt», so gut sie auch sein mögen, keinerlei Wirksamkeit, wenn sie unsensibel und ohne gesunden Menschenverstand angewandt werden.

Menschen zu führen ist nicht einfach: Ist man seiner selbst allzu sicher, läuft man Gefahr, arrogant zu erscheinen, ist man es zu wenig, gerät man womöglich so sehr in Bedrängnis, dass der Angriff als einziger Ausweg erscheinen mag. Manche Leute schützen sich mit ihrer Vorgesetztenrolle wie mit einem Panzer, der sie vor der Begegnung mit dem anderen bewahrt. Sie herrschen skrupellos, um sich keine Fragen stellen zu müssen und um Angstschübe zu vermeiden, die ihre Angreifbarkeit verraten könnten.

Es gibt auch Menschen in verantwortungsvollen Positionen, die ihre Inkompetenz hinter einem autoritären oder manipulierenden Verhalten zu kaschieren suchen. Um gut zu herrschen, braucht man eine Gabe (eine zusätzliche Fähigkeit oder eine stärkere Persönlichkeit zum Beispiel), die einen vor den Untergebenen auszeichnet, damit sie einen respektieren. Und wer weder über Charisma noch über Kompetenz verfügt, versucht sich womöglich durch Einschüchterungen und Drohungen Respekt zu verschaffen.

Es gibt auch Chefs, die aufgrund ihres Charakters oder ihrer mangelnden Erziehung nicht kommunizieren können. Sie finden nie ein freundliches Wort für ihre Untergebenen und kennen keine Manieren. Sie haben die wenigen Höflichkeitsfloskeln, die das menschliche Miteinander erleichtern können, nie gelernt. Ebenso wenig haben sie gelernt, andere zu respektieren, ihre eventuelle Verwundbarkeit oder Impulsivität zu berücksichtigen. Ein Vorgesetzter dieser Art ist zwar unangenehm, meint es aber nicht böse, und seine Untergebenen sind von seinem Verhalten auch nicht zutiefst getroffen. Trotzdem trägt das Unternehmen für ihn die Verantwortung, muss dafür Sorge tragen, dass er sich bessere Manieren angewöhnt, damit er empfindliche Untergebene nicht verletzt.

Etliche Situationen, die in seelische Gewalt ausarten, sind zunächst nur Missverständnisse oder Führungsfehler.

Als Judith ihre neue Stelle antritt, hat sie den Eindruck, dass ihr Chef sie nicht schätzt. Er scheint sich nicht mit ihr zu verstehen, spricht nicht mit ihr, und jedes Mal, wenn sie ihn zu dem Projekt, an dem sie arbeitet, nach seiner Meinung fragt, weicht er ihr aus. Eine ältere Kollegin bestätigt sie in ihrer Wahrnehmung, dass der Chef sie nicht leiden kann.

Als Judith zufällig einmal mit ihrem Vorgesetzten alleine in der Abteilung ist und die beiden endlich Gelegenheit haben, miteinander zu sprechen, stellt sich heraus, dass er in Wirklichkeit wenig Ahnung hat von dem Projekt, an dem sie arbeitet. Er ist erst seit kurzem in dieser Abteilung und hat die Nachfolge eines Mannes angetreten, der sich für unersetzlich hielt und, bevor er ging, keine Informationen an ihn weitergegeben hatte. Außerdem hat dieser ehemalige Chef ihn bei seinen Angestellten so sehr angeschwärzt, dass sie wenig Lust haben, mit ihm zusammenzuarbeiten. Aus diesem Grund hält ihn die Geschäftsführung von interessanten Projekten fern. Judith, die erst seit kurzem in der Firma arbeitet, versteht nun endlich das Verhalten ihres Chefs.

In diesem Beispiel ist es zwar Judith, die sich zurückgewiesen fühlt, aber das eigentliche Opfer von Manipulationen ist ihr Chef. Er ist seinem Vorgänger ein Dorn im Auge, so dass dieser ihm schadet, ohne ihn zu kennen, indem er ihm essentielle Informationen vorenthält und zudem die Belegschaft gegen ihn aufhetzt, bis sie kein Vertrauen mehr zu ihm entwickeln kann. Dies erklärt die Haltung von Judiths Kollegin.

Die Unstimmigkeit

Woran liegt es, dass man jemanden nicht ausstehen kann? Woran liegt es, dass man jemanden, mit dem man sich einmal gut verstanden hat, plötzlich nicht mehr leiden kann?

Mir scheint, dass man persönliche von beruflichen Unstimmigkeiten unterscheiden muss. Es lässt sich nicht bestreiten, dass es angenehmer ist, mit jemandem zusammen zu arbeiten, mit dem man sich auch persönlich gut versteht, aber wenn die Art und Weise, wie der Betrieb geführt wird, gesund ist und man sich auf ein gemeinsames Ziel einigen kann, ist es möglich, persönliche Animositäten, falls welche bestehen sollten, beiseite zu lassen. Jemand kann einem gleichgültig oder sogar unsympathisch sein, und dennoch ist man in der Lage, mit ihm zusammen zu arbeiten.

Im Berufsleben geraten die Menschen häufig deshalb aneinander, weil sie sich nicht darüber einig werden können, wie eine Aufgabe zu lösen ist. Da sie damit das Ziel gefährden, haben die Unternehmen großes Interesse daran, den Arbeitnehmern dabei zu helfen, ihre Konflikte beizulegen, damit sie wieder zusammen arbeiten können. Unstimmigkeiten, die aus unterschiedlichen Wertvorstellungen oder aus Uneinigkeiten in der Rangordnung erwachsen, müssen durch die Vorgesetzten geregelt werden.

Es kommt auch vor, dass Personen, die zusammen arbeiten, unterschiedliche Erwartungen an ihr berufliches Verhältnis haben: Der eine wünscht sich zum Beispiel mehr Nähe, während der andere die Distanz wahren möchte. Dies kann zu persönlichen Misshelligkeiten führen.

Der Unstimmigkeit, sei sie nun privater oder beruflicher Natur, liegt, wenn ihr nicht beizukommen ist, eine persönliche Geschichte zugrunde. Die Situation könnte sich wieder einrenken, wenn die betroffenen Personen die Gelegenheit hätten, miteinander zu sprechen, einander zu begegnen, und zwar im wörtlichen Sinne, oder wenn jemand ihnen dabei helfen würde. Es ist die Aufgabe der Führungskräfte, die Dinge wieder ins Lot zu bringen. Wird die Unstimmigkeit jedoch von einer manipulierenden Gruppe oder einem perversen Individuum ausgenutzt, kann sie leicht zu seelischer Gewalt ausarten, da die Protagonisten sich immer mehr auf ihre Positionen versteifen. Folgenden Brief hat mir Ghislaine geschrieben:

«Mit 34 Jahren habe ich eine Stelle als Sekretärin in einem Versicherungsbüro angetreten. Während meiner einmonatigen Probezeit waren meine Arbeitgeber (ein Ehepaar) äußerst liebenswürdig, suchten den Kontakt mit mir, hatten nichts an meiner Arbeit auszusetzen. Kaum war der Monat um, bat man mich, keine Wasserflaschen oder Kekse mehr in meinem Schrank aufzubewahren; dann warf man mir vor, ich könne mit den Kunden nicht umgehen. Die Beschwerden blieben zwei Wochen lang aus, zu zweit lief alles gut. Später bat mich mein Arbeitgeber, die Brille aufzusetzen, da ich angeblich Fehler beginge. Als ich ihn aufforderte, sie mir zu zeigen, fuhr er mich an: «Jetzt setzen Sie schon Ihre Brille auf, ich habe doch nicht ewig Zeit!» Er konnte nicht wissen, dass meine Brillengläser aus ganz normalem Fensterglas bestanden. Einige Wochen später bekam ich zu hören, dass ich die Computertastatur nicht zurechtrücken dürfe. Ich musste also mit gestreckten Armen arbeiten. Ich ertrug es, indem ich mir sagte, dass ich am Wochenende abschalten konnte. Aber mein Chef war anscheinend der Meinung, dass ich noch nicht genügend unterwürfig sei, denn das Schlimmste sollte noch kommen.

Als wir eines Tages alleine im Büro saßen, wollte er wissen, welches Parfum ich benutzte. Ich fragte ihn, weshalb ihn das interessiere. Da sagte er: «Weil Sie stinken!» Sie können sich denken, wie sehr mich diese Antwort kränkte.

Von nun an zitierte er mich ungefähr zwei Mal im Monat zu sich ins Büro, um mich psychisch fertig zu machen. Bald konnte ich nachts nicht mehr schlafen und weinte morgens auf dem Weg zur Arbeit.

Mein Mann hat mich ermuntert, meine Kündigung auszuhandeln. Wir einigten uns darauf, als Kündigungsgrund zu große charakterliche Unterschiede anzugeben, aber der Brief, den ich erhielt, warf mir mangelnde Körperhygiene vor. Ich strengte ein Verfahren an, das ich gewann, und erhielt eine Abfindung von sechs Monatsgehältern. Seitdem arbeite ich nicht mehr. Ich kann es nicht ertragen, neben einem Mann zu arbeiten, an dessen Integrität ich zweifeln muss. Seit das Urteil des Arbeitsschiedsausschusses gefallen ist, kann ich in meiner Kleinstadt den Kopf wieder hoch tragen, aber ich spüre eine tiefe Wunde in mir.»

Ghislaines Arbeitgeber kann sie nicht ausstehen, und zwar aus Gründen, die nicht «nennbar» sind. Es ist schwer, jemandem ins Gesicht zu sagen: «Ich kann Sie nicht riechen!», und so wird das, was nicht gesagt werden kann, in einem abwertenden Verhalten ausagiert. Es kann jedem passieren, einen Wesenszug oder eine Eigenart des anderen nicht ertragen zu können, aber bevor man ihn endgültig ablehnt, sollte man ihn besser kennen lernen und mit ihm gemeinsam zu verstehen suchen, was einem Probleme bereitet.

Wenn ein Arbeitgeber einen seiner Mitarbeiter, den er selbst eingestellt hat, nicht ausstehen kann, dann hat er sich das selbst zuzuschreiben und muss die Kosten für die Kündigung tragen. Es handelt sich um einen Einstellungsfehler, und die betreffende Person, der man nichts anderes vorzuwerfen hat, als dass sie ist, wie sie eben ist, hat Anspruch auf eine Abfindung. In Ghislaines Fall wäre eine schnelle Kündigung wegen unvereinbarer Charaktere die einfachste Lösung gewesen. Wäre sie respektvoll verlaufen, hätte keiner der Beteiligten Schaden genommen. Aber der Chef wollte unbedingt das letzte Wort haben und Ghislaine womöglich zu einem Fehler verleiten, um billiger davonzukommen. Und zu diesem Zweck hat er Ghislaine gedemütigt und schikaniert. Sie hat die Angelegenheit zu Recht dem Arbeitsschiedsausschuss übergeben, auch wenn ihre Verletzung, wie sie sagt, nicht mehr gutzumachen ist.

Selten lassen sich die Gründe für solche Unstimmigkeiten offen aussprechen. Indirekt, durch Andeutungen oder kleine Gehässigkeiten, gibt man dem anderen zu verstehen, dass man ihn nicht leiden kann. Anstatt das Gespräch zu suchen, schreitet man zur Tat. Werden die Leute nach den Ursachen gefragt, die sie dazu bringen, eine andere Person nicht ausstehen zu können, antworten sie häufig anekdotenhaft, als bedürfe es lediglich unbedeutender Lappalien, um eine Antipathie zu schüren.

Jean-Pierre, Thomas und Julie, die alle drei erst vor kurzem ihr Architekturstudium abgeschlossen haben, erhalten eine Anstel-

lung in einem großen Büro. Als sie ihre Stelle antreten, sind sie noch Freunde, aber schon bald können Jean-Pierre und Thomas Julie nicht mehr leiden. Sie geht ihnen entsetzlich auf die Nerven, vor allem, weil ihre Armreife ständig klimpern. Dieses Geräusch ist für sie zum Schlüsselreiz geworden: Jedes Armreif-klimpern lässt sie an Julie denken und bringt sie auf die Palme. Aber das sagen sie ihr nicht. Sie beschränken sich darauf, sie auszugrenzen und ihr regelmäßig eins auszuwischen. Vor allem aber nörgeln sie an allem herum, was sie sagt oder tut, sobald sie den Rücken kehrt.

Wie beurteilen Jean-Pierre und Thomas einige Jahre später die Situation? «Zugegeben, wir haben ihr ganz schön zugesetzt, obwohl sie, abgesehen von den Armreifen, eigentlich ein nettes Mädchen war und gute Arbeit geleistet hat!» Wie sich herausstellte, war Julie mit einem älteren Mann verheiratet und dachte an ein Kind, während ihre beiden Kollegen Junggesellen und eifrige Partygänger waren. Obwohl sie alle drei denselben Beruf ausübten, lebten sie in verschiedenen Welten.

In dem Spielfilm *Le jouet* wird Pierre Richard von seinem Chef brüsk vor die Tür gesetzt. Er begründet sein Handeln mit den Worten: «Ich werfe Sie hinaus, weil Sie feuchte Hände haben» …

Was wir am anderen anziehend oder abstoßend finden, ist stets sehr subjektiv: eine Wesensart, die uns an eine Begebenheit aus unserer eigenen Geschichte erinnert, die man lieber vergessen hätte (zum Beispiel der Ton, den unsere Mutter anschlug, wenn sie uns bestrafen wollte), oder ein Charakterzug, den wir an uns selbst nicht leiden können.

Schlechte Arbeitsbedingungen (Zusammengepferchtsein in winzigen Büros zum Beispiel) können derartige Kleinigkeiten verschärfen, merkwürdige Reaktionen auslösen und dazu führen, dass das kleinste Räuspern des Kollegen uns zur Weißglut treibt oder dass der andere sich sofort echauffiert, wenn wir, ohne ihn zu fragen, das Fenster öffnen. Nichtsdestotrotz handelt es sich hierbei noch nicht um seelische Gewalt.

Vorübergehende psychische Störungen

Manche psychischen Störungen können in Krisenmomenten Verhaltensweisen auslösen, die der seelischen Gewalt gleichen. Ich spreche hier von vorübergehenden zerstörerischen Anwandlungen, die behandelt werden könnten, wenn der Betriebsarzt sie erkennen würde.

In der manisch-depressiven Psychose zum Beispiel zeigen die Patienten abwechselnd ein depressives und ein manisches Verhalten. Die manischen Anfälle werden von Symptomen begleitet wie einem übersteigerten Selbstwert, einem euphorischen Erregungszustand oder erhöhter Reizbarkeit, einer Flucht in die Imagination und einer gesteigerten, auf ein bestimmtes Ziel ausgerichteten Aktivität (sexueller, beruflicher, sozialer Natur ...). Während dieser Allmachtsanfälle lässt der manische Patient keine Grenzen gelten, und er kann andere schikanieren, ohne sich dessen bewusst zu sein. Nicht alle manisch-depressiven Anfälle bringen solch spektakuläre Allüren mit sich oder führen den Patienten gleich ins Krankenhaus. Häufig werden die depressiven Phasen nur als ein Leistungstief wahrgenommen, während die abgeschwächt manischen Zustände von den Betroffenen als endlich wiedergefundene Vitalität begrüßt werden. Ihre Umgebung sieht dies allerdings anders, sie weiß sich diese kaum erträglichen Stimmungswechsel nicht zu deuten.

Vor einigen Jahren wurde Daniel aufgrund einer schweren Depression ins Krankenhaus eingeliefert. Infolge einer antidepressiven Behandlung, die man ihm verschrieben hatte, wurde der Depressive plötzlich manisch. Die Bank, in der er als leitender Angestellter beschäftigt war, ging gerade eine Fusion ein, und Daniel, der schon 50 war, fürchtete um seinen Arbeitsplatz.

Seit einigen Wochen fühlt er sich jedoch klüger und mutiger als alle anderen, und er behauptet sogar, dass er sämtliche Probleme der Abteilung im Nu lösen könnte, wenn man ihm freie Hand ließe. Er kommt zeitig ins Büro, erledigt einen beachtlichen Berg von Arbeit und regt sich auf, wenn seine Untergebe-

nen nicht Schritt halten können. Er, der für gewöhnlich sehr dis-
tanziert ist, schlägt seiner Assistentin gegenüber plötzlich einen
vertraulichen Ton an, gibt ihr Kosenamen, wenn er guter Laune
ist, und fährt sie grob an, wenn er unzufrieden ist. Sein arrogan-
tes Gehabe irritiert seine Kollegen, die sich von ihm für dumm
verkauft fühlen. Kommt er in der Kantine in der Nähe einer
Frau zu sitzen, erliegt er regelmäßig der Versuchung, pikante
Geschichten zu erzählen, bis sie errötet oder düpiert den Tisch
verlässt.

Daniels Frau ist beunruhigt über seinen aufgedrehten Zu-
stand und überredet ihn, einen Psychiater zu Rate zu ziehen. Es
scheint, als wehrte sich Daniel durch diesen manischen Zustand
gegen eine latente Depression. Er glaubt, dass seine Direktion,
die einen Arbeitskräfteabbau von 20 Prozent angekündigt hat,
die ältesten und leistungsschwächsten Beschäftigten entlassen
wird. Weil er nicht mehr jung ist, bemüht er sich, wenigstens
gut zu sein. Nachdem er einige Tage Antidepressiva und Anxio-
lytika eingenommen hat, beruhigt sich Daniel und hört auf, sei-
ne Assistentin und seine Kollegen zu belästigen.

Auch in diesem Fall ist keine seelische Gewalt im Spiel. Es
geht lediglich um eine psychische Störung, die behandelt
werden kann. Es genügt, dass ein Arzt die Diagnose stellt.

Was zerstörerisch, aber nicht unbedingt bösartig ist

Hierzu zählt alles, was ich im ersten Teil des Buches als das
Verhalten tyrannischer Vorgesetzter erwähnt und kurz erläutert habe. Ein Mensch kann aufgrund einer pathologischen Persönlichkeit seine gesamte Umgebung malträtieren.
Ist er in einer Machtposition, kann er seine Untergebenen tyrannisieren, die sich sehr schwertun, sich gegen ihn zu wehren. Es geht um ein pauschales Fehlverhalten, bei dem im
Prinzip alle im selben Boot sitzen. Damit sind Praktiken gemeint, die sich nicht verbergen lassen und von allen erkenn
bar sind.

Natürlich gibt es hierbei unterschiedliche Nuancen,

man von Fall zu Fall untersuchen muss, da das tyrannische Verhalten von Vorgesetzten zuweilen in seelische Gewalt ausarten kann.

Die Übertragung von Stress

Eine gewisse Anzahl kleiner Chefs ist unablässig dabei, den Druck, dem sie selbst von oben ausgesetzt sind, nach unten weiterzugeben. Wegen der vielen verschiedenen Aufgaben, die sie zu erfüllen haben, leben sie in der beständigen Angst zu versagen, so dass sie vor Panik andere tyrannisieren. Sie rechtfertigen sich mit dem Argument, sie seien überlastet, müssten ihre Ziele erreichen und könnten sich daher nicht um jedermanns Seelenzustand kümmern. Solange die Beschäftigten keine Einwände haben, erfährt dieses Benehmen, das ja nicht böse gemeint ist, aber dennoch zerstörerische Folgen haben kann, keinerlei Zensur, da die Vorgesetzten sich lediglich für Resultate interessieren. Der Druck pflanzt sich also von ganz oben bis nach ganz unten fort, weil jeder seinen Stress an seine Untergebenen, aber auch an seine Kollegen weitergibt. Da alle sich hinter dem Druck verschanzen, dem sie ausgesetzt sind, fühlt niemand sich wirklich verantwortlich. «Das System hat Schuld! Ich habe mich nur an die Vorschriften gehalten!» Unbestreitbar ist, dass man durch einen solchen Kontext, besonders wenn er feindselig ist, empfindlicher und demzufolge intoleranter wird gegenüber den Schwächen oder Fehlern der anderen.

Es kann passieren, dass ein Arbeitnehmer von seinen Vorgesetzten malträtiert wird und nicht den Mut aufbringt, dazu sprechen; so kann er seinem Zorn nur Luft machen, den Druck nach unten weitergibt. Bei der Weitergewalt gibt es etwas, das sich, unauslöschlich im Körpers gespeichert, ohne unser Zutun abflex auf einen Reiz. Weil wir gedemütigt ich wir jemanden demütigen. Es ist nicht man sich der gleichen Praktiken bedient, die einem durch andere zugemutet wurden, oder in sich etwas zu entdecken, was man an anderen verabscheut.

Allerdings muss man sich hüten, die Gewalt nicht zur Norm werden zu lassen. Dass wir selbst Schweres durchgemacht haben, rechtfertigt noch lange nicht, dass wir anderen dasselbe antun. Ansonsten würden wir ja die Kettenreaktion, die darin besteht, jemanden zu malträtieren, weil man selbst malträtiert worden ist, als völlig natürlich akzeptieren.

«Ich sage wirklich grauenhaftes Zeug, aber ich bereue nichts. Im Grunde sage ich noch nicht mal ein Zehntel von den Schweinereien, die ich sagen möchte! Es ist doch arrogant, wenn die Leute glauben, sie bräuchten sich für andere nicht anzustrengen, aber was soll's, ich mach's eben wie sie! Niemand hält, was er verspricht. Wenn ich das eine sage und das andere tue, dann halte ich es mit der Wahrheit doch nur wie die meisten anderen auch. Seit meiner Kindheit wirft man mir vor, aggressiv zu sein, aber ich habe mich nur gegen die Gewalttätigkeit der Erwachsenen gewehrt. Und das werde ich auch weiterhin tun, Punkt. Ich werde mich nicht ändern!»

Der Arbeitsdruck oder das schlechte Arbeitsklima sind keine Entschuldigungen, und jeder Arbeitnehmer, in welcher hierarchischen Position er auch sei, muss sich bemühen, aus dieser Spirale auszubrechen.

Es erscheint mir trotz alledem wichtig, den Stress und die reaktive Gewalt von der perversen Gewalt zu unterscheiden, die kaltblütig geübt wird, selbst wenn diese Perversität ihre tiefere Ursache in einer früher erlittenen Gewalt haben sollte.

Die neurotische Ängstlichkeit

Menschen reagieren nicht immer logisch. Das verworrene Verhalten eines Arbeitnehmers ist nicht zwangsweise die

Schuld des Unternehmens, sondern kann auch eine Folge seiner emotionalen Funktionsweise sein.

Ängstlichkeit oder Neurosen können zu Verhaltensweisen führen, die für andere schwer zu ertragen sind. Ein Neurotiker ist häufig unausgeglichen, intolerant und voller Widersprüche; er kann, wie man so schön sagt, einen «schlechten Charakter» haben. Seine affektiven Schwierigkeiten können bei ihm, sobald er Angst hat vor der eigenen Gewalttätigkeit und der eigenen Begierde, komplizierte, versteckt aggressive Verhaltensweisen auslösen.

Die Neurotiker spielen in ihren Beziehungen zu anderen Menschen häufig die unfertigen Rollen ihrer Kindheit nach. Ein «schwieriger» Kollege ist vielleicht nur ein verletztes Individuum, das die Ängste und Demütigungen weitergibt, die es selbst als Kind erfahren hat.

Die neurotische Aggressivität bleibt sehr oft unbewusst und äußert sich gerne indirekt, durch Ironie, Sarkasmus, Hänseleien und Zurückweisung oder auch durch verhinderte Aktionen, Gleichgültigkeit, Kraftlosigkeit, Untätigkeit und Unentschlossenheit. Sie kann nicht ohne Angst gelebt werden. Diese neurotische Aggressivität, deren Ursache in der persönlichen Geschichte des Menschen verborgen liegt, kann sich verlagern und am Arbeitsplatz zu Tage treten. Dann wird zum Beispiel die Wut, die eigentlich der Mutter gilt, auf sämtliche Frauen projiziert, wodurch sich bestimmte machohafte oder sexistische Verhaltensweisen erklären lassen.

Die Aggressivität kann sich auch ins Gegenteil verkehren und als Angst erlebt werden, so dass man sich angegriffen fühlt, obwohl man selbst der Angreifer ist. Im Allgemeinen neigen wir dazu, Gefühle, die wir nicht als die unseren akzeptieren wollen, auf andere zu projizieren, denn wir verabscheuen an anderen, was wir an uns selbst nicht leiden können. Es ist der Hass auf uns selbst, der uns zum Hass auf andere führt.

Darum sollte man sich erst einmal selbst mögen, um mit

anderen auszukommen. Wer kein Selbstvertrauen hat, gerät womöglich andauernd in die Defensive, weil er den anderen misstraut und glaubt, sie würden über ihn urteilen oder ihn kritisieren. Er wird gewalttätig, weil er sich in Gefahr wähnt. Will nun jemand die eigene Gewalttätigkeit nicht akzeptieren, wird er sie hinter perversen Verfahren verstecken. Es ist ein Teufelskreis: Um sich zu schützen, muss er immer noch aggressiver werden. «Diese Faustregel bewahrheitet sich immer wieder: Wer Gewalt anwendet, kommt nicht mehr von ihr los.»[6]

Die tyrannischen Chefs

Es gibt weitaus mehr tyrannische Chefs, als man meinen könnte. Sie beschimpfen ihre Untergebenen, machen sich über sie lustig, demütigen sie und kommen zumeist ungeschoren davon, da sie am längeren Hebel sitzen. Es ist unmöglich, mit ihnen auszukommen, und sie leisten sich dieses Verhalten auch in anderen Zusammenhängen, gegenüber Personen, die nicht so viel Macht innehaben wie sie. Es sind die kleinen Chefs, die ohne schlechtes Gewissen jedermann beleidigen, vor allem Frauen.

Während die Praktiken seelischer Gewalt im Verborgenen vonstatten gehen, tyrannisieren schwierige Chefs offen ihre gesamte Umgebung, die sie erdulden muss und nicht immer den Mut aufbringt, sich gegen sie zu wehren.

Der Präsident eines Werbeunternehmens wird von seinem gesamten Personal «Gott» genannt. Er ist ein tyrannischer Perverser, dem es Vergnügen bereitet, seinen Managern vor versammelter Mannschaft die Leviten zu lesen; diese wagen nicht zu reagieren, aus Angst, sich vor ihren Untergebenen zu blamieren. Sein Schlüsselsatz lautet: «Krabben werfe ich auch nicht gleich ins kochende Wasser, zuerst schlage ich sie zu Brei!» Sein

[6] Zweig, S., Science contre conscience, ou Castellin contre Calvin, Paris 1997.

Personal sitzt ständig wie auf glühenden Kohlen, denn, ohne er-
sichtlichen Grund, kann er einen Angestellten in den höchsten
Tönen loben, nur um ihn tags darauf zu vernichten. Sobald man
sich ihm widersetzt, windet er sich heraus oder flüchtet sich in
Lügen. Er weiß, dass niemand, sei die Lüge auch noch so unge-
heuerlich, ihm sagen kann: «Sie lügen doch!» Manchmal hält er
endlose Versammlungen ab. Die Angestellten müssen dann ih-
rem «Herrn und Meister» geduldig zuhören, der von allem
Möglichen spricht, nur nicht über das eigentliche Thema der
Versammlung. Wenn er sich während einer Besprechung über-
raschend aus dem Zimmer entfernen muss, fordert er bei seiner
Rückkehr, auch wenn inzwischen eine Stunde vergangen sein
sollte, dass man noch einmal von vorne anfängt.

Von seinen Managern verlangt er einen unerbittlichen Füh-
rungsstil, gespickt mit Repressionen und eingeschriebenen Brie-
fen. Er gibt seinen Führungskräften freie Hand, nur um an-
schließend zunichte zu machen, was sie mit Kunden oder Zulie-
ferern ausgehandelt haben. Um Ärger zu vermeiden, weisen sie
schließlich jede Verantwortung von sich und schützen sich mit
schriftlichen Anweisungen. Trotz alledem schwingt er gönner-
hafte Reden: «Mein Büro steht Ihnen immer offen! Ich bin im-
mer für Sie da!», und während er selbst sein Vermögen ostenta-
tiv zur Schau stellt, hält er seiner Belegschaft ungeniert Moral-
predigten über die Gefahren des Geldes.

An den strategischen Stellen herrscht ein schneller Personal-
wechsel, da die Führungskräfte es kaum länger als ein Jahr mit
diesem Chef aushalten. Als wieder einmal jemand öffentlich
«gelyncht» wird und es wagt, dagegen aufzubegehren, machen
sich jene, die der Aggression entgangen sind, frenetisch Notizen
oder blicken zu Boden. Diesmal dauert das Spiel ein wenig län-
ger als gewöhnlich, endet aber wie üblich mit einer Entlassung.
Natürlich wird der Betreffende vor den Arbeitsschiedsaus-
schuss gehen und gewinnen; aber der Präsident wird Berufung
einlegen und falls nötig bis zum Kassationsgericht gehen. Es
wäre natürlich einfacher und weniger peinlich für das Unter-
nehmen, eine Abfindung zu zahlen, aber diesem Chef geht es
einzig und allein darum, sagen zu können: «Er hat sich gegen
mich gestellt, und ich habe ihn zermalmt!»

In dieser Firma ist im Augenblick eine gemeinsame Aktion

der Belegschaft unwahrscheinlich, weil die Menschen Angst haben und einige langjährige Mitarbeiter sich haben manipulieren lassen und Neuankömmlingen entgegenarbeiten.

Dieser Mann ist so offensichtlich pathologisch, dass seine Mitarbeiter davon wenig beeindruckt sind. Sie sehen seinem unerträglichen Verhalten zu und bestätigen sich gegenseitig. Folgendes sagt einer seiner leitenden Angestellten über ihn:

«Gegen sein Benehmen bin ich gefeit, weil ich weiß, dass er verrückt ist, jeder weiß das. Es ist auch gar nicht so schlimm, weil meine Arbeit mir gut gefällt und ich die Leute mag, mit denen ich zusammenarbeite. Wenn ich mich zum Verlassen der Firma entschließe, dann deshalb, weil ein solcher Chef sie über kurz oder lang zugrunde richten wird. Die Einnahmen gehen schon zurück, und meine Zulagen ebenso.»

Diesem Präsidenten ist es nicht gelungen, die verdeckte Solidarität zwischen den Mitarbeitern zu brechen, was an sich schon eine gute Sache ist, aber es gibt noch viel zu tun, damit die Arbeitnehmer ihre Solidarität offen als Waffe gegen die Betriebsführung einsetzen.

Ein Einzelner kann gegen einen Chef nichts ausrichten. Nur die gemeinsame Aktion aller Beschäftigten kann Abhilfe schaffen. Die ganze Gruppe muss sich zusammenschließen, um deutlich zu machen, dass sie ein solches Benehmen nicht dulden kann. Das ist in Montauban geschehen, wo die Arbeitnehmer der Firma Bouyer nach einem harten Streik ihren Generaldirektor, dessen schwieriges Verhalten seit langem bekannt war, zum Verlassen der Firma gezwungen haben.

Diese für alle sichtbaren Verhaltensweisen sind bei Chefs weitaus häufiger zu beobachten als bei Untergebenen. Hat man es mit einem schwierigen Arbeitnehmer zu tun, sollte die Direktion einschreiten, denn sie ist verantwortlich für ihn und muss Sanktionen erwägen.

Die paranoischen Chefs

Die Eigentümlichkeit solcher Vorgesetzten besteht darin, dass sie sich als Verkünder unbestreitbarer Wahrheiten präsentieren. Sie wissen alles besser und stellen sich niemals in Frage. Ihr Bedürfnis, immer nur an sich selbst zu denken, lässt sie Machtpositionen anstreben, in denen sie sich entfalten können. Sie müssen alles kontrollieren, alles beherrschen.

Warum fragt man im Zusammenhang mit seelischer Gewalt zunächst einmal, ob das Opfer womöglich Paranoiker sein könnte, anstatt den Aggressor genauer zu analysieren? Natürlich räumt man zuweilen ein, dass dieser oder jener Direktor, dem seine Untergebenen seelische Gewalt vorwerfen, einen schwierigen Charakter hat, den Psychiater, wenn sie ihn untersuchen dürften, als paranoisch erkennen würden, aber in den meisten Fällen werden namentlich die Opfer pathologisiert.

Nicht immer ist der Gepeinigte derjenige, der sich am meisten verfolgt fühlt. Es gibt misstrauische Manager, die überall Spitzel vermuten, keinem vertrauen und ausschließlich ihre eigene Wahrheit anerkennen. Es gibt Kollegen, die über alles bestimmen wollen und die anderen angreifen, weil sie der festen Überzeugung sind, dass diese sich etwas vorzuwerfen hätten. Ein besonderes Kennzeichen paranoischer Personen ist das Misstrauen. Am Ursprung der seelischen Gewalt liegt sehr häufig eine an Wahnsinn grenzende Angst, dass der andere (der dann aufs Korn genommen wird) sich als schädigend erweisen könnte. Diese paranoischen Chefs können von zwanghaften Gedanken besessen sein, die um eine vermeintliche Gefährdung kreisen, obwohl die Tatsachen selbst diesen Eindruck widerlegen. Zum Beispiel können sie sich fest einbilden, dass ein Mitarbeiter üble Absichten hegt. Was dieser auch tut, alles ist verdächtig. Ist er zu begabt, stellt er sie in den Schatten, ist er zu aufrichtig, macht er ihnen Angst und so weiter.

Xavier ist ein tyrannischer Chef, der von all seinen Untergebenen gefürchtet wird. Er vertraut niemandem und geht so weit, die Schriftstücke auf den Schreibtischen seiner Untergebenen zu lesen und deren Anrufbeantworter abzuhören.

Jedesmal, wenn er in eine missliche Lage gerät oder sich ein Geschäft nicht als lukrativ genug erweist, ist er überzeugt, dass jemand ihn bei seinen Partnern außerhalb der Firma schlecht gemacht hat. Nach einer Messe verfasst die gesamte Belegschaft spontan einen Brief, in dem sie die Bezahlung der Überstunden fordert. Resultat: Xavier wird aggressiv und attackiert seinen Teilhaber, dem er vorwirft, die Meuterei angezettelt zu haben.

In einem solchen Arbeitsklima misstraut bald jeder jedem und fühlt sich falsch und heuchlerisch. Am besten finden sich jene zurecht, die immer Ja und Amen sagen und Freundlichkeit vortäuschen.

Doch da Paranoiker häufig auch Tyrannen sind, können Kollegen, Vorgesetzte oder Untergebene den Unterschied zwischen paranoisch und tyrannisch veranlagten Chefs nicht immer erkennen. Nur ein Arzt kann die Diagnose stellen, aber solange es sich um eine Charaktereigenschaft und nicht um Geisteskrankheit handelt, wird nur selten der Arzt konsultiert. Und selbst wenn ein Mediziner zu Rate gezogen würde, könnte der Paranoiker – außer durch eine juristische Maßnahme – nicht dazu gezwungen werden, sich gegen seinen Willen behandeln zu lassen.

Die zwanghaften Persönlichkeiten

Man kann nicht von seelischer Gewalt sprechen, ohne den Zwang und das Zwangsverhalten zu erwähnen. Ein Zwang ist eine fixe Idee, die sich auf quälende Weise einem Subjekt aufdrängt, dem es nicht gelingt, sie willentlich aus seinen Gedanken zu verbannen. Wenn ein Opfer perverser Aggressionen vom Bild seines Angreifers und der Erinnerung an die erlittene Gewalt erfüllt ist, ist zweifellos auch der Angreifer, während und nach seiner aggressiven Handlung, völlig vom Bild der Person, die er verfolgt, besessen.

Diese Zwangsgedanken sind wie innere Parasiten, von denen der Zwanghafte sich gern befreien würde.

Neben ihren fixen Ideen haben zwanghafte Persönlichkeiten eine spezifische depressive Grundhaltung, die von dem Psychiater Janet[7] um 1900 als «Psychasthenie, seelische Schwäche», bezeichnet worden ist. Diese Haltung lässt sie Abstand nehmen von den Sorgen der anderen; sie ziehen sich zurück in die Welt der Abstraktionen und großen Theorien. Da es sich um Menschen handelt, deren Gesten oder Worte eine gewisse Kälte manifestieren und die wenig erregbar scheinen, können Kollegen oder Partner sich von ihnen zurückgewiesen fühlen. Janet sprach in Bezug auf die Zwanghaften von einem «Gefühl der Unvollkommenheit», aufgrund dessen sie in beständiger Unerfülltheit lebten und niemals zufrieden seien, weder mit sich noch mit den anderen.

Menschen mit zwanghaftem Charakter haben ein ungemein großes Bedürfnis nach Kontrolle, denn ihnen graut vor allem Fließenden, vor Bewegung und Spontaneität. Sie versuchen das Leben zu meistern, indem sie es fixieren. Sie müssen ständig einordnen, organisieren, dominieren, kontrollieren und klammern sich so sehr an Details, dass das Endergebnis leidet. Sie bestehen darauf, dass alles auf eine ganz bestimmte Weise gemacht wird und auf keinen Fall anders, und lassen erst vom anderen ab, wenn dieser alles genau so ausgeführt hat, wie sie es wünschen. Sie sind oft sehr eigensinnig und stur und neigen zu einem starren, autoritären Verhalten, mit dem sie Kollegen und Untergebene vor den Kopf stoßen. Sie glauben, das Recht auf ihrer Seite zu haben, und können Unzulänglichkeiten nicht ertragen. Fehler, Verspätungen oder unangemeldetes Erscheinen werden von ihnen als regelrechte Aggressionen aufgefasst, die zu fixen Ideen und Grübeleien führen.

Je mehr man ihren Rhythmus durcheinanderbringt, desto steifer werden sie. Zwanghafte Menschen lassen den ande-

---

[7] Janet, P., Les obsessions et la psychasthénie, Paris 1903.

ren nicht in Ruhe, drängen ihm ihre Gegenwart auf, indem sie ihn beispielsweise pausenlos anrufen und auf diese Weise am Fortkommen hindern. Ihr Triebleben ist von Aggressivität bestimmt, gegen die sie jedoch ankämpfen, indem sie sich höflich, angenehm und angepasst geben, da sie ja die Wertschätzung ihrer Umgebung brauchen.

Sind Zwanghafte in Firmen oder Behörden die Nummer zwei, also stellvertretende Chefs, funktionieren sie sehr gut, vorausgesetzt, sie haben einen Vorgesetzten über sich, zu dem sie aufblicken können und der ihnen vertraut. Sie können auf diese Weise nach Herzenslust organisieren und tyrannisieren, aber *per procura*, das heißt, indem sie die Verantwortung für ihre Handlungen nicht selber tragen.

Es ist für sie beruhigend, das Kommando führen und zugleich gehorchen zu können, weil sie so zu einem ausgewogenen Gleichgewicht zwischen ihrem Unterwerfungsdrang und ihrer Aggressivität finden.

Die Arbeitswelt – und ihre Karikatur, die Behörde – funktioniert nach dem Schema der Zwanghaften. Die Verfahren hier sind sehr streng, man etabliert Normen, erstellt Statistiken, macht Hochrechnungen. Die Beschäftigten müssen strikt nach Vorschrift handeln. In dieser geeichten Welt fühlen sich Menschen, die nicht genügend zwanghaft sind, wie am Gängelband und leiden, da ihre kreativen Neigungen und ihr Improvisationstalent hier nicht gefragt sind. Zwanghafte Menschen wiederum ertragen kaum Veränderungen im Arbeitsablauf und halten dem Zeitdruck nicht stand, deshalb neigen sie dazu, den Zwang, der durch ihre mangelnde Anpassungsfähigkeit entsteht, auf andere abzuwälzen.

Sowohl die Paranoia als auch die Zwangsneurose sind starre mentale Strukturen. Bei beiden pathologischen Störungen kommt es zu einer Verschlimmerung der Symptome, wenn die Betreffenden von jemandem, den sie idealisieren und dem sie nacheifern, zurückgewiesen werden. Von diesem Moment an wird jene Person als Verfolger betrachtet und beherrscht ihr Denken als fixe Idee, die sie erst wieder loslassen können, wenn sie ihr Verderben herbeigeführt haben.

Es kann jedem passieren, dass er sich von einer Vorstellung besessen fühlt, die keinen Ausdruck findet, oder vom bedrängenden Gedanken an einen anderen Menschen, zum Beispiel in Form einer leidenschaftlichen Liebe, ohne dass man von einer pathologischen Störung sprechen könnte. Aus diesem Grund ist es wichtig, dass jeder Mensch lernt, in sich diese psychischen Mechanismen zu erkennen, bevor sie in seelische Gewalt ausarten können. Und an Pierres Beispiel kann man sehen, dass auch Zwanghafte sehr wohl imstande sein können, sich selbst in Frage zu stellen.

Nach mehreren Jahren in einer großen Firmengruppe, als Angestellter unter anderen Angestellten, wird Pierre zum Leiter einer kleinen Abteilung befördert, die aus jungen Arbeitnehmern im Trainee-Programm oder mit Zeitvertrag besteht. Als einzige Fachkraft in der Abteilung ist er hier der unangefochtene Chef.

Nach einiger Zeit wird ihm bewusst, dass er Amélie nicht mehr leiden kann, obwohl sie ihre Arbeit korrekt erledigt. Sie geht ihm in jeder Hinsicht entsetzlich auf die Nerven, vor allem, wenn sie ihn bittet, früher gehen zu dürfen. Er hat den Eindruck, dass sie kein Interesse mehr an ihrer Tätigkeit (oder an ihm!) hat, und beginnt, sie auf Schritt und Tritt zu belauern. Er überwacht sie regelrecht, um ihr zusätzliche Arbeit aufzubürden, sobald sie etwas Luft hat. Beim kleinsten Fehler brüllt er sie an. Er hat Lust, ihr wehzutun. Er ist sich durchaus bewusst, dass es arbeitstechnisch nicht sinnvoll wäre, sie zu quälen, aber er ist in einen Teufelskreis geraten, den er nicht mehr unter Kontrolle hat: Er ist besessen von dieser Frau. Ständig kreisen seine Gedanken um sie, als sei sie das Ziel seiner eifersüchtigen Liebe. Er ist überzeugt davon, dass sie lieber anderswo wäre.

Seine Lage erinnert ihn an ähnliche Situationen, die er als Angreifer oder Angegriffener bereits in anderen Zusammenhängen erlebt hat. Er meinte, diese leidvollen Erfahrungen vergessen zu haben, doch nun sind sie alle wieder gegenwärtig. Er weiß, dass er immer den Kürzeren zog, wenn er sich für die Gewalt entschieden hatte. Er führt sich all die Fälle vor Augen, in denen er verächtlich oder absichtlich bösartig war. Er denkt über all den Hass nach, über all die Gespenster, die ihm so zugesetzt haben.

Nachdem er in der Psychotherapie lange darüber gesprochen hat, beschließt er, mit Amélie essen zu gehen und ihr bei dieser Gelegenheit alles zu sagen, was er ihr vorzuwerfen hat. Sie gibt zu, dass sie tatsächlich nicht mehr so motiviert war, weil sie das Gefühl hatte, auf ihrem Posten auf der Stelle zu treten. Sie wünscht sich eine Funktion mit mehr Eigenständigkeit und mehr Verantwortung. Pierre hört ihr zu, räumt ein, dass ihr Aufgabenbereich nicht sehr zufriedenstellend ist, und analysiert mit ihr die Vor- und Nachteile. Er beschließt zwar, seine Position beizubehalten, was die Verteilung der Verantwortlichkeiten anbelangt, aber er erläutert ihr seine Gründe. Amélie geht zufrieden aus dem Gespräch heraus.

Wenn Pierre in Zukunft erneut die Versuchung verspürt, sie zu peinigen, weiß er sich jedes Mal zu beherrschen. Amélie ist nicht mehr Gegenstand seiner Obsessionen.

Bei den Zwanghaften ist die bedrängende Allgegenwärtigkeit des anderen ein Symptom, dessen sie sich gerne entledigen würden. Sie haben normalerweise kein Vergnügen daran, anderen wehzutun, und wenn sie Hilfe annehmen, können sie ihr Verhalten ändern. Zuweilen jedoch können sie dazu übergehen, dem anderen aus sadistischem Vergnügen Schmerz zuzufügen.

Bernard ist ein braver junger Mann mit untadeligem Auftreten: gut gebügelte Hose, marineblauer Pulli, perfekt polierte Schuhe. Er hat sich um eine Stelle als Geschäftsleiter beworben und sie erhalten. Nun ist er für eine Abteilung verantwortlich, in der nur Frauen arbeiten. Das gefällt ihm gut, weil er den Eindruck hat, dass Frauen seine Autorität nicht in Frage stellen. Er sagt, sein zwanghafter Charakter habe ihn dazu bewogen, diesen Beruf zu ergreifen, denn er hat viel Freude daran, Rechnungen auszustellen. Seine Freizeit verbringt er hauptsächlich vor seiner Modelleisenbahn. Die organisierte Bahnstrecke beruhigt ihn. Als Kind war er schüchtern und impulsiv und mehrmals grausam zu Tieren. Es geschieht ihm auch heute noch, dass er gewalttätige Anwandlungen hat, wenn ihm ein Obdachloser den Weg versperrt oder ihn jemand am Arbeitsplatz auf einen Fehler aufmerksam macht. Bernard erkennt, dass er sich sowohl beruflich als auch privat nur in dominanter Position wohl fühlt, aber paradoxerweise lässt er sich daheim von seiner Frau, einer starken Persönlichkeit, die ihn offen betrügt, widerstandslos gängeln.

Als ein neuer Kollege dazukommt, gleichrangig, aber begabter als er und geschickter im Umgang mit Frauen, fühlt Bernard sich zurückgewiesen. Er hat den Eindruck, dass seine Vorgesetzten den Neuankömmling bevorzugen und dass seine Untergebenen ihm nicht mehr dieselbe Aufmerksamkeit schenken. Also beschließt er, dem Neuen das Leben schwer zu machen. Er verweigert ihm hilfreiche Informationen, verlegt die Unterlagen, die er ihm hätte aushändigen sollen, und trägt jeden Fehler seines Kollegen, und sei er noch so geringfügig, seinen Vorgesetzten zu. Nie attackiert Bernard ihn direkt, aber wenn der Zufall ihm eine Gelegenheit zuspielt, ihm eins auszuwischen, ergreift er sie ohne Zögern.

Wie viele Zwanghafte hat Bernard ein großes Bedürfnis, andere zu kontrollieren. Dies stellt in einem vertikalen, hierarchischen System keine allzu große Schwierigkeit dar: Hier genügt es, den Ranghöheren zu gehorchen und die Rangniedrigeren zu dominieren. Weitaus schwieriger sind gleichrangige Kollegen zu kontrollieren, besonders, wenn sie brillant oder einfach nur lebhaft sind.

Auch wenn schwer mit ihnen auszukommen ist, sind nicht alle obsessiven Charaktere so überzeichnet zwanghaft wie Bernard, der zudem perverse Züge aufweist. Ordnungsliebe oder autoritäre Verhaltensweisen sind im Allgemeinen nicht von Böswilligkeit begleitet. Im Umgang mit zwanghaften Menschen ist es daher wichtig, dass man sie bestätigt, indem man ihrer Starrheit so weit wie möglich entgegenkommt.

Was zwar böswillig, aber nicht unbedingt bewusst böswillig ist

Das Quälen durch Bedrängen

Ein spezifischer Fall von seelischer Gewalt ist jene, die ein Erotomane (oder eine Erotomanin) übt. Die Erotomanie ist die wahnsinnige Überzeugung eines Menschen, dass er von einem anderen, zumeist höher gestellten als er, geliebt wird. Die Erotomanen gelten als potentiell gefährlich, weil die Phase der Hoffnung auf Liebe in der Regel eine Phase des Grolls nach sich zieht, wenn die Person endlich begreift, dass ihre Liebe nicht erwidert wird.

Auch wenn die Erotomanie als schwere psychische Störung gilt, gibt es unterschwelligere Formen «erotomanischer Reaktionen», die nur selten in Betracht gezogen werden. Man kann dieses Quälen durch Aufdringlichkeit etwa mit dem amerikanischen *stalking* gleichsetzen.

In den Vereinigten Staaten und in den angelsächsischen Ländern wurden Gesetze zum Schutz der Opfer von *stalking* erlassen, unter welchem man «ein Verhalten versteht, das explizit oder implizit eine Todesdrohung beinhaltet, die beim Opfer Angst erzeugen soll». Die betroffene Person bangt zu Recht um ihr Leben oder befürchtet zumindest, körperlich zu Schaden zu kommen.

In Frankreich kann die Polizei erst einschreiten, wenn konkrete Beweise vorliegen oder es zu Übergriffen gekommen ist, und dies hat zur Folge, dass die betroffenen Personen in Angst leben müssen und keine Hilfe erhalten.

Diesen besonderen Verhaltenstypus zeigen am häufigsten ehemalige, zuweilen aber auch verschmähte Liebhaber.

Éric arbeitet seit einem Jahr mit Jeanne in der Informatikabteilung. Hin und wieder essen sie gemeinsam, denn sie interessieren sich beide für Jazzmusik. Als Jeanne in eine Filiale am Stadtrand versetzt wird, kommt sie weiterhin von Zeit zu Zeit in ihre alte Abteilung, um ihre Kollegen zu besuchen, und bei diesen Gelegenheiten isst sie mit Éric zu Mittag.

Als sie ihn wissen lässt, dass sie sich in ihn verliebt hat, sorgt er für klare Verhältnisse, indem er darauf hinweist, dass er bereits verheiratet ist.

Einen Monat später erreicht ihn im Büro ein Anruf von Jeanne, die ihm vorwirft, er habe sie als Lückenbüßer missbraucht, als sie noch in seiner Abteilung gearbeitet habe. Sie erklärt ihm, ihn künftig mit ihrem Hass zu verfolgen, weil sie nicht bereit sei, den Affront zu vergessen. Seit dieser Zeit erhält er immer wieder anonyme Anrufe, und wenn er abhebt, hört er nur heftiges Atmen. Außerdem erreichen ihn beunruhigende Briefe, voller Andeutungen und Drohungen: «Das wird ein schlimmes Ende haben!», heißt es etwa, aber derlei Aussagen sind nicht explizit genug, als dass er damit zur Polizei gehen könnte. Zu Beginn des Jahres kommt Jeanne in sein Büro geschneit, um ihm grinsend viel Pech im Neuen Jahr zu wünschen. Als dann die Reifen seines Wagens aufgestochen sind, kann er nicht an einen schlichten Zufall glauben.

Éric scheut sich davor, die Angelegenheit mit seinen Vorgesetzten zu besprechen, weil er befürchtet, sich lächerlich zu machen, wenn er vor einer Frau Angst hat. Als jedoch sein Abteilungsleiter einen anonymen Brief erhält, in dem Éric ein unehrenhaftes Verhalten gegenüber seinen Kolleginnen vorgeworfen wird, versucht dieser, die Situation zu erklären, aber der Chef will nichts davon hören, weil es sich, wie er meint, um eine Privatsache handle.

Mehrmals versucht Éric vergeblich, die Situation zu schildern. Als er sich schließlich dazu durchringt, Jeanne anzuzeigen, muss er sich vor dem Richter rechtfertigen, der ihn, angesichts der Tatsache, dass die beiden vorher gute Kollegen waren, fragt, ob er nicht eventuell falsche Hoffnungen in Jeanne geweckt haben könnte. Das Gericht plädiert auf ein Beziehungsproblem, das Éric angeblich mit seiner impulsiven Art ausgelöst hat.

Jene, die sich der Perversität der Gruppe beugen

Wer neu in eine große Gruppe kommt, ist mit einem fertigen Gedankensystem konfrontiert. Jene, die sich den Anweisungen, Führungsmethoden und Denkmustern des Unternehmens fügen, ersparen sich die Konfrontation mit der eigenen Freiheit und der eigenen Anfälligkeit. Sie brauchen weder selbst zu denken noch zu zweifeln. Natürlich erwartet ein Unternehmen von seinen Führungskräften, dass sie sich ihm mit Haut und Haaren verschreiben, und bietet ihnen als Gegenleistung ein höheres soziales Ansehen. Schwierig wird es erst, wenn die Werte dieses Unternehmens nicht mehr den Idealen der Führungskraft entsprechen, und das ist zum Beispiel der Fall, wenn es sich unlauterer Verfahren bedient, die die Führungskraft nicht billigen kann.

Was soll man tun, wenn man gegen seinen Willen an einem perversen System teilhaben muss?

Es gibt drei Reaktionstypen: die Unbestechlichen, die leiden und sich wehren und damit das Risiko auf sich nehmen, kaltgestellt oder seelisch gequält zu werden; die Ängstlichen, die sich aus Furcht fügen, und die Kollaborateure, die sich rekrutieren lassen, um an der Perversität der Gruppe teilhaben zu können.

Die Schafe

Die einzelnen Mitglieder einer Gruppe funktionieren manchmal wie unreife Untertanen, die nur in Abhängigkeit existieren können. Sie haben keinen Mut und sind außerstande, sich von den anderen abzugrenzen oder selbständig zu denken.

Sie befolgen blind die Anweisungen der Vorgesetzten, führen all ihre Befehle aus, und seien sie noch so absurd, ohne über den Sinn ihres Tuns nachzudenken, weil sie sich Schutz erhoffen, wenn sie sich konform, ja, hyperkonform verhalten, gleichsam in vorauseilendem Gehorsam die von ihnen erwartete Linientreue erfüllen.

Gisèle ist Direktionsassistentin und liebt ihre Arbeit. Sie wird von allen sehr geschätzt, da sie nicht nur gewissenhaft arbeitet, sondern für jeden kleine Aufmerksamkeiten parat hat.

Als sie infolge eines Konflikts bei ihrem Chef in Ungnade fällt, stellt sie fest, dass die anderen Direktoren die Lage ausnutzen und sich ihr gegenüber sehr ungnädig zeigen. Sie grüßen sie nicht mehr, sehen sie nicht mehr an und verweigern ihr die Unterlagen, die sie braucht, um die Versammlungen vorzubereiten.

Offiziell hat sich nichts geändert, aber weil der Chef sie ablehnt, ist sie auch für die anderen zur Persona ingrata geworden.

Je strikter die Regeln innerhalb der Gruppe, desto ungemütlicher wird es für denjenigen, der aus der Reihe tanzt. Um nicht ausgegrenzt oder gar gepeinigt zu werden, zieht er es vor, genauso zu denken wie die anderen beziehungsweise wie er glaubt, dass die anderen denken. Um es mit Aristoteles'[8] Worten zu sagen: «Es gibt keine noch so absurde Meinung, die die Menschen nicht leicht zu der ihrigen machten, sobald man es dahin gebracht hat, sie zu überreden, dass solche allgemein angenommen sei.»

Gruppen neigen dazu, sich wie die Schafe einen Leithammel zu wählen, dem sie passiv und unkritisch hinterhertrotten. «Was man so die allgemeine Meinung nennt, ist, beim Lichte betrachtet, die Meinung Zweier oder Dreier Personen», bekundet Schopenhauer. Dieses Schafsyndrom findet man auf allen hierarchischen Ebenen. Auch Firmenchefs sind nicht dagegen gefeit, die Experten, Berater oder Gurus nach ihrer Meinung fragen.

Die Weitergabe der Perversität

Sieht sich eine Gruppe von Arbeitnehmern von ihren Vorgesetzten vor schwer realisierbare Aufgaben gestellt, können

---

[8] Aristoteles, Nikomachische Ethik.

ihre Mitglieder der Versuchung erliegen, die weniger leistungsstarken Kollegen auszugrenzen.

Wenn die Direktion sich eines Arbeitnehmers entledigen will, braucht sie der Gruppe zuweilen bloß anzudeuten, dass der Betreffende unerwünscht ist. Aus Gehorsam oder aus Angst rücken die Kollegen daraufhin von ihm ab, isolieren und quälen ihn mit den erwähnten Praktiken.

Seit Milgrams Experimenten[9] weiß man, dass ein Individuum, wenn es in eine hierarchische Struktur aufgenommen wird und Vertrauen hat zu seinen Vorgesetzten, sich nicht mehr als Urheber der eigenen Handlungen betrachtet und sich demnach auch nicht dafür verantwortlich fühlt; es wird gleichsam zum verlängerten Arm seines Vorgesetzten und sieht sich dadurch jeder Verantwortung enthoben.

Stanley Milgram war erschüttert, als er hörte, was die der Kriegsverbrechen bezichtigten SS-Offiziere während der Nürnberger Prozesse zu ihrer Verteidigung vorbrachten: Sie hätten sich aus Pflichtbewusstsein und unbedingtem Gehorsam an der Barbarei beteiligt.

Er führte daher zwischen 1960 und 1963 an der Yale University Experimente durch, um die Triebfedern des Gehorsams zu ergründen.

Über Zeitungsannoncen suchte er nach Studenten, die sich bereit erklärten, an Experimenten zum menschlichen Erinnerungsvermögen teilzunehmen. Jede Versuchsperson wurde über ein scheinbares Losverfahren zum Ausbilder gewählt, dessen Aufgabe darin bestand, einem Schüler (der in Wirklichkeit ein Komparse der Forscher war, was der Ausbilder jedoch nicht wusste) eine Liste mit Wortpaaren beizubringen. Der eingeweihte Schüler setzte sich auf einen «elektrischen» Stuhl. Der Ausbilder musste, um die Auswirkung von Strafe auf das Lernen zu studieren, bei jedem Fehler des Schülers diesem einen elektrischen Schlag von zunehmender Intensität versetzen (von 15 bis zu 450 Volt). Die Assistenten konnten nicht wissen, dass die Schüler – die sich ab einer bestimmten Voltzahl vermeintlich

---

[9] Milgram, S., Das Milgram-Experiment. Reinbek bei Hamburg 1974.

vor Schmerzen wanden – in Wahrheit überhaupt keinen Strom-
schlag erhielten.

Milgram hatte erwartet, dass die Ausbilder angesichts der
Schmerzen, die sie ihren Schülern zufügten, sehr schnell von
dieser «Folter» ablassen würden. Jedoch gingen 65 Prozent von
ihnen bis zum Ende des Experiments und verabreichten sozusa-
gen Stromschläge der höchsten Stufe.

Wenn das Experiment nicht in den altehrwürdigen Gebäu-
den der Yale University stattfand, sondern in einem hässlichen
Wohnblock, sank der Gehorsam auf 48 Prozent.

Für Milgram beginnt diese außergewöhnliche Neigung, be-
dingungslos den Befehlen der Obrigkeit zu gehorchen, mit der
für kleine Kinder bestehenden Notwendigkeit, sich den elterli-
chen Regeln zu beugen, da sie ansonsten nicht überlebensfähig
wären oder mit Liebesentzug zu rechnen hätten. Der Gehorsam
setzt sich in der Schule fort und wird später immer dann ausge-
löst, wenn ein Mensch in eine autoritäre Struktur Eingang fin-
det, und umso heftiger, je mehr für den Betreffenden auf dem
Spiel steht.

Die Führungskräfte, die die Perversität weitergeben, haben
keine Freude daran, anderen wehzutun, manchmal leiden sie
selbst darunter, andere leiden zu sehen, aber aus Angst oder
aus Feigheit schweigen sie. Es ist, als hätten sie ein Organ
weniger, ihr ethisches Gewissen existiert nicht mehr, sie haben keinen Zugang mehr zu sich selbst, sind ohne Gedächtnis und ohne Gefühl. Sie leiden still vor sich hin, weil sie
Handlungen begehen müssen, die ihnen zuwider sind. Also
schützen sie sich mit «männlichem Zynismus».[10] Um nicht
von der Gruppe ausgeschlossen und von den Kollegen für
feige gehalten zu werden, beteiligen sie sich an deren unlauteren Machenschaften.

Aber in den Gruppen sind es sehr häufig die perversen Individuen, die sich als Anführer zur Verfügung stellen. Sie
stärken ihre Macht, ganz gleich, auf welcher hierarchischen

---

[10] Dejours, C., Souffrance en France, Paris 1998.

Ebene sie sich befinden, indem sie einen gemeinsamen Feind bestimmen, gegen den es zu kämpfen gilt. Die unentschlossenen Arbeitnehmer folgen ihnen und werden aus Konformismus destruktiv oder aus Angst, die Gruppe könne sich ansonsten gegen sie wenden. Die perversen Narzissten genießen es, wenn sie andere manipulieren und dazu verleiten können, selbst zu manipulieren. So üben sie sehr häufig über Dritte seelische Gewalt: Mit ihren Sticheleien und Andeutungen stiften sie andere zum Handeln an und ziehen sich dann dezent zurück.

Man sollte den Überredungskünsten der Perversen misstrauen. Sie sind ausgezeichnete Verführer, die andere in ihren Bann ziehen und dazu bringen können, die Orientierung zu verlieren und ihre Werte ins Gegenteil zu verkehren. Ein einziges perverses Individuum genügt, um die gesamte Gruppe aus der Balance zu werfen. Andererseits genügt auch eine einzige Person, die sich dem Perversen nicht unterwirft und sein inakzeptables Benehmen denunziert, damit die Gruppe die Augen öffnet und reagiert. Und hieraus ergeben sich Mittel und Wege, wie man seelischer Gewalt vorbeugen kann.

Narzisstische Persönlichkeiten

Es ist schwierig, die narzisstische Persönlichkeitsstruktur von jener der eben genannten Kategorie zu unterscheiden, da sich auch die Narzissten, um zu gefallen und Konformität zu bezeigen, dazu verleiten lassen könnten, an der Perversität der Gruppe teilzuhaben.

Narzissten sind Personen, die übermäßig um ihr Ego besorgt sind und um jeden Preis Erfolg haben und bewundert werden müssen, weil sie im Blick des anderen ständig ihr Spiegelbild suchen. Heutzutage, da die Werbung uns suggeriert, wir hätten uns für jede Lebenslage zu «versichern», sind sie bemüht, all ihre Schwächen zu vertuschen. In Wirklichkeit sind sie äußerst angreifbare Wesen, die in der ständigen Furcht leben, dass sie, sobald sie nicht glänzend in Form, brillant und leistungsstark sind, den Erwartungen, die man an sie stellt (besser gesagt, die früher die Eltern an sie stellten und heute ihre Vorgesetzten an sie stellen), nicht genügen und den anderen nicht gewachsen sind, denn an dem Idealbild, das sie von sich selbst haben, richten sie sich auf. Da sie stets dem Erfolg und der Höchstleistung hinterher jagen müssen, beneiden (hassen) sie ausgeglichene Menschen, die sich nichts zu beweisen haben und ihre Schwächen und eventuellen Niederlagen in aller Ruhe hinnehmen können.

Wer sieht, wie sicher sie sich in der Arbeitswelt bewegen, ist versucht zu glauben, dass diese Menschen eine sehr hohe Meinung von sich selbst haben, aber das ist nichts als Fassade. Die Psychoanalytiker sprechen in ihrem Fall vom *faux-self*, das heißt, von einer vorgetäuschten Persönlichkeit. Narzissten sind äußerst fragil und erwarten alles vom Blick des anderen. Der schöne Schein ist ihnen sehr wichtig, aber in Wirklichkeit halten sie nicht viel von sich: «Ohne meine Leistungen, ohne meine Erfolge bin ich nichts wert.» Um jedoch mit anderen zurechtzukommen, muss man sich auch selbst leiden können. Ohne Selbstvertrauen gerät man ständig in die Defensive, weil man daran denkt, wie andere einen beurteilen oder kritisieren könnten. Weil man befürchtet, angegriffen zu werden, greift man zuvor lieber selbst an.

Narzissten laufen unentwegt hinter der Macht her, denn würden sie vor der Eitelkeit der Welt die Augen öffnen, liefen sie Gefahr, in Depressionen zu verfallen. Um nicht mit diesen destabilisierenden Gefühlen konfrontiert zu werden, strampeln sie sich ab und machen sich wichtig: Sie haben unentwegt Verabredungen, hängen ständig am Handy, erhalten Hunderte von Mails oder surfen die ganze Nacht im Internet … Um in einer Konkurrenzsituation gut abzuschneiden, bemühen sie sich, ihre Schwächen auszuradieren und alles abzulegen, was an ihnen lebendig und spontan ist. Will unsere Gesellschaft aalglatte, unfehlbare Geschöpfe? Dann findet sie in ihnen solche Wesen – empfindungslos und bereit, ihre Verwundbarkeit und Beziehungsunfähigkeit hinter einer Rüstung aus Arroganz und Überangepasstheit zu verbergen. Nachdem sie ihre affektive Seite verdrängt haben, funktionieren sie praktisch, rational, sind stets einsatzbereit und entsprechen damit voll und ganz den aktuellen Anforderungen der Betriebsführung.

In einer narzisstischen Funktionsweise verliert der Einzelne seine Freiheit. Er existiert nur durch seine Leistung, seinen beruflichen oder gesellschaftlichen Erfolg und seine Machtattribute: die Anzahl der Personen, die seinem Befehl unterstehen, die Tatsache, eine eigene Sekretärin zu haben, den Firmenwagen, die Büroausstattung und so weiter. Sollte er arbeitslos oder abgelehnt werden, stürzt diese prothetische Identität ein. Der Narzisst verliert die Orientierung, ist nichts mehr und versinkt alsbald in düsteren Depressionen.

Zu Anfang legen Narzissten noch nicht regelmäßig perverse Verhaltensweisen an den Tag, sind aber so sehr von ihrem Ego erfüllt, dass sie abrutschen können, wenn der Zusammenhang sich bietet. Wenn sie sich gefährdet fühlen, können sie gewalttätig werden, aber weil sie dies nicht wahrhaben wollen, müssen sie ihre Gewalt hinter perversen Verhaltensweisen verstecken. Auf diese Weise findet der Übergang zur narzisstischen Perversion statt.

Weil sie an einem tiefen Gefühl der Unsicherheit leiden, was ihren eigenen Wert betrifft, können sie den anderen zerstören, um sich aufzurichten (auf diese Weise rächen sie sich an ihm, weil er ihnen etwas voraushat), oder um sich zu verteidigen. Da sie mit sich selbst unzufrieden und zudem der Überzeugung sind, dass sie selbst keine Lösungen zu bieten haben, setzen sie die anderen gleichsam als Joker ein, indem sie zunächst ihre Ideen übernehmen, sie also «benutzen», und sie anschließend disqualifizieren, um alleine in der guten Position zu bleiben.

Aufgrund ihrer Empfindlichkeit können sie Kritik nur schwer ertragen und Niederlagen noch viel weniger, müssen immer obenauf sein.

Gisela, 50, arbeitet seit 15 Jahren als leitende Angestellte in ei-
nem kleinen Unternehmen, als ihr Chef eines Tages beschließt,
sich nur noch mit jungen Leuten im Alter seiner Tochter zu
umgeben, die vor kurzem ihren Abschluss gemacht hat. Schon
bald macht er Gisela das Leben zur Hölle, bis sie schließlich
zusammenbricht. Da er sich weigert, ihr zu kündigen – «Wenn
es Ihnen hier nicht passt, brauchen Sie nur zu gehen!» –,
nimmt sie sich einen Anwalt. Daraufhin beginnt ein Gerangel
zwischen Anwälten, das sich über ein Jahr hinziehen wird. Für
das Unternehmen wäre es kostengünstiger, mit Gisela die
Kündigung auszuhandeln, aber ihr Chef will um jeden Preis
das letzte Wort haben, um Gisela zu zeigen, wer das Sagen hat.
Er will unbedingt siegen, und wenn er bis zur letzten Instanz
gehen muss.

Um ihr Image zu wahren, vermeiden es Narzissten, den anderen direkt anzusprechen und ihm ihre Meinung ins Gesicht zu sagen, denn sie haben Angst, in einem offenen Konflikt schachmatt gesetzt zu werden. Also bedienen sie sich
perverser Strategien, um andere am Denken und Reagieren
zu hindern. Um ihre Unsicherheit zu vertuschen, projizieren
sie ihre Enttäuschung auf einen anderen, den sie kontrollieren, abwerten und erniedrigen. Diesen Zweck erfüllt am besten ein Untergebener, der keine andere Wahl hat, als sich ihr
Benehmen gefallen zu lassen, ein angeschlagener Kollege
oder auch ein allzu gewissenhafter, allzu entgegenkommen-
der Mitarbeiter.

Über den Narzissmus finden manipulierende Unternehmen Zugang zu den Menschen. Narzisstische Individuen integrieren die Logik des Systems, ohne sie kritisch zu hinterfragen, und werden zu dem, was das Unternehmen ihnen zu
werden vorgibt. Sie sind zu allem bereit, sobald man sie nur
darum bittet. Diese «Hyperplastizität» lässt sie jedes kriti-
sche Denken ablegen, so dass es ihnen unmöglich wird, sich
Befehlen zu widersetzen, die ihren persönlichen Werten widersprechen. Sie lassen sich vom Schein der Macht zum Nar-
ren halten und passen sich in übertriebenem Maße der Funk-

tionsweise des Unternehmens an, auch wenn diese pervers sein sollte.

Um in dieser Welt zu überleben, in der Unlauterkeiten an der Tagesordnung sind, gilt es, sich zu rüsten, zu stählen. Wenn man schon kein echtes Selbstvertrauen hat, muss man wenigstens Gewissheiten von sich geben, Selbstsicherheit vortäuschen. Es gibt ohne Zweifel viele Direktoren mit narzisstischer Persönlichkeitsstruktur, und das Risiko ist groß, dass sie sich irgendwann perverser Verfahren bedienen.

Die bösartigen Peiniger: narzisstische Perverse

Ich werde nur ganz kurz auf das psychologische Profil des narzisstischen Perversen eingehen, da ich es ja in meinem vorhergehenden Buch in aller Ausführlichkeit beschrieben habe.

Die narzisstischen Perversen sind Individuen, die mit anderen Menschen Beziehungen knüpfen, die auf einem Kräftemessen, auf Misstrauen und Manipulation beruhen. Es ist ihnen unmöglich, den anderen als bereicherndes Gegenüber zu betrachten. Im Gegenteil, sie betrachten ihn von vornherein als Rivalen, den es zu bekämpfen gilt. Sie müssen also jeden dominieren oder zerstören, der eine Bedrohung ihrer Macht darstellen könnte, und projizieren ihre innere Gewalttätigkeit auf jeden, der sie entlarven und ihre Schwächen zum Vorschein bringen könnte. Dieser andere wird als der Böse abgestempelt, der für alles die Verantwortung trägt, was nicht funktioniert, und der daher zerstört werden muss. Den narzisstischen Perversen bereitet es unbestreitbar großes Vergnügen, den wunden Punkt ihres Opfers bloßzulegen, um sodann zielsicher seine Identität zu zertrümmern.

Sylvia, 50, ist geschieden und hat drei Kinder zu versorgen. Nach einer Karriere in der Industrie muss sie aus familiären Gründen umziehen und beschließt, sich als Beraterin im Out-

placement zu versuchen. Ihr erster Auftrag lässt sie Gefallen finden an ihrer neuen Tätigkeit, danach ist sie eine Weile arbeitslos und wird schließlich von Xavier eingestellt, den sie im Rahmen ihrer Beratungstätigkeit kennen gelernt hat. Er stellt ein eigenes Unternehmen auf die Beine und braucht jemanden, der besonders verfügbar ist. Er verspricht, dass Sylvia, wenn die Firma erst einmal in die Gänge gekommen ist und sie ihr Metier beherrscht, Teilhaberin werden kann. Schon in den ersten Tagen überwirft sie sich mit ihm, weil sie sich schützend vor eine der Sekretärinnen stellt. Diese Tat wird sich rächen, da Xavier sie bald in Gegenwart dieser Frau abwertet.

Sylvia arbeitet unermüdlich, ohne ihre Stunden aufzuschreiben. Sie nutzt die Kontakte, die sie in ihrem alten Beruf knüpfen konnte, und bringt der Firma schon bald neue Kunden, aber anstatt sie zu beglückwünschen, unterschreibt Xavier die von ihr erwirkten Verträge, angeblich, weil sie noch neu ist. Sie ist bald für den gesamten Kundenstamm verantwortlich und bleibt regelmäßig bis spät abends im Büro. Nicht selten ruft Xavier sie wegen irgendeines Problems auch am Wochenende an oder bestellt sie ins Büro, weil sie vereinbart haben, dass sie immer erreichbar sein muss.

Als sie sich über die viele Arbeit beschwert, weist Xavier sie darauf hin, dass sie das Metier erst lerne und froh sein müsse, in ihrem Alter noch eine so lohnende Beschäftigung zu haben. Sobald Sylvia sich sträubt oder ihm widerspricht, schreit Xavier sie an und wirft ihr Undankbarkeit vor. Dann gibt sie nach, schon weil sie ihre Ruhe haben will, aber auch, weil sie seine Intelligenz bewundert und sich sagt, dass er bestimmt Recht hat. Er überwacht ihre Post und ihre Telefonate und lässt nicht zu, dass sie mit einem wichtigen Kunden selbständig verhandelt. In einem Kolloquium, das sie organisiert hat und in dem sie einen Vortrag hätte halten sollen, ergreift er im letzten Moment statt ihrer das Wort und schmückt sich mit ihren Ideen.

Als sie nach acht Monaten Arbeit ohne einen einzigen Tag Urlaub während der Schulferien wegfahren will, weigert er sich, ihr frei zu geben, und lässt sie wissen, dass er es als Fahnenflucht auffassen wird, falls die Aktenstücke, die sie bearbeitet, auch nur einen einzigen Tag lang auf ihrem Schreibtisch liegen bleiben sollten.

Als Freunde sich über ihren Gesundheitszustand besorgt zei-
gen, kommt Sylvia zu mir in die Praxis; sie hat neun Kilo abge-
nommen, kann nicht einmal mehr mit Hilfe von Schlaftabletten
schlafen, hat wieder angefangen zu rauchen und genehmigt sich
schon tagsüber, um ihre Angst zu beruhigen, den einen oder an-
deren Aperitif. Sie ist müde, konfus und lustlos.

Auch wenn es sich dabei um eine pathologische Störung handelt, so ist die Perversität doch keine Geisteskrankheit, die
man einfach nur zu behandeln bräuchte, um das Problem der
seelischen Gewalt aus der Welt zu schaffen. Wir werden alle
mit einem perversen Keim geboren, der sich entfalten kann,
wenn wir durch die Erziehung nicht genügend moralische
Werte erhalten oder das soziale und berufliche Umfeld die Entfaltung begünstigt. Ein narzisstischer Perverser ist aufgrund
seiner Kindheitserlebnisse schon frühzeitig pervers geworden.
Möglicherweise reproduziert er das ungesunde Beziehungs-
system, in dem er aufgewachsen ist, möglicherweise auch die
seelische Gewalt, die er selbst erlitten hat, um sich gegen seinen eigenen Schmerz zu wehren, denn die meisten narzisstischen Perversen wurden als Kinder selbst wie Objekte behandelt. Manchmal waren sie das «Hassobjekt» eines Elternteils
und wurden zurückgewiesen, entwertet oder misshandelt,
manchmal auch das Objekt von Wertschätzung und Idolatrie
eines manipulierenden Elternteils. Um sich vor ihren aufdringlichen Eltern zu schützen, mussten sie ihren Intellekt besonders ausbilden – auf Kosten ihrer Empfindungen – und kalt,
unsensibel, gefühllos werden. Aber das entschuldigt sie nicht.
  Sind sie sich des Bösen, das sie anrichten, bewusst? Wenn
man ihnen diese Frage stellt, pflegen sie sie zu verneinen. Sie
rechtfertigen ihr Benehmen mit der Nichtigkeit des anderen,
der es nicht besser verdient habe. Nie sehen sie ihre Fehler
ein, nie entschuldigen sie sich. Im besten Fall können sie sich
ihre strategischen Fehler eingestehen. Werden ihre Handlungen entdeckt, dann deshalb, so meinen sie, weil sie sie nicht
raffiniert genug maskiert haben. Das nächste Mal werden sie
ihre Methoden verbessern.

Ist ein narzisstischer Perverser entlarvt, schlüpft er geschickt in die Opferrolle und beklagt sich über das Komplott, das angeblich gegen ihn im Gange ist, verkehrt die Situation ins Gegenteil, um die anderen davon zu überzeugen, dass er der Spielball einer Verfolgungskampagne geworden ist. Eventuelle Vermittler sollten sich vor diesen Manövern in Acht nehmen.

Auch wenn die narzisstischen Perversen wissen, welche Grenzen es einzuhalten gilt, um sich keine Feinde zu machen, lauert in ihnen eine unbewusste Böswilligkeit. Natürlich sieht man sie nicht in der Praxis eines Therapeuten, weil sie ihre Verhaltensstruktur als völlig «normal» empfinden. Wenn sie in Ausnahmefällen doch einen Psychotherapeuten konsultieren, dann mit der kaum verhohlenen Bitte, er möge sie in ihrer Perversität unterstützen: «Sie wissen doch, wie man Menschen manipuliert, dann sagen Sie mir doch, was ich tun soll, um mir diesen oder jenen gefügig zu machen!»

In einer Zeit, da die Arbeitswelt immer unerbittlicher wird, findet eine Art natürliche Selektion statt, die immer häufiger narzisstische Perverse auf strategische Posten gelangen lässt. Da sie kalt sind, berechnend und seelenlos, können sie ihre rationalen Fähigkeiten entfalten, ohne sich von menschlichen Unwägbarkeiten aus der Ruhe bringen zu lassen. Im Allgemeinen handelt es sich um Personen, die in Unternehmen und Behörden sehr gut vorankommen, weil sie findig und verführerisch sind. Sie wissen das Abhängigkeitsverhältnis ausschließlich zu ihren Gunsten zu nutzen, um andere zu unterdrücken. Unternehmen, wie alle Domänen der Macht, ziehen narzisstische Perverse magisch an, räumen ihnen viel Handlungsspielraum ein. Ihre Gefährlichkeit liegt nicht nur in ihren Machenschaften, sondern auch in ihrer Fähigkeit, andere zu verführen: sie können eine Gruppe zum Entgleisen bringen.

V.
Was ist zu tun?

Die Situationen seelischer Gewalt und jene, die ihnen zwar gleichen, jedoch nicht mit ihnen verwechselt werden dürfen, sind sehr vielfältig. Wir müssen auf unterschiedliche Weise an sie herangehen. Für die Frage, welche Strategie jeweils gewählt werden sollte, ist ausschlaggebend, ob von einem tyrannischen Chef die Rede ist, gegen den die Untergebenen sich gegenseitig stützen können, oder von einem weitaus hinterhältigeren, individuellen Quälen (auch wenn beide Verfahren sich zuweilen überschneiden). Sobald feststeht, um welche Art der Gewalt es sich handelt, entscheidet man sich, mit welchen Maßnahmen und Vermittlern man dagegen vorgehen kann.

Was ist zu tun, wenn jemand behauptet: «Ich fühle mich seelisch gequält!»?

Fest steht, dass jemand sich in diesem Fall nicht ganz alleine helfen kann. Er sollte sich schleunigst um einen Gesprächspartner bemühen, da die Abwesenheit von Dritten unweigerlich vor den Richter führt. Dazu sollte er wissen, an wen er sich wenden kann.

Es stehen verschiedene Gesprächspartner zur Auswahl, von denen er sich einen auswählen und mit ihm über sein Leiden sprechen sollte. Auf diese Weise wird man ihm zuhören, die Situation mit ihm analysieren und abwägen, ob es sich um seelische Gewalt handelt oder nicht.

Geht die Aggression von einem bösartigen Vorgesetzten aus, unter dessen schlechter Behandlung die gesamte Belegschaft zu leiden hat, wie im Fall Bouyer, oder von einem «Säuberer», den das Unternehmen engagiert hat, damit er die überzähligen Arbeitnehmer zur Kündigung bewegt, gibt es nur eine kollektive Lösung. Um dem pathologischen Verhalten ein Ende zu setzen, müssen die Arbeitnehmer sich zusammenschließen und sich an die Gewerkschaften wenden. In solchen Fällen liegt es in der Verantwortlichkeit der kollektiven Instanzen, regulierend einzuschreiten, um noch größeren Schaden zu verhindern.

Beim gegenwärtigen Stand der Dinge müssen sich die Opfer seelischer Gewalt, die ja zunächst isoliert sind, von sich aus an diverse Spezialisten wenden.

Nachdem die Direktion ausgetauscht und die Firma neu strukturiert worden ist, wird Olivier von heute auf morgen am Arbeiten gehindert. Man informiert ihn nicht mehr über Besprechungen, die ihn betreffen, seine Post wird geöffnet, sein Budget gekürzt, man versetzt seine Mitarbeiter in andere Abteilungen, ohne ihn davon in Kenntnis zu setzen, und erzählt sich, dass er inkompetent sei und seine Stelle nur bekommen habe, weil er mit dem ehemaligen Direktor befreundet gewesen sei. Als Olivier Erklärungen verlangt, attestiert ihm sein Vorgesetzter, dass er sich das alles nur einbilde und dass alle sehr zufrieden mit ihm seien.

Doch die Gewalt gegen ihn wird immer unverhohlener, sein Chef macht sich nicht einmal mehr die Mühe, ihn anzuhören, und schlägt ihm die Tür vor der Nase zu. Als er ihn schließlich derb beschimpft, befällt Olivier Übelkeit, und er muss nach Hause gehen.

Er beschließt, etwas zu unternehmen, und konsultiert seinen Anwalt. Dieser gibt ihm den Rat, eine Liste der Vorfälle im Kommissariat abzugeben und seinem Arbeitgeber in einem Einschreibebrief die Sachlage darzulegen. Von nun an notiert sich Olivier jeden Vorgang und verwahrt sämtliche schriftlichen Beweise, auch die E-Mails, die er sich ausdrucken lässt.

Gleichzeitig sucht er auf Drängen seiner Frau einen Psychiater auf, der ihm Medikamente gegen Depressionen verschreibt und ihm eine Psychotherapie vorschlägt, mit deren Hilfe er «durchhalten» kann.

Aber die seelische Gewalt nimmt zu. Olivier kann sich nicht selbst belügen: Es ist nicht zu übersehen, dass sein Chef ihn nicht mehr leiden kann und versucht, ihn zur Kündigung zu bewegen. Aber obwohl er feststellt, dass fast alle Mitglieder der alten Belegschaft abgeschoben worden sind, kann er sich gegen die quälenden Gedanken nicht wehren, die ihm ständig durch den Kopf gehen: «Warum ich?», «Was habe ich bloß falsch ge-

macht?» Er ist ausgelaugt, hat Magen- und Gliederschmerzen und ist versucht aufzugeben.

Als er davon spricht zu kündigen, rät ihm sein Anwalt, durchzuhalten und in einem Einschreibebrief an das Gewerbeaufsichtsamt sämtliche Fehler und Aggressionen aufzulisten; dort nimmt man seinen Fall sehr ernst, unterhält sich ausführlich mit ihm und prüft seine Akte; daraufhin schickt der Gewerbeaufsichtsbeamte einen Brief an Oliviers Direktion, in dem er die Beleidigungen und Drohungen schildert sowie die Diskriminierung und das mehrmalige Verweigern der Antwort auf berufliche Fragen, das den Arbeitnehmer daran hindere, seinen Vertrag unter angemessenen Arbeitsbedingungen zu erfüllen. Am Ende erinnert er den Arbeitgeber an seine Pflichten.

Der Generaldirektor ruft daraufhin Olivier gemeinsam mit dem Vorgesetzten, der ihn quält, zu sich ins Büro. Olivier stellt fest, dass Letzterer die Informationen nicht nach oben weitergegeben hat und dass der Generaldirektor seine Akte überhaupt nicht kennt. Auch wenn sein «Peiniger» die Tat abstreitet, hat Olivier nun die Hoffnung, dass die Dinge sich einrenken und dieser Mann bestraft wird, doch stattdessen erhält er einen Brief, in dem ihm seine Entlassung mitgeteilt wird. Die Direktion wollte sich mit dem Problem nicht auseinander setzen und zog es vor, sich seiner zu entledigen.

Dennoch ist Olivier über diese Entlassung erleichtert. Er war psychisch ausgelaugt, und weil er sich nicht imstande fühlte, in einer derartigen Atmosphäre weiterzuarbeiten, hatte er ohnehin keinen anderen Ausweg mehr für sich gesehen, als zu kündigen. Nun hat er zumindest ein Anrecht auf Abfindung. Olivier sieht ein, dass er ohne die Hilfe von Spezialisten und ohne die Unterstützung seiner Frau wohl eine Dummheit begangen hätte: Womöglich hätte er den Angreifer beschimpft oder seinen Arbeitsplatz vorschnell gekündigt.

Als er erkannte, dass sein Vorgesetzter ihn seelisch quälte, wusste Olivier sich zu helfen. Aber er kann von Glück sagen, dass er einen Anwalt hatte, den er jederzeit um Rat fragen konnte, und einen Psychotherapeuten, der sein Problem verstand und dem es gelang, ihm klarzumachen, dass er nicht die Verantwortung trug für das, was ihm geschah. Von ihm erhielt Olivier auch den guten Rat, sich vor einer Überreaktion zu hüten, mit der er sich womöglich ins Unrecht gesetzt hätte. Er hatte zudem das Glück, an einen Gewerbeaufsichtsbeamten zu geraten, der genügend Mut aufbrachte, die Direktion von der unlauteren Behandlung in Kenntnis zu setzen, die Olivier zu erdulden hatte.

Leider finden derzeit nicht alle gequälten Personen solche Unterstützung.

13. Wer einschreiten kann

Firmenintern

Eine meiner Fragen an die Opfer seelischer Gewalt bezog sich auf die Hilfe, um die sie gebeten, und die Hilfe, die sie tatsächlich erhalten hatten. Ich war konsterniert über die Antworten, die ich erhielt, denn, wie sich herausstellte, fanden nur wenige Arbeitnehmer innerhalb ihres Unternehmens die Unterstützung, die sie so verzweifelt gesucht hatten.

Es waren folgende Stellen, an die sich jene, die den Fragebogen an mich zurückgeschickt haben, um Hilfe gewandt hatten (die meisten haben mehrere Stellen angesprochen, weshalb die Gesamtsumme mehr als 100 Prozent ergibt):

- 40 Prozent wandten sich an die Vertreter der Gewerkschaft, aber nur 10 Prozent erhielten Hilfe;
- 39 Prozent wandten sich an den Betriebsarzt, und 13 Prozent erhielten Hilfe;
- 39 Prozent wandten sich an Kollegen, und 20 Prozent erhielten Hilfe;
- 37 Prozent wandten sich an einen Vorgesetzten, jedoch nur 5 Prozent erhielten Hilfe;
- 19 Prozent wandten sich an den Personalchef, aber nur 1 Prozent erhielt Hilfe.

Ein Problem mit seelischer Gewalt kann nur gelöst werden, wenn verschiedene Instanzen dagegen vorgehen:

- die Gewerkschaften und das Gewerbeaufsichtsamt müssen bei eindeutigem Missbrauch und bei allem, was das Kollektiv betrifft, eingreifen;
- die Betriebsärzte müssen sich um die Gesundheit und Unversehrtheit der Personen kümmern.

Die interdisziplinäre Zusammenarbeit ist nur dann von Nutzen, wenn jeder den anderen anhört und bereit ist, sich zu hinterfragen und einem anderen die Führung zu überlassen. Im Augenblick funktioniert die Kommunikation zwischen den Personalchefs und den Betriebsärzten beziehungsweise den Personalchefs und den Gewerkschaften noch nicht besonders gut. Die behandelnden Mediziner, seien es Allgemeinärzte oder Psychiater, scheuen sich viel zu häufig, die Betriebsärzte zu Rate zu ziehen.

Wird ein Arbeitnehmer das Opfer seelischer Gewalt, muss er sich jemandem anvertrauen können. Er sollte sich innerhalb der Firma eine Bezugsperson suchen, die als Vermittler fungiert. Sie sollte nicht nur sein Vertrauen besitzen, sondern auch vom mutmaßlichen «Peiniger» akzeptiert werden. Natürlich darf man sich über die Rolle Gedanken machen, die ein Vermittler spielen kann, der in derselben Firma arbeitet, sich also «im System» befindet, aber wenn er sich respektvoll verhält und die Grenzen seiner Intervention kennt, dürfte dies kein allzu großes Problem darstellen.

Die Gewerkschaften

Die Sozialpartner waren erstaunlich abwesend, als es darum ging, das Problem der seelischen Gewalt aufzudecken. Sie fühlen sich wohler mit den öffentlichen kollektiven Forderungen und waren peinlich berührt von der psychologischen Dimension des Phänomens; noch heute betrachten manche unter ihnen das Problem nur abstrakt, wollen sich nur mit seiner gesellschaftlichen Dimension befassen. Jüngere Arbeitnehmer misstrauen den Gewerkschaften und plädieren oft für eine individuelle Regelung ihrer Arbeitsbedingungen. Die Führungskräfte wiederum scheuen sich davor, die Gewerkschaften um Hilfe zu bitten, da sie befürchten, diese könnten ihre missliche Lage ausnutzen, um mit der Firmenleitung alle möglichen Rechnungen zu begleichen. Jeder Beschäftigte – es sei denn, er will die Firma demnächst verlassen – hat Angst, gebrandmarkt zu werden, wenn er die Gewerkschaft alarmiert. Doch bei seelischer Gewalt kann ohne eine kollektive Aktion und ein Netz der Solidarität keine Lösung gefunden werden.

Wenn sie dieses Terrain erobern wollen, müssen die Gewerkschaftsvertreter auch der psychologischen Dimension ihrer Aufgaben Rechnung tragen, da sie auch ohne spezifische Vermittler-Kompetenzen häufig konsultiert werden, um individuelle Konflikte innerhalb der Firmen zu lösen. Sie müssen lernen, die individuellen Interessen ebenso zu wahren wie jene des Kollektivs. Bisher aber machen manche Gewerkschafter, wenn man sie wegen eines Problems seelischer Gewalt kontaktiert, gleich einen Strukturkonflikt daraus.

Es ist Aufgabe der Gewerkschaften, zu erkennen, in welchen Fällen das Management die Beschäftigten durch systematischen Stress in Schach zu halten sucht, da solche Prozesse auch in seelische Gewalt ausarten können. Sie haben die Möglichkeit, Betriebsräte einzusetzen, die mit der Direktion über die Produktionsziele verhandeln. Vor allem aber müssen sie zur Stelle sein, wenn tyrannische Manager ein «barbarisches» Regiment führen. Es ist ihre Aufgabe, die Direktion zur Rede zu stellen und zu verpflichten, ihren Führungsstil zu ändern.

Wenn die Gewerkschaften einschreiten, müssen sie darauf achten, eine Situation von seelischer Gewalt nicht zu früh «offiziell werden zu lassen». Zunächst sollten sie die Angelegenheit vertraulich behandeln, aus Rücksicht auf die gepeinigte Person, die vielleicht nicht möchte, dass man ihre Situation vor aller Welt ausbreitet, und auch aus Rücksicht auf den Angreifer, dessen Schuld schließlich noch nicht erwiesen ist. Erst wenn die Direktion keinerlei Anstalten macht, die Situation zu ändern, können öffentliche Maßnahmen, zum Beispiel ein Streik oder das Einschalten der Medien, ins Auge gefasst werden.

Die Alltagsarbeit von umsichtigen, anerkannten Gewerkschaftsvertretern sollte vermeiden helfen, dass eine Situation entgleist. Es ist ihre Aufgabe, Dinge *anzusprechen*. Immerhin verfügen sie im Fall eines Angriffs auf die Personenrechte oder die individuelle Freiheit der Arbeitnehmer über ein Alarmrecht.

Die Betriebsärzte

Die Betriebsmedizin ist einer der wenigen Bereiche, wo in Unternehmen ein offenes Wort möglich ist. Leider stehen die interbetrieblichen Ärzte (also jene, die in mehreren kleinen Unternehmen nach dem Rechten sehen) dem Problem oft hilflos gegenüber, weil sie den einzelnen Arbeitnehmern nur wenig Zeit widmen können, die Unternehmen in ihrem Zuständigkeitsbereich nicht immer gut kennen und manchmal enorm unter Druck gesetzt werden, damit sie in ihrem Jahresbericht die Fälle von seelischer Gewalt nicht erwähnen.

Diejenigen, die in der Firma oder Behörde ausreichend integriert sind und das Vertrauen des Personals genießen, können die Funktion eines internen Vermittlers übernehmen. Sie haben die Möglichkeit, die Situation auf informelle Weise ein wenig zu entschärfen, indem sie beispielsweise mit dem «Peiniger» reden. Dies bringt sie zuweilen in die Situation, Probleme zu regeln, für die normalerweise die Direktion zuständig wäre, da sie in ihrer Funktion früher als andere die kleinen Anzeichen von Destabilisierung bei einem Angestellten bemerken.

Claudia arbeitet seit mehreren Jahren in derselben Abteilung. Sie ist eine starke Frau, die keinen Hehl aus ihrer Homosexualität macht. Seit man überall neue Technologien eingeführt hat, ist die Arbeit viel komplexer geworden, und so wird zur Verstärkung eine «Fachkraft» – in Wirklichkeit ist sie eine Freundin des Abteilungsleiters –, in die Firma geholt. Claudia fühlt sich ausgeschlossen und wird in wenigen Monaten an den Rand gedrängt. Dass sie lesbisch ist, wird plötzlich zum Thema Nummer eins. Man macht sich über sie lustig, über ihre Art zu gehen, ihre Art zu sprechen. Der Abteilungsleiter will jedoch nicht ein-

sehen, dass es ein Problem gibt. Claudia verliert ihre Stabilität. Sie schläft schlecht, bekommt ein riesiges Ekzem und leidet an Verdauungsproblemen. In diesem Zustand konsultiert sie den Betriebsarzt.

Mit Claudias Zustimmung spricht der Betriebsarzt über ihren Fall mit dem Abteilungsleiter und den Kollegen. Er erfährt, dass das eigentliche Problem darin besteht, dass Claudia mit der neuen Software nicht umzugehen weiß und die englische Sprache kaum beherrscht. Ihr Vorgesetzter hat Claudia nur nicht darauf angesprochen, weil sein eigenes Englisch auch sehr schlecht ist. Der Betriebsarzt fordert nun diesen Vorgesetzten auf, Claudia klar und deutlich zu erklären, wo die Schwierigkeiten liegen, und mit ihr gemeinsam nach Fortbildungsmöglichkeiten zu suchen, damit sie ihre Schwächen beheben kann. Claudia ist erleichtert, dass wieder die berufliche Ebene im Vordergrund steht. Ihre psychosomatischen Störungen verschwinden in wenigen Monaten. Sie zieht es aber dennoch vor, den Arbeitsplatz zu wechseln.

Wenn die Betriebsärzte bereit sind, den engen Rahmen ihres normalen Prozedere zu verlassen, können sie auch mit der Firmenleitung sprechen oder einer Führungskraft zu verstehen geben, dass die Art und Weise, wie sie ihre Untergebenen behandelt, allen Beteiligten zum Schaden gereicht. Sie können zuweilen auch einem perversen Verantwortlichen andeuten, dass sein zerstörerisches Verhalten durchschaut worden ist, denn manchmal kommt es vor, dass ein narzisstischer Perverser, der sich demaskiert sieht, sein Benehmen ändert.

In einem großen Pariser Unternehmen wissen alle, dass in der Abteilung, die von Robert geleitet wird, sämtliche Angestellten Schwierigkeiten haben durchzuhalten. Er überwacht sie unentwegt, misst ihre Pausen mit der Stoppuhr, blafft sie an, beleidigt sie und fängt wegen der geringsten Lappalie an zu brüllen. Er hat seine Lieblinge und seine schwarzen Schafe, und Letztere behandelt er wie Dreck. Trotz mehrerer Beschwerden greift keiner der Vorgesetzten ein. Der Betriebsarzt, der regelmäßig mit

*weinenden Angestellten konfrontiert ist und über die Arbeits-
ausfälle Buch führt, beschließt, ihn darauf anzusprechen: «In
Ihrer Abteilung sind auffällig viele Leute krank und deprimiert.
Wie erklären Sie sich das? Wenn das so weitergeht, werde ich
mit der Direktion sprechen müssen.»*

*Robert ändert sich zwar nicht wirklich, mäßigt aber sein Be-
nehmen, und die Angestellten sind erleichtert.*

Arbeitsunfähigkeit – ja oder nein

Die hauptsächliche Schwierigkeit, die sich den Betriebsärzten stellt, ist die Formulierung der Arbeitsunfähigkeit. Was
kann man eigentlich tun, wenn infolge von seelischer Gewalt
die Gesundheit eines Arbeitnehmers auf dem Spiel steht?
Wenn man ihn zu seinem eigenen Schutz für arbeitsunfähig
erklärt, heißt das auch, dass man ihn aus dem Arbeitskreis-
lauf herausnimmt und womöglich in ernste wirtschaftliche
Schwierigkeiten bringt. Wird ein Arbeitnehmer wegen Arbeitsunfähigkeit entlassen, erhält er nur die ihm gesetzlich
zustehende Entschädigung, seine Abfindung steht ihm nicht
zu. Im Nachhinein ist es schwierig, dem Arbeitsschiedsausschuss zu erläutern, dass diese Arbeitsunfähigkeit ausschließlich an eine spezielle Situation gebunden war. Dennoch sind die Betriebsärzte zuweilen verpflichtet, einen gepeinigten Beschäftigten für arbeitsunfähig zu erklären,
damit er sich wieder erholen kann. In diesem Fall können sie
ihn mit dem Verweis auf das von seelischer Gewalt geprägte
Klima als ungeeignet für den Posten erklären, jedoch hinzufügen, dass derselbe Beschäftigte für jeden anderen Posten in
jeder anderen Abteilung geeignet wäre. Trotz allem ist es immer eine Niederlage, wenn man einen Arbeitnehmer infolge
von seelischer Gewalt für arbeitsuntauglich erklären muss,
weil es bedeutet, dass niemand in der Firma rechtzeitig eingegriffen hat.

Die Personalchefs

Auch wenn sie sich des Problems bewusst sind, schwanken die Personalchefs zwischen Leugnen, Banalisieren und Staunen. Man könnte sagen, dass sie gleichsam zwischen den Fronten stehen.

Im Prinzip wären die Personalchefs in der geeigneten Position, um einen «Peiniger» zur Vernunft zu bringen, da sie ja als Mittler zwischen Arbeitnehmer und Direktion fungieren. In Wirklichkeit geben sie lediglich neutral die Anweisungen der Direktion weiter und scheuen sich davor, einzugreifen.

Wenn sie versuchen, als Vermittler aufzutreten, bekennen sie ihr Unvermögen, die Lage zu durchschauen. Die Opfer zögern, sich ihnen anzuvertrauen (die Umfrage hat gezeigt, dass sich nur 19 Prozent der Arbeitnehmer, die Opfer seelischer Gewalt geworden sind, an die Personalchefs gewandt haben), und die Angreifer leugnen ihre Tat.

Oft sagen die Personalchefs: «Ich höre zu, mache mir Notizen, aber wenn ich die Situation analysiere, habe ich nichts Greifbares in der Hand. Und wenn ich Angestellte aus der unmittelbaren Umgebung befrage, dann haben sie entweder nichts gesehen oder wollen nichts gesehen haben!»

Was soll man tun, wenn man zwar spürt, dass eine Situation nicht normal ist, aber niemand darüber spricht? Wie soll man sich in jemandes Leben einmischen, der einen nicht darum gebeten hat? Inwieweit kann eine Firma einem Arbeitnehmer bei einem Problem helfen, das als seine Privatangelegenheit betrachtet wird? Wie soll man unterscheiden, ob ein Unwohlsein mit beruflichen oder privaten Problemen zusammenhängt? Sind alle Schwierigkeiten oder leidvollen Erfahrungen eines Arbeitnehmers mit seiner Firma verknüpft? Es ist schwer, all diese Fragen zu beantworten, dennoch dürfen die Personalchefs nicht einfach tatenlos zusehen.

Welche konkreten Maßnahmen können Personalchefs ergreifen, wenn sich ein Beschäftigter direkt oder indirekt über seelische Gewalt beklagt?

- Zunächst sollten sie die Situation im Auge behalten und sich hüten, vorschnell Partei zu ergreifen.
- Sie sollten versuchen, dem Problem auf den Grund zu gehen: Stört ein Arbeitnehmer den anderen, und weshalb? Beneidet der eine den anderen, und warum?
- Ferner sollten sie die Motive der Protagonisten ergründen und sich vor subjektiven Eindrücken hüten.
- Im Zuge dieser Analyse sollten sie die Schwachstellen beider Parteien berücksichtigen.
- Sie sollten nach Möglichkeiten suchen, Bewegung in die Situation zu bringen, dabei aber auf beider Empfindlichkeiten achten.
- Natürlich stellt sich auch die Frage nach möglichen Strafmaßnahmen. Wenn die Aggression oder der Mangel an Respekt offenkundig werden, sollte man nicht zögern, Sanktionen zu verhängen. Das Problem ist, dass es selten greifbare Beweise gibt. Die Personalchefs müssen also eine Umfrage starten, damit alle Beschäftigten sich ihrer Verantwortung bewusst werden. Auch wenn sie keine endgültige Gewissheit erhalten über die Ursprünge der Vorfälle, ist ihr Einsatz keine Zeitverschwendung, denn indem sie den Arbeitnehmern zeigen, dass sie ihnen wirklich zuhören, können sie wieder ihr Vertrauen gewinnen.
- Aus ihrer Warte ist es für die Personalchefs schwer, Situationen richtig einzuschätzen. Sollte sich daher die Lage nicht entspannen, müssen sie die Verantwortung abgeben.
- Um den Schutz des Opfers zu gewährleisten, sollten sie nicht zu lange warten, einen der beiden Gegner zu versetzen, auch wenn sie sich noch nicht sicher sind, von wem das Quälen ausgeht.

Im Allgemeinen muss man eine Gesamtanalyse der Zwischenfälle und Managementfehler vornehmen, die seelische Gewalt möglich werden ließen: Man muss die gequälte Person, die Firmenleitung und die Kollegen an einen Tisch bringen und über die Vorfälle sprechen.

Die Personalchefs sollten Spannungen rechtzeitig wahrnehmen, sollten spüren, wann eine Grenze erreicht und jemand zu Boden gegangen ist. Sie müssen lernen, verschiedene Warnsignale zu erkennen, beispielsweise auffällig viele Fehlzeiten.

So bemerkt ein leitender Angestellter, dass Pascal sich vor seiner Nachtschicht regelmäßig krankschreiben lässt, wenn er einem bestimmten Kollegen zugeteilt wird. Als er ihn direkt nach dem Grund für diese Fehlzeiten fragt, erfährt er, dass dieser Kollege die gesamte Belegschaft tyrannisiert, sich aber besonders heftig an Pascal austobt, den er regelmäßig abwertet und demütigt. Die anderen, die er kaum besser behandelt, haben Angst und schweigen.

Auch eine schlechte Zusammenarbeit innerhalb einer Abteilung kann ein Warnsignal sein – der vage Eindruck, dass die gesamte Gruppe leidet, ohne dass dies jemand offen aussprechen würde – oder eine schnelle Fluktuation, sei es, weil die Beschäftigten krank werden und sich dadurch die Fehlzeiten vervielfachen, sei es, weil mehrere Personen sich gleichzeitig versetzen lassen.

Die Berater auf Zeit

Ich nenne absichtlich die Berater auf Zeit in einem Zug mit den betriebsinternen Helfern, denn sie werden vom Arbeitgeber in die Firma geholt und auch von ihm entlohnt. Die Firma kann behaupten, es handle sich um *ihren* Ratgeber, da sie selbst die Maßnahme in Auftrag gegeben hat.

Es können interne Aussprachen von der Firma veranlasst werden, die sich mit den Beschwerden bestimmter Arbeitnehmer befassen, jedoch «sind diese Aussprachen, dazu bestimmt, gewisse Reaktionsweisen verständlich und dadurch ein Handeln möglich zu machen, keine Vermittlung, sondern genau genommen Führungswerkzeuge im Dienst des Unternehmens, das für sein Fortkommen den menschlichen

Faktor berücksichtigen muss».[1] Manche Führungskräfte beginnen zu verstehen, dass seelische Gewalt sowohl dem Funktionieren des Unternehmens als auch seinem Image schadet, und haben größtes Interesse daran, eventuelle Konflikte schnell zu bereinigen. Wer sich als Berater selbständig macht, muss sich seiner Kompetenz sehr sicher sein, sich fragen, ob er auch die nötige Erfahrung in diesem Bereich mitbringt. Da die Nachfrage sehr stark ist, erliegen zahlreiche Berater im Augenblick der Versuchung, sich als Experten in Sachen seelische Gewalt auszugeben, weil sie eine lukrative Marktlücke für sich entdeckt zu haben glauben. Damit ein Berater die Funktion eines Vermittlers übernehmen kann, sollte er entweder unabhängig von der Firma sein oder ausreichend Handlungsspielraum erhalten.

Im öffentlichen Sektor

Da im öffentlichen Dienst die üblichen Präventivmaßnahmen fehlen, lassen nur offene Konflikte eine gewisse Veränderung zu. In manchen Behörden ist allerdings ein internes Mediationssystem vorgesehen, das helfen soll, sowohl persönliche Differenzen als auch gewöhnliche Alltagsprobleme zu lösen. Meiner Kenntnis nach – zumindest waren sich meine Patienten hierin einig – ist es sehr schwierig, dieses Vermittlers habhaft zu werden. Wenn er endlich eingreift, ist das Opfer meist schon stigmatisiert oder gar krankgeschrieben.

Es wäre wünschenswert, wenn in Behörden die informellen Lösungswege leichter zugänglich gemacht würden. Man könnte freiwillige «Vertrauenspersonen» bestimmen, die nicht der Führungsebene angehören, damit sie als Vermittler die Beschwerden der Betroffenen entgegennehmen. Ich werde noch auf dieses Thema zurückkommen.

[1] Six, J.-F., Dynamique de la médiation, Paris 1995.

Meine Umfrage sollte auch Auskunft darüber geben, bei welchen Personen die Opfer außerhalb der Firma Unterstützung fanden:

- 35 Prozent wandten sich an einen Anwalt, der nur in 18 Prozent der Fälle hilfreich war;
- 32 Prozent wandten sich an das Gewerbeaufsichtsamt, das nur 10 Prozent von ihnen half;
- 65 Prozent informierten ihren Hausarzt, der 42 Prozent von ihnen half;
- 52 Prozent der Personen, die auf die Umfrage reagiert haben, konsultierten einen Psychiater, der sich in 42 Prozent der Fälle als hilfreich erwies.

Die beeindruckende Anzahl von Personen, die einen Psychiater konsultiert haben, lässt die Wirkung von seelischer Gewalt auf die Psyche deutlich werden. Wird ein Problem, das die Arbeit betrifft, nicht durch das Unternehmen geregelt, lastet man es einem Angestellten an, der fallen gelassen und «geopfert» wird. Der Betroffene wird mit Medikamenten behandelt und zuweilen sogar an einen Psychiater verwiesen. In diesem Fall findet die vollständige Pathologisierung eines sozialen Problems statt. Noch heute entledigt sich die Gesellschaft, ganz wie Michel Foucault es uns dargelegt hat,[2] unliebsamer Personen, indem sie sie für psychisch krank erklärt.

Externe Vermittler, wer sie auch seien, dürfen auf keinen Fall den Platz verlassen, den das Opfer ihnen zugewiesen hat, nämlich auf seiner Seite. Die Erfahrung lehrt, dass ein Opfer ausgerechnet von jener Fraktion zum zweiten Mal viktimisiert werden kann, die ihm doch helfen sollte, nämlich den Anwälten, Ärzten und Verbänden.

Als Michael, der an seinem Arbeitsplatz so viel Leid erfahren hat, dass er sich außerstande fühlt, dorthin zurückzukehren, ei-

---

[2] Foucault, M., Wahnsinn und Gesellschaft, Frankfurt 1973.

*nen Anwalt konsultiert, hegt er die Hoffnung, dass dieser ihm
eine Lösung vorschlagen wird, damit er kündigen und trotzdem
Arbeitslosengeld beantragen kann. Aber der konsultierte Anwalt macht ihm nicht nur keinen Vorschlag, sondern reagiert
auch noch gereizt, als Michael ihm von seinen Ängsten und Problemen erzählt. Michael konsultiert also einen zweiten Anwalt,
der von vornherein sagt, dass er ihm nicht helfen kann. Auch
ein dritter meint, er könne nichts tun, rät Michael aber, als Personalvertreter zu kandidieren.*

*Als Caroline, nachdem sie von ihrem Vorgesetzten ostentativ
gepeinigt wurde, den einzigen Psychiater in ihrer Kleinstadt
konsultiert, weiß dieser ihr nichts anderes zu sagen, als dass sie
sich alles nur einbilde und eine hysterische Person sei, die auf
diese Weise ihre infantile Neurose ausleben wolle.*

Es ist sehr wichtig, dass die Personen, die sich als Helfer an-
bieten, jene respektieren, die sich ihnen anvertrauen, und ihnen nicht um jeden Preis eine Lösung aufzwingen wollen, die
sie nicht akzeptieren können.

Die Allgemeinärzte

Da die Arbeitnehmer derzeit weder durch ausreichende Prä-
ventiveinrichtungen noch durch entsprechende Gesetze vor
seelischer Gewalt geschützt sind, werden sie, wenn sie ihr
zum Opfer fallen, häufig mit Medikamenten behandelt. Auf
diese Weise trägt die Gesellschaft über Ärzte und Versicherungen Sorge für ihre Sicherheit, die eigentlich durch das
Unternehmen gewährleistet sein sollte. In einem früheren
Kapitel haben wir gesehen, wie zerstörerisch sich seelische
Gewalt auf die Gesundheit des Opfers auswirken kann. Angesichts der Wirkungslosigkeit ihrer Symptombehandlun-
gen und der zahlreichen Arbeitsausfälle sind die Betriebsärzte verpflichtet, auf sozialer Ebene einzuschreiten. Wenn sie
die gepeinigten Arbeitnehmer krankschreiben, verbessert
sich deren Zustand zwar erheblich, wird aber sofort wieder

schlechter, sobald ihr Arbeitseintritt näherrückt. Es ist schlicht unmöglich, den Zusammenhang mit der Arbeitssituation nicht zu erkennen.

«Wenn ein Arbeitnehmer, der keinerlei Anzeichen einer Krankheit erkennen lässt, aus anderen als aus medizinischen Gründen (seelische Gewalt oder sexuelle Belästigung zum Beispiel) nicht zur Arbeit gehen möchte, haben sie die Pflicht, ihm moralischen Beistand zu leisten: Zum einen sollten sie, mit der Zustimmung des Patienten, den Betriebsarzt konsultieren, zum anderen dem Patienten erklären, dass er sich mit seinen Schwierigkeiten auch an andere Stellen wenden sollte (Personalvertretung, Gewerbeaufsichtsamt ...).»[3] Man muss den Patienten also an juristische oder soziale Instanzen verweisen.

In der Realität sind die Dinge weitaus komplizierter, da die gequälten Personen, die krankgeschrieben werden wollen, wirklich mit ihrem Latein am Ende sind. Werden sie krankgeschrieben, können sie wieder zu Kräften kommen und könnten eigentlich die Arbeit wieder aufnehmen, wäre diese nicht just die Ursache ihrer Probleme. Natürlich bringt in einem Kontext von seelischer Gewalt die Wiederaufnahme der Arbeit einen Rückfall mit sich, und der behandelnde Arzt ist dazu verpflichtet, die Gesundheit seines Patienten zu schützen. Dies kann ihm zuweilen Unstimmigkeiten mit der Ärztekammer einbringen, denn während die behandelnden Ärzte und die Betriebsärzte darüber entscheiden, ob der Beschäftigte *seine* Arbeit wieder aufnehmen kann, zählt für die Ärztekammer nur die *grundsätzliche* Arbeitstauglichkeit des Arbeitnehmers. Zum Glück wissen viele Mitglieder der Kammer die Situationen inzwischen einzuschätzen und beschließen, die Opfer zu schützen. Um den Ärger mit den Krankenkassen zu vermeiden, rate ich meinen Kollegen, da sie künftig angehalten sein werden, ihre Krankschreibungen zu rechtfertigen, zu folgender Diagnose: depressiver Zu-

---

[3] *Le Quotidien du Médecin*, Nr. 6730, 20. Juni 2000.

stand (oder chronische Angstzustände oder phobisches Syndrom ...) infolge von seelischer (oder sexueller) Gewalt. Dies könnte die Ärztekammer dazu bewegen, flächendeckend statistische Erhebungen durchzuführen, um auf diese Weise die Kosten zu berechnen, die aufgrund von seelischer Gewalt für die Allgemeinheit entstehen, was einer Verbesserung der Prävention sehr zugute käme.

Psychiater und Psychotherapeuten

Während Anwälten und Allgemeinärzten sofort bewusst war, dass es sich bei seelischer Gewalt um ein schwerwiegendes Problem handelt, haben bislang nur wenige Psychiater, Psychoanalytiker oder Psychotherapeuten darauf reagiert.

Es sind die Patienten, die uns eine Reaktion abverlangen. Sie fordern, dass man ihnen hilft: 52 Prozent der Gequälten, die sich an meiner Umfrage beteiligt haben, haben einen Psychiater konsultiert. Dies ist eine eindrucksvolle Zahl, die weit über dem Prozentsatz der allgemeinen Bevölkerung liegt, der sich üblicherweise an einen Psychiater wendet. Solange seelische Gewalt weder juristisch noch gesellschaftlich als Problem anerkannt wird, ist eine Psychotherapie das einzige Mittel, mit dem der gepeinigte Arbeitnehmer das Schweigen brechen kann, in dem er eingeschlossen ist.

Was können sie tun?
– Zunächst einmal sollten sie zuhören. Sich das Leid erzählen lassen, auch wenn sie den Eindruck haben, dass es sich nicht wirklich um seelische Gewalt handelt, sondern um eine andere Form des Leidens.
– Sie sollten ihre Patienten ermuntern, sich den Rat eines Juristen einzuholen, sich entweder an das Gewerbeaufsichtsamt oder einen Anwalt zu wenden.
– Sie sollten nicht zögern, ihnen nützliche Ratschläge zu erteilen, wie sie sich schützen können: Angegriffene müssen lernen, Ruhe zu bewahren, sich nicht zur Gegenaggressi-

on hinreißen zu lassen, sondern sämtliche verletzenden Bemerkungen, Demütigungen und Verstöße gegen das Recht zu arbeiten fein säuberlich zu notieren.

– Falls erforderlich – zum Beispiel, wenn die Person sichtlich verängstigt oder depressiv ist –, können Antidepressiva oder Anxiolytika verordnet werden, damit der Betroffene leichter «durchhalten» kann. Diese Medikamente dürfen dem Opfer jedoch nicht dazu dienen, seine Probleme zu bemänteln, sondern sollen ihm im Gegenteil die Kraft geben, die er benötigt, um die Augen offen zu halten und sich zu wehren.

– Ist jedoch die Gesundheit eines Menschen allzu offenkundig in Gefahr, sollte man ihm Arbeitsuntauglichkeit attestieren. Wir haben bereits im Zusammenhang mit den Allgemeinärzten von der Problematik dieser Verordnung gesprochen.

Vom guten Umgang mit dem ärztlichen Attest Die Aufgabe der Psychiater, die in ihrer Praxis mit einem Opfer seelischer Gewalt konfrontiert sind, besteht nicht darin, über die Realität der seelischen Gewalt zu urteilen. Sie sollten dem Patienten zuhören und ihm helfen, seine Eindrücke zu verarbeiten. Zwar können sie, wenn der Patient einverstanden ist, den Betriebsarzt zu Rate ziehen, doch wird auch der sie nicht über alle Details aufklären können. (Ich möchte daran erinnern, dass alle Mediziner der ärztlichen Schweigepflicht unterliegen.) Auch wenn die Psychiater den beruflichen Kontext ihres Patienten nicht kennen, können sie doch dessen Wirkung auf seine Gesundheit ermessen und demzufolge eine ausführliche Diagnose erstellen, die präzise Auskunft gibt über seinen psychischen Zustand und eventuell erkennbare Störungen. Sie können außerdem in ihrem Attest präzisieren, dass laut Aussage des Patienten diese Störungen seiner beruflichen Situation zuzuschreiben seien.

Da ihnen auch eine soziale Funktion obliegt, dürfen sie sich auf keinen Fall damit begnügen, Antidepressiva und

Anxiolytika zu verschreiben, sondern müssen klar Stellung beziehen. Wenn Personen sie über die Gewalt in Kenntnis setzen, der sie am Arbeitsplatz ausgesetzt sind, haben sie ebenso die Pflicht, helfend einzuschreiten, wie bei jeder anderen Art von Gewalt, die an einer verletzlichen Person geübt wird. Sie können sich mit den Betriebsärzten zusammenschließen, aber auch der Arbeitswelt generell ein wenig mehr Interesse entgegenbringen. Derzeit wissen Psychiater noch sehr wenig über die Funktionsweise der Unternehmen, und das Leiden am Arbeitsplatz ist die Domäne weniger Spezialisten; dennoch betrifft es mittelbar, über mögliche Patienten aus diesem Bereich, jeden Therapeuten.

Sollten die Psychiater keine Maßnahmen ergreifen, könnte ihr Schweigen als ein Gutheißen jener Praktiken aufgefasst werden, die ich hier anprangere. Die Aggressionen nicht beim Namen zu nennen bedeutet, die Menschen in ihrer Ohnmacht erneut allein zu lassen, was ihre Schuldgefühle noch verstärkt. Tatsächlich fühlen viele Opfer sich schuldig, weil sie sich nicht zu verteidigen wussten.

Natürlich stellt dies den Therapeuten vor ethische Probleme. Darf ein Psychiater zulassen oder gar fördern, dass ein Mensch sich in einen repressiven Kontext besser einfügt, oder sollte er ihn zum Widerstand befähigen? Dies kann nur von Fall zu Fall entschieden werden.

Zu Anfang meiner Arbeit in diesem Bereich pflegte ich Patienten, die seelischer Gewalt ausgesetzt waren und sich weigerten, klein beizugeben, zu ermutigen, für die Wiederherstellung ihrer Ehre und Würde zu kämpfen. Als jedoch nach einigen Jahren dieselben Personen sich zwar durchgesetzt hatten und wieder in ihrer Abteilung integriert, dafür aber seelisch «gebrochen» waren, begann ich an meiner Taktik zu zweifeln. Sollte man ihnen zuweilen nicht lieber den Rat geben, sich still zu verhalten und ihr seelisches Gleichgewicht wiederzufinden?

Im Allgemeinen müssen wir unseren Patienten Lösungen vorschlagen, sie warnen und ihnen die Entscheidung selbst überlassen. Unsere Pflicht besteht in jedem Fall darin, sie aufzuklären.

Den Psychotherapeuten kommt eine wesentliche Funktion zu: Sie müssen ihren Patienten auf individuelle Weise helfen und sie begleiten. Wie gesagt, Opfer seelischer Gewalt sind äußerst verwirrt und fühlen sich nicht selten für die Aggression verantwortlich, die sie erleiden. Der Therapeut muss ihnen daher helfen, dieses Schuldgefühl loszuwerden. Er muss erkennen, dass die Aggression von außen kommt, und seinen Patienten darin unterstützen, die perversen Strategien offen zu legen. Er hat zwar einen leidenden Menschen vor sich, darf aber deshalb nicht den Zusammenhang aus den Augen verlieren, der ihn destabilisiert hat. Allzu viele Psychotherapeuten oder Psychoanalytiker bestehen immer noch darauf, nur die intrapsychischen und sexuellen Elemente zu beleuchten, und bleiben in ihren theoretischen Bezügen verhaftet. Dabei müssten die Fälle seelischer Gewalt, denen sie im Rahmen der herkömmlichen Lehre nicht gerecht werden können, sie dazu verpflichten, ihre üblichen Denksysteme in Frage zu stellen. Angesichts einer neuen Problematik müssen sie sich weiterbilden und neue Behandlungsformen finden.

Die Anwälte

Als der Begriff der seelischen Gewalt aufgetaucht ist, haben die Anwälte für Sozialrecht als erste reagiert. Sie hatten mit einer beachtlichen Anzahl von Arbeitnehmern gesprochen, die sich darüber beklagten, dass sie an ihrem Arbeitsplatz gedemütigt oder schikaniert worden seien – doch wie sollten sie dieses Leid, für dessen Beschreibung es keine Worte gab, strafrechtlich einordnen? Im Augenblick interessieren sich nur wenige Anwälte für das Problem der seelischen Gewalt, doch wird sich dies zweifellos ändern, wenn der Begriff im Arbeitsrecht Aufnahme findet.

Zumeist schreiten die Anwälte erst dann ein, wenn der Arbeitsvertrag bereits beendet ist und die gepeinigte Person für die erlittenen Qualen Schadenersatz verlangt. Dabei kann ihnen eine vorbeugende Rolle zukommen, indem sie die Arbeitnehmer von ihrem ersten Gegenschlag an unterstützen und versuchen, der seelischen Gewalt auf diese Weise Einhalt zu gebieten. Sie müssten sich nur ein wenig Zeit nehmen, ihrem Mandanten Gehör schenken und ihn beraten, wie er, in einem Brief, auf unzulässiges Benehmen oder einen Verstoß gegen den Arbeitsvertrag hinweisen kann, wie er Beweise sammelt und eine Akte für den Arbeitgeber erstellt, damit dieser endlich Maßnahmen ergreifen muss.

Solange sie noch im Unternehmen beschäftigt sind, zögern die Arbeitnehmer, einen Rechtsanwalt zu konsultieren, weil sie befürchten, ein direkter Angriff könne zu ihrer Entlassung führen, und sind sehr zurückhaltend, wenn es darum geht, sich in kostspielige und im Ausgang unvorhersehbare Verfahren zu stürzen.

Oftmals beklagen die Beschäftigten, von ihrem Rechtsanwalt nicht die Ratschläge erhalten zu haben, die sie in ihrem täglichen Kampf benötigt hätten, um Fehler zu vermeiden und ihre Situation nicht noch weiter zu verschlechtern. Aus diesem Grund kommt den Verbänden eine so wichtige Rolle zu.

Die Verbände

Es gibt zwei Arten von Verbänden (die wichtigsten sind am Ende des Buches aufgelistet):
- die Verbände der Spezialisten: Betriebsmediziner, Psychologen, Psychotherapeuten, Juristen, die sich mit der Zunahme einer spezifischen Form von Gewalt am Arbeitsplatz auseinander setzen und den Opfern mit Informationen zur Seite stehen;
- die Verbände von Opfern oder ehemaligen Opfern, deren Mitglieder das Leid der Gepeinigten aus eigener Erfahrung kennen und wissen, wie schwierig es ist, aus dieser Situation wieder herauszukommen. Sie bieten den Opfern Unterstützung und informieren sie über die Schritte, die es zu unternehmen gilt.

Den Verbänden kommt eine wesentliche Funktion zu, da die Opfer seelischer Gewalt täglich Hilfe brauchen, und die Spezialisten für diese besondere Art des Missbrauchs, seien es Psychiater oder Rechtsanwälte, sind dünn gesät und daher schnell überlastet. Wie schon gesagt, ist seelische Gewalt eine Pathologie der Einsamkeit, und die Verbände sind den Opfern eine große Hilfe, indem sie sie ermutigen, sich zu äußern, ihnen Gehör schenken und ihnen bei juristischen Schritten zur Seite stehen.

14. Die Prävention

Die Gesellschaft wird sich allmählich des Problems bewusst, vor das die seelische Gewalt sie stellt. Seit zwei Jahren bringen die Opfer den Mut auf, mit ihrem Anliegen vor Gericht zu gehen. Jetzt gilt es, den nächsten Schritt zu wagen. Auch wenn ein Gesetz dringend erforderlich ist, um jeden daran zu erinnern, dass Gewalt gegen andere unstatthaft ist und man sich dafür zu verantworten hat, kann es nichts an der Tatsache ändern, dass manche Menschen ein boshaftes Vergnügen daran finden, die Gesetze in ihrem Sinne zurechtzubiegen oder zu ihrem Vorteil zu nutzen. Daher sollte man schon viel früher handeln, indem man die Firmen und die Behörden dazu verpflichtet, eine wirksame Präventivpolitik zu betreiben.

Man sollte nicht warten, bis die Anzahl der Opfer noch weiter ansteigt. Wird ein Fall bekannt, ist es für die betroffene Person meist schon zu spät, die dann vor allem medizinische und psychotherapeutische Hilfe braucht. Also gilt es, noch vor jedem erkennbaren Signal einzuschreiten, indem man von dem Grundsatz ausgeht, dass solche Fälle zweifellos im Verborgenen existieren oder existieren können.

Wird jemand zum Opfer seelischer Gewalt und ist seine Gesundheit dadurch auf lange Sicht geschädigt, haben die Ärzte oft keine andere Wahl, als ihn dieser pathogenen Situation zu entziehen. Das Opfer aus dem aggressiven Umfeld zu entfernen, ist zwar einerseits eine Möglichkeit, es zu schützen, andererseits aber auch eine Niederlage, da man auf diese Weise zu erkennen gibt, dass man nicht rechtzeitig agieren konnte, und außerdem verhindert es nicht, dass in demselben Umfeld erneut seelische Gewalt geübt wird. Zumeist ist das Opfer zum Rückzug gezwungen, während sein Aggressor an Ort und Stelle bleibt.

Wir haben gesehen, wie zerstörerisch die Praktiken seelischer Gewalt auf die physische und psychische Gesundheit der Menschen wirken. Um zu verhindern, dass es so weit kommt, sollte man frühzeitig einschreiten, solange noch von einem *Problem*, nicht von einer *Aggression* die Rede ist. Es geht dann eher um Prävention und Menschenführung als um die Lösung eines *Falls*.

Eine wirksame Vorbeugung kann nur stattfinden, wenn man, wie schon gesagt, die seelische Gewalt sehr sorgsam von anderen Leidensformen am Arbeitsplatz unterscheidet.

Es sind Situationen, die schwierig zu handhaben sind, weil hier ständig ein Übergang vom Individuellen zum Kollektiven stattfindet. Eine effektive Vorbeugung sollte sowohl auf der zwischenmenschlichen Ebene als auch in den Methoden der Unternehmensführung und den Umständen, die seelische Gewalt begünstigen, wirksam werden. Es gibt nicht nur eine Lösung; es gilt in allen Schlüsselbereichen des Systems zu handeln.

Die Prävention der seelischen Gewalt sollte im Zusammenhang mit der Vermeidung von Risiken am Arbeitsplatz gesehen werden, denn die Gesundheit der Arbeitnehmer, und hierzu gehört auch die seelische Gesundheit, ist ein fundamentales Recht.

Auf Unternehmensebene

Durch vorbeugende Maßnahmen wird man nichts an der bösen Absicht eines narzisstischen Perversen ändern, aber man kann sie zumindest eindämmen und den Schaden beschränken, den sie anrichtet. Arbeitnehmer, die die Tendenz haben, sich dem Willen der Gruppe zu beugen, werden weniger leicht auf Abwege geraten, wenn die Gruppe gesund funktioniert.

Über eine mögliche Prävention in den Unternehmen oder Behörden nachzudenken beinhaltet, dass man die psychosozialen, institutionellen, sogar die sozietären Bedeutungen des Phänomens zu begreifen sucht.

Forscht man nach den Ursprüngen von seelischer Gewalt am Arbeitsplatz, findet man eine Vielzahl von Funktionsstörungen und Entgleisungen von Personen. Dennoch hat auch die Firma eine gewisse Verantwortung zu tragen.

Die Verantwortung des Unternehmens

In Zukunft können Firmenleiter nicht mehr einfach über dieses Problem hinwegsehen. Es ist an ihnen, für sämtliche hierarchische Stufen der Firma ein Präventivprogramm zu fordern, denn wird seelische Gewalt erst einmal sichtbar, sei sie nun horizontal (zwischen Kollegen) oder vertikal (von Vorgesetzten), tragen sie die Verantwortung, weil sie zu lange tatenlos zugesehen oder nichts zur Vermeidung beigetragen haben. Sie dürfen nicht mehr über die zerstörerischen Machenschaften hinwegsehen, die manche leitenden Angestellten oder kleinen Chefs mit der Begründung an den Tag legen, das gute Funktionieren des Unternehmens hinge davon ab. Sie sollten sich in Frage stellen und ihre Führungsmethoden überdenken, sie von der sichtbaren oder versteckten Gewalt säubern. Die Firmenleiter müssen sich zwar mit mehreren Systemen auseinandersetzen (Verwaltung, Direktion, Buchhaltung), aber dennoch sollten sie ihr Möglichstes tun, um die Gewalt in all ihren Ausdrucksformen zu bekämpfen, und nötigenfalls auch Sanktionen verhängen. Informiert man Firmenchefs über einen Fall von seelischer Gewalt, streiten sie dies leider erst einmal ab. Während eines Kolloquiums, das eine angesehene Wirtschaftsschule organisiert hatte, gaben mir Firmenleiter, als ich sie öffentlich um eine Stellungnahme bat, folgende ausweichende Antwort: «Ja schon, seelische Gewalt gibt es, aber nicht bei uns! Wir betreiben Sozialpolitik, wissen Sie, wir respektieren unsere

Arbeitnehmer.» Dieselben Firmenchefs fragten mich später privat um Rat, weil sie unmittelbar von seelischer Gewalt betroffen waren. Wie kann man sein unbeflecktes Image wahren, wenn man zugeben muss, dass man den Fällen seelischer Gewalt in der eigenen Firma machtlos gegenübersteht? Sie kurzerhand zu leugnen scheint die einfachste Lösung zu sein, doch kann man dadurch weder dem aktuellen Problem beikommen, noch künftigen vorbeugen.

Ebenso wie man mit Hilfe der Psychoanalyse den unbewussten Antriebskräften einer Person nachspüren kann, sollten Firmenleiter oder Verwaltungsdirektoren ihre unbewussten Funktionsweisen analysieren. Die Direktion müsste aufhören, sich instinktiv vor ihre leitenden Angestellten zu stellen, die gewaltsamer Praktiken bezichtigt werden. Es geschieht immer wieder, dass sich alle darauf einigen, auch noch die schlimmste Niedertracht zu leugnen, mit der einer oder mehrere aus ihren Reihen andere Mitarbeiter quälen. Sie glauben nämlich, dass die Schande, wenn sie die Gewalt zugeben, auf sie alle zurückfallen und am Ende dem Unternehmen schaden werde. Dieses Leugnen des Problems führt dazu, dass die Gewalt andauert und noch ärger wird.

Wir haben gesehen, dass einige Elemente der neuen Arbeitsstrukturen die Verfahren seelischer Gewalt begünstigen können. Es gilt daher, auf der Hut zu sein und dem entgegenzuwirken. Die Prävention besteht zunächst darin, den Arbeitnehmern gute Arbeitsbedingungen zu ermöglichen und dem Stress vorzubeugen. In einem früheren Kapitel habe ich dargelegt, dass der Arbeitsstress ein Klima schafft, das der seelischen Gewalt den Boden bereitet. Wie es die Opfer oftmals angeführt haben, wirkt etwa der Zeitdruck, der sich mit der Umstellung auf die 35-Stunden-Woche zu verschärfen droht, äußerst destabilisierend. Eine schwedische Studie[1] hat gezeigt, dass man den Frust der Arbeitneh-

---

[1] Marcelissen, Winnubst, Buunck, De Wolff, Social support and occupational stress: a causal analysis, in: *Social science and medecine*, 26, 1988.

mer vermindert, wenn man die Arbeitsbedingungen verbessert und dadurch verhindert, dass sie ihre Aggressionen an einem Sündenbock ausagieren. Aufgrund dieser Studie wurden in Deutschland und den nordischen Ländern Vorbeugungsmaßnahmen[2] eingeführt. Zwar beginnen sich allmählich auch die Firmenchefs für Maßnahmen gegen Stress und Vorschläge zur Konfliktlösung zu interessieren, aber viel zu häufig bringt sie dies nicht etwa dazu, ihre Führungsmethoden zu überdenken, vielmehr lassen sie ihre Angestellten an Seminaren teilnehmen, in denen sie lernen, immer noch größere Belastungen zu ertragen. Seelische Gewalt lässt sich aber nur wirksam bekämpfen, wenn alle, auch die Unternehmensleiter, ihr eigenes Handeln immer wieder überdenken.

Dennoch besteht kein Zweifel, dass die Unternehmen an motivierten, gesunden Arbeitnehmern interessiert sind. In einer Firma hat das Management dafür Sorge zu tragen, dass die Arbeitnehmer durchweg gut funktionieren. Unstimmigkeiten oder zwischenmenschliche Probleme, die ausarten könnten, gilt es rechtzeitig aus der Welt zu schaffen. Im Prinzip ist es die Pflicht der leitenden Angestellten, ihren Mitarbeitern zu helfen, aber wie ich schon erwähnt habe, stehen sie selbst unter Druck und müssen um ihr eigenes Überleben kämpfen.

Seelische Gewalt äußert sich nicht wie ein gewöhnlicher Konflikt und wird meistens auch nicht als solcher wahrgenommen, weder von dem Aggressor noch von dem Angegriffenen; hier kommt nichts offen zur Sprache. Es ist daher wichtig, dass man möglichst früh erkennt, wie jemand nach und nach immer mehr in die Isolation gerät, dass man auf die scheinbar harmlosen Machenschaften achtet, die immer häufiger werden, dass man anfängt, Probleme beim Namen zu nennen, und dafür Sorge trägt, dass der Dialog wiederhergestellt wird und dass die Projekte der Mitarbeiter sinn-

---

[2] Einarsen, S., Skogstad, A., op. cit.

voll sind, weil man diese nur so zusammenschweißen und motivieren kann.

Die meisten Hochschulabsolventen lernen erst im Berufsleben, Menschen zu führen, in Managementseminaren oder Konfliktbewältigungskursen. In der Zwischenzeit schlagen sie sich durch, so gut es eben geht. Um ihnen die Sache zu erleichtern, hat man *coaching*-Methoden eingeführt. Ein Coach ist gleichsam der persönliche Mentor eines leitenden Angestellten, der ihn über seine Zielsetzungen nachdenken lässt und ihn dabei lehrt, den Umgang mit Menschen persönlicher zu gestalten. Aber das wird nur den Führungskräften der obersten Etagen vorgeschlagen. Für die unteren Stufen der Hierarchie ist nichts dergleichen vorgesehen. Hier können sich die Mitarbeiter höchstens, oft viel zu spät, an die Sozialarbeiterin oder den Betriebsarzt wenden.

Vorgesetzte, die ihren Arbeitnehmern Respekt entgegenbringen, können in der Firma einiges Unbehagen vermeiden und dadurch zur Steigerung der Produktivität beitragen. Warum wagt man es nicht, anstatt den Mitarbeitern Seminare zu verordnen, die sie leistungsfähiger machen, die Menschlichkeit wieder einzuführen, Rücksicht auf die unterschiedlichen Eigenheiten und Empfindlichkeiten der Beschäftigten zu nehmen und auf ihre affektive oder emotive Komponente einzugehen? Man sollte im beruflichen Miteinander den Dialog und das empathische Zuhören fördern, auf welcher hierarchischen Stufe der Gesprächspartner auch immer sei. Letzterer hat dem, der zuhören kann, schließlich etwas mitzuteilen. Man sollte bei seinen Mitarbeitern auf Haltungen achten, die Verweigerung oder Ablehnung ausdrücken, und ihre Schwierigkeiten erahnen, Einwände zu äußern. Man sollte rechtzeitig erkennen, ob Personen Probleme haben oder sich in die Enge gedrängt fühlen, damit sie nicht in eine negative Spirale geraten.

Im Gegensatz zu dem, was manche zynischen Firmenchefs glauben machen wollen, erzielen Unternehmen, die um das Wohlergehen ihrer Beschäftigten bemüht sind, bessere Ergebnisse als jene, die ihre Mitarbeiter mittels Stress oder Angst lenken. Ihre Fluktuationsrate ist niedriger, ihre Belegschaft motivierter, ihre Produktivität steigt. Wie gut ein Unternehmen läuft, ist nicht nur an seinen wirtschaftlichen Resultaten abzulesen, sondern auch an seinem Klima. Wenn die Unternehmen nur an den Profit denken, den sie mit Hilfe der Beschäftigten erzielen können, dann brauchen sie sich nicht zu wundern, wenn sie auf Schwierigkeiten stoßen und zusehen müssen, wie Loyalität und Talent schwinden. Firmen dagegen, die ihre Beschäftigten korrekt behandeln, erhalten enorme Dividenden: hohe Produktivität, niedrige Fluktuation.

Jack Welch, der Chef von General Electric, einer Firma, die gegenwärtig als die gewinnträchtigste der ganzen Welt gilt, ist bekannt für seine modernen Führungsmethoden, mit deren Hilfe er eine hundert Jahre alte Fabrik in ein mustergültiges Unternehmen umgewandelt hat. In einem Interview, das am 20. Juni 2000 in *Le Monde* erschien, sagte er: «Bei uns hat jeder die Chance, sich zu äußern. Jeder unserer Beschäftigten hat seine persönliche Würde und darf sich zu Wort melden. Daran glauben wir. Wir praktizieren das sogenannte *candid feedback*, die ehrliche Reaktion: Man sagt den Leuten klipp und klar, wie sie arbeiten (...). Ich kenne niemanden, dem nichts an Worten und an Würde gelegen wäre. Ich gebe meinen Managern immer den guten Rat, sich selbst nicht so übermäßig ernst zu nehmen, sich nicht wie Machtmenschen zu gebärden. Die Firma muss auf sämtlichen Niveaus informell bleiben, die Information muss frei zirkulieren können. (...) Wenn Ihr Vorgesetzter Sie nicht gut behandelt, dann setzen Sie sich zur Wehr oder kündigen Sie.» Seiner Meinung nach ist die Bürokratie nach wie vor der Hauptfeind der Effektivität einer Firma und muss täglich bekämpft werden: «Warum haben wir so viel Bürokratie? Jeder denkt doch, dass seine Forderungen legitim seien und die der anderen völlig absurd.»

General Electric versucht, das Mitspracherecht der einzelnen Mitarbeiter zu optimieren. Die Führungskräfte sind einer Beurteilung zu «360 Grad» unterworfen: Alle Personen, die mit ihnen arbeiten (Untergebene und Vorgesetzte) werden aufgefordert, ihre Arbeit zu beurteilen. Jeder junge leitende Angestellte mit hohem Potential wird von einem älteren Mentor begleitet, der ihm hilft, seinen Weg zu finden. Taucht ein Problem auf, setzen alle betroffenen Personen sich zusammen, unter dem Vorsitz eines Betreuers aus der Belegschaft, der nicht in das Problem involviert und eigens für diese Aufgabe ausgebildet ist. Damit sich alle freier äußern können, ist der Vorgesetzte bei dieser Zusammenkunft nicht anwesend.

Sämtliche Managementstudien beweisen es: Jeder Beschäftigte ist für das Unternehmen ein potentieller Gewinn, wenn dieses ihn in seiner Einzigartigkeit akzeptiert. In einer Arbeitsgruppe gibt es nicht nur ein Nebeneinander von Kompetenzen, sondern auch ein Nebeneinander von Unterschieden und Besonderheiten. Warum soll man diese Unterschiede nicht nutzen?

In einem gesunden, gerechten Arbeitsumfeld bräuchte man Beurteilungen nicht zu fürchten. Jeder wird auf die eine oder andere Art, explizit oder implizit, beurteilt, also ist es doch besser, wenn dies in einer geregelten Weise geschieht. Es kann eine Gelegenheit sein, seine Stellung zu definieren und sich über eine gewisse Anzahl von Problemen zu äußern.

Strategien, um seelische Gewalt zu vermeiden

Welches sind, auf der Ebene des Managements, die Strategien, mit deren Hilfe sich seelische Gewalt vermeiden ließe?

Im Kapitel über die beruflichen Zusammenhänge, die das Auftauchen seelischer Gewalt begünstigen, habe ich die Bedeutung einer guten Kommunikation herausgestellt. Nun lässt aber das Unternehmen, auch wenn es Kommunikationsseminare vorschlägt, nicht zu, dass jeder sich frei äußern kann. Was soll man tun, um es den Beschäftigten zu ermöglichen, ihre Meinung kundzutun? Auch für diejenigen, die von außen eingreifen, ist dieses offene Sprechen nicht einfach. Die meisten Beratungsunternehmen, die die Firma leistungsfähiger machen wollen, tun nichts anderes, als das bestehende System in seinen festgefügten Meinungen zu bestätigen. Ein respektvolles Zuhören ist besonders wichtig, wenn jemand vorübergehend angeschlagen ist.

Die Dinge beim Namen zu nennen kann einfach nur bedeuten, dass man Worte findet, dank derer die Beschäftigten aufeinander zugehen können.

Bei seiner Ankunft in dieser Abteilung, in der hauptsächlich Frauen arbeiten, wird Stefan von Julia sehr kühl empfangen, weil diese es nicht erträgt, dass ein Mann in ihr Territorium eindringt. Sie zeigt sich ihm gegenüber sehr herablassend und behält jedes interessante Projekt für sich. Er hat Angst vor ihr und weiß nicht, wie er mit ihr umgehen soll. Seine Rückzugshaltung macht wiederum Julia ärgerlich, die ihn immer weniger leiden kann und ihn dies auch unentwegt spüren lässt. Die Unstimmigkeit zwischen den beiden endet schließlich damit, dass sie sich gegenseitig am Arbeiten hindern. Stefan wird gehemmt und ergreift keine Initiative mehr. Julia blockiert und gibt Stefan an allem, was nicht klappt, die Schuld.

Am Ende interveniert der Chef der beiden, um dafür zu sorgen, dass die Kommunikation zwischen ihnen wieder in Fluss kommt; wenige Worte genügen, damit Stefan auf Julia zugeht, die in Wirklichkeit gar nicht so selbstsicher ist, wie es den Anschein hat; es gelingt ihm, sie zu beruhigen, so dass sie ihn nicht mehr als ihren Rivalen ansieht.

Leider werden diese einfachen Worte nur selten gesprochen, weil viele Verantwortliche glauben, sie seien nicht so wichtig. Doch ist es ihre Aufgabe, dafür zu sorgen, dass die Mitarbeiter wieder miteinander sprechen, und das nicht nur am Kaffeeautomaten.

Die Dinge beim Namen zu nennen, das bedeutet auch, Konflikte nicht zu fürchten, die Konfrontation, den eventuellen

Affront und den Widerspruch zu akzeptieren. Wenn eine Situation verfahren und keine Bewegung mehr möglich ist, bieten Konflikte die Möglichkeit, ein allzu statisches Milieu wieder in Fluss zu bringen. Natürlich braucht man, um ein Problem anzugehen und nach einer Lösung zu suchen, auch Mut, zumal jede Entscheidung für die einen positive, für die anderen negative Konsequenzen in sich birgt. Ein Vorgesetzter, der sich um seine Untergebenen sorgt, nimmt diese Vermittlerrolle normalerweise sehr ernst und trägt auf diese Weise zum allgemeinen Wohl bei.

Das Problem mit der seelischen Gewalt ist vor allem eines von Grenzen und Regeln. Die verantwortlichen Führungskräfte müssen durchgreifen und Ordnung schaffen, indem sie respektloses Verhalten erkennen und nötigenfalls bestrafen. Es ist an ihnen, zu sagen, was erlaubt und was verboten ist, allerdings brauchen sie hierzu die Unterstützung der Direktion. Diese sollte sich nicht nur für den Profit der Firma, sondern auch für die Menschen interessieren, die hier arbeiten, und das Ruder nicht kranken Führungskräften, ob tyrannisch oder paranoisch, überlassen oder Letztere zumindest dazu verpflichten, ihr Benehmen zu mäßigen. Viel zu häufig enthalten Firmenchefs sich eines Urteils über das Benehmen einer Führungskraft, solange diese gute Resultate erzielt.

Um eine wirksame Präventivpolitik zu betreiben, müssen die Firmenchefs jedoch klare Entscheidungen treffen. Sie müssen in die Betriebsordnung aufnehmen, dass sie seelische Gewalt nicht akzeptieren und Zuwiderhandlungen bestrafen werden. Sie müssen sodann die obersten Etagen der Hierarchie in die Pflicht nehmen, damit die unteren Etagen es ihnen gleichtun. Ferner sollten sie die Beschäftigten weiterbilden, damit die Vorbeugung gegen seelische Gewalt in all ihren Formen nicht nur die Domäne einiger Spezialisten bleibt oder mit ein paar frommen Schwüren abgetan werden kann, sondern die Verantwortung aller wird. Dies muss alles klar und deutlich in der Betriebsordnung dargelegt werden.

Die erste vorbeugende Maßnahme sollte darin bestehen, den Arbeitnehmern beizubringen, dass sie sich ihren Kollegen gegenüber korrekt zu verhalten haben. Zu diesem Zweck sollte die Firma ihrem Personal gewisse Verhaltensnormen einprägen und klar definieren, was sie akzeptieren kann und was nicht. Sie braucht keine Moralpredigten zu halten, sondern sollte einfach nur Grenzen setzen und ihre Mitarbeiter lehren, die möglichen Konsequenzen ihres Verhaltens gegen andere abzuwägen.

Man muss also das Konzept der Abhängigkeit neu überdenken, genau festlegen, was in der Beziehung zwischen Vorgesetzten und Untergebenen statthaft ist und was nicht. Tatsächlich haben die Firmenchefs dank ihrer Disziplinargewalt die Möglichkeit, Mitarbeiter zu bestrafen, die sich ihren Befehlen widersetzen. Je mehr der Arbeitgeber selbst über Fehler und Sanktionen bestimmt, desto größer ist die Gefahr, dass er diese Disziplinargewalt missbraucht.

Die Ethik der Unternehmen

Natürlich ist auch wichtig, dass die Firma in ihrer Art der Führung mit gutem Beispiel vorangeht und klare Funktionsweisen vorgibt, die es jedem Arbeitnehmer gestatten, sich in seinem Kontext auf gesunde Weise einzubringen. In soliden, gesunden Strukturen «greift» seelische Gewalt nicht. Wenn ein Unternehmen die Personen achtet, hat dies eine positive Wirkung auf das Verhalten jedes einzelnen seiner Beschäftigten. Obwohl immer mehr Führungskräfte heutzutage von Ethik sprechen, ist in der Arbeitswelt immer weniger davon zu spüren. Machen wir uns nichts vor, auch wenn manche Chefs es ehrlich meinen, wenn sie von moralischen Werten oder von Ethik sprechen, sind es für andere nur leere Worte, die ihnen ein gutes Gewissen verleihen oder es ihnen ermöglichen, ihr Image zu bewahren. Wenn man im gleichen Atemzug von Vergünstigungen und von Entlassungen spricht, mag dies wirtschaftlich gesehen zwar durchaus kohärent sein, ethisch einwandfrei ist es allerdings nicht. Dabei kommt dem Unternehmen eine entscheidende soziale Verantwortung zu.

Genügt es, den Firmenleitern von Ethik zu sprechen, wenn man erreichen will, dass sie vorbeugende Maßnahmen gegen Leid und Zerstörung ergreifen? Wohl kaum. Wenn man ihnen das Problem als soziale und ethische Verantwortung präsentiert, kann man nicht sicher sein, dass sie auch zuhören. Um die pragmatisch denkenden Firmenchefs zu überzeugen, muss man ihnen, anstatt die menschlichen und ethischen Faktoren in den Vordergrund zu stellen, Zahlen und rationale Argumente liefern. Man muss ihnen zeigen, dass seelische Gewalt sie teuer zu stehen kommt und dass Strategien, ihr vorzubeugen, demnach eine gute Investition sind. Seelische Gewalt wird kostspielig für die Firma, sowohl direkt, über die Arbeitsausfälle, die das Quälen mit sich bringt, und die Entschädigungssumme, die dem entlassenen Arbeitnehmer möglicherweise zusteht, als auch indirekt, wegen des Vertrauensverlusts und der Demotivierung aufseiten der Beschäftigten, was eine bedeutende Fluktuation nach sich zieht. Eine Studie in den Vereinigten Staaten hat ergeben, dass 85 Prozent der Arbeitnehmer ihr Unternehmen nicht verlassen würden, wenn das Klima dort erträglich wäre. Unternehmen, die die persönliche Würde ihrer Beschäftigten respektieren, ziehen auf diese Weise die fähigsten Leute an und binden sie in Treue an sich. Damit wächst ihre Produktivität.

Ein wirksamer Schutz vor seelischer Gewalt und jeder Art der Entgleisung kann ein zusätzlicher Wert sein und zu besseren Resultaten führen. Schikaniert man einen Beschäftigten, vergeudet man sein Talent. Man ruiniert nicht nur die Gesundheit eines Menschen, sondern mindert zudem seinen wirtschaftlichen Nutzen für die Firma. Einen Arbeitnehmer unter dem Vorwand, er sei nicht mehr leistungsfähig genug, so lange zu quälen, bis er von sich aus kündigt, mag der Firma auf kurze Sicht finanzielle Vorteile sichern, aber lässt sich dies auch auf lange Sicht aufrechterhalten?

Ein weiterer Anreiz, damit Unternehmen sich für vorbeugende Maßnahmen entscheiden, ist das gute Image, das sie sich damit bewahren, beziehungsweise das schlechte, das sie sich ersparen können, da negative Schlagzeilen die Aktionäre möglicherweise abschrecken würden. Wie es aussieht, bringt der Druck, den die Gewerkschaften und die Regierung auf die Firmenchefs ausüben, diese endlich dazu, das Problem in Angriff zu nehmen. Heftige Reaktionen auf ein Buch, das das Problem beim Namen nennt, waren nötig, damit die Opfer endlich den Mut fanden, sich zu äußern; leider musste es in manchen Fällen erst zum Schlimmsten kommen, zum Selbstmord am Arbeitsplatz, damit die Not der Gepeinigten endlich Beachtung fand.

Auf gesellschaftlicher und persönlicher Ebene

Angesichts der vielen Fälle von seelischer Gewalt sollten wir uns über die Funktionsweise unserer Gesellschaft Gedanken machen. Die Aggressoren zu bestrafen hat überhaupt keinen Sinn, wenn man nichts an der Haltung ändert, die ihrer Handlungsweise zugrunde liegt. Die gesamte Gesellschaft muss in die Pflicht genommen werden, darf die Verantwortung nicht auf einzelne Unternehmen abwälzen.

Es gibt in Frankreich einen nationalen Ethikausschuss, der unter der Ägide der Regierung steht, aber er befasst sich vor allem mit Fragen der Bioethik und weniger mit wirtschaftlichen, sozialen oder zwischenmenschlichen Problemen. Warum sollte man ihn nicht in die Pflicht nehmen?

Es ist unmöglich, Gewalt alleine zu bekämpfen. Schließen wir uns zusammen und handeln wir gemeinsam. Nicht Gesetze und Vorschriften lösen Probleme, sondern die Männer und Frauen selbst.

Tatsächlich haben sich Menschen zusammengeschlossen und Vereine und Arbeitskreise ins Leben gerufen. Um Staatsorgane und Unternehmensleitungen zum Handeln zu verpflichten, sind Gruppen nötig, die sie unter Druck setzen können: die öffentliche Meinung, die Gewerkschaften, soziale Einrichtungen und so weiter. Die Medien spielen dabei eine wichtige Rolle. Indem sie die Situation der Opfer schildern, können sie Leser und Fernsehzuschauer lehren, derartige Situationen zu erkennen und früher zu reagieren. Sie können auch die Stellungnahmen der Spezialisten verbreiten und darüber aufklären, wie man sich zur Wehr setzen kann.

Doch wir tragen alle, in welchem Kontext wir uns auch immer befinden, für unser Tun und unsere Gesinnung die Verantwortung. Man kann nicht nur auf die kollektive Verantwortung zählen. Jeder muss sein Handeln immer wieder überdenken und darf dem herrschenden System nicht blind gehorchen. Wir müssen uns weiterentwickeln, indem wir uns unserer Ambivalenzen bewusst werden, unsere Unterschiede und die der anderen akzeptieren lernen und der Formatierung widerstehen, die uns die Gesellschaft auferlegt. Um der perversen Gewalt vorbeugen zu können, müssen wir uns zuallererst über uns selbst im Klaren sein und versuchen, den anderen besser kennen zu lernen: Wer ist er? Wie funktioniert er? Nicht alle unsere zwischenmenschlichen Probleme sind auf die Krankheit anderer zurückzuführen. Um jedoch den anderen in seiner Andersartigkeit zu respektieren, muss man zuerst sich selbst ausreichend respektieren und mögen.

Die Prävention sollte in den Schulen beginnen. «Die Kinder lernen, indem sie Vorbilder imitieren. Wenn wir sie schlagen und demütigen, lehren wir sie genau das, was wir sie nicht lehren wollen. Man lehrt sie Gewalt, Ignoranz und Heuchelei. Wir geben vor, ihnen beizubringen, wie man sich im Leben zur Wehr setzt, während wir sie in Wahrheit nur in eine Rüstung stecken. Wenn wir dann als Erwachsene dem anderen lieber unseren Willen aufzwingen, als ihm Vertrauen zu schenken und ihm zu helfen, damit er sein Verhalten ändert, dann deshalb, weil wir ihn nicht als einen verantwortungsvollen Erwachsenen sehen, der unseren Respekt verdient, sondern als ein kleines Kind, das es zu dressieren gilt. Es ist jedoch unmöglich, etwas zu lernen, wenn man Angst hat oder gezwungen wird.»[3] Wenn wir jemandem Respekt entgegenbringen, stehen die Chancen gut, dass auch er uns respektiert.

Da die perversen Individuen sich niemals in Frage stellen, ist es wichtig, dass Opfer und Zeugen ihrer destruktiven Machenschaften gegen sie aussagen. Die Opfer müssen Zeugnis ablegen und die Spezialisten Aufklärung betreiben, damit die gesamte Gesellschaft, nicht nur die Unternehmen, sich ändern kann.

Wir müssen vor allem lernen, nein zu sagen. Sich selbst zu respektieren heißt auch, sich nicht alles gefallen zu lassen. Es ist äußerst wichtig, dass wir entdecken, was gut für uns ist, und ablehnen, was unseren moralischen Werten widerspricht. Das Gewissen ist das wertvollste Gut eines Menschen und für seine seelische Gesundheit unverzichtbar. Wer seelisch intakt ist, wird bei Verstößen gegen die Würde eines anderen unmissverständlich Stellung beziehen und auf diese Weise das Seine dazu beitragen, dass die Toleranzschwelle für Gewalt abgebaut wird.

Präventivplan

Auch wenn sich derzeit zahlreiche Berater «Spezialisten für seelische Gewalt» nennen, gibt es in Wirklichkeit nur wenige, die konkrete Vorbeugungsmaßnahmen vorschlagen können. Anstatt sie wie die Feuerwehr erst im Brandfall zu alarmieren, erscheint es mir sinnvoller, sie zu beauftragen, Spezialisten innerhalb der Firma auszubilden, die dann täglich vor Ort Vorbeugung betreiben und ihrerseits Mitarbeiter innerhalb der Firma schulen können. Ein Spezialist von außer-

---

[3] Miller, A., Lettre ouverte aux responsables politiques (vom Verfasser an mich weitergeleitet).

halb wäre dann nur noch in schweren Ausnahmefällen vonnöten, die intern nicht mehr bewältigt werden können. Natürlich kann das Opfer seelischer Gewalt trotzdem jederzeit auf externer Hilfe bestehen. Indem man Personen innerhalb der Firmen ausbildet, schafft man vor Ort ein System, das die Isolierung der Opfer verhindern hilft. Diese Methode hat sich bereits bewährt, als es darum ging, der gewaltsamen Übergriffe auf Postfilialen Herr zu werden (Angriffe durch Kunden oder bewaffnete Überfälle).[4] Externe Berater haben Betriebsärzte und Präventivmediziner ausgebildet, die dann ihrerseits für alle Beschäftigten an exponierter Stelle Schulungen anboten.

Die Möglichkeit der Verhütung seelischer Gewalt innerhalb einer Firma könnte von einigen als Untergrabung der Personalleitung missverstanden werden, doch ist ohne die Mithilfe der verschiedenen Partner keine Vorbeugung möglich. Jedenfalls gilt es, das Terrain zu sondieren und geeignete Botschafter für das Projekt zu finden. Man könnte zum Beispiel ein *Observatorium* gründen, das aus Mitgliedern der Direktion, des medizinischen Fachpersonals und der Personalvertretung bestünde. Die Struktur muss ausreichend gefestigt sein, um Rückschläge zu verkraften und den Angriffen, die nicht lange auf sich warten lassen werden, standzuhalten.

Wie wir gesehen haben, löst seelische Gewalt bei den Opfern Verwirrung, Zweifel und Scham aus. Sie sind nicht imstande, sich zur Wehr zu setzen, sich an die richtigen Leute zu wenden, weil sie ja nicht einmal wagen, darüber zu sprechen. Sie brauchen daher außerhalb der Hierarchie, aber innerhalb der Firma ein Sprachrohr. Damit gewährleistet ist, dass es dem Opfer nicht zum Nachteil gereicht, wenn es das Problem enthüllt, und sich seine Situation nicht noch weiter verschlimmert, ist es wichtig, dass die Personen, die von den

---

[4] Aussage von Dr. Brigitte Bancel-Cabiac, Ärztin für Präventivmedizin in der Post.

Opfern ins Vertrauen gezogen werden, ihre Informationen auch wirklich vertraulich behandeln. Das medizinische Fachpersonal ist an die Schweigepflicht gebunden und dadurch zur Hilfe geradezu prädestiniert. Man könnte den Opfern «Vertrauenspersonen» zur Seite stellen, wie man dies in Belgien bei der Befragung von Opfern sexueller Belästigung praktiziert hat.

Madame Miet Smet, die in Belgien Arbeitsministerin und Frauenbeauftragte war, hat im Zusammenhang mit sexueller Belästigung zwei königliche Anordnungen durchgesetzt, eine für den öffentlichen Dienst und eine für die Privatwirtschaft. Durch diese Anordnungen hat man einen einfacheren Weg als den juristischen gewählt, um den Opfern sexueller Belästigung in aller Vertraulichkeit zu helfen. In allen belgischen Firmen und Behörden wird eine Vertrauensperson designiert. Es handelt sich dabei um unabhängige Personen, außerhalb der Hierarchie, die eigens dafür geschult wurden, Opfern sexueller Belästigung zuzuhören und zu helfen. In jeder Betriebsordnung muss erwähnt werden, dass sie als Ansprechpartner zur Verfügung stehen. Im Fall einer Klage ist ein Verfahren vorgesehen, das den Opfern alle Sicherheiten garantiert.

Die Vertrauenspersonen sind Freiwillige, die, unabhängig von ihrer hierarchischen Stellung, aufgrund ihrer Persönlichkeit ausgewählt wurden. Ihre Funktion besteht darin, jene zu unterstützen, die sich vertrauensvoll an sie wenden, sie über die Verfahren in Kenntnis zu setzen, die ihnen offen stehen, und sie eventuell bei den Schritten, die sie unternehmen, zu begleiten.

Eine Intervention in einem Unternehmen könnte folgendermaßen aussehen:

Erste Etappe Im Rahmen einer großen Versammlung mit anschließender Diskussion werden alle Beschäftigten über seelische Gewalt informiert und für ihre Ausdrucksformen sensibilisiert. Diese Aufklärungskampagne soll den Beschäftigten vor Augen führen, wie sie in eine Situation seelischer Gewalt geraten können, und sie über ihre Rechte und möglichen Anlaufstellen aufklären. In Aushängen, die in jeder Firma obligatorisch sind, werden die Beschäftigten über die Personenrechte innerhalb der Firma aufgeklärt. Ausführlichere Informationsbroschüren können auf Wunsch zur Verfügung gestellt werden.

Zweite Etappe Ausbildung von Spezialisten innerhalb der Firma: Fachpersonal aus dem medizinisch-sozialen Bereich, Gewerkschaftsvertreter oder Freiwillige, die sich zu «Vertrauenspersonen» ausbilden lassen wollen. Dieses mehrtägige Seminar muss von einem pädagogischen Dossier begleitet werden, das über den aktuellen Forschungsstand zum Thema seelische Gewalt informiert und die Teilnehmer zu Diskussionen und Überlegungen anregen soll.

Eine bleibende Arbeitsgruppe mit ihnen bilden, mit oder ohne die Vertrauensperson. Das Ziel könnte sein, Stätten der Anhörung für die Arbeitnehmer zu schaffen, außerhalb der Hierarchie und völlig vertraulich.

Dritte Etappe Personalchefs und Führungskräfte werden aufgeklärt, wie man seelische Gewalt verhüten, erkennen und nötigenfalls bekämpfen kann. Ihre Schulung kann an einem Tag vonstatten gehen, mit einer theoretischen Erläuterung, aber auch mit Rollenspielen, damit sie lernen, rechtzeitig zu reagieren, wenn ein Mitarbeiter sich über seelische Gewalt beschwert. Man muss erreichen, dass das Unternehmen angesichts untypischer Situationen seine Wachsamkeit verbessert.

Diese Schulung sollte in regelmäßigen Abständen vertieft werden, anhand von Gesprächen mit dem externen Spezialisten, der die Situationen analysiert, mit denen die Verantwortlichen konfrontiert sind.

Vierte Etappe Formulierung einer *Sozial-Charta*. Manche internationalen Behörden und Firmen haben nach amerikanischem Muster bereits eine solche *Charta* angelegt, die die Bereiche der sexuellen Belästigung und der Diskriminierung (Rasse, Hautfarbe, Religion, Geschlecht, Alter, sozialer Status, Behinderung ...) abdeckt. Mir dagegen erschiene es sinnvoll, die Bestimmungen hinsichtlich seelischer Gewalt, sexueller Belästigung und Diskriminierung in einem einzigen Text zusammenzufassen. Dieser Text müsste jedem Beschäftigten namentlich zugestellt werden.

Dies wäre für das Unternehmen eine Gelegenheit, an die Grundwerte zu erinnern, die es vertritt, und darzulegen, mit welchen Sanktionen jene zu rechnen haben, die gegen sie verstoßen.

Um keine Missverständnisse aufkommen zu lassen, muss der Text eine genaue Definition dessen enthalten, was man unter seelischer Gewalt (und sexueller Belästigung oder Diskriminierung) zu verstehen hat.

Der Text sollte außerdem mögliche Anlaufstellen für all jene nennen, die sich als Opfer fühlen. Die Schritte sollten einfach sein, vertraulich behandelt werden und mehrere Alternativen bieten.

Es erscheint mir vernünftig, dass man den Opfern rät, sich in zwei Phasen zur Wehr zu setzen: zunächst durch inoffizielle und vertrauliche Gespräche mit Fachkräften aus dem medizinisch-sozialen Bereich oder mit einer Vertrauensperson, später dann, wenn das Problem nach wie vor nicht gelöst sein sollte, durch eine offizielle Beschwerde bei der Direktion.

Natürlich ist klarzustellen, dass das Vortäuschen seelischer Gewalt streng geahndet wird.

Was die Kleinbetriebe anbelangt, so könnte man eine ähnliche Schulung in Zusammenarbeit mit dem Betriebsarzt organisieren und Beschäftigte aus verschiedenen Unternehmen zu einem Informationstag versammeln.

Als Vorbild sei das Verfahrensmodell genannt, das die Firma Schlumberger im Fall von sexueller Belästigung vorschlägt.

Jeder Arbeitnehmer, der sich von einem Vorgesetzten, Direktor, Kollegen, Kunden oder Zulieferer sexuell belästigt fühlt, hat folgende Möglichkeiten:

1. Geben Sie der Person, die Sie belästigt, höflich und bestimmt zu verstehen, was Sie von ihrem Benehmen halten. Fordern Sie sie in aller Höflichkeit auf, ihr Benehmen einzustellen, weil es Sie beleidigt, Ihnen Unbehagen bereitet oder Sie einschüchtert. Falls es nötig sein sollte, holen Sie sich für dieses Gespräch einen Zeugen.

2. Machen Sie sich Notizen. Schreiben Sie auf, was geschehen ist, geben Sie das genaue Datum an sowie eine Zusammenfassung des Gesprächs mit der Person, die Sie quält. Schildern Sie, wie die Person auf Ihr Gespräch reagiert hat. Verwahren Sie diese Aufzeichnungen.

3. Sollte das Quälen weitergehen oder sollten Sie Angst haben, dieser Person gegenüberzutreten, so nehmen Sie Kontakt auf zu Ihrem Vorgesetzten oder Direktor. Legen Sie ihm mündlich oder schriftlich das Problem dar.

4. Falls es Ihnen nicht möglich sein sollte, besagte Personen anzusprechen, oder Ihre Beschwerde gegen sie gerichtet ist, beschweren Sie sich an höherer Stelle.

5. Sollte das Problem immer noch nicht gelöst sein oder sollten Sie Repressalien befürchten, wenden Sie sich an den Personalchef.

6. Alle Beschwerden müssen vertraulich behandelt werden. Man führt nun eine entsprechende Ermittlung durch, wobei Schlumberger dafür Sorge trägt, dass keinerlei Informationen nach außen dringen oder an jemandes Ohr gelangen, der nicht zum Ermittlerteam gehört.

7. Falls sich im Zuge der Ermittlung herausstellen sollte, dass die Klage begründet ist, werden disziplinarische Maßnahmen ergriffen, um der sexuellen Belästigung ein Ende zu setzen und um ferner zu verhüten, dass sie sich wiederholt.

8. Sie werden von den Ergebnissen dieser Untersuchung in Kenntnis gesetzt.

Das Unternehmen räumt ein, dass es schwierig sei, die sexuelle Belästigung von Beziehungsformen zu unterscheiden, denen keine diskriminierende Absicht zugrunde liegt. Aber es nimmt sein Personal in die Pflicht, dafür zu sorgen, dass das berufliche Klima ein angenehmes bleibt. Wie man sieht, lässt sich dieser Maßnahmenkatalog gegen sexuelle Belästigung ohne weiteres auch auf die seelische Gewalt anwenden.

Eine ähnliche Problematik war bereits Thema im Europarat und führte zu einer Gesetzesentscheidung zum Schutz der persönlichen Würde. In dieser Verordnung plädiert der Generalsekretär zunächst für eine Politik, die sich zum Ziel gesetzt hat, seelische Gewalt und sexuelle Belästigung vom Inneren der Strukturen her zu bekämpfen. Nach einer Definition von seelischer Gewalt und sexueller Belästigung wird ein dreistufiger Präventivplan präsentiert (Information, Sensibilisierung, Schulung). Am Ende werden die Beschäftigten noch über die Schritte unterrichtet, die sie im Bedarfsfall unternehmen, und über die Anlaufstellen, an die sie sich wenden können.

Wie ist eine Situation seelischer Gewalt zu bekämpfen?

Bevor man sich an eine Situation seelischer Gewalt heranwagt, sollte man unterscheiden können, ob die Missstände mit den Personen und ihren eventuellen Störungen und Schwächen zusammenhängen, mit den zwischenmenschlichen Problemen oder mit der Arbeitsstruktur. Alles, was das Management betrifft, muss mit dem Direktionsteam besprochen werden, und was durch die Krankheit eines der Protagonisten entstanden ist, muss vom Betriebsarzt in Augenschein genommen werden, der den Betreffenden dann an einen Spezialisten verweist.

Natürlich können nicht alle Fälle individuell behandelt und müssen nicht alle Personen zum Psychotherapeuten geschickt werden.

Sodann gilt es, die Anhörung von der Vermittlung zu unterscheiden. Die leidende Person muss zunächst vorgelassen und angehört werden, und falls es sich tatsächlich um seelische Gewalt handelt, der sie zum Opfer gefallen ist, sollte man ihr eine Vermittlungsarbeit vorschlagen.

Es ist sehr wichtig, dass jeder, der interveniert, klare Aufgaben zugewiesen bekommt:

– die Gewerbeaufsichtsbeamten befassen sich mit den Missständen, die die Arbeitsorganisation betreffen;
– die Vermittler kümmern sich um die beteiligten Personen.

Bevor man handelt, muss man feststellen, in welchem Stadium sich die seelische Gewalt befindet. Man kann mit Situationen, die erst kurze Zeit bestehen, nicht genauso verfahren wie mit solchen, die seit Jahren existieren.

Verläuft die seelische Gewalt horizontal, dann besteht die Intervention vor allem im Zuhören und in der Dialogarbeit. Wird seelische Gewalt von einem Vorgesetzten geübt, muss man prüfen, ob dieser Vorgesetzte nicht selbst in einer Machtsituation gefangen ist. Ist dies der Fall, muss man auf der Führungsebene eingreifen. Sind es dagegen die Methoden des Managements an sich, die manipulierend und zerstörerisch wirken, ist eine kollektive Aktion angebrachter.

Sodann muss man das Problem zu begreifen versuchen, indem man sich ihm möglichst vorsichtig annähert. Ich halte es für klüger, die Situation nicht allzu früh mit einem Etikett zu versehen und die Dinge, zumindest am Anfang, vor allem aus zwischenmenschlicher Sicht zu betrachten, indem man auf das Leiden, dem die Protagonisten Ausdruck verleihen, Rücksicht nimmt.

Man muss die Interaktionen im gesamten Unternehmen berücksichtigen. Wenn man sich ausschließlich auf das Opfer konzentriert, ohne die Missstände in der Gruppe zu beheben, kann man die gesamte Gruppe aus dem Gleichgewicht werfen. Um die Rollen nicht zu vertauschen, sollte man darauf achten, dass der Aggressor nicht vorgibt, er sei Ziel einer Verschwörung, die gegen ihn im Gange sei.

Was können die gequälten Arbeitnehmer tun?

Es ist nicht leicht für eine isolierte Person, sich zu wehren, weil sie in einer Zwangslage gefangen ist, die sie am Begreifen und damit auch am Handeln hindert. Sobald sich ein Arbeitnehmer der böswilligen Angriffe gegen ihn bewusst wird, handelt er der Situation, vor allem aber seiner Persönlichkeit entsprechend, und das bedeutet, dass er nicht unbedingt adäquat reagiert. Aus diesem Grund ist es so wichtig, dass er sich Hilfe von außen holt.

Zunächst einmal muss er wachsam sein, darf sich nicht ins Unrecht setzen, denn damit würde er seinem «Peiniger» nur einen Gefallen tun.

Er sollte so früh wie möglich in der Firma einen Gesprächspartner finden, der dank seiner Stellung die Möglichkeit hat, etwas an der Situation zu verändern. Das kann einer der Direktoren oder der Personalleiter sein. Im Allgemeinen wagen die gepeinigten Personen nicht, von ihrem Leid zu sprechen, da sie befürchten müssen, ihre Situation nur noch zu verschlimmern oder gar mit Vergeltungsmaßnahmen zu rechnen haben. Es kommt dennoch vor, und man kann nur hoffen, dass dies immer häufiger der Fall sein wird, dass die Personalleitung die Lage des Gequälten versteht und ihm hilft, wenn dieser klar erläutert, was vorgefallen ist, und dabei seine objektiven Beobachtungen von subjektivem Empfinden zu unterscheiden weiß.

Ein Arbeitnehmer, der seelisch gequält wird, muss vor allem versuchen, sein positives Selbstwertgefühl zu bewahren. Um die Verachtung und Abwertung, die er erfährt, nicht zu verinnerlichen, sollte er mit seinen Kollegen über sein Leiden sprechen, deren Solidarität gewinnen und sich Komplizen sichern. Wenn er den Eindruck hat, dass er den Boden unter den Füßen verliert und in Depressionen verfällt, darf er nicht zögern, einen Arzt oder Psychotherapeuten zu konsultieren. Wenn es ihm nicht gelingt, beim Personalchef oder seinen Vorgesetzten Gehör zu finden, muss er zu seiner Verteidigung Gegenmaßnahmen ergreifen und anfangen, Beweise zu sammeln.

Da es nicht leicht ist, jemandem seelische Gewalt nachzuweisen, sollte man sich auf die Angriffe gegen das Recht auf Arbeit konzentrieren, die sich leichter bestrafen lassen. Mangels greifbarer Beweise ist es angeraten, ein «Logbuch» zu führen, wenn möglich mit numerierten Seiten, wo tagtäglich fein säuberlich die Fakten notiert werden, also quälende Worte und Taten, dazu die Namen der Zeugen. Angenommen, es kommt zu einem Prozess, können diese Indizien dem Gericht sehr nützlich sein. Zudem bieten sie dem Opfer die Möglichkeit, sich der Existenz oder Schwere der Aggression bewusst zu werden.

Erst als Léa ihre Akte für den Arbeitsschiedsausschuss zusammenstellt, wird ihr bewusst, welcher Feindseligkeit sie ausgesetzt war. Sie liest sich die Notizen noch einmal durch, die sie sich nach und nach gemacht hat, um besser zu begreifen, was sie erlebt hat, und dem Ganzen einen Sinn zu verleihen. Und erst in diesem Augenblick empfindet sie das ganze Ausmaß ihres Leidens: «Das kann doch nicht sein, dass du das alles ertragen hast!» Sie wird sich bewusst, wie schlecht es ihr erging. Trotz ihrer starken Persönlichkeit reagierte sie nicht mehr. Sie war schon so weit, ängstlich darauf zu lauern, wie man sie ansah, wie man sie grüßte. Sobald sie den Rücken kehrte, rechnete sie mit einer weiteren Gehässigkeit oder Erniedrigung.

Bevor man jedoch die Justiz einschaltet, sollte man einen Vermittlungsversuch wagen.

15. Die Vermittlungen

Wann sollte man die Aufgabe externen Helfern übertragen?

Je länger die Situationen seelischer Gewalt andauern und je drastischer die gequälten Personen stigmatisiert und misshandelt werden, desto größer wird die Liste ihrer Beschwerden. Wenn eine Lösung allzu lange auf sich warten lässt, setzt eine Situation sich fest, erstarren die beteiligten Personen. Ist ein gewisses Stadium überschritten, kommt es zum offenen Krieg mit dem Arbeitgeber, ziehen sich die Gepeinigten womöglich in eine Opferhaltung zurück. Der Arbeitgeber wiederum will nicht einlenken, weil er sein Image retten und auf jeden Fall das letzte Wort haben will. Nach einem langen Verfahren verschärft sich die Ungleichheit der Positionen, ist der Arbeitnehmer immer gekränkter und irgendwann deprimiert, während für das Unternehmen der Konflikt nur eine Lappalie und eine Zeitverschwendung darstellt.

Um dies zu vermeiden, sollte man externe Fachkräfte zu Rate ziehen, die die Beteiligten dazu bewegen, beim Namen zu nennen, was sie intern nicht aussprechen können.

In einer Streitsache besteht immer das Risiko, dass sie in Groll und Frust endet. Zudem darf man nicht vergessen, dass ein Gerichtsverfahren einen beachtlichen Kostenaufwand darstellt, was für einen Arbeitnehmer, der durch seine Situation ohnehin angeschlagen ist, eine zusätzliche Belastung bedeutet. Was die Unternehmen anbelangt, so ist ein Prozess immer eine schlechte Werbung und kann bei den Kunden und womöglich gar den Aktionären einen Vertrauensverlust nach sich ziehen.

Man sollte also die Vermittlung schon aus dem Grund in Erwägung ziehen, weil dieser Schritt, sofern das Opfer Anerkennung und Respekt findet, in jedem Fall kostengünstiger ist, als die Justiz einzuschalten.

Die Vermittlung ist eine alternative Form, Konflikte zu regeln, und ermöglicht es den Beteiligten, zum Dialog zurückzufinden und die Dinge klarer zu sehen, wenn sie in einem subjektiven oder emotionalen Problem gefangen sind. Eine Verhandlung ist leichter zu führen, wenn ein neutraler, unabhängiger Dritter anwesend ist, der nur die Autorität innehat, die die Protagonisten ihm einräumen. Natürlich können die Betroffenen diesen Schritt nur aus freien Stücken gehen.

In der öffentlichen Meinung herrscht eine gewisse Verwirrung, wenn es darum geht, die Begriffe Vermittlung (Mediation), Versöhnung, Verhandlung, gütliche Einigung und Schlichtung auseinander zu halten.

– Eine Verhandlung ist ein Versuch, eine Einigung herbeizuführen, ohne dass unbedingt die Anwesenheit eines neutralen Dritten erforderlich wäre. Sie kann direkt zwischen dem Arbeitnehmer und seinem Arbeitgeber oder stellvertretend über Anwälte oder Personalvertreter vonstatten gehen.

– Eine gütliche Einigung ist ein schriftliches Dokument, das den Streitfall sowie die entsprechenden Einigungsbedingungen festhält. Diese Einigung muss unbedingt implizieren, dass jede Partei zu Zugeständnissen bereit war.

– Im Falle einer Schlichtung wenden die beiden Parteien sich an einen Dritten, der den Streitfall ausräumt, indem er entscheidet, wer im Recht und wer im Unrecht ist.

– Eine Versöhnung wird systematisch dem Arbeitsschiedsausschuss unterbreitet, ist aber keine Vermittlung, denn die beiden Parteien stehen sich hier gegenüber und müssen diese Formalität in weniger als zehn Minuten abhandeln.

Seit einigen Jahren ist häufig die Mediation im Gespräch, allerdings vorwiegend im familiären Bereich, bei Scheidungsfällen oder sozialen Konflikten, bei denen sich keine Lösung abzeichnet.

Die gerichtliche Vermittlung bei individuellen Konflikten am Arbeitsplatz ist noch wenig gebräuchlich. Béatrice Blohorn-Brenneur, Vorsitzende des Appellationsgerichts in Grenoble, arbeitet seit vielen Jahren mit Vermittlungsverfahren und sagt: «Die Mediation wird hauptsächlich dann in Anspruch genommen, wenn es ein emotionales Problem zu lösen gilt.»[1] Ihrer Aussage nach eignen sich 12 Prozent der Streitfälle vor dem Arbeitsschiedsausschuss für diese Maßnahme, wird einem von zwei Anträgen stattgegeben und beläuft sich die Erfolgsquote auf zwei Drittel der Fälle.

Die gerichtliche Vermittlung kann in Frankreich in jeder Phase des Verfahrens angeordnet werden. Es kann auf Wunsch der beiden Parteien oder der Berater sogar schon vorgerichtliche Vermittlungen geben. Die externen Vermittlungen können einem Vermittlungsausschuss übertragen werden, der öffentlich sein kann (die Menschenrechtskommission) oder privat und von professionellen Vermittlern gebildet wird, oder von einer Agentur oder einer Person, die das Vertrauen beider Parteien besitzt.

Die Vermittlung favorisiert eher den Kompromiss statt der Zwangsmaßnahme und verpflichtet die Beteiligten, dem perversen Prozess, in dem der eine dem anderen seinen Willen aufzwingt, ein Ende zu setzen. In Situationen, die der seelischen Gewalt zwar gleichen, dabei aber nur auf der Unbeholfenheit ängstlicher Personen oder dem Fehlverhalten von Personen beruhen, die sich von der Gruppe haben verleiten lassen, gibt die Vermittlung dem Aggressor die Möglichkeit, seine Haltung zu erklären und sich vielleicht sogar dafür zu entschuldigen. Jeder der beiden Protagonisten kann aussprechen, wie er die Angelegenheit erlebt, kann Missverständnis-

---

[1] Blohorn-Brenneur, B., La médiation judiciaire dans les conflits individuels du travail, in: *Actes du colloque, cour d'appel de Grenoble*, 5. Februar 1999.

se aus der Welt schaffen und eventuell seine Fehler erkennen. Obwohl die Vermittlung keine Psychotherapie ist, zwingt sie die beiden Parteien dazu, aus ihren starren Positionen herauszutreten. Im Zuge einer Vermittlung darf jeder offen sagen, was er empfindet und dem anderen vorzuwerfen hat, weshalb sich hier das Gegenteil von dem abspielt, was seelische Gewalt ausmacht, bei der die gepeinigte Person ja nicht erfährt, was man ihr vorwirft.

Die Opfer seelischer Gewalt fordern vor allem, Gehör und Anerkennung zu finden. Sie möchten verstehen, was ihnen zugestoßen ist. Wenn beide Parteien bereit sind, sich in Frage zu stellen, kann eine Vermittlung ihnen den langwierigen, aufreibenden Weg eines Gerichtsverfahrens ersparen. Wenn sie Schadenersatz fordern, ist der Betrag zwar wichtig, aber nicht essentiell, da sie durch diese symbolische Geste vor allem erreichen wollen, dass man ihre Leiden anerkennt. Die Abfindung bei einer gütlichen Einigung impliziert die Anerkennung der Aggression.

Der externe Vermittler, wer dies auch sei, muss Zurückhaltung wahren. Er darf nicht zu eindringlich erscheinen oder um jeden Preis Recht haben wollen. Er wird ohnehin nicht alle tieferen Ursachen für das Problem erfahren, vor allem nicht die psychischen. Man kann nur dann an einer Lösung der Konflikte arbeiten, wenn man die verschiedenen Rechtmäßigkeiten anerkennt.

Der Vermittler muss den Betroffenen nur die Mittel und Wege zeigen, sich zu ändern, sie zur Bewegung und Flexibilität zurückführen. Zu diesem Zweck ist es wichtig, dass er ihnen zuhört und jeden der Beteiligten gleich oft zu Wort kommen lässt.

Die Vermittlung ist besonders dann sehr wertvoll, wenn nicht der Arbeitgeber der Urheber der perversen Aggression ist. In diesem Fall kennt er nämlich nur die offizielle Version des Problems. Der Aggressor hat wahrscheinlich versucht, die Schuld von sich zu weisen, indem er die Verantwortung auf die von ihm angegriffene Person abgewälzt hat, und das

Opfer hat vermutlich jenen «belastet», den es für sein Leiden verantwortlich gemacht hat. Es ist gut, dass der Arbeitgeber sich seine Meinung in einem neutralen Kontext bilden kann, in dem die Beteiligten naturgemäß weniger heftig reagieren und man alle Aussagen vertraulich behandelt. Dies kann ihn eventuell dazu bringen, in der Folge Vorbeugungsmaßnahmen zu treffen.

Die Vermittlung ist auch dann angezeigt, wenn neben dem normalen Arbeitsverhältnis noch ein persönliches Verhältnis zwischen Arbeitnehmer und Arbeitgeber besteht – etwa wenn der Beschäftigte der Ehepartner oder ein Familienmitglied des Arbeitgebers ist oder man sich seit Jahren kennt. In diesem Fall vermischen sich Privatleben und Beruf, und jeder fühlt sich womöglich vom anderen hintergangen.

Eine Vermittlung ist jedoch auf keinen Fall dann anzustreben, wenn der mutmaßliche Angreifer nicht einsehen will, dass sein Verhalten dem Angegriffenen Probleme bereitet haben könnte; diese Haltung nehmen zum Beispiel die narzisstischen Perversen ein, die ihre Vergehen grundsätzlich leugnen. Sie haben nicht die geringste Lust, sich selbst in Frage zu stellen. Normalerweise verweigern sie die Vermittlung, und falls sie sich dafür entscheiden, versuchen sie, den Vermittler mit Verführungs- und Manipulationsstrategien auf ihre Seite zu ziehen. Im Allgemeinen sollte der Vermittler, wenn er glaubt, mit einem narzisstischen Perversen konfrontiert zu sein, äußerst vorsichtig handeln. Er darf auf keinen Fall Partei ergreifen und sich mit einem der Protagonisten verbünden, da dies dem anderen den Eindruck vermitteln könnte, erneut der Isolation und Manipulation zum Opfer zu fallen.

Es kann vorkommen, dass eine Vermittlung von einem Opfer verweigert wird, das bereits zu angeschlagen ist und Angst davor hat, seinem Aggressor gegenüberzutreten. Diese Entscheidung gilt es zu respektieren.

Auch wenn die Vermittlung aufgrund ihrer Einfachheit und Vertraulichkeit ein interessanter Schritt ist, ist sie nur durchführbar, wenn beide Parteien bereit sind, einander zu begegnen und aus ihrer Rolle und ihren jeweiligen hierarchischen Positionen herauszutreten. Außerdem müssen sie guten Willens und zu einem Kompromiss bereit sein, was jedes gütliche Arrangement mit einem Perversen ausschließt. Im Allgemeinen ist eine Vermittlung, außer im Falle eines narzisstisch-perversen Aggressors, selbst dann von Nutzen, wenn die Maßnahme misslingt, da es zumindest den Versuch eines Dialogs gegeben hat und man insofern sicher sein darf, dass man die Möglichkeit einer gütlichen Lösung, die ja immer vorzuziehen ist, nicht versäumt hat.

Probleme, die sich bei der Wiedereingliederung stellen

Man darf nicht glauben, dass alle Probleme, für die man eine gütliche oder juristische Lösung gefunden hat, automatisch geregelt wären.

Nach einem dreijährigen Verfahren vor dem Verwaltungstribunal entscheidet das Gericht zu Gunsten von Hannah und weist darauf hin, dass das, was sie durchgemacht hat, eine anormale, äußerst quälende Erfahrung war. Dennoch schlägt man ihr vor, wieder in derselben Abteilung zu arbeiten. Sie ist ratlos, weil sie seit drei Jahren nicht mehr gearbeitet und ihre Kollegen aus den Augen verloren hat, von denen manche gegen sie ausgesagt haben. Während ihrer Abwesenheit sind neue Bündnisse zwischen Kollegen entstanden und neue Arbeitsverfahren eingeführt worden. Im Übrigen trägt Hannah noch Narben von der Ausgrenzung, die sie erfahren hatte, zum Beispiel phobische Störungen, die ihr Leben stark beeinträchtigen.

Sie lehnt daher das Angebot ab, auch wenn nun der Zufall entscheidet, wohin man sie versetzt.

Folgender Brief, den Annie mir geschrieben hat, zeigt deutlich, welchen Schwierigkeiten man im Zuge der Wiedereingliederung begegnet:

«Die seelische Gewalt, der ich seit meiner Wiedereingliederung ausgesetzt bin, ist schlimmer als jene, die ich zuvor erdulden

*musste. Ich habe mich gleich am ersten Tag an eine Kollegin ge-
wandt, um ihr zu sagen, dass ich kein Büro hätte. Ich musste
mich drei Tage lang gedulden, bevor mir (auf Anweisung des
Personalchefs) das Büro einer Kollegin zugewiesen wurde, die
gerade Urlaub hatte und mir mein Eindringen bei ihrer Rückkehr natürlich prompt verübelte.*

*Diese Kollegin war auch Zeugin eines tödlichen Satzes von-
seiten des Personalchefs, den mir dieser im Beisein der Belegschaft, die ich leite, hinwarf: ‹Madame X wird erneut vor dem
Disziplinarausschuss landen!› Ein neues Disziplinarverfahren
impliziert, dass die Belegschaft, die auf Anweisung der Direktion gegen mich ausgesagt hat, ihre Schriftstücke bestätigen
muss.*

*Seit diesem tödlichen Satz bin ich krankgeschrieben. Ich bin
mit den Nerven am Ende, ängstige mich unentwegt, gehe nicht
mehr aus, meide die Außenwelt, weil alles mir Angst macht. Ich
fühle mich nur noch wie ein Häufchen Elend.*

*Mein Antrag auf Langzeitarbeitsunfähigkeit steht zur Ent-
scheidung. Der Psychiater, den ich konsultiert habe, hat mir ein
ungünstiges Attest ausgestellt: ‹Antrag nicht gerechtfertigt.› Er
hält mich für arbeitstauglich und meint, ich müsse unbezahlten
Urlaub nehmen. Der Arzt für Präventivmedizin hat gesagt, er
wolle mich unterstützen. Ich weiß nicht, wie ich finanziell über
die Runden kommen soll, wenn mein Antrag abgelehnt wird,
denn ich bin Witwe und habe zwei Kinder zu versorgen.*

*In einem solch aggressiven Klima will ich nicht mehr arbei-
ten.»*

16. Warum bedarf es dringend eines Gesetzes?

Auch wenn zahlreiche Politikerinnen und Politiker sich über die Notwendigkeit einig sind, den Begriff der seelischen Gewalt in das Arbeitsgesetzbuch mit aufzunehmen, haben wir gesehen, wie schwierig es ist, eine Definition zu finden, die treffend und zugleich nicht so weit gefasst ist, dass Missbrauch damit betrieben werden kann.

Ich habe bereits darauf hingewiesen, dass die Nationalversammlung in ihrer Definition von seelischer Gewalt derzeit auf der Vorstellung der menschlichen Würde und der demütigenden, erniedrigenden Arbeitsbedingungen besteht, um dadurch den Unterschied zwischen seelischer Gewalt und Arbeitsstress herauszustellen, um den es auch mir in diesem Buch gegangen ist.

Geht man vom Leid des gequälten Beschäftigten aus, also den Konsequenzen der Niedertracht, müssen die boshaften Machenschaften, um juristisch Bedeutung zu erlangen, von einem Richter in Bezug auf eine Norm erkennbar sein. Béatrice Lapérou schlägt daher vor, sie folgendermaßen zu definieren: «Der angezeigte Druck muss, um als seelische Gewalt zu gelten, von einem normal sensiblen Menschen als unerträglich oder zumindest als quälend empfunden werden.»[1] Auf diese Weise wollte man die krankhafte Empfindlichkeit und den Verfolgungswahn ausschließen. Hier kann die Sanktion nur nach Einschätzung des Richters erfolgen.

Definiert man seelische Gewalt über die angewandten Praktiken und die angestrebten Wirkungen, ob diese nun erreicht sind oder nicht, so lässt man sowohl die Empfindun-

[1] Lapérou, B., La notion de harcèlement moral dans les relations de travail, RJS 6/00, Francis Lefebvre.

gen des Opfers als auch die Zusammenhänge außer Acht, die nur subjektiv beurteilt werden können.

Auch in anderen europäischen Ländern beschäftigt sich neuerdings die Legislative mit diesem Thema, wie beispielsweise in Portugal, wo im Januar 2001 einem entsprechenden Gesetz zugestimmt wurde. In Belgien gab ein kürzlich vorgelegter Gesetzesentwurf folgende Definition der seelischen Gewalt: «jedes absichtlich destruktive Verhalten von Personen außerhalb oder innerhalb des Unternehmens, das sich gegen einen oder mehrere Beschäftigte richtet». Auf lange Sicht ließe sich an einheitliche Verfügungen für alle europäischen Länder denken, um seelische Gewalt zu ahnden.

Die Rechtsprechung

Die Justiz hat begonnen, feindselige oder beleidigende Handlungen zu berücksichtigen, die sich wiederholt gegen einen bestimmten Arbeitnehmer an seinem Arbeitsplatz richteten. In einem Aufsatz, der sich mit der französischen Rechtsprechung bei Verhaltensweisen befasst, die seelischer Gewalt am Arbeitsplatz verwandt sind, untersucht Béatrice Lapérou sowohl die jüngsten Beschlüsse, in denen der Begriff «seelische Gewalt» verwendet wird, als auch die älteren, die nachvollziehbar machen, wie sich der neue Begriff im juristischen Wortschatz allmählich etabliert hat.

Auch wenn man in den unterschiedlichsten Zusammenhängen auf seelische Gewalt stoßen kann, so waren doch jene aggressiven Verhaltensweisen am häufigsten Gegenstand juristischer Studien, die ein Arbeitgeber gegen einen Untergebenen richtete. Es leuchtet ein, dass den Arbeitgebern durch die Autorität, die sie besitzen, ein Werkzeug in die Hand gegeben ist, mit dem sie Abhängige unter Druck setzen können. «Wie viel bei diesen Rechtsstreitigkeiten auf dem Spiel stand, lässt sich anhand der Schadenersatzzahlungen ermessen. In der Tat wird die Justiz meist erst dann eingeschaltet, wenn seelische Gewalt schon ihr Ziel erreicht hat, also wenn der Gepeinigte bereits gekündigt hat, entlassen worden ist, an Depressionen leidet oder Selbstmord begangen hat.»

Derzeit beziehen sich die meisten Gerichtsurteile auf Fälle, in denen gepeinigte Arbeitnehmer peinigenden Arbeitgebern gegenüberstanden. (Hier ist anzumerken, dass vor Gericht zwar manchmal von «seelischer Gewalt» die Rede ist, häufiger jedoch von Fehlverhalten oder Machtmissbrauch.)

Die Anerkennung der seelischen Gewalt als Arbeitsunfall

In einigen Gerichtsurteilen wurden Selbstmorde oder Selbstmordversuche infolge einer Situation von seelischer Gewalt als Arbeitsunfälle anerkannt. Wenn ein Beschäftigter am Arbeitsplatz einen Unfall erleidet, gilt dies automatisch als Arbeitsunfall, außer dem Opfer kann nachgewiesen werden, dass es das Unglück willentlich, das heißt durch einen absichtlichen Fehler herbeigeführt hat. Im Prinzip ist ein Selbstmord oder Selbstmordversuch am Arbeitsplatz kein Arbeitsunfall, es sei denn, das Opfer wurde von Firmenangehörigen durch unlauteres Verhalten zu seiner Verzweiflungstat getrieben.

Im August 1996 versucht Chantal Rousseau, Haushälterin in einer schulischen Einrichtung von Épinal in den Vogesen, sich umzubringen, weil ihre Vorgesetzte sie seelisch gequält hat; sie bleibt querschnittsgelähmt.

Da sie über zahlreiche Zeugenaussagen von Arbeitskollegen verfügt sowie vom Betriebsarzt, der sich in der Schule für sie einsetzt, und von einem behandelnden Arzt, der auf Anhieb erkennt, dass Chantal seelischer Gewalt ausgesetzt war, erwirkt die FNATH (Französischer Verband der Arbeitsunfallopfer und Invaliden) im Februar 2000 vor dem Gericht der Gesetzlichen Krankenversicherung (TASS) in Épinal eine Anerkennung von Chantal Rousseaus Selbstmordversuch als Arbeitsunfall, wonach die Gesetzliche Krankenkasse ihren Fall übernimmt.

Nun will die FNATH von der TASS in Épinal die Verurtei-

lung des Arbeitgebers wegen unentschuldbaren Fehlverhaltens erwirken, da die «Leiterin des Instituts von den peinigenden Machenschaften der Abteilungsleiterin zwar Kenntnis hatte, aber nichts unternahm, um ihnen ein Ende zu setzen». In der Regel käme solch ein unentschuldbares Fehlverhalten beispielsweise einem Unfall mit einer Maschine gleich, die schlecht funktionierte, weil sie nicht den Sicherheitsnormen entsprach.

Das horizontale Quälen

Wenn die seelische Gewalt von einem Kollegen oder anderen Personen im hierarchischen Gefüge ausgeht, sollte man, wenn es sich dabei um schwerwiegende Fälle handelt, nicht den Arbeitgeber, sondern direkt den Verursacher verfolgen.

Derzeit ist der Arbeitgeber, obwohl ihn seine Disziplinargewalt dazu berechtigen würde, nicht geneigt, den Aggressor zu bestrafen. Man müsste daher die Arbeitgeber in die Pflicht nehmen, dem schädigenden Verhalten eines Mitglieds ihrer Belegschaft Einhalt zu gebieten und Maßnahmen zu ergreifen, um ähnlichen Verstößen in Zukunft vorzubeugen. Die Verantwortung des Arbeitgebers beginnt in dem Augenblick, wo er von den unlauteren Machenschaften Kenntnis hat oder haben sollte, aber nicht die notwendigen Schritte unternimmt, sie zu beenden. Die Unternehmen sind für ihre Beschäftigten verantwortlich, also ist es ganz normal, dass man sie gerichtlich belangt, wenn einer ihrer Arbeitnehmer sich unentschuldbare Fehler leistet.

Der Nutzen einer strafrechtlichen Sanktion

Aus psychologischer Sicht ist ein positives Urteil, das die Realität der Aggression anerkennt, ein wesentlicher Schritt im Genesungsprozess eines Opfers. Von hohem symbolischen Wert ist dabei die Entschädigung, sei sie auch noch so gering, zumal sie immerhin den materiellen Beweis liefert, dass jemand zu Schaden gekommen ist, auch wenn dieser

Schaden mit Geld natürlich nicht aufzuwiegen ist. Häufig sagen die Opfer: «Ich habe Geld erhalten, aber keine Entschuldigung!»

Wir haben gesehen, dass die böse Absicht hinter einer Aggression deren Wirkung verschlimmert. Für die Opfer ist die Tatsache, dass sie gegen den Verursacher Klage führen und seine Bestrafung herbeiführen, eine Erleichterung.

Im Allgemeinen ist ein Gesetz unerlässlich, weil es zeigt, dass unsere Gesellschaft darum bemüht ist, dass keiner ihrer Bürger durch seelische Gewalt zu Schaden kommt und die Arbeitgeber zur Verantwortung gezogen werden. Mit den Worten von Sandy Licari: «Die Schaffung neuer Strafgesetze ist kein Allheilmittel und die strafrechtliche Verfolgung nicht immer die beste Lösung, um gewisse Verhaltensweisen auszumerzen. (...) Dennoch hat die strafrechtliche Sanktion nach wie vor eine unbestreitbar abschreckende Wirkung, und die Tatsache, dass man ein bestimmtes Verhalten zur strafbaren Handlung erklärt, zeigt eindeutig, dass die Gesellschaft es nicht duldet.»[2]

Da im französischen Strafrecht derzeit kein spezifisches Gesetz existiert, das vor seelischer Gewalt warnt und schützt, bezieht man sich auf Verhaltensweisen, die ihr gleichen und im Strafgesetz Erwähnung finden: das Schikanieren von Studienanfängern, die sexuelle Belästigung, die Erpressung, anonyme Anrufe oder Briefe, das Treiben in den Selbstmord. Das Schikanieren definiert man im Strafgesetz als einen Vorgang, «bei dem eine Person eine andere dazu bringt, gegen ihren Willen oder nicht, demütigende oder erniedrigende Handlungen zu erdulden oder zu begehen».[3]

Was die sexuelle Belästigung betrifft, so hat der Gesetzgeber sich entschieden, sie auf das Abhängigkeitsverhältnis

[2] Licari, S., De la nécessité d'une législation spécifique au harcèlement moral au travail, in: *Revue de droit social*, Nr. 5, Mai 2000.
[3] Gesetz Nr. 98–468 vom 17. Juni 1998 zur Vorbeugung und Unterdrückung sexueller Straftaten und zum Schutz Minderjähriger, Gesetzblatt vom 18. Juni 1998.

und die Erpressung am Arbeitsplatz einzuschränken. Eine ähnlich enge Konzeption von seelischer Gewalt würde dem Problem nicht gerecht werden.

Im Vereinigten Königreich hat ein Gesetz, das am 21. März 1997 (*Protection from Harassment Act*, Nr. 40) verabschiedet wurde, jedes Verhalten für strafbar erklärt, das der seelischen Gewalt gleichkommt, am Arbeitsplatz und an jedem anderen Ort.[4]

Wie lässt sich seelische Gewalt nachweisen?

Da die seelische Gewalt von ihrer Anlage her sehr subtil und verborgen geübt wird, ist es nicht leicht, sie nachzuweisen. Sehr häufig ist sich der Betroffene erst relativ spät seiner Situation bewusst, wenn er bereits sehr angeschlagen und krankgeschrieben ist. Man muss den Prozess daher rekonstruieren und im Nachhinein nach Beweisen suchen. Aus diesem Grund ist es von entscheidender Bedeutung, sich schon früh juristischen Beistand zu holen, damit man seine Akte vorbereiten und sich mit dem Arbeitgeber wenigstens brieflich austauschen kann.

Die Zeugen beschützen

Wenn man Beweise sammeln will, sollten die Zeugen natürlich gefahrlos sprechen können. Die Abgeordneten haben dies gewährleistet, indem sie präzisierten, dass kein Arbeitnehmer bestraft oder entlassen (sie hätten noch hinzufügen können: oder gequält) werden kann, der als Zeuge ausgesagt hat.

---

[4] Chappel, D., Di Martino, V., La violence au travail, Bureau international du travail, Genf 1988.

Ein Gesetz kann nicht alles regeln

Legt ein Gesetz gegen seelische Gewalt allzu genau fest, was erlaubt und was verboten ist, könnten perverse Individuen auf die Idee verfallen, alles zu tun, was nicht ausdrücklich strafbar ist, und manipulierende Unternehmen nach Möglichkeiten suchen, die Gesetze zu umgehen. Ein Übermaß an gesetzlicher Regelung könnte zudem den falschen Eindruck erwecken, dass Gesetze alles regeln können, zumal es immer Leute gibt, die sie zu umgehen wissen. Auch wenn ein Gesetz verabschiedet wird, muss jeder die Augen offen halten und sich sein persönliches moralisches Urteilsvermögen bewahren. Und obwohl juristische Maßnahmen dringend erforderlich sind, darf man dennoch nicht vergessen, dass sie allzu häufig in Anspruch genommen oder zu falschen Anschuldigungen missbraucht werden können. Zum Beispiel kann ein perverses Individuum jemandem, den es schlecht machen will, Handlungen zur Last legen, die er nicht begangen hat. Auch wenn der zu Unrecht Beschuldigte im Nachhinein rehabilitiert wird, kann man ihn auf diese Weise um seinen guten Ruf und sogar um seinen Arbeitsplatz bringen.

Es ist sehr wichtig, auch in Zukunft grundsätzlich von der Unschuld eines Menschen auszugehen, damit nicht irgendwann eine simple Anschuldigung genügt, um eine Person zu diskriminieren oder gar zu vernichten.

Trotz alledem bietet ein Gesetz Sicherheit und informiert die Menschen darüber, dass seelische Gewalt existiert und nicht akzeptiert werden kann. Es ermöglicht eine doppelte Absage, auf der Seite des Aggressors: an die Straffreiheit, auf der Seite des Opfers: an die Rache. Den Verursacher der Aggression zu sanktionieren heißt, den Opfern zu zeigen, dass das, was sie durchgemacht haben, von Grund auf unrecht war, auch wenn dieses Unrecht weder vollständig behoben noch kompensiert werden kann. Auf gar keinen Fall soll der Aggressor zu billig davonkommen.

Die Wunde der Opfer wird auch mit Hilfe der Justiz nicht

mehr zu schließen sein. Aus diesem Grund sollte man sich nicht ausschließlich auf Regeln und Gesetze verlassen, sondern stattdessen der Prävention mehr Gewicht beimessen.

Schlussbemerkung

Zusammenfassung

Der Schwerpunkt muss auf der Prävention liegen, und dies heißt:

- Leiter von Firmen und Behörden müssen mehr Verantwortung zeigen. Die Regierung sollte Richtlinien erstellen für die Ausarbeitung einer spezifischen Regelung gegen seelische Gewalt.
- Führungskräfte müssen entsprechend geschult werden.
- Die Arbeitnehmer müssen über ihre Vertreter ihren Beitrag leisten.
- Man muss die individuellen Besonderheiten der Personen berücksichtigen, da seelische Gewalt eine subjektive Größe ist.
- Wird ein Fall von seelischer Gewalt rechtzeitig entdeckt, ist die Vermittlung als Lösungsweg vorzuziehen.
- Weist das Opfer ernsthafte gesundheitliche Schäden auf, muss seelische Gewalt als Arbeitsunfall anerkannt werden. In diesem Fall sollte das Opfer angehört und ärztlich betreut werden.
- Eine entsprechende gesetzliche Regelung sollte jedem in Erinnerung rufen, dass es sich hier um eine inakzeptable Form der Gewalt handelt.

Um der seelischen Gewalt Einhalt zu gebieten, muss sowohl aufseiten der Unternehmen, als auch bei den Mitarbeitern, auf welcher hierarchischen Stufe sie sich auch befinden, der aufrichtige Wunsch bestehen, etwas zu ändern. Hierzu gilt es, die Aufmerksamkeit zu schärfen und Fälle von Machtmissbrauch, Diskriminierung und seelischer Gewalt in all ihren Formen anzuzeigen. Es ist eine Chance für ein Unternehmen, wenn seine Beschäftigten reagieren, denn dies gibt ihm die Gelegenheit, seine Führungsmethoden zu revidieren und die Kommunikation innerhalb der Belegschaft zu verbessern.

Soll jenseits der individuellen ärztlichen oder gar psychotherapeutischen Maßnahmen – unvermeidlich, sobald sich seelische Gewalt erst einmal etabliert hat – etwas bewegt werden, müssen in erster Linie die verschiedenen Regierungsinstanzen sich des Problems bewusst werden und sich auf kollektiver Ebene um eine wirksame Prävention bemühen. Eine wirksame Vorbeugung muss unter der Schirmherrschaft der Regierung stehen, liegt letztlich aber in unser aller Verantwortung. Schließlich sind wir alle entweder potentielle «Peiniger», potentielle Opfer, Vorgesetzte oder Untergebene.

Ich möchte in hoffnungsvollem Ton mit Annies Brief schließen:

«Ich kann Ihnen einfach nur sagen, dass ich heute wieder vollkommen genesen bin, weil die menschliche Würde höher zu bewerten ist als Geld oder öffentliche Anerkennung. Ich stelle fest, dass ich außerhalb meiner ungesunden Arbeitsumgebung sehr schnell mein seelisches Gleichgewicht, meine Persönlichkeit und ein relatives Wohlbefinden wiedergefunden habe. Nicht die Position, die wir gegenüber unserem Arbeitgeber innehaben, zählt, sondern einzig und allein das, was wir sind. Ich habe die Situation positiv genutzt, um mich auf einem anderen Gebiet zu entfalten, und habe wieder angefangen zu studieren.»

Anhang

Rechtlicher Mobbingschutz im Arbeitsverhältnis

von RA Hanna Brunhöber

Ausgangslage

1. Mobbing im Arbeitsleben

Auch in der Bundesrepublik Deutschland ist das Thema «Mobbing» seit einigen Jahren verstärkt in den Blickpunkt der Öffentlichkeit geraten. Unter dem Stichwort «Mobbing» werden die vielfältigen und subtilen Methoden diskutiert, mit denen Beschäftigte im Arbeitsleben von Vorgesetzten, von Arbeitskollegen, von der Personalleitung oder von der Geschäftsführung systematisch schikaniert, diskriminiert und ausgegrenzt werden, zumeist, um sie zur freiwilligen Aufgabe ihres Arbeitsplatzes und ihres damit verbundenen Bestandsschutzes zu bewegen. Die Zahl der Mobbingopfer wird vom Deutschen Gewerkschaftsbund auf ca. 1,5 Millionen Menschen, und der damit verbundene motivations- und krankheitsbedingte Produktionsausfall auf etwa 25 Mrd. € geschätzt. Viele berufsbedingten Erkrankungen und Frühverrentungen und sogar 10 % der Selbstmorde sollen auf Mobbing zurückzuführen sein, von den Kosten dauerhafter Gesundheitsschädigungen ganz zu schweigen. Ein spezielles «Antimobbinggesetz», wie vielfach gefordert, gibt es jedoch im deutschen Recht nicht, auch liegt nach meiner Kenntnis noch keine nennenswerte Anzahl einschlägiger Gerichtsentscheidungen vor.

2. Initiative in der Europäischen Gemeinschaft

Unlängst hat das europäische Parlament in seiner Entschließung zu Mobbing am Arbeitsplatz (2001/2339/INI) darauf aufmerksam gemacht, dass Mobbing in Europa ein ernstes Problem im Arbeitsleben darstellt, dass es verstärkt im Zusammenhang mit einer zunehmend unsichereren Arbeitsmarktlage auftritt, und dass es schwerwiegende Auswirkungen auf die körperliche und psychische Gesundheit der Betroffenen und ihrer Familien haben kann. Deshalb sollen in die Gemeinschaftsmitteilungen zu Gesundheit und Sicherheit am Arbeitsplatz in Zukunft auch psychische, psychosoziale und soziale Arbeitsumweltfaktoren bei der Bewertung der Qualität von Arbeitsplätzen einbezogen werden. Die Mitgliedstaaten sind aufgefordert, im Hinblick auf das Mobbing am Arbeitsplatz ihre bestehenden Gesetze und die verwendete Definition des Mobbing zu überprüfen und gegebenenfalls zu ergänzen. Bis zum Oktober 2002 soll auf Grundlage einer detaillierten Analyse der Lage ein Aktionsprogramm über Maßnahmen auf Gemeinschaftsebene entwickelt sein.

3. Französisches Recht

Am weitestgehenden ist dieser europäischen Vorgabe – die allerdings überaus zurückhaltend gefasst ist – das französische Parlament mit den seit dem 17. 1. 2002 in das Arbeitsgesetzbuch eingefügten Vorschriften zum «Lutte contre le harcèlement moral au travail» (Kampf gegen die seelische Gewalt am Arbeitsplatz) nachgekommen. Das französische Arbeitsrecht hat damit mittlerweile (wie von Marie-France Hirigoyen in diesem Buch gefordert und aktiv unterstützt) materiellrechtlich äußerst weitreichende Mobbingschutzvorschriften erhalten. Die entscheidende Regelung (Art. 122 bis 149) lautet sinngemäß: «Kein Lohnempfänger darf wiederholten Handlungen der seelischen Belästigung ausgesetzt werden, die eine Verschlechterung der Arbeitsbedingungen zum Ziel oder zur Folge haben, welche geeignet sind, seine Rechte und seine Würde zu beeinträchtigen, seine physische oder psychische Gesundheit zu verschlechtern oder seine berufliche Zukunft in Frage zu stellen» (Übersetzung übernommen aus: Wickler, aaO S. 480).

Prozessrechtlich ist ergänzend eine sog. «Beweislastumkehr» eingeführt worden: Wenn im Gerichtsverfahren ein Arbeitnehmer Verhaltensweisen darlegt, die das Bestehen eines Mobbingtatbestands ihm gegenüber vermuten lassen, muss der des Mobbings Beschuldigte seinerseits beweisen, dass die angegriffenen Handlungen entweder nicht als Mobbing zu klassifizieren, oder gerechtfertigt sind.

Außerdem wurde Mobbing durch eine Neuregelung im französischen Strafgesetzbuch unter Strafe gestellt: Die Belästigung eines anderen durch wiederholte Handlungen, die eine Verschlechterung der Arbeitsbedingungen zum Ziel oder zur Folge haben, welche geeignet sind, seine Rechte und seine Würde zu beeinträchtigen, seine physische oder psychische Gesundheit zu verschlechtern oder seine berufliche Zukunft in Frage zu stellen, wird mit einem Jahr Gefängnis oder einer Geldstrafe von € 15.000,– bestraft (Artikel 222–23–2, Übers. aus: Wickler aaO, S. 480).

4. Deutsches Recht

Eine ähnliche Gesetzesinitiative wie in Frankreich gibt es derzeit in Deutschland nicht. Ob der Erlass ähnlicher und meiner Ansicht nach repressiver Rechtsvorschriften wie eines speziellen Antimobbinggesetzes die einzige Möglichkeit ist, einen wirksamen Mobbingschutz zu bieten, ist fraglich. Das deutsche Recht bietet bereits jetzt eine Reihe von Grundsätzen und Ansatzpunkten, die an die wechselseitigen Rechte und Pflichten und diese bestimmenden Wertorientierungen im Arbeitsverhältnis anknüpfen. Bei entsprechender Systematisierung lassen sich hieraus durchaus brauchbare und – im betrieblichen Alltag wie auch vor Gericht – durchsetzbare Reaktions- und Präventionsmöglichkeiten sowohl für den Mobbingbetroffenen selbst wie auch für den Arbeitgeber, die Arbeitskollegen und die Arbeitnehmervertretung ableiten.*

Probleme bei der rechtlichen Einordnung des Mobbing

Mobbing ist in der Regel keine einmalige Aktion, sondern ein langfristig angelegtes, aufeinander aufbauendes und fortgesetztes Handeln. Deshalb ist es notwendig, die unter dem psychologischen Begriff «Mobbing» zusammengefassten einzelnen beeinträchtigenden und fortgesetzten Verhaltensweisen durch eine Gesamtbetrachtung einer rechtlichen Einordnung zugänglich zu machen.

Das deutsche Recht knüpft im Hinblick auf die gewünschten Rechtsfolgen grundsätzlich an die Einzelhandlung, d. h. die einzelne Beleidigung, die einzelne Abmahnung, die einzelne benachteiligende Maßnahme an. Mobbingsachverhalte sind jedoch dadurch gekennzeichnet, dass möglicherweise nicht die einzelne, aber die Gesamtheit der in Betracht kommenden Verhaltensweisen zur Rechtsverletzung beim Mobbingbetroffenen führt. Nur wenn daher im Klageverfahren das Prinzip der «globalen Beurteilung» angewandt wird, ist es möglich, unter dem Begriff «Mobbing» die fortgesetzten, aufeinander aufbauenden und ineinander übergreifenden Verhaltensweisen der Anfeindung, Schikane oder Diskriminierung zu erfassen, die in ihrer Gesamtheit das allgemeine Persönlichkeitsrecht bzw. die Gesundheit oder die Ehre des Betroffenen beeinträchtigen. Um eine solche globale Beurteilung vornehmen zu können, müssen aber folgende Voraussetzungen erfüllt sein:

---

* So weit hier und an anderer Stelle von Arbeitnehmern gesprochen wird, sind damit immer sowohl weibliche als auch männliche Arbeitnehmer gemeint. Eine jeweils doppelte Benennung «Arbeitnehmer und Arbeitnehmerinnen» unterbleibt, um die Lesbarkeit zu verbessern.

- Es liegt eine fortgesetzte Anzahl von Verhaltensweisen oder Unterlassungen vor, die der Schikane (z. B. durch psychische Quälerei), der Diskriminierung (z. B. durch Herabsetzung, willkürliche Benachteiligung, Arbeitsentzug) oder der Anfeindung (z. B. durch menschliche Entwürdigung oder psychische Zermürbung) dienen;
- diese Verhaltensweisen bauen aufeinander auf und greifen ineinander ein (im Sinne eines Reißverschlussprinzips);
- sie dienen einer übergeordneten Zielsetzung, welche nicht von der Rechtsordnung gedeckt wird;
- sie verletzen jedenfalls in ihrer Gesamtheit die Persönlichkeitsrechte, die Ehre, das Leben oder die Gesundheit des Betroffenen (vgl. Wickler, aaO, S. 481).

Nur durch eine solche globalisierende Beurteilung, wie sie derzeit von verschiedenen Landesarbeitsgerichten entwickelt wird, kann materiellrechtlich effektiver Mobbingschutz gewährt werden (s. a. verschiedene Landesarbeitsgerichte, wie z. B. LAG Rheinland-Pfalz, Urteil vom 16. 8. 2001, in: NZA-RR 2002, S. 121 ff., sowie insbesondere das LAG Thüringen in seinen viel beachteten und zitierten Urteilen vom 10. 4. 2001, in: NZA-RR 2001, S. 347 ff., und vom 15. 2. 2001 in: NZA-RR 2001, S. 577 ff.).

Ein weiteres Problem ist die sog. «Beweislastverteilung» im Gerichtsverfahren. Grundsätzlich trägt – anders als nach dem französischen Arbeitsgesetzbuch, durch das eine Beweislastumkehr eingeführt wurde – in Bezug auf das Vorliegen eines Mobbingsachverhalts derjenige die Beweislast, der einen solchen Sachverhalt behauptet. Von daher sollte der Mobbingbetroffene die einzelnen Vorfälle nicht nur tagebuchartig aufgezeichnet haben, sondern sie auch durch Zeugen, Unterlagen etc. beweisen können. Schlagworte, Wertungen etc. reichen hierfür nicht aus. Wegen der für Mobbingfälle typischen Beweisnot des Betroffenen bei Gericht – z. B. keine vom Gegnerlager unabhängigen Zeugen – sollten, wenn schon keine Beweislastumkehr, so doch vor dem Hintergrund der Grundsätze des fairen Verfahrens nach europäischem Recht Regeln der Beweiserleichterung zugelassen werden. Jüngst hat das LAG Thüringen eine solche Beweiserleichterung derart zugelassen, dass der Mobbingbetroffene sich in der mündlichen Verhandlung zum einen auf die von ihm zu den Mobbingabläufen gefertigten Notizen und eidesstattlichen Versicherungen beziehen konnte, zum zweiten seine Aussage bei der richterlichen Überzeugungsbildung berücksichtigt wurde.

Die Meinung des Bundesarbeitsgerichts zur rechtlichen Einordnung des Mobbing steht noch aus, obwohl bereits einschlägige Verfahren anhängig sind. Gleichwohl haben die erst- und zweitinstanzlichen Gerichte im Rahmen ihres richterlichen Ermessens die ersten notwendigen

Schritte bereits unternommen. Zu beachten ist aber, dass derzeit nicht rechtssicher zu beantworten ist, ob diese Konzeption vom konkret angerufenen Gericht ebenfalls angewandt wird. So hat jüngst das Arbeitsgericht München (Urteil vom 25. 09. 2001 in: NZA-RR 2002, Seite 123 ff.) im Gegensatz zur hier vertretenen Konzeption festgestellt, dass es kein ausreichendes Bedürfnis und auch keine ausreichenden rechtlichen Voraussetzungen sieht, die Rechtsfigur des Mobbing dem Schadensersatzrecht hinzuzufügen. Auch jegliche Beweislasterleichterung wird hier abgelehnt.

Mobbing als Rechtsgutverletzung

Das Bundesarbeitsgericht hat bisher nur in einem Urteil (vom 15. 01. 1997, in: NZA 1997, S. 781) nebenbei festgehalten, dass es unter Mobbing – arbeitsrechtlich – das «systematische Anfeinden, Schikanieren oder Diskriminieren von Arbeitnehmern untereinander oder durch Vorgesetzte» versteht. Dieser Richterspruch stand allerdings nur im Zusammenhang mit der Frage, ob ein Betriebsrat einen betriebsverfassungsrechtlichen Anspruch auf Erstattung der Kosten einer Schulung zum Thema «Mobbing» hatte (was im übrigen bejaht wurde). Um die rechtliche Beurteilung eines konkreten Sachverhalts als Mobbing und die Ableitung von Rechtsfolgen für die Betroffenen ging es hier also nicht. Erst der Rückgriff auf Rechtsvorschriften kann aber klären, ob das «systematische Schikanieren und Diskriminieren» eine Art und einen Umfang erreicht, durch die ein geschütztes Rechtsgut verletzt wird und Abwehransprüche des Betroffenen – auf vertragsgemäße Beschäftigung, Unterlassung, Beseitigung oder Folgenbeseitigung; auf Schadensersatz, Schmerzensgeld etc. – gegen den Arbeitgeber, Arbeitskollegen oder Dritte ausgelöst werden.

Jedenfalls dann, wenn solche fortgesetzten gezielt schikanösen und diskriminierenden Verhaltensweisen in ihrer Gesamtheit Rechtsgüter wie das allgemeine Persönlichkeitsrecht, die Ehre oder die Gesundheit des Betroffenen verletzen, kann dieser nach der bestehenden Rechtslage in Deutschland auch ohne ein spezielles Anti-Mobbing-Gesetz außergerichtlich und gerichtlich Abwehr- und Folgenbeseitigungsansprüche geltend machen und durchsetzen. Insbesondere das «allgemeine Persönlichkeitsrecht» (abgekürzt: APR), das das Recht des Menschen auf Unantastbarkeit seines Lebens, seiner Gesundheit und seiner Würde sowie auf freie Entfaltung seiner Persönlichkeit (Art. 1 und 2 Grundgesetz) zusammenfasst, stellt nach der Rechtsprechung des Bundesverfassungsgerichts eine Grundentscheidung für alle Bereiche des Rechts dar und gilt daher auch im Privatrechtsverkehr. Das Bundesarbeitsgericht wiederum hat schon früh und seither in ständiger Rechtsprechung entschieden, dass das APR auch im beruflichen Bereich (u. a. BAG Urteil vom 29. 10. 1997, in: NZA 1998, S. 307) zu beachten ist. Im Arbeitsverhältnis ist es durch arbeitgeber- und arbeitnehmerseitige Schutz- und Fürsorgepflichten und sonstige Nebenpflichten zusätzlich vertraglich und gesetzlich geschützt. Der vertragliche und gesetzliche Schutz des APR, der Ehre und der Gesundheit im Arbeitsverhältnis ist also der Ausgangspunkt aller Überlegungen zum Mobbingschutz, der die nachfolgenden konkreten Formen gefunden hat.

Schutzpflichten von Arbeitgeber und Arbeitnehmer

Aus den speziellen Rücksichts-, Schutz- und Förderpflichten des Arbeitgebers ist dieser zunächst dazu verpflichtet, die bei ihm Beschäftigten nicht selbst durch Eingriffe in deren allgemeines Persönlichkeitsrecht, ihre Ehre und ihre Gesundheit zu verletzen. Auch wenn beispielsweise der Arbeitgeber einem bei ihm Beschäftigten im Widerspruch zu dessen Arbeitsvertrag und Stellenbeschreibung bestimmte Tätigkeiten entzieht oder zuweist und diese Versetzung nicht durch ein sachlich begründetes – betriebs- (z. B. Auftragsmangel), verhaltens- (z. B. Vertrauensverlust) oder personenbedingtes (z. B. krankheitsbedingte Leistungsminderung) – Arbeitgeberinteresse gerechtfertigt ist, kann hierin, ebenso wie beim vollständigen Entzug jedweder Beschäftigung, eine Verletzung des APR liegen (vgl. BAG GS v. 27. 2. 1985, NZA 1985, S. 702 ff.; LAG Thüringen, 10. 4. 2001, NZA 2001, S. 354). Darüber hinaus ist der Arbeitgeber dazu verpflichtet, die bei ihm Beschäftigten vor entsprechenden Eingriffen durch andere Beschäftigte (auch Vorgesetzte, Abteilungsleiter, Personalleiter) oder außenstehende Dritte, auf die er Einfluss hat (z. B. Vertreter von Drittfirmen), zu schützen. Der Arbeitgeber hat insoweit entsprechende unternehmensorganisatorische Vorkehrungen zu treffen, die Verletzungen der Ehre, der Gesundheit und des allgemeinen Persönlichkeitsrechts entweder von vornherein zu verhindern, oder, soweit sie bereits eingetreten sind, wieder zu beseitigen. Er hat also – abgesehen von Arbeitssicherheitsmaßnahmen – auch Anstalten für ein «mobbingfreies» Betriebsklima zu treffen. Eine Pflichtverletzung des Arbeitgebers kann daher schon dann vorliegen, wenn er es unterlässt, Maßnahmen zu ergreifen oder seinen Betrieb so zu organisieren, dass Rechtsgutverletzungen der bei ihm Beschäftigten ausgeschlossen sind.

Neben dem Arbeitgeber dürfen auch die Arbeitnehmer untereinander aufgrund ihrer Verpflichtung zur Achtung von Gesundheit, Ehre und APR als absoluten Rechten und ihrer arbeitsvertraglichen Nebenpflichten, sich nicht wechselseitig in ihren geschützten Rechtsgütern zu verletzen.

Handlungsmöglichkeiten des Mobbingbetroffenen

1. Beschwerderecht des Arbeitnehmers beim Arbeitgeber

Jeder Arbeitnehmer hat ein förmliches Beschwerderecht nach § 84 BetrVG. Das Beschwerderecht hat individualrechtlichen Charakter, besteht auch in betriebsratslosen Betrieben und steht allen Beschäftigten, z. B. auch leitenden Angestellten, zu. Die Beschwerde ist nicht an bestimmte Formen oder Fristen gebunden. Sie kann also schriftlich oder mündlich erhoben werden. Der Betroffene kann sich dabei auch durch einen Rechtsanwalt vertreten lassen und den Betriebsrat (so vorhanden) zur Unterstützung und Vermittlung zuziehen. Die Beschwerde muss bei der zuständigen Stelle des Betriebs vorgebracht werden, d. h., man sollte sich in der Regel zunächst an den unmittelbaren Vorgesetzten wenden. Wenn dies ohne Erfolg bleibt, kommt in Betracht, im Rahmen des innerbetrieblichen Organisationsaufbaus dem Personalleiter und schließlich der Geschäftsführung oder dem Vorstand sein Anliegen vorzutragen. Wenn zum Beschwerdeverfahren eine Betriebsvereinbarung abgeschlossen ist, kann dort auch festgelegt sein, wer für die Entgegennahme von Beschwerden zuständig ist.

Gegenstand einer solchen Beschwerde kann jede Benachteiligung, ungerechte Behandlung oder sonstige Beeinträchtigung auf tatsächlichem oder rechtlichem Gebiet durch Kollegen, Vorgesetzte oder den Arbeitgeber selbst sein. Entscheidend ist dabei der subjektive Standpunkt des Betroffenen. Voraussetzung ist nur, dass der Beschwerdeführer selbst Betroffener der Benachteiligung ist, und nicht ein anderer Arbeitnehmer oder sonstiger Dritter. Eine Beschwerde über allgemeine Missstände im Betrieb erfüllt diese Voraussetzung nicht. Beschwerdegegenstand können also auch Mobbinghandlungen sein (BAG v. 15. 01. 1997, EZA, § 37 BetrVG 1972 Nr. 133). Arbeitnehmer, die zum Mittel der Beschwerde greifen, müssen nicht befürchten, dass ihnen wegen der Erhebung der Beschwerde irgendwelche Nachteile erwachsen. Dies ist dem Arbeitgeber ausdrücklich gem. § 84 Abs. 3 BetrVG untersagt. Der Arbeitgeber seinerseits hat die Beschwerde auf ihre Berechtigung zu überprüfen und dem Arbeitnehmer das Ergebnis seiner Prüfung mitzuteilen.

Erachtet der Arbeitgeber die Beschwerde für berechtigt, so ist er dazu verpflichtet, ihr abzuhelfen (§ 84 Abs. 2 BetrVG), z. B. durch eine

Abmahnung, Kündigung oder ein Ge- bzw. Verbot gegenüber dem mobbenden Arbeitskollegen bzw. Vorgesetzten. Hat der Arbeitgeber eine entsprechende Zusage zur Behebung der Beanstandung abgegeben, ist er seinerseits daran gebunden. Der Arbeitnehmer kann daher im Wege des arbeitsgerichtlichen Urteilsverfahrens geltend machen, dass die Zusage tatsächlich umgesetzt wird.

Hilft der Arbeitgeber der Beschwerde aber nicht ab, was insbesondere dann der Fall sein dürfte, wenn er selbst der Mobbingtäter ist oder sich hinter diese stellt (wie z. B. häufig bei neueingestellten Vorgesetzten), hat der Arbeitnehmer die Möglichkeit, die Beseitigung der Benachteiligung oder ungerechten Behandlung klageweise zu verfolgen.

2. Beschwerderecht des Arbeitnehmers bei externen Stellen

Darüber hinaus haben Arbeitnehmer ein weiteres förmliches Vorschlags- und Beschwerderecht gem. § 17 Abs. 2 ArbSchG bei externen Stellen.

Nach dem Arbeitsschutzgesetz ist der Arbeitgeber dazu verpflichtet, sämtliche erforderlichen Arbeitsschutzmaßnahmen unter Berücksichtigung aller Umstände zu treffen, die die Sicherheit und Gesundheit der Beschäftigten bei der Arbeit beeinflussen. Er hat dabei auch eine Verbesserung des Gesundheitsschutzes der Beschäftigten anzustreben. Zu den Maßnahmen des Arbeitsschutzes gehören nicht nur alle Vorkehrungen zur Verhütung von Arbeitsunfällen und arbeitsbedingten Gesundheitsgefahren, sondern auch zur menschengerechten Gestaltung der Arbeit. Diese erfasst auch die Dimension der menschengerechten Gestaltung der sozialen Beziehungen (§ 4 Ziff. 4 ArbSchG). Die Beschäftigten sind nun nicht nur gem. § 17 Abs. 1 ArbSchG dazu berechtigt, dem Arbeitgeber gegenüber Vorschläge zu allen Fragen der Sicherheit und des Gesundheitsschutzes bei der Arbeit zu machen. Sie haben weiterhin gem. § 17 Abs. 2 ArbSchG auch das Recht, sich mit einer Beschwerde an eine externe, für den Arbeitsschutz zuständige Behörde zu wenden. In der Regel sind dies die Gewerbeaufsichtsämter bzw. Landesämter für Arbeitsschutz. Die Beschwerde bei einer externen Stelle setzt allerdings voraus, dass das innerbetriebliche Verfahren ausgeschöpft ist, d. h. dass die vom Arbeitgeber getroffenen Maßnahmen nicht ausreichen, um Sicherheits- und Gesundheitsschutz bei der Arbeit zu gewährleisten, und der Arbeitgeber auch auf diesbezügliche interne Beschwerden nicht ausreichend reagiert hat. Auch hier ist ausdrücklich gesetzlich untersagt, dass dem Beschäftigten durch die Erhebung der Beschwerde Nachteile entstehen.

3. Beschwerderecht des Arbeitnehmers beim Betriebsrat

Jeder Beschäftigte hat nicht nur das Recht, sich mit seinen Anliegen an den im Betrieb gewählten Betriebsrat zu wenden, sofern ein solcher vorhanden ist, sondern sich bei diesem förmlich gem. § 85 Abs. 1 BetrVG zu beschweren. Die Beschwerde beim Betriebsrat setzt nicht voraus, dass der Arbeitnehmer sich zunächst beim Arbeitgeber gem. § 84 BetrVG beschwert hat. Insoweit hat der betroffene Arbeitnehmer ein Wahlrecht, wie er vorgehen will. Auch kann eine Beschwerde, die bereits beim Arbeitgeber erhoben und von diesem abschlägig beschieden worden war, beim Betriebsrat weiter verfolgt werden. Beschwerdegegenstand kann auch hier nur sein, dass der Arbeitnehmer sich in seiner individuellen Position durch ein Handeln oder Unterlassen des Arbeitgebers oder andere Arbeitnehmer des Betriebs beeinträchtigt oder benachteiligt fühlt. Die Beeinträchtigung kann auf tatsächlicher oder rechtlicher Ebene liegen. Die Beschwerde gegenüber dem Betriebsrat ist ebenfalls form- und fristlos. Der Betriebsrat seinerseits ist dazu verpflichtet, alle Beschwerden entgegenzunehmen. Er wird sich in der Regel im Gremium (bzw. im gegebenenfalls vorhandenen Personalausschuss) mit der Behandlung der Beschwerde befassen, den sich beschwerenden Arbeitnehmer auch persönlich anhören und einen entsprechenden Beschluss fassen. Wenn der Betriebsrat eine Beschwerde nicht weiter verfolgt, weil er sie für unberechtigt hält, muss er dies dem sich beschwerenden Arbeitnehmer mitteilen. Wenn er die Beschwerde für berechtigt hält, muss er beim Arbeitgeber auf Abhilfe hinwirken. Der Arbeitgeber wiederum ist, wenn ihm der Betriebsrat eine Beschwerde eines Arbeitnehmers vorgelegt hat, dazu verpflichtet, ihr abzuhelfen, wenn er sie seinerseits für berechtigt hält. Wenn er die Beschwerde nicht für berechtigt erachtet, muss er dies dem Betriebsrat und dem Arbeitnehmer mitteilen. Soweit zwischen Betriebsrat und Arbeitgeber Meinungsverschiedenheiten im Hinblick auf die Berechtigung der Beschwerde bestehen, hat der Betriebsrat das Recht, gem. § 85 Abs. 2 BetrVG die Einigungsstelle anzurufen. Einigungsstellen sind bei Bedarf zu bildende außergerichtliche Schlichtungsstellen auf betrieblicher Ebene, die paritätisch durch die Arbeitgeber- und Arbeitnehmerseite besetzt werden. Darüber hinaus müssen sich Arbeitgeber und Arbeitnehmer auf einen Einigungsstellenvorsitzenden einigen, wobei es sich in der Regel um einen Arbeitsrichter handelt. Die Einigungsstelle kann einvernehmlich zu einer Regelung in einer zwischen den Betriebsparteien streitigen Sache kommen. Der Einigungsstellenvorsitzende kann aber auch gem. § 85 Abs. 2 BetrVG durch Spruch eine für beide Seiten verbindliche Entscheidung treffen. Die Entscheidung durch verbindlichen Spruch setzt aber voraus, dass Gegenstand der Beschwerde kein Rechtsanspruch des betreffenden Arbeitnehmers ist. Über Rechtsansprüche entscheidet ausschließlich das Arbeitsgericht, und nicht die Einigungsstelle. Einen solchen Rechtsanspruch hat der betreffende Arbeitnehmer z. B., wenn der Arbeitgeber ihm den ihm zustehenden Urlaub nicht gewährt. Der Entscheidung der Einigungsstelle zugänglich sind aber alle Regelungsentscheidungen des Arbeitgebers, die dieser im Rahmen seines Direktionsrechts trifft, wie z. B. die Zuweisung bestimmter unangenehmer Tätigkeiten, die unzumutbare Ausstattung des einzelnen Arbeitsplatzes oder die die Interessen des Arbeitnehmers nicht berücksichtigende Lage des Urlaubs. Von daher sind viele Angelegenheiten zwar nicht der Entscheidung der Einigungsstelle zugänglich, können dort aber ohne weiteres verhandelt werden. Eine weitere Einschränkung besteht darin, dass der Entscheidungsspielraum der Einigungsstelle auch inhaltlich begrenzt ist. Sie kann nur über die Berechtigung der Beschwerde als solche entscheiden, und nicht über die konkrete Maßnahme zur Abhilfe. Es kann also lediglich ein nicht hinzunehmender Zustand festgestellt, nicht jedoch eine bestimmte Maßnahme angeordnet werden. Hat die Einigungsstelle allerdings die Berechtigung einer Beschwerde festgestellt, ist der Arbeitgeber seinerseits dazu verpflichtet, für Abhilfe zu sorgen. Kommt der Arbeitgeber dieser Verpflichtung nicht nach, kann sie durch den Arbeitnehmer im Klageweg durchgesetzt werden. Im Klageverfahren sind die von der Einigungsstelle getroffenen Feststellungen als verbindlich zugrunde zu legen. Insgesamt ist festzustellen, dass die Möglichkeit der Anrufung der Einigungsstelle gerade bei Mobbingsachverhalten viel zu selten genutzt wird.

Man sollte sich allerdings vor Erhebung der Beschwerde beim Betriebsrat erkundigen, ob gegebenenfalls die Einzelheiten des Verfahrens in einer Betriebsvereinbarung (etwa zum Thema Mobbing oder zur innerbetrieblichen Konfliktregulierung) gem. § 86 BetrVG geregelt sind. Durch Betriebsvereinbarung kann etwa bestimmt sein, dass an die Stelle der Einigungsstelle eine betriebliche Beschwerdestelle tritt.

4. Versetzungsantrag beim Arbeitgeber

Im Rahmen eines Beschwerdeverfahrens, oder auch unabhängig davon, sollte daran gedacht werden, einen Versetzungsantrag (in eine andere Abteilung, in ein anderes Team u. a.) zu stellen. Dieser setzt in der Regel allerdings voraus, dass ein verfügbarer gleichwertiger oder zumindest vergleichbarer Arbeitsplatz vorhanden ist. Auch hierzu sollte man sich der Unterstützung durch den Betriebsrat versichern. Dieser kann auf Grund seines Mitbestimmungsrechts bei personellen Maßnahmen in einer solchen Situation sein Veto gegen die Einstellung eines externen Bewerbers einlegen. Das Problem ist aber nicht von der Hand zu weisen, dass es dem Mobbingbetroffenen zugemutet wird, einen Arbeitsplatzwechsel auf sich zu nehmen, um nicht länger Opfer bestimmter schikanöser Verhaltensweisen zu sein. Immer dann, wenn Mobbing vom unmittelbaren Vorgesetzten (Abteilungsleiter, etc.) ausgeht, sollte diese Möglichkeit aber frühzeitig in Betracht gezogen werden, um eine weitere Zuspitzung der Situation mit möglichen gesundheitlichen Auswirkungen zu vermeiden.

5. Ansprüche aus einer Betriebsvereinbarung für Mobbing

In manchen Betrieben gibt es erste Initiativen, Betriebsvereinbarungen zum Thema «Mobbing» abzuschließen. So haben die Betriebsparteien beispielsweise bei VW eine Betriebsvereinbarung über «Partnerschaftliches Verhalten am Arbeitsplatz» abgeschlossen.

Soweit eine solche Betriebsvereinbarung vorliegt, von deren Vorhandensein man über den Betriebsrat oder den Personalleiter erfährt, sollte zunächst geklärt werden, welche besonderen Rechte, Ansprüche und Möglichkeiten sie bietet. Häufig ist ein besonderes Verfahren für den Fall der Beschwerde beim Arbeitgeber sowie für die Art und Weise und Notwendigkeit der Abhilfemaßnahmen vorgesehen. Auf diese sollte man sich dann nicht nur stützen, es besteht auch die Möglichkeit, die sich aus einer solchen Betriebsvereinbarung ergebenden Ansprüche und Rechte klageweise durchzusetzen.

6. Anspruch auf vertragsgemäße Beschäftigung

Im Hinblick auf die Verpflichtung des Arbeitgebers, das allgemeine Persönlichkeitsrecht, die Ehre und die Gesundheit der bei ihm beschäftigten Arbeitnehmer zu schützen und Eingriffe zu verhindern, hat der einzelne Arbeitnehmer auch einen gerichtlich durchsetzbaren Anspruch auf persönlichkeitsrechtsverletzungsfreie Beschäftigung. Dieser Anspruch des Arbeitnehmers lässt sich aus der Rechtsprechung des Bundesarbeitsgerichts ableiten. Das Bundesarbeitsgericht hat z. B. festgestellt, dass es als eine Verletzung des allgemeinen Persönlichkeitsrechts anzusehen ist, wenn dem Arbeitnehmer unberechtigt die Möglichkeit entzogen wird, im Rahmen eines bestehenden Arbeitsverhältnisses überhaupt Arbeitsleistungen zu erbringen, weil ihm seine Aufgaben alle entzogen wurden. Es begründet dies damit, dass das Selbstwertgefühl, das persönliche Ansehen und die Möglichkeit der

Entfaltung der körperlichen und geistigen Fähigkeiten zu einem ganz wesentlichen Teil durch das Arbeitsverhältnis geprägt werden und die Wegnahme dieser Möglichkeit der Persönlichkeitsentfaltung die Menschenwürde des Betroffenen unmittelbar berührt (GS BAG, 27. 02. 1985, in: Der Betrieb 1985, S. 2197). Eine solche Rechtsverletzung kann m. E. auch dann vorliegen, wenn einem Arbeitnehmer innerhalb oder außerhalb des Direktionsrechts eine nicht arbeitsvertragsgemäße oder sogar unwürdige Beschäftigung zugewiesen wird und die Zuweisung nicht betriebs- oder verhaltensbedingt begründet ist, sondern nur der Zermürbung und Schikane des Arbeitnehmers dient (so auch LAG Thüringen, 10. 4. 2001, in NZA 2001, S. 355). Hierzu gehören auch z. B. Fälle, in denen Arbeitnehmer in eine Aktenkammer versetzt werden, in denen nur ein Schreibtisch und u. U. ein PC ohne Software stehen, was jegliche Beschäftigung unmöglich macht, oder wenn Arbeitnehmer aus verantwortlicher Position in der EDV in die Poststelle versetzt werden, um dort Briefe zu sortieren und zu verteilen. Der Anspruch auf vertragsgemäße Beschäftigung sowie die Feststellung der Rechtswidrigkeit einer solchen Versetzung kann sowohl im Klageverfahren wie auch im beschleunigten Verfahren mit einer einstweiligen Verfügung, die beim zuständigen Arbeitsgericht beantragt wird, geltend gemacht werden. Auch hat der Betriebsrat, falls er zu der Versetzung nicht ordnungsgemäß gehört wurde, die Möglichkeit, ein betriebsverfassungsrechtliches Unterlassungsverfahren (gem. § 101 BetrVG) einzuleiten.

7. Anspruch auf Zurücknahme
einer ungerechtfertigten Abmahnung

Häufig dienen in Mobbingfällen kurz hintereinander oder gleichzeitig ausgesprochene Abmahnungen dazu, den Arbeitnehmer in Bezug auf die Erfüllung seiner Aufgaben zu verunsichern. Soweit eine solche Abmahnung jedoch ungerechtfertigt ist, d. h. entweder die zugrundeliegenden Tatsachen überhaupt nicht gegeben sind oder kein Pflichtenverstoß vor dem Hintergrund des Arbeitsvertrags vorliegt, hat der Arbeitnehmer einen vor Gericht durchsetzbaren Anspruch auf Zurücknahme dieser Abmahnung. Wenn das Gericht festgestellt hat, dass eine Abmahnung ungerechtfertigt und infolge dessen zurückzunehmen ist, muss sie auch aus der Personalakte entfernt werden. Es ist aber anzuraten, einen Rechtsanwalt zu konsultieren, um zu klären, ob es sinnvoll ist, eine Klage gegen eine Abmahnung einzureichen. Zu bedenken ist, dass Abmahnungen zumeist dazu dienen, eine verhaltensbedingte Kündigung vorzubereiten. In einem nachfolgenden Kündigungsschutzprozess würde dann die Berechtigung der vorhergehenden Abmahnung incidenter sowieso geprüft. Von daher bedarf es einer sorgfältigen Abwägung im Einzelfall, ob bereits während des noch bestehenden Arbeitsverhältnisses eine Abmahnung gerichtlich angegriffen wird, nur ein einfacher Widerspruch eingelegt oder eine – ebenfalls zur Personalakte zu nehmende – Gegendarstellung erstellt wird. Zu befürworten ist eine solche Abmahnungsklage jedoch wohl immer dann, wenn nicht nur eine, sondern eine Reihe von Abmahnungen kurz hintereinander ausgesprochen werden.

8. Anspruch auf Behandlung nach Recht und Billigkeit

Nach § 75 Abs. 1 BetrVG ist der Arbeitgeber dazu verpflichtet, alle bei ihm beschäftigten Arbeitnehmer nach den Grundsätzen von Recht und Billigkeit zu behandeln. Hierzu gehört nicht nur die Erfüllung ihrer arbeits- und tarifvertraglichen Rechtsansprüche, sondern auch die Rücksichtnahme auf ihre berechtigten menschlichen, sozialen und persönlichen Belange und die Sorge für eine menschengerechte Gestaltung der Arbeit. Insbesondere dürfen Arbeitnehmer nicht wegen ihrer Abstammung, Religion, Nationalität, Herkunft, politischen oder gewerkschaftlichen Betätigung oder ihrer Einstellung, wegen ihres Geschlechts und ihres Alters benachteiligt oder bevorzugt werden. Sowohl Arbeitgeber wie Betriebsrat haben insoweit auch entsprechende Überwachungspflichten. Der umfassenden Verpflichtung des Arbeitgebers entspricht das individuelle Recht des Arbeitnehmers, seinerseits nach den Grundsätzen von Recht und Billigkeit behandelt zu werden. Insoweit besteht auch ein durchsetzbarer Rechtsanspruch gegenüber dem Arbeitgeber, Handlungen, die zu diesen Grundsätzen in Widerspruch stehen, wie z. B. Mobbinghandlungen, zu unterlassen bzw. deren Folgen zu beseitigen. Liegt ein konkreter Mobbingsachverhalt vor, kommt als Abhilfe z. B. in Betracht, dass der Arbeitnehmer einvernehmlich in eine andere Abteilung versetzt wird. Denkbar ist auch seine Rehabilitation oder Wiederherstellung seiner Reputation durch eine persönliche oder öffentliche Entschuldigung, eine entsprechende Mitteilung in der Betriebszeitschrift oder in sonstigen Rundschreiben.

9. Unterlassungs- und Beseitigungsansprüche

Da Mobbing einen Spezialfall der Persönlichkeitsverletzung darstellt, kann es auch zivilrechtliche Ansprüche des Betroffenen auslösen. In Betracht kommt bei einem objektiv rechtswidrigen Eingriff in das allgemeine Persönlichkeitsrecht des Betroffenen ein Unterlassungsanspruch entsprechend §§ 12, 862, 1004 BGB. Bei einer bereits eingetretenen Persönlichkeitsverletzung kann ein Anspruch auf Beseitigung der fortwirkenden Beeinträchtigung und auf Unterlassung weiterer Eingriffe gegeben sein.

10. Schadensersatz- und Schmerzensgeldansprüche wegen unerlaubter Handlung und Verletzung eines Schutzgesetzes

Gegebenenfalls können auch Schadensersatzansprüche auf Grund «unerlaubter Handlung» oder Verletzung eines Schutzgesetzes (§§ 823 Abs. 1 und 2, 831 BGB) bzw. Schmerzensgeldansprüche gem. § 847 BGB gegenüber dem Arbeitgeber klageweise geltend gemacht werden. Diese setzen voraus, dass der Arbeitgeber entweder selbst vorsätzlich Handlungen begangen hat, die als Mobbing zu qualifizieren sind, oder es unterlassen hat, seine betriebliche Organisation so einzurichten, dass eine Schädigung der Belegschaftsmitglieder verhindert wird. Abgesehen davon, dass die Geltendmachung solcher Ansprüche während des fortdauernden Arbeitsverhältnisses eine weitere Verschärfung der Situation mit sich bringen kann, bestehen auch grundsätzliche Probleme bei der materiell- und prozessrechtlichen Durchsetzung:

Zunächst können Schadensersatz- und Schmerzensgeldansprüche im Arbeitsverhältnis am sog. Haftungsausschluss gem. § 104 SGB VII scheitern. Demnach sind Arbeitgeber und Arbeitnehmer bei Arbeitsunfällen von der Haftung befreit, selbst wenn der eingetretene Schaden verschuldet ist. Nur bei vorsätzlicher oder absichtlicher Schädigung des Betroffenen greift der Haftungsausschluss nicht, und es tritt auch die Berufsgenossenschaft nicht ein. Von daher muss nachgewiesen werden, dass entweder überhaupt kein Arbeitsunfall vorliegt oder zumindest die Schädigung vorsätzlich herbeigeführt wurde.

Darüber hinaus knüpft das Schadensersatzrecht an Einzelhandlungen an, die ursächlich für einen bestimmten eingetretenen Schaden waren. Ein Schaden, der erst durch eine Reihe von solchen aufeinander aufbauenden und ineinander übergreifenden Handlungen entsteht, ist erst im Rahmen einer Gesamtbetrachtung kausal durch diese verursacht.

Zu beachten ist letztlich, dass, selbst wenn ein solcher Schadensersatzanspruch dem Grunde nach gegeben sein mag, er der Höhe nach fast nicht bezifferbar ist. Auch sind Schadensersatzzahlungen, wie sie in den USA bei Persönlichkeitsrechtsverletzungen üblich sind, in Deutschland nicht denkbar, da das Schadensersatzrecht keinen Sanktions- sondern nur einen Kompensationscharakter hat. So hat das Landesarbeitsgericht Rheinland-Pfalz in einem neuen Urteil (vom 06. 11.

2000 in: NZA-RR 2002, Seite 121 ff.) zwar festgestellt, dass ein Schmerzensgeld zu zahlen ist, wenn von fortgesetzten gewichtigen Ehrverletzungen auszugehen ist, bei denen eine andere Art und Weise des Ausgleichs nicht möglich ist. Gleichwohl sei bei der Höhe des Schmerzensgeldes zu berücksichtigen, dass dieses rein symbolischen Charakter habe. Im vorliegenden Fall hat das Gericht lediglich ein Schmerzensgeld von € 7.669,38 für angemessen gehalten.

11. Beendigung des Arbeitsverhältnisses und Schadensersatz wegen Auflösungsverschulden

Bei Unzumutbarkeit der Fortsetzung des Arbeitsverhältnisses wegen fortdauernder schikanöser Behandlung kann auch die Beendigung des Arbeitsverhältnisses durch arbeitnehmerseitige ordentliche oder außerordentliche Kündigung in Betracht gezogen werden. In der Abwägung mit gesundheitlichen Schädigungen kann durchaus dem Flüchten gegenüber dem Standhalten der Vorzug gegeben werden. Zumindest wenn sich der Arbeitnehmer aufgrund fortdauernder rechtswidriger Eingriffe in sein Persönlichkeitsrecht dazu gezwungen sieht, eine außerordentliche und fristlose Kündigung seines Arbeitsverhältnisses auszusprechen, kann er unter Umständen einen Schadensersatzanspruch gem. § 628 Abs. 2 BGB haben. Dies setzt voraus, dass der Arbeitgeber seinerseits durch eigenes vertragswidriges Verhalten oder durch vertragswidriges Verhalten seiner Untergebenen diese außerordentliche Kündigung verursacht hat. Ein solches sog. «Auflösungsverschulden» muss dem Arbeitgeber im Prozess aber nachgewiesen werden können. Außerdem muss es nicht nur ursächlich für die Kündigung des Arbeitnehmers sein, sondern selbst ein wichtiger Grund im Sinne des § 626 BGB sein: Dieser Grund muss so schwerwiegend sein, dass er es dem Kündigenden unter Berücksichtigung aller Umstände des Einzelfalls und unter Abwägung der Interessen beider Vertragsteile unzumutbar gemacht hat, das Arbeitsverhältnis bis zum Ablauf der Kündigungsfrist oder bis zum vereinbarten Befristungsende fortzusetzen. Soweit ein solcher Nachweis geführt werden kann – was schwierig sein dürfte –, besteht ein Schadensersatzanspruch dem Grunde nach. Zur Frage der Höhe eines solchen Schadensersatzanspruchs, wenn der Arbeitnehmer das Arbeitsverhältnis seinerseits außerordentlich gekündigt hat und ein sog. Auflösungsverschulden des Arbeitgebers vorliegt, hat das Bundesarbeitsgericht erst jüngst eine Entscheidung getroffen. Demnach kann der Arbeitnehmer zum einen einen Anspruch auf Ersatz des Vergütungsausfalls nur bis zum Ablauf der vereinbarten Frist für die ordentliche Kündigung bzw. bis zum vereinbarten Befristungsende geltend machen. Der Anspruch auf Ersatz der ausfallenden Vergütung ist also grundsätzlich zeitlich befristet. Der Arbeitnehmer kann also nicht einen sog. «Endlosschaden» bis zum Eintritt des Rentenalters geltend machen. Zum anderen hat der Arbeitnehmer aber Anspruch auf eine angemessene Entschädigung, die den Verlust des Bestandsschutzes des Arbeitsverhältnisses ausgleicht. Anspruch auf eine solche gerichtlich zuzusprechende Abfindung für den Verlust des Arbeitsplatzes allgemein hat der Arbeitnehmer aber nur unter Vorliegen der Voraussetzungen der §§ 9, 10 KSchG. Deshalb ist Voraussetzung für die gerichtliche Zuerkennung einer Abfindungszahlung als Schadensersatz i. S. des § 628 Abs. 2 BGB, dass der Arbeitnehmer im Fall einer unberechtigten fristlosen Kündigung des Arbeitgebers einen sog. Auflösungsantrag hätte stellen können, weil die weitere Fortsetzung des Arbeitsverhältnisses für ihn unzumutbar ist (BAG-Urteil vom 26. 07. 2001– 8 AZR 739/00, in: Der Betrieb 2002, S. 539 ff.). Die genannte BAG-Entscheidung ist auch für Mobbingfälle von großer Bedeutung, weil sie klarstellt, dass der Arbeitnehmer nicht nur den auf den sog. «Verfrühungsschaden» (durch die Kündigung vor Ablauf der Kündigungsfrist) reduzierten Schadensersatz geltend machen kann. Den Wertungen des Kündigungsschutzgesetzes entspricht also nur, wenn eine Parallele zwischen einer unberechtigten fristlosen Kündigung durch den Arbeitgeber und einer durch vertragswidriges Verhalten des Arbeitgebers verursachten fristlosen Kündigung des Arbeitnehmers gezogen wird und beide Fälle gleich behandelt werden. Soweit es also dem Mobbingbetroffenen unzumutbar war, das Arbeitsverhältnis weiter fortzusetzen, kann er neben dem Vergütungsanspruch bis zum Ende der ordentlichen Kündigungsfrist Anspruch auf eine zusätzliche Abfindungszahlung als Ausgleich für den Verlust des Arbeitsplatzes haben, deren Höhe vom Gericht festgesetzt wird. Dabei ist – wenn man sich hier ebenfalls an den Wertungen des Kündigungsschutzgesetzes orientiert – mindestens ein Betrag von bis zu 12 Monatsverdiensten festzusetzen. Wenn das Arbeitsverhältnis 15 Jahre bestanden hat und der Arbeitnehmer das 50. Lebensjahr vollendet hat, kann dieser Betrag auf bis zu 15 Monatsverdiensten steigen, hat der Arbeitnehmer mindestens 20 Jahre im Betrieb verbracht und das 55. Lebensjahr vollendet, kann ein Betrag von bis zu 18 Monatsverdiensten festgesetzt werden.

Offen ist, wie hoch eine solche Abfindung bei – vertraglich oder tariflich – unkündbaren Arbeitnehmern wäre. Die Entscheidung des Bundesarbeitsgerichts steht noch aus, ob hier gegebenenfalls sogar eine Entschädigung bis zum vereinbarten Vertragsende, d. h. in der Regel der Vollendung des 65. Lebensjahrs in Betracht kommt.

Problematisch an dem Teil des Schadensersatzanspruches, der die entgangene Vergütung ausgleichen soll, ist, dass der Arbeitnehmer sich nicht nur in dieser Zeit tatsächlich erzieltes Einkommen anrechnen lassen muss, sondern auch anderweitig möglichen Erwerb von (fiktivem) Einkommen, den er «böswillig» unterlassen hat.

12. Strafrechtliche Möglichkeiten

In extremen Fällen kann der betroffene Arbeitnehmer, soweit Strafrechtstatbestände wie z. B. vorsätzliche oder fahrlässige Körperverletzung, Beleidigung, üble Nachrede oder Verleumdung betroffen sind, Strafanzeige erstatten bzw. in Privatklagedelikten ein sogenanntes «Privatklageverfahren» einleiten. Beim Privatklageverfahren muss die Staatsanwaltschaft nicht angerufen werden, auch wenn diese, so daran ein öffentliches Interesse besteht, das Verfahren selbst übernehmen kann. Vorher wirkt sie am Privatklageverfahren nicht mit. Die Erhebung der Privatklage ist an eine besondere Frist nicht gebunden, ist aber nur bis zum Eintritt der Verfolgungsverjährung zulässig. Sachlich zuständig für die Eröffnung des Privatklageverfahrens ist das Strafgericht. Die Privatklage ist aufgrund der örtlichen Zuständigkeitsvorschriften beim örtlich für den Tatverdächtigen zuständigen Strafgericht einzureichen. Der Privatkläger kann dabei mit Beistand eines Rechtsanwalts erscheinen oder sich auch durch diesen vertreten lassen. Es ist auch möglich, Prozesskostenhilfe zu beantragen, weil bei der Erhebung der Privatklage ein Gerichtskostengebührenvorschuss einbezahlt werden muss. Zulässigkeitsvoraussetzung für die Privatklage ist aber in bestimmten Fällen, z. B. bei einer Beleidigung oder Bedrohung, dass ein erfolgloser «Sühneversuch» vor einer sog. Vergleichsbehörde durchgeführt wurde. Als Vergleichsbehörde sind in den Bundesländern unterschiedliche Behörden (Gemeinden, Schiedsstellen, etc.) anerkannt. Man sollte sich also erkundigen, wer die jeweilige Vergleichsbehörde ist. Das Sühneverfahren selbst ist noch kein Strafverfahren, und die Vergleichsbehörde kein Strafverfolgungsorgan. Das Sühneverfahren führt, wenn es erfolgreich ist, zum Sühnevergleich und enthält dann einen Verzicht auf das Privatklagerecht. Führt der Sühneversuch nicht zum Erfolg, so kann die Privatklage unter Beifügung einer Bescheinigung über den erfolglosen Sühneversuch eingereicht werden. Die Erhebung der Klage kann dabei zu Protokoll der Geschäftsstelle oder durch Einreichung einer Klageschrift erfolgen. Dabei muss die Privatklage den Erfordernissen einer strafrechtlichen Anklageschrift entsprechen und das Gericht, den Beschuldigten, die ihm zur Last gelegte Tat, Zeit und Ort der Begehung, die gesetzlichen Merkmale der Straftat und die anzuwendenden Strafvorschriften und Beweismittel bezeichnen. Das Gericht entscheidet sodann, ob das Hauptverfahren eröffnet oder das Verfahren wegen Geringfügigkeit eingestellt wird.

Die Staatsanwaltschaft kann öffentliche Klage erheben, wenn sie im öffentlichen Interesse ist, d. h., dass der Rechtsfrieden über den Lebenskreis des Verletzten hinaus gestört und die Strafverfolgung Anliegen der Allgemeinheit ist. Beim Mobbing am Arbeitsplatz dürfte ein solches öffentliches Interesse allerdings nur selten gegeben sein. Der Mobbingbetroffene ist also in der Regel auf die Erhebung der Privatklage angewiesen. Diese wiederum führt ihrerseits jedoch äußerst selten zu einem Erfolg. Außerdem ist nicht auszuschließen, dass der Mobber selbst sich ebenfalls des Mittels der Privatklage bedient und eine sog. «Widerklage» erhebt. Dies wäre beispielsweise bei einer Klage wegen des Tatbestands der Beleidigung eine Widerklage wegen Beleidigung oder falscher Verdächtigung. Insofern hat die Privatklage in der Regel eine weitere Verschärfung der Situation für den Betroffenen zur Folge.

Zu beachten ist auch, dass bei den Privatklagedelikten, die nur auf Antrag verfolgbar sind, die Antragsfrist gem. § 77 b Abs. 1 Satz 1 STGB zu beachten ist. Diese Frist beginnt innerhalb von drei Monaten nach Bekanntwerden der Tat oder der Person des Täters zu laufen.

Handlungsmöglichkeiten des Arbeitgebers

1. Schlichtungsversuch

Soweit das Mobbingverhalten von einem Arbeitskollegen bzw. dem unmittelbaren Vorgesetzten des Betroffenen ausgeht, kann der Arbeitgeber einen Schlichtungs- oder Vermittlungsversuch zwischen den Mobbingbeteiligten machen.

In einer solchen Schlichtung könnten Handlungsanweisungen für die Zukunft festgelegt werden. Darüber hinaus kann der Arbeitgeber sowohl den Mobbingbetroffenen wie den mobbenden Arbeitskollegen versetzen. Eine solche Versetzung setzt aber zumeist, da sie in der Regel vom arbeitsvertraglichen Direktionsrecht nicht gedeckt sein dürfte, das Einverständnis der Betroffenen voraus, da Strafversetzungen nicht zulässig sind. Auch ist die Zustimmung des Betriebsrats hierzu einzuholen.

2. Disziplinarische Maßnahmen gegenüber dem Mobbenden

Der Arbeitgeber hat die dem Einzelfall jeweils angemessene Maßnahme zu ergreifen, wie z. B. eine Belehrung, eine Verwarnung, einen Verweis oder eine Geldbuße auszusprechen, soweit diese nach der jeweiligen Betriebsvereinbarung oder -ordnung vorgesehen ist. Wenn die Vorwürfe des Mobbingbetroffenen berechtigt erscheinen, kann der Arbeitgeber gegenüber dem Mobbenden eine Ermahnung oder Abmahnung aussprechen. Dies dürfte in der Regel deshalb nicht ganz einfach sein, da sich Mobbingabläufe oft über längere Zeiträume hinziehen und aus einer Vielzahl von Einzelhandlungen zusammensetzen, die für sich genommen nicht den Grad einer einzelnen arbeitsvertraglichen Pflichtverletzung erreichen. Zu den Nebenpflichten jedes Arbeitnehmers gehört aber auch die Rücksichtnahme gegenüber seinen Kollegen, die gerade wegen des personalen Charakters des Arbeitsverhältnisses eine besondere Bedeutung hat. Mobbinghandlungen stellen also – jedenfalls in ihrer Gesamtheit – die Verletzung einer arbeitsvertraglichen Nebenpflicht dar, so dass der Arbeitgeber sehr wohl zu disziplinarischen Konsequenzen greifen kann. Die Abmahnung selbst ist dabei nicht mitbestimmungspflichtig, kann also in der Regel ohne Zustimmung des Betriebsrats erfolgen.

3. Kündigung des Mobbenden

Der Arbeitgeber kann unter Umständen auch das Recht haben, dem mobbenden Arbeitnehmer gegenüber eine ordentliche oder sogar eine außerordentliche Kündigung auszusprechen. Dies setzt voraus, dass der Mobbende entweder mit Vorsatz oder sogar in der Absicht gehandelt hat, die physische und psychische Gesundheit des Mobbingbetroffenen zu schädigen. Bei einer solchen Kündigung handelt es sich um eine verhaltensbedingte Kündigung, die in der Regel einer vorhergehenden ergebnislosen Abmahnung zum gleichen Sachverhalt bedarf, um rechtswirksam zu sein. Dies gilt insbesondere dann, wenn es um ein steuerbares Verhalten des Betreffenden geht und erwartet werden kann, dass er seine arbeitsvertraglichen Pflichten in Zukunft erfüllt und das für die Durchführung des Arbeitsverhältnisses erforderliche Vertrauen wieder hergestellt werden kann. Bei besonders schwerwiegenden Arbeitsvertragsverstößen, deren Rechtswidrigkeit dem handelnden Arbeitnehmer ohne weiteres erkennbar ist, kann jedoch eine solche Abmahnung ausnahmsweise entbehrlich sein, weil das für das Arbeitsverhältnis notwendige Vertrauen vollständig zerstört ist. Die Grenzen für die Entbehrlichkeit einer solchen Abmahnung sind durch das Bundesarbeitsgericht aber sehr eng gezogen. Auch bei einer fristlosen Kündigung besteht daher ein erhebliches Risiko für den Arbeitgeber, dass die Kündigung wegen der fehlenden Abmahnung rechtsunwirksam ist.

Wenn der Arbeitgeber sich vom mobbenden Arbeitnehmer nicht

trennen möchte, eine von ihm vorgeschlagene Versetzung jedoch vom betreffenden Arbeitnehmer nicht akzeptiert wurde, besteht auch die Möglichkeit, diesem gegenüber eine sog. Änderungskündigung auszusprechen. Auch diese muss aber grundsätzlich den gleichen Kriterien genügen wie jede normale Beendigungskündigung, da sie ebenfalls vor dem Hintergrund des Kündigungsschutzgesetzes überprüfbar ist. Infolgedessen stellt sich auch hier die Frage der Notwendigkeit einer vorausgegangenen fruchtlosen Abmahnung.

4. Abschluss Betriebsvereinbarung Mobbing

Zu den unternehmensorganisatorischen Vorkehrungen, die ein Arbeitgeber treffen kann, kann auch der Abschluss einer besonderen Betriebsvereinbarung mit dem Betriebsrat gehören. Gegenstand dieser Betriebsvereinbarung kann das innerbetriebliche Beschwerdeverfahren in Konfliktfällen , die Selbstverpflichtung des Unternehmens, Mobbing zu unterbinden, Maßnahmen zur Förderung partnerschaftlichen Verhaltens am Arbeitsplatz oder die Verbesserung des Betriebsklimas sein.

Handlungsmöglichkeiten des Betriebsrats

1. Schlichtung und Einigungsstelle

Der Betriebsrat ist gem. § 85 Abs. 1 BetrVG lediglich dazu verpflichtet, Beschwerden von Arbeitnehmern entgegenzunehmen. Er kann sich aber selbst – in seiner Geschäftsordnung, oder durch eine Betriebsvereinbarung – dazu verpflichten, solche Beschwerden auch tatsächlich in einer bestimmten Form (beispielsweise unter Anhörung des Betroffenen etc.) zu behandeln. Auch hat er nicht nur die Möglichkeit, die Beschwerde an den Arbeitgeber weiterzureichen, sondern dort aktiv unter Einbringung von Vorschlägen auf Abhilfe hinzuwirken. Der Betriebsrat kann zunächst den Betroffenen anhören, sich die Vorkommnisse schildern lassen und ihn zu einem Gespräch mit dem Vorgesetzten, dem Personalleiter oder dem Arbeitgeber selbst begleiten und dabei entsprechend unterstützen. Viele Mobbingopfer sind bereits dermaßen verunsichert, dass sie oft nicht mehr dazu in der Lage sind, ihre Interessen adäquat zu vertreten. Auch kann der Betriebsrat eine innerbetriebliche Schlichtungsstelle, falls eine solche zu Fragen der Betriebsordnung etc. vorhanden ist, seinerseits anrufen und eine Behandlung des Sachverhalts anregen.

Unabhängig davon kann er, wenn er die Beschwerde des Arbeitnehmers trotz abweisender Erklärung des Arbeitgebers für berechtigt hält, die Einigungsstelle (vgl. S. 379) anrufen. Vielfach verlaufen Beschwerden von Arbeitnehmern mehr oder weniger fruchtlos im Sande, weil weder der Arbeitgeber zu ihr Stellung nimmt, noch der Betriebsrat einen entsprechenden Druck ausübt, geschweige denn in seine Überlegungen einbezieht, die Einigungsstelle anzurufen. Häufig reicht aber schon die bloße Ankündigung aus, dass die Einigungsstelle angerufen wird, um doch noch gemeinsam nach einer Abhilfe für den vorgetragenen Sachverhalt zu suchen.

2. Initiative zum Abschluss einer Betriebsvereinbarung Mobbing

In Betracht kommt auch, dass der Betriebsrat die Initiative zum Abschluss einer Betriebsvereinbarung zum Thema Mobbing, partnerschaftliches Verhalten am Arbeitsplatz oder kooperative Unternehmenskultur ergreift. Hierfür gibt es in der Bundesrepublik Deutschland bereits eine Reihe von Beispielen, die z. T. im Internet abrufbar sind.

3. Druckversetzung und Druckkündigung

Der Betriebsrat kann vom Arbeitgeber als letztes Mittel die Versetzung oder gar Entlassung eines bestimmten Arbeitnehmers gem. § 104 BetrVG verlangen. Die Möglichkeit einer solchen Druckversetzung oder Kündigung setzt voraus, dass der betreffende Arbeitnehmer durch gesetzwidriges Verhalten oder durch grobe Verletzung der Grundsätze von Recht und Billigkeit den Betriebsfrieden wiederholt ernstlich gestört hat. Einmaliges Fehlverhalten eines Arbeitnehmers reicht hierfür nicht, es müssen vielmehr eine Reihe von wiederholten und schweren Rechtsverstößen vorliegen, durch die die Zusammenarbeit der Arbeitnehmer untereinander empfindlich gestört ist. Dem betreffenden Arbeitnehmer muss darüber hinaus ein Schuldvorwurf gemacht werden können, d. h. er muss absichtlich, vorsätzlich oder zumindest grob fahrlässig gehandelt haben.

Verlangt der Betriebsrat gegenüber dem Arbeitgeber die Versetzung oder Entlassung eines Arbeitnehmers aus den genannten Gründen, muss der Arbeitgeber seinerseits den geschilderten Sachverhalt in eigener Verantwortung prüfen. Kommt er zum Schluss, dass das Verlangen des Betriebsrats unbegründet ist, so hat dieser wiederum die Möglichkeit, die Entlassung oder Versetzung des betreffenden Arbeitnehmers nunmehr beim Arbeitsgericht zu beantragen. Wenn das Arbeitsgericht dem Arbeitgeber die Versetzung oder Entlassung per Gerichtsbeschluss aufgibt, muss der Arbeitgeber ihn durchführen. Widrigenfalls hat er auf entsprechenden Antrag des Betriebsrats ein vom Gericht festzusetzendes Zwangsgeld zu bezahlen.

Es sei darauf hingewiesen, dass solche Druckkündigungen durch den Betriebsrat überaus selten sind, weil sie unter Umständen Schadensersatzansprüche des betroffenen Arbeitnehmers auslösen können.

Handlungsmöglichkeiten des Betriebsarztes und des Arbeitssicherheitsausschusses

Nach § 3 des ArbSiG haben Betriebsärzte die Aufgabe, den Arbeitgeber beim Arbeitsschutz, bei der Verhütung von Arbeitsunfällen und bei allen Fragen des Gesundheitsschutzes zu unterstützen. Insoweit besteht auch die Möglichkeit eines Mobbingbetroffenen, sich an den Betriebsarzt zu wenden. Außerdem kann sich der Betroffene gegebenenfalls an den Arbeitsschutzausschuss wenden, der in Betrieben mit mehr als 20 Beschäftigten gebildet ist und sich aus dem Arbeitgeber, zwei Betriebsratsmitgliedern, den Betriebsärzten, den Fachkräften für Arbeitssicherheit und den Sicherheitsbeauftragten zusammensetzt. Auch der Arbeitsausschuss hat die Aufgabe, Angelegenheiten des Arbeits- und Gesundheitsschutzes zu beraten, wozu Mobbingfälle wegen der damit verbundenen gesundheitlichen Auswirkungen gehören. Das Problem besteht hier allerdings darin, dass angesichts der vielen Personen, die dadurch Kenntnis von den Vorfällen erlangen, möglicherweise eine Öffentlichkeitswirkung hergestellt wird, die sich eher zuungunsten des Mobbingbetroffenen auswirkt.

Auch haben sowohl Betriebsärzte wie der Arbeitssicherheitsausschuss nur beratenden Einfluss.

Handlungsmöglichkeiten externer Stellen

1. Gewerkschaften

Die Funktion und Aufgaben von Gewerkschaften sind in der Bundesrepublik Deutschland anders geregelt als in Frankreich. Soweit ein Mobbingopfer selbst Gewerkschaftsmitglied ist und diese Gewerkschaft auch im Betrieb durch gewerkschaftliche Vertrauensleute vertreten ist, besteht die Möglichkeit, sich an diese zu wenden. Ansonsten sind die Eingriffsmöglichkeiten der Gewerkschaften im Betrieb eher gering, es sei denn Gewerkschaftsbeauftragte sind im Aufsichtsrat des Unternehmens vertreten.

2. Staatliche Stellen und Unfallversicherungsträger

Die Gewerbeaufsichtsämter werden nur tätig, wenn eine entsprechende Beschwerde nach dem Arbeitsschutzgesetz bei ihnen eingegangen ist, und verhalten sich in der Regel eher zurückhaltend.

Die Unfallversicherungsträger (die Berufsgenossenschaften) sind zwar ebenfalls Ansprechpartner, sind immer noch trotz entsprechender sozialgesetzlicher Aufgaben in der Regel aber mehr mit der Verhütung von Arbeitsunfällen und Beseitigung von deren Folgen als mit der Prävention von Gesundheitsschädigungen beschäftigt.

Die Eingriffsmöglichkeiten externer Stellen sind insgesamt eher gering einzuschätzen.

Ausblick

Wie die obigen Ausführungen zeigen, ist es nicht zwingend erforderlich, ein spezielles Antimobbinggesetz im Bereich des Arbeits- oder gar des Strafrechts einzuführen. Dies setzt aber voraus, dass die Rechtsprechung durch Bezugnahme auf die verfassungsrechtlichen Grundorientierungen unserer Gesellschaft und vor dem Hintergrund der europäischen Vorgaben die vorhandenen rechtlichen Ansätze zu einer wirksamen Mobbingschutzkonzeption entwickelt.

Literatur

Axel Esser, Martin Wolmerath: Mobbing/Der Ratgeber für Betroffene und ihre Interessenvertretung, Köln 1997.

Robert Haller, Ulrike Koch: Mobbing – Rechtsschutz im Krieg am Arbeitsplatz, in: NZA 1995, S. 356 ff.

Gudrun Hamacher, Joachim Töppel, Vorstand der IG-Metall: Mobbing – Wo andere leiden, hört der Spaß auf, Darmstadt 1997. Abrufbar im Internet: *www.igmetall.de/buecher/Onlinebroschueren/mobbing/mobbing.html*

Brigitte Kerst-Würkner: Das schleichende Gift «Mobbing» und die Gegenarznei, in: Arbeit und Recht 2001, S. 251 ff.

Heinz Leymann: Psychoterror am Arbeitsplatz und wie man sich dagegen wehrt, Hamburg 1993.

VW-Betriebsvereinbarung gegen Mobbing. Abrufbar im Internet: http://staff-www.uni-marburg.de/~naeser/vw-mobb.htm

Peter Wickler: Wertorientierungen in Unternehmen und gerichtlicher Mobbingschutz, in: Der Betrieb 2002, S. 477 ff.

Adressen

Deutschland:

Mobbing-Zentrale e.V.
Sibeliusstraße 4
22761 Hamburg
Tel.: 01 77-7 29 59 23
Email: Mobbing-Zentrale.
Hamburg@gmx.de
www.mobbing-zentrale.de

VPSM
(Verein gegen psychosozialen
Streß und Mobbing e.V.)
Kemmelweg 10
65191 Wiesbaden
Tel.: 06 11-54 17 37
Fax: 06 11-9 57 03 81
01 71-6 13 38 57
www.vpsm.de

mobbing-net.de
Darmstädter Landstraße 119
60598 Frankfurt/Main
Tel.: 0 69-96 20 62 05
Fax: 0 69-96 20 62 04
Email: info@mobbing-net.de
www.mobbing-net.de

BAUA (Bundesanstalt für
Arbeitsschutz und
Arbeitsmedizin)
Hauptsitz Dortmund
Friedrich-Henkel-Weg 1–25
D-44149 Dortmund
Postfach 17 02 02
D-44061 Dortmund

Tel.: 02 31-90 71-0
Fax: 02 31-90 71-4 54
Email: poststelle@baua.bund.de
www.baua.de

European Antimobbing
Association
Kurt R. Werner
Nussanger 50
37079 Göttingen
Tel.: 05 51-6 35 07
Email: info@euro-antimob-
bing.org
www.euro-antimobbing.org

Frankreich:

Mots pour Maux au travail
16, rue des Cailles
67100 Strasbourg
Tel.: 03 88 65 93 88
www.multimania.com/xaumtom
Email: MOMO67@netcour-
rier.com

ANVHPT
Association nationale des victimes de harcèlement psycholo-
gique au travail
Maison des Associations
3, boulevard des Lices
13200 Arles
Tel.: 04 90 93 42 75
Fax: 04 90 49 54 29

HARS
Harcèlement association de réflexion et de soutien
22, rue de Velotte
25000 Besançon
Email: hars@noos.fr

HMS
Harcèlement Moral Stop
11, rue des Laboureurs
94150 Rungis
Tel.: 06 07 24 35 93
www.hmstop.com
Email: courrierhms@aol.com

Association solidarité
souffrances au travail
Maison des associations
Rue du Petit-puits
13210 Saint-Rémy-de-Provence
www.association-sst.com

ACHP
Association contre le harcèlement professionnel
17, rue Alber-Bayet
75013 Paris
Tel.: 01 45 83 07 20
www.ifrance.com/achp
Email: achp@ifrance.com

Contre le harcèlement
BP 52
76302 Sotteville-les-Rouen
Tel.: 02 35 72 15 15
Fax: 02 35 72 24 24
Email: contre-le-harcelement@wanadoo.fr

Italien:

PRIMA
Associazione italiana contro
mobbing e stress psicosociale
Via Tolmino, 14
40134 Bologna
Email: harld.ege@iol.it

Aus dem Verlagsprogramm

Marie-France Hirigoyen
Masken der Niedertracht
Seelische Gewalt im Alltag und wie man sich dagegen wehren kann
Aus dem Französischen von Michael Marx
4. Auflage 2000. 240 Seiten. Broschiert

Die Autorin entlarvt Mobbingtäter als narzißtisch perverse
Leute mit dem Bedürfnis, sich das Glück des anderen anzueignen und, wenn das nicht gelingt, es zu zerstören. Die Vik-
timologin, also Expertin in Sachen Täter/Opfer-Kunde, analysiert glasklar die Rollen dieser Psychospiele.
Claudia Tödtmann, Wirtschaftswoche

In ihrem auch als Ratgeber lesbaren Buch fordert Hirigoyen
nicht nur die Ächtung der Täter ein. Behandelnde Psychiater
sollen vielmehr auch mit eindeutigen Paragraphen in den
Gesetzbüchern bewaffnet werden, die seelische Gewalt justi-
ziabel machten. Den Opfern bliebe dann mehr als die Wahl
zwischen Kündigung und Behandlung. Und für die perversen Täter gäbe es immerhin noch die Möglichkeit, zwischen
Therapie und Strafe zu wählen.
Udo Feist, Der Tagesspiegel

Hirigoyen beschreibt in ihrem Buch anhand anschaulicher
Beispiele alle Formen seelischer Gewalt in Familie, Partner-
schaft und am Arbeitsplatz von ihrer Entstehung bis zu den
Folgen für das Opfer. (...) Sie liefert Betroffenen, aber auch
Beobachtern wertvolle Hilfe, um die Vorgänge des Quälens
genau zu erkennen – der wichtigste Schritt, um seelische Ge-
walt zu beenden.
Forum

Verlag C.H. Beck München

Psychologie

Julia Onken
Wenn du mich wirklich liebst
Die häufigsten Beziehungsfallen und wie wir sie vermeiden
50. Tausend. 2001. 212 Seiten. Paperback
Beck'sche Reihe Band 1415

Dirk M. Sprünken
Die schmutzigsten Scheidungstricks
und wie man sich dagegen wehrt
2., aktualisierte Auflage. 2001. 109 Seiten. Paperback
Beck'sche Reihe Band 1420

Rolf Haubl
Neidisch sind immer nur die anderen
Über die Unfähigkeit, zufrieden zu sein
2001. 325 Seiten mit 13 Abbildungen. Broschiert

Pauline Boss
Leben mit ungelöstem Leid
Ein psychologischer Ratgeber
Aus dem Englischen von Simone Stölzel
Mit einem Vorwort von Rosemarie Welter-Enderlin.
2000. 185 Seiten. Broschiert

Herrad Schenk
Glück und Schicksal
Wie planbar ist unser Leben?
2000. 248 Seiten. Broschiert

Randolph M. Nesse/Georg C. Williams
Warum wir krank werden
Die Antworten der Evolutionsmedizin
Aus dem Amerikanischen von Susanne Kuhlmann-Krieg
2. Auflage. 1998. 320 Seiten mit 11 Abbildungen und 2 Tabellen.
Gebunden

Verlag C.H. Beck München

Neues BetrVG –
so machen Sie von Anfang an alles richtig!

C.H.Beck
Wirtschafts
Verlag

Neu!

Brunhöber

Das bringt das neue Betriebsverfassungsgesetz

Die wichtigsten Änderungen praxisnah dargestellt.

Mit den neuen Vorschriften für die Betriebsratswahlen.

Von Hanna Brunhöber, Dipl.-Soziologin, Rechtsanwältin,
FA für Arbeitsrecht, München
2002. XIV, 248 Seiten. Kartoniert € 32,–
ISBN 3-406-48635-5

Grundlegende und umfassende Neuerungen

hat das neue Betriebsverfassungsgesetz in die Unternehmen gebracht. **Verständlich und praxisgerecht** klärt dieser neue Leitfaden alle jetzt relevanten Fragen, z.B.:

- Von welchem Arbeitnehmerbegriff ist jetzt auszugehen?
- Wann ist ein Betrieb, wann ein Gemeinschaftsbetrieb „betriebsratsfähig"?
- Welche Neuregelungen gelten für die Freistellung von Betriebsratsmitgliedern?
- Welche neuen Schutzvorschriften für Mandatsträger sind zu beachten?
- Welche neuen Mitbestimmungs-, Beratungs- und Informationsrechte und Aufgaben hat der Betriebsrat?

Anhand von Beispielen aus der Praxis werden die einzelnen Neuregelungen des Betriebsverfassungsgesetzes und der Wahlordnung fundiert und verständlich erläutert.

Davon profitieren Sie auch nach der Betriebsratswahl:

→ Gegenüberstellungen Alt – Neu: Sie sehen sofort, wo Sie wirklich grundlegende Änderungen vornehmen müssen.

→ Gibt rechtssichere Lösungsvorschläge für mögliche künftige Streitfälle.

→ Hilft schon im Vorfeld, Streitigkeiten und „Reibungsverluste" zu vermeiden und spart Ihrem Unternehmen damit bares Geld.

→ Der praktische Leitfaden für Betriebsräte, Wahlausschußmitglieder, Geschäftsführer, Führungskräfte, Mitarbeiter in Personalabteilungen.